U0506230

The Queen's Agent

都铎谍影

Francis Walsingham
at the Court of Elizabeth I

弗朗西斯·沃尔辛厄姆与
伊丽莎白一世的宫廷

[英] 约翰·库珀 著

杜宣莹 译

上海人民出版社

《弗朗西斯·沃尔辛厄姆肖像》

Sir Francis Walsingham

THE QVENE. TO. WALSINGHAM. THIS. TABLET. SENTE. = MARKE. OF

《伊丽莎白一世·凤凰肖像》（女王胸前配有凤凰珠宝装饰）

《伊丽莎白一世·达恩利肖像》
The Darnley Portrait, Queen Elizabeth I

《伊丽莎白一世 · 筛子肖像》
The Sieve Portrait, Queen Elizabeth I

《佚名女性肖像》（曾一度被判定是厄休拉·沃尔辛厄姆夫人）

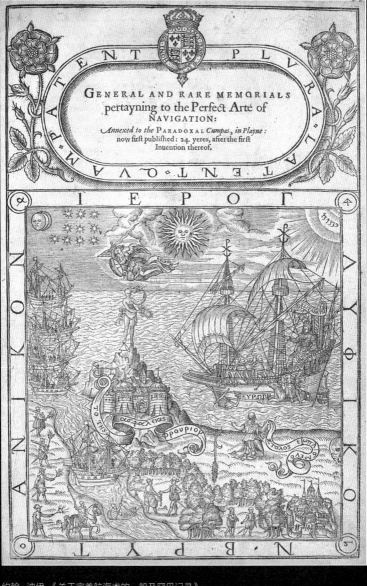

《伊丽莎白一世、弗朗西斯·沃尔辛厄姆爵士和威廉·塞西尔（第一代伯利男爵）》
Queen Elizabeth I; Sir Francis Walsingham; William Cecil, 1st Baron Burghley

献给我的父亲

.

中文版序

　　身为《都铎谍影：弗朗西斯·沃尔辛厄姆与伊丽莎白一世的宫廷》一书的作者，我很荣幸能够为中文版撰写这篇序言。弗朗西斯·沃尔辛厄姆为英格兰女王伊丽莎白一世的国务大臣与顾问。伊丽莎白女王自1558年即位，至1603年去世为止，统治英格兰、威尔士和爱尔兰（理论上而言）长达40多年之久，见证了英格兰政治、社会与文化引人注目的发展。议会的规模和自信与日俱增，虽然大致上都支持君主制，但间或也会挑战女王的一些政策，尤其当涉及财政与宗教议题时。英格兰开启了蜕变为全球强权之国的旅程，在美洲建立新殖民据点，也被认定在爱尔兰首度发动殖民战争。与此同时，英格兰的艺术、戏剧和建筑空前地朝气蓬勃。这成就了剧作家威廉·莎士比亚和克里斯托弗·马洛，以及细密画艺术家尼古拉斯·希利亚德的时代。此外，壮观的乡村别墅拔地而起，部分建筑迄今为止仍保存完好。其中，大量的文化成果聚焦于女王本身，着力塑造崇拜童贞女王（之所以如此称呼，是因为她终身未婚且独立统治国家，这与其治下男性大臣的期望背道而驰）的仪式庆典。弗朗西斯·沃尔辛厄姆为女王服务的时期，正值英格兰国力在欧洲冉冉崛起之际。然而，他的人生述说了一个平行故事：反抗国家的阴谋叛乱层见叠出，英格兰王国始终被法国与西班牙入侵的威胁所笼罩，女王也自身难保，深陷被治下臣民暗杀的危险之中。

弗朗西斯·沃尔辛厄姆选择以一种另类的方式服务于伊丽莎白一世。在担任驻法大使期间，他亲眼见证了1572年恐怖的圣巴托洛缪大屠杀，众多新教徒惨死于他们天主教邻居的暴虐残害之下。此后，沃尔辛厄姆升任女王的国务大臣，他让她通晓国内外大事，并在宫廷和议会中代表她的声音传达政务。他身处由贵族和行政官僚组成的枢密院，每日开会商议国政，执行政府事务。然而，正是因为承担保护女王安全的职责，尤其是肩负特务首脑的使命，造就了沃尔辛厄姆的现代声誉。弗朗西斯·沃尔辛厄姆拥有两个截然相反的政治面貌。身为女王的大臣和国务代理人，他宣誓服侍她，执行她的王令；同时，他也执掌当时国际特务网络的中枢，源源不断向伦敦输送情报，遂跃居为最具权势的政治家之一。但有时，他面对的最大挑战却是说服女王正视自身所面临的危险，积极采取应对策略，而非一味拖延应付。

伊丽莎白一世时期的谍报服务是否为当今英国国家安全局和秘密情报局的前身——后者因一位虚构角色詹姆斯·邦德而闻名于世——始终存在争议。但可以肯定的是，弗朗西斯·沃尔辛厄姆所运用的谋略与现代情报系统采用的形式相较，包括渗入恐怖组织的渠道，以及运用频率分析来破解代码与密码等，颇有雷同之处。本书描述了隐形墨水、双面（甚至可能是三面）特务、黑色宣传和秘密藏身处等诸多真实故事。沃尔辛厄姆最令人惊叹但也备受争议的成功，莫过于诱捕意图谋逆表亲伊丽莎白女王的苏格兰女王玛丽，并确保她被处决。这无疑是沃尔辛厄姆背离服务君主的臣属本能而自行决断的鲜明例子。

多数情报监控往往将视线锁定于伊丽莎白女王的天主教臣民。自从英格兰宗教改革在国内废止罗马教宗的权力并将天主教弥撒定义为非法活动以来，英格兰天主教徒沦为弱势群体，频遭迫害。在英格兰，多数天主教徒依然服从国家统治，或许是出于个人对伊丽莎白女王的忠诚，抑或（更有可能）是出于对抵抗后果的恐惧。但少数天主教绅士倾向于更激进的观点，认定是国家主导了对天主教信仰的镇压，并借此证明主动抵制伊丽莎白政权的正当性。他们的最终目标是在国内领导谋反活动，同时辅以欧洲天主教同情势力自国外的入侵，从而里应外合，成功让苏格兰女王玛丽取代伊丽莎白登上英格兰王位。

本书邀请各位读者自行评判各类阴谋对英格兰王国的真正威胁程度。天主教叛乱者是孤独或被孤立的，极易遭受背叛，他们及家人的性命时刻面临着巨大的危险。他们知晓沃尔辛厄姆的眼线正虎视眈眈地潜伏在他们之中，却永远无法确定何人真正忠诚可信。当浏览沃尔辛厄姆的信件时，你们将察觉到他多么恐惧这些阴谋终有一天可能会得逞。尽管现代历史学者有时会怀疑这些天主教徒叛国阴谋所潜藏的威胁性，但沃尔辛厄姆对此深信不疑。故而，他必须始终保持高度警惕，以确保女王安全无虞。

女性也在这个故事里占有一席之地。自 16 世纪 70 年代以降，前往英格兰执行秘密任务的天主教神父和耶稣会教士大多藏匿在一系列安全屋中，以躲避沃尔辛厄姆麾下特务的缉捕；其中一些安全屋即由女性经营。约克肉贩之妻玛格丽特·克利瑟罗便是这些勇敢女性中的一员，后因拒绝透露自己与天主教地下组织的联系而惨遭处决。在这宗教分裂的另一方，沃尔辛厄姆的妻子厄休拉于圣巴托洛缪日屠戮新教徒期间，正随同他避居于英格兰驻巴黎大使馆内，并在之后勇敢地逃离了这座城市。他们的女儿弗朗西丝未来将先后嫁予伊丽莎白宫廷中两位最耀眼的明星：头婚嫁给诗人菲利普·悉尼爵士，并在其英年早逝后再嫁王室宠臣埃塞克斯伯爵罗伯特·德弗罗。当然，本书的中心人物也是一位女性：伊丽莎白女王。当她需要隐私时，便善用王室居所的建筑格局与男性众臣保持一定距离，并在公开演讲中刻意强调自己的性别。或许，侍奉如此一位君主颇具挑战性——伊丽莎白曾一怒之下向沃尔辛厄姆的脸上掷去便鞋。尽管这对君臣的个性南辕北辙，但毋庸置疑，沃尔辛厄姆对女王和对她所代表之新教国家的忠诚，始终坚如磐石。

文艺复兴和宗教改革共同孕育了弗朗西斯·沃尔辛厄姆。他学养深厚，曾先后赴剑桥大学国王学院与意大利接受教育。他熟悉地理与航海的最新发现，并对美洲新大陆抱有浓厚兴趣。他也涉足了伊丽莎白时代的一些文化领域，如园艺设计和音乐艺术。但他兼具注重隐私和朴素无华的品格，鲜有时间向伊丽莎白宫廷的奢华服饰和壮丽盛会靠拢。肖像画中的他永远身着一袭黑袍，而环绕脖颈的时尚襞襟反倒增添了一抹格格不入的不安感。

沃尔辛厄姆的新教信仰是他人生中的两大坚持之一。他自年轻时期便开始研习新教教义，玛丽一世对新教徒的血腥戕害迫使他与亲友一同流亡海外，从而进一步加强了新教信念。后在1572年的巴黎，因目睹友人和其他新教徒在英格兰大使馆周围的街道上惨遭屠戮，从而愈加深笃了信仰。沃尔辛厄姆的新教理念直接塑造了他的外交方针、对英格兰天主教传教团的态度以及对苏格兰女王玛丽及其英格兰追随者的厌恶。这也形成他人生中另一项重要的坚持，即服务伊丽莎白一世并保护她远离伤害的决心。毋庸置疑，伊丽莎白女王是一位新教徒，但她对宗教政治的态度远比沃尔辛厄姆更具弹性，遂导致他们之间经常爆发争执。不止一次，沃尔辛厄姆勇于使用鲜少朝臣胆敢对女王使用的表述方式，直言不讳地向掌权者道出真相。尽管他从未成为如莱斯特伯爵或沃尔特·雷利那般的王室宠臣，但伊丽莎白女王信任他，且有充分理由感谢他所提供的一切保护。

　　中国与欧洲的历史分期截然不同。本书描述的事件发生于中国明朝时期（1368—1644 年），横跨英国的中世纪晚期和近代早期（或文艺复兴）。16 世纪的英格兰对中国知之甚少，尽管后者的财富在当时已声名远扬。沃尔辛厄姆赞助了在现今加拿大境内的勘查活动，力求寻觅传说中通往中国的西北航道，以期开辟新贸易航路。

　　在此，我感谢上海人民出版社和协助翻译本书的杜宣莹博士（她在英国约克大学的博士论文聚焦于弗朗西斯·沃尔辛厄姆的情报网络），感谢他们将弗朗西斯·沃尔辛厄姆和 16 世纪英格兰的历史介绍给中国的新读者们。

目　录

序　言

序　言

　　1572 年，圣巴托洛缪节当日，一位身染污渍的人战战兢兢地穿过巴黎的街道，奔赴英格兰驻法大使的居所。这是布里克莫先生（Sieur de Briquemault），刚刚悲痛地目睹了两个儿子惨遭杀害，沦为数以千计遭天主教邻居谋害的新教冤魂的一部分。现在，他也自身难保，唯有在不被察觉的情况下顺利抵达弗朗西斯·沃尔辛厄姆（Francis Walsingham）大使的居所，方能抓住一线生机。自 1571 年 1 月沃尔辛厄姆就职以来，布里克莫已经数度拜访这座位于圣马索郊区的英格兰大使馆，对这里的道路了如指掌。但随着新教胡格诺派教徒竞相逃离这座已在暴民私刑控制下的城市，线民的监控目光也如影随形地盯住他们。贵族出身的布里克莫在双肩上各扛起一块羊肉，试图让自己隐身在巴黎中世纪街道上摩肩接踵的众多脚夫和马夫中。他一度几乎在城门口跟跄跌倒，一双友善的手搀扶起了他，并协助他将羊肉重新驮回背上。对于一位如此不起眼的送货员，在英格兰大使馆周边监控的法国警卫毫无兴趣。最终，布里克莫成功踏入了使馆。

　　原本，沃尔辛厄姆可以拒绝帮助布里克莫先生。身为英格兰臣民和天主教眼中的新教异端，沃尔辛厄姆大使和他的众多职员早已置身于在巴黎市内横行暴虐的天主教信众的威胁下。布里克莫与胡格诺派领袖海军大臣加斯帕尔·德·科利尼（Gaspard de Coligny）关系密切，但后者已被法国国王查理九世下令谋杀，触发了席卷巴黎和法国各省的暴力洪流。为这样一位显赫的逃亡者提供庇护，极可能威胁正在沃尔辛厄姆宅邸避难的其他人、英格兰国民及新教盟友的性命安危。此外，他也必须顾虑家人的安全，包括他身怀六甲的妻子和年幼的女儿。这无疑是沃尔辛厄姆面临过最艰难的抉择之一：是相信上帝的旨意而庇护布里克莫，还是出于政治家的考量将他交出？当这位逃亡的法国绅士婉拒他所提供的金钱与马匹，下跪恳求时，沃尔辛厄姆选择了跟随自己的良心。布里克莫被伪装成一位马夫，藏身在大使馆的马厩。何其不幸，数天后，布里克莫的身份曝光了，这得归咎于他的一位仆从在城里落网，从而被迫吐露出主人的行踪。法王要求交出布里克莫，甚至语带恐吓地强调，若有必要，将强行搜查大使馆。尽管如此，沃尔辛厄姆也未曾抛弃他的朋友，他陪同布里克莫登上密封的马车前往法庭，决意为后者的生命请愿。但这一切都徒劳无功：布里克莫被控以与胡格诺派共谋推翻瓦卢瓦君主的罪名，最终被判处极刑。[1]

　　当传统史学论述沃尔辛厄姆的公职生涯时，这个插曲并未引起特别关注，但足以充分展现这位曾任英格兰女王伊丽莎白一世的驻法大使、国务大臣与国安首长等要职之人的勇气。沃尔辛厄姆的特务托马索·萨塞蒂（Tomasso Sassetti）记录下他为拯救这名新教同胞免遭杀戮所尽的一切努力，成为1572年圣巴托洛缪日大屠杀记录中相对少见的连贯性叙述之一。萨塞蒂是马基雅维利的读者，也是历史学家洛多维科·圭恰迪尼（Lodovico Guicciardini）的挚友，曾自愿加入伊丽莎白女王的爱尔兰驻军，后被沃尔辛厄姆招募进入初期的情报系统。在这个最终东达君士坦丁堡、西抵加拿大和弗吉尼亚等新发现土地的广大信息和情报网络中，萨塞蒂也占有一席之地。弗朗西斯·沃尔辛厄姆以特务头子、密码学先驱以及劝诱敌人投效英格兰的策反能手等身份闻名于世。面对反抗伊丽莎白女王的天主教阴谋迭出，他守株待兔，让叛乱有充分的酝酿时间，并屏息以待时机成熟，从而一举揭露敌人的全部底细。然而，关于沃尔辛厄姆在伊丽莎白统治时期外交决策中所扮演的角色、对女王婚姻的长期抗争以及在爱尔兰与美洲推广英属种植园等议题，尚不为人所熟悉。沃尔辛厄姆对英格兰王室的服务也见证了其另一条战线上的交火，包括对抗宫廷派系的弊病，以及与日复一日毒害他的痼疾作斗争。当其他人不堪政府重担而濒临崩溃之际，沃尔辛厄姆始终屹立，维护着伊丽莎白一世，直到苏格兰女王玛丽·斯图亚特和西班牙无敌舰队这双重心腹大患被歼灭为止。

3

　　沃尔辛厄姆经常玩弄他人生命于股掌之上。无论批评者还是仰慕者，均将玛丽·斯图亚特的毁灭归咎于他。尽管沃尔辛厄姆试图自证清白，将她的死亡归因于反叛谋害他的女王伊丽莎白一世，实为罪有应得。但另一难以狡辩脱罪的当属对众多天主教传教士的处决。沃尔辛厄姆身负护卫女王免遭暗杀之责，故笃信理当善用他手上一切可能的武器护主。监禁、酷刑以及国家所支持的恫吓等手段尽数施用于驱使天主教徒归顺英格兰国教会。沃尔辛厄姆的特务们进一步渗入国内与流亡海外的英格兰天主教群体，煽动其中的激进分子脱离掩护，贸然举事捍卫信仰，从而暴露他们全部的计划与行踪。

　　或许，现代律师会谴责此引蛇出洞之举无异于"钓鱼执法"，但沃尔辛厄姆自认问心无愧。他深信隐秘的叛国行为终将暴露无遗，正如女巫永远无法隐藏与恶魔签订的契约。且英格兰已然深陷战争泥潭，不仅自16世纪80年代中期开始向尼德兰新教战争提供军事援助，并与西班牙在美洲殖民地及欧洲海域展开了一系列海上冲突，如劫掠西班牙运银船、1587年的加的斯战役及1588年的无敌舰队之役等；还包含在精神领域迎击反基督众势力，如与罗马教宗、法国吉斯家族以及西班牙菲利普二世的信仰之争。软硬兼施地让伊丽莎白女王正视并相信这一事实，始终是沃尔辛厄姆担任她的顾问与国务大臣长达 20 年间最紧迫的优先事项。他向世界展示，身为女王代理人的他，如何执行她的政策，如何维护她免受伤害。这幅政治图景或许会使任何相信都铎时期英格兰施行个人君主制统治的人感到诧异。沃尔辛厄姆确实忠于伊丽莎白女王，穷其一生为她服务；但他也哄骗她，时而爆发冲突，甚至在她不知情的情况下，径自授权斩首玛丽·斯图亚特。伊丽莎白女王笃信她是国家之船的指挥者，但事实上，弗朗西斯·沃尔辛厄姆经常成为掌舵人。

第一章

流　亡

　　1529 年，伦敦律师威廉·沃尔辛厄姆（William Walsingham）的事业蒸蒸日上，遂将丰厚的收益用于购买距离伦敦 10 多英里、直达肯特海岸的富茨克雷庄园（Foot's Cray）。他和众多同行发觉，此时此刻无疑是律师行业的黄金时代。随着沃尔辛厄姆这一姓氏在伦敦开始建立知名度，威廉得以充分利用市政府与王室的人脉网络来扩展贸易业务。都铎王朝的第二任君主亨利八世挑选他来汇报遭贬谪之枢机主教托马斯·沃尔西（Thomas Wolsey）被抄没的家产，与此同时，他被授予伦敦格雷律师学院高级荣誉讲师一职。1532 年，威廉就任伦敦市副司法行政官（under-sheriff），这是伦敦每位律师梦寐以求的最高职位。在家庭方面，他的爱妻乔伊斯（Joyce）已诞育足以嫁入高门望族的女儿们。仕途与家庭两顺遂的威廉·沃尔辛厄姆，唯有的缺憾就只剩尚未迎来一个儿子的诞生。

　　英格兰的洗礼常规登记直到 16 世纪 30 年代后期始成定制，因此我们无法确定弗朗西斯·沃尔辛厄姆出生的确切年份。若根据就读剑桥大学国王学院的注册时间回溯，他约莫诞生于 1531 年或 1532 年，即亨利八世在位第 22 年。他的诞生地也难以确认，相较位于伦敦克里普门区奥尔德曼贝里附近的住家，富茨克雷庄园的可能性更大。当时略有财力的母亲通常选择让孩子远离城市的肮脏和瘟疫，因此，襁褓中的弗朗西斯可能随即在当地教区教堂接受神圣的洗礼。关于婴儿洗礼的流程，人们首先会使用盐和圣油驱逐魔鬼，再将婴孩浸入洗礼盘，最后裹上白色的洗礼布。时人笃信若孩童在洗涤原罪之前夭折，将无法升入天堂，反而堕入地狱，故必须尽快让孩童接受洗礼。

6

根据部分家谱的记载，沃尔辛厄姆家族或可溯源至诺福克郡的小沃尔辛厄姆村（Little Walsingham）。倘若日渐嫌恶天主教的弗朗西斯·沃尔辛厄姆与这个中世纪英格兰最伟大的朝圣地之一存在任何关系，无疑讽刺至极。1511 年，亨利八世曾亲临小沃尔辛厄姆村祈祷，由衷感激上帝赐予长子亨利的诞生，但这位小王子仅存活不到两个月便骤然早夭。之后，宗教改革的巨浪冲溃了此处圣母玛利亚的圣坛。不过，沃尔辛厄姆家族与诺福克郡的纽带可能只是杜撰，其家族史的最早确凿证据可追溯至 15 世纪的伦敦，当时沃尔辛厄姆家族已入股颇富盛誉的酒商公会。1424 年，商人托马斯·沃尔辛厄姆在奇斯尔赫斯特附近的斯卡贝里买下一座乡村庄园，借此宣示他晋升士绅阶级。这种模式将定义往后数世纪的英国上层阶级：拥有土地成为脱离商业世界的社会晋级通行证。托马斯之孙詹姆斯拥有漫长的公职生涯，1486—1487 年为亨利七世担任肯特郡守，后于 1520 年随侍亨利八世赴法国。身为王室仪仗队的成员，他亲眼见证了如梦似幻的金帛盛会（The Field of Cloth of Gold）。詹姆斯·沃尔辛厄姆育有两子埃德蒙（继承斯卡贝里庄园）与威廉，后者即为弗朗西斯的父亲。

青出于蓝而胜于蓝，长子埃德蒙·沃尔辛厄姆成功跃上更高的社会阶层。他因在弗洛登征战苏格兰人有功而获封骑士，并于 1520 年跟随父亲共赴法国金帛盛会。两年后，神圣罗马帝国皇帝查理五世访问英格兰期间，他也随侍亨利八世接待。那曾经高悬在他坟墓上方的剑与头盔，如今保存在利兹的皇家军械博物馆（Royal Armouries Museum）。他的妻子安妮（Anne）拥有一个内部绘饰亨利八世肖像的心形黄金珠宝，象征着她历任夫家在英格兰宫廷的显赫地位。1521年，埃德蒙调任伦敦塔都尉，负责管理此处囚犯的日常事务。在其看守下的囚犯包括新教翻译者约翰·弗里思（John Frith，1533年因异端罪名被处以火刑），以及弗里思的死敌托马斯·莫尔（Thomas More，因拒绝承认亨利八世对英格兰教会的至尊地位，于1535年被处决）。伦敦塔都尉的职责包含监督对叛国嫌犯的刑讯，对此，罗切斯特主教约翰·费希尔（John Fisher）与另一位天主教殉教者曾抱怨埃德蒙·沃尔辛厄姆的严刑逼供。40年后，他的侄子弗朗西斯也将如法炮制酷刑拷问之举。

身为次子的威廉·沃尔辛厄姆无法继承家产，转而投身于伦敦的法律事业，力搏前程。和托马斯·莫尔一样，他的法律业务蓬勃发展。约翰·斯托的《伦敦调查》将奥尔德曼贝里街区描述为一条聚集众多精美房舍、适合富商群居或进行礼拜仪式的街道，并有一个净水管横跨道路中间。圣玛丽·奥尔德曼贝里教堂拥有一处教堂墓地和一座回廊，好奇之人可以在那里看到一小段据说是巨人的胫骨。威廉·沃尔辛厄姆要求死后安葬在该处教堂，且根据其遗嘱，在教堂的圣坛上留下了象征性的1先令。遗憾的是，关于他的纪念碑尽在1666年的伦敦大火中付之一炬，取而代之的雷恩教堂后也不幸于二战伦敦大轰炸期间沦为残垣断壁，这堆瓦砾后来被转移至美国密苏里州的富尔顿，以致敬温斯顿·丘吉尔。埃德蒙·沃尔辛厄姆的纪念碑则在奇斯尔赫斯特教区教堂幸存下来，一旁伴随着的是他的孙子托马斯的墓碑。后者可能曾协助堂叔弗朗西斯·沃尔辛厄姆爵士从事情报工作，并成为剧作家克里斯托弗·马洛的密友。[1]

倘若说威廉·沃尔辛厄姆是凭借父兄的渊源与英格兰王室建立起

某种联系，那么他的妻子乔伊斯无疑拥有更紧密的政治纽带。她的兄长为笃信新教的廷臣安东尼·丹尼爵士（Sir Anthony Denny）。身为亨利八世内廷的首席侍从之一，丹尼在 16 世纪 40 年代与国王近乎莫逆之交。颇获宠信的他执掌王室财库，负责亨利八世在建筑、艺术品和赌博等方面的巨额私人开支。更关键的是，丹尼担任内廷总管（groom of the stool），此要职最初负责御用的密闭式或便携式恭桶，而后在亨利八世统治的最后两年负责掌控王室居所的进出权限。他甚至掌管摹写国王签名的拓印章（dry stamp），从而得以如同亨利八世亲自签署般签核授权文件。

内廷机制是一个建基于与君主的亲密关系，而非纯官僚体制的权力集中形式。1547 年 1 月，御医宣布亨利八世即将崩殂，由丹尼负责向垂死的国王面禀此噩耗，这绝非一件令人钦羡的美差，但唯有亲信方可担此重任。当亨利八世开始质疑新教激进主义时，丹尼仍对改革深具信心，他是确保幼主爱德华六世受到秉持正确信仰的枢密大臣辅佐的人之一。当新王的舅父、时任护国公的萨默塞特公爵爱德华·西摩（Edward Seymour）暂离伦敦征战苏格兰之际，丹尼被委任暂代爱德华六世的监护人。直到 1549 年去世时，丹尼仍与国王维持紧密关系。拥有一位执掌伦敦塔的大伯父，以及如此一位高居宫廷核心的舅父，对于一位伦敦律师的儿子而言，自然有助于建立与王室之间的联系。服务王室的家族传统始终流淌在弗朗西斯·沃尔辛厄姆的血液中。

"肯特是整个英格兰的钥匙"，16 世纪 30 年代的旅行者兼古物收藏家约翰·利兰（John Leland）如此称赞这个位处英格兰东南的鱼米之乡。亨利八世的童年时光大多在埃尔特姆宫消磨度过，此处距离富茨克雷庄园仅 4 英里。沃尔辛厄姆家族的地产位于一片遍布耕田与小农庄的丰饶地带，此地生产的小麦源源不断运往扩张中的伦敦城。成群的牲畜放养在泰晤士河口附近的盐沼上。木材和布料则来自威尔德区的森林地带，该处的新兴钢铁工业满足了亨利八世海军武装政策中大炮的制造需求。由此向东，通往罗切斯特的梅德韦河，最终直达英格兰教会的首府坎特伯雷。

肯特是一片古老的人口聚居地，管理严密而繁荣富足。但至都铎时期，当地社会开始经历一些令人不安的变化。大量财富集中在相对少数的士绅和自由农之手，导致原本稳定和谐的社会中时而会起一些摩擦冲突。与此同时，迅速增长的人口促使越来越多人投入求职市场。身为肯特的治安法官和伦敦副司法行政官，弗朗西斯·沃尔辛厄姆的父亲威廉正面临这场人口革命的后遗症——流民和犯罪问题日益严重。在最严峻的时刻，民众对经济的愤怒情绪开始转向政治反抗。肯特的布料工人高喊着抵抗不义税收的传统口号，拒绝缴纳资助国王对法战争的强制贷款。这一抗税传统可追溯到 1450 年杰克·凯德的叛乱，甚至可推及 1381 年瓦特·泰勒领导的农民起义。

在社会动荡之际，教会始终扮演着维系稳定的传统力量。布道与祈祷书教导人们应屈服于厄运逆境，并专注于祈求来生顺遂。但路德的宗教改革扭转了这种信念。与欧洲进行密切贸易往来的地缘关系，无疑使肯特成为最先遭受这波信仰冲击的英格兰城镇之一。1530 年，木匠托马斯·希顿（Thomas Hitton）被指控在格雷夫森德进口异端书籍而被捕，随后依照罗切斯特主教费希尔的命令被处以火刑。两位教士以及一位批判圣像并赞扬马丁·路德作品的木匠，面临相同的两难抉择：或幡然悔悟，抑或为异端而献身。肯特拥有与其政治叛逆传统相匹配的激进宗教历史。百年来坚持阅读英文版《圣经》且批评炼狱教义的罗拉德派秘密团体，迄今在梅德斯通区与威尔德区仍势力不减。希顿这样的人物代表了一场新运动的先锋派，接受路德教派关于信徒皆祭司与因信称义的新论点，但迥异于潜行的罗拉德派，新一代的新教皈依者决意公开宣讲福音。

面对异端学说如野火燎原般蔓延，忧心忡忡的天主教徒试图从一个虚幻的途径来获取些许安慰。女仆伊丽莎白·巴顿（Elizabeth Barton）宣称，她对天堂与致命的罪恶产生了图像化的幻觉，引发当权者的关注。对于这位"肯特圣女"的调查验证了其正统性，之后她在坎特伯雷宣誓加入本笃会。随着新教与罗马教会加速决裂，巴顿的神迹启示获得了明显的政治优势。她不仅为罗马教宗声嘶力竭地辩护，呼吁焚毁新教书籍，更告诫英王亨利八世：若与发妻阿拉贡的凯瑟琳离异，他将无法稳坐王位超过一个月。但效果适得其反，这个警告彻底激怒国王，亨利八世下令将她押入伦敦塔，交由埃德蒙·沃尔辛厄姆爵士看守。1534 年，巴顿被控以叛国罪，在泰伯尔尼刑场被绞死并遭到斩首，将她拔擢为女先知的坎特伯雷修士一并被处以绞刑。[2]

弗朗西斯·沃尔辛厄姆恰巧诞生在英格兰宗教改革的这一分水岭时刻。亨利八世并不欣赏路德，这意味着英格兰官方的宗教变革迟至 16 世纪 30 年代才展开，且改革的启动绝非出于对新教神学的任何认同，而是君主为解决王朝的继承问题所致。1533 年的《禁止上诉法案》（*Act of Appeals*）宣布："世界已认同英格兰王国是一个帝国，由一位最高元首和国王统治。"如同该法案所宣称的那样，千年来对罗马教宗的忠诚，与其说是突发决裂，不如说这始终是一种错觉。英格兰教会从始至终臣服于国王，而非外国当权者，这种说法意味着教宗一直以来窃夺侵占了世俗君主的正当统治权。这项法案通过印刷途径向英格兰臣民宣布，引发一连串的正面和负面宣传。亨利八世被赞誉为犹大之狮与基督的俗世副手，而教宗则被讥讽为反基督者。君主对教会的王权至上论在每个教区广为传播，在每所学校和教理问答班中被悉心传授。每位一家之主都必须宣誓捍卫这一信念。

　　沃尔辛厄姆生长于这个激荡的时期，自然属于不知为教宗祈祷是
何物的英格兰新一代。从年轻世代的视角来看，宗教改革似乎意味着
年轻人对长辈的叛逆。而亨利八世和宗教改革的不稳定关系为他们提
供了诸多斗争的理由。此时的教会仪式依旧沿用多数信众难以理解的
拉丁语。国王不允许对弥撒的传统教义——面包和红酒奇迹般转化成
基督的血与肉——进行任何淡化，因为这无异于重新定义基督的牺
牲。教堂的教士照常为深陷炼狱的逝者灵魂吟咏着。然而，自 1539
年起，《圣经》开始公开采用英文宣读，且清除了教区教堂内部的圣
徒形象。肯特郡的圣像破坏运动不仅披露博克斯利修道院收藏之恩典
十字架（rood of grace）上受难耶稣能转动的眼睛和嘴唇实为梅德斯
通市场上的一场骗局，甚至波及坎特伯雷大教堂的圣托马斯·贝克特
豪华圣坛。天主教仿佛正被大量迷信和诡计玷污，遭讥笑为异邦的、
不爱国的以及"罗马的"。约翰·利兰与约翰·贝尔（John Bale）等
新教学者重新检阅历史记录，寻找英格兰在基督教世界中享有特殊地
位的证据。在伊丽莎白一世的统治下，一种新兴的民族意识达至巅
峰，人们笃信英格兰人实为上帝选民，英格兰成为前往应许之地的新
以色列。当然，这也是沃尔辛厄姆亟欲推广分享的信念。[3]

　　1534 年，威廉·沃尔辛厄姆逝世。同年，亨利八世宣布自己成
为英格兰教会的至尊元首，"肯特圣女"伊丽莎白·巴顿被处以极刑。
此时，威廉的独子弗朗西斯尚不足 3 岁。威廉在遗嘱上自行落款"缙
绅"（esquire）头衔，此举与其父詹姆斯的做法如出一辙。16 世纪的
英格兰社会自行划定等级，且依凭称谓、教堂座位的优先顺序乃至服
饰的剪裁和颜色来标记社会阶层。"缙绅"的标记将弗朗西斯·沃尔

12

辛厄姆的父亲与祖父归入低阶士绅之列。尽管他们坐拥土地，持有家徽，承担治安法官之职，甚至加入监督伦敦饮用水的公共委员会，但他们的地位仍远远不足以跃居上层士绅阶级，后类显贵不仅得以拣选郡骑士进入议会，更能在新年时与君主交换礼物。此外，威廉在遗嘱中宣示将灵魂献予"全能的上帝、神圣的圣母玛利亚以及天上的会众"，这段话难以显示他的信仰倾向。身为伦敦副司法行政官，他肩负监控辖区内新教异端邪说之责。因此，倘若他有任何的路德教派倾向，应会谨言慎行，不欲他人察觉。

威廉在生前已筹备妥当 5 位女儿的婚姻，考虑到独子尚幼，遂将剩余的遗产留给"我的爱妻"乔伊斯代管。16 世纪的法律文件鲜见公然流露情感，因此这个称谓反映了弗朗西斯的父母似乎对彼此拥有真挚感情，甚至可能是为爱成婚。妻子乔伊斯、兄长埃德蒙·沃尔辛厄姆爵士与威廉的一位副司法行政官同僚被指定为遗嘱共同执行人。威廉的逝世使乔伊斯在 27 岁时成为寡妇，但她坐拥丰厚遗产，身系宫廷人脉纽带，且足够年轻，还可以诞育更多子嗣。因此，短短数年内，她就再婚了。她的第二任丈夫是廷臣约翰·凯里爵士（Sir John Carey），其弟为威廉·凯里（William Carey）。后者迎娶了玛丽·博林（Mary Boleyn），即亨利八世第二任王后安妮·博林的亲姐，这"另一位博林家的女孩"在 16 世纪 20 年代早期曾是亨利八世的情妇。这段姻亲被证明是一个有用的政治联系。威廉·凯里和玛丽·博林的儿子汉斯顿男爵亨利·凯里（Henry Carey）不仅是伊丽莎白一世的表兄（谣传为同父异母的兄长），同时也成为沃尔辛厄姆的近亲同辈。

弗朗西斯可能随同母亲和继父约翰·凯里爵士居住在后者监管下的赫特福德郡汉斯顿王室庄园。16 世纪 30—40 年代，亨利八世的 3 位子女，长女玛丽公主、次女伊丽莎白公主与长子爱德华王子均在这个庄园生活过，且众所周知，亨利八世曾巡幸至此。一幅 1546 年绘制的爱德华王子肖像画证实他当时正居住于此。画中，从爱德华王子身后一扇敞开的窗户向外远眺，可以看到庄园的山墙和高耸的都铎式烟囱。弗朗西斯也可能在附近舅父安东尼·丹尼的庄园待过一段日子，或在斯卡贝里庄园陪伴祖父。令人沮丧的是，我们迄今为止对弗朗西斯·沃尔辛厄姆的童年仍是一无所知。沃尔辛厄姆档案中所有私人文件在他过世后尽数从国家档案中删除，导致他大部分的个人生活记载佚失。倘若乔伊斯分享了其兄安东尼的宗教改革理念，或许可以合理推断，她即是其子弗朗西斯世界观与公职生涯中新教思想的源头。[4]

　　沃尔辛厄姆求学生涯的第一个正式记录显示，他在爱德华六世统治初期进入剑桥大学国王学院就读。根据该学院的账目，他在1548年6月前按季度支付食宿费。11月，他获准正式入学，随后至少住校两年，直到1550—1551年间的某个时间点离开。没有证据显示他是否获得学位，但这类肄业情况对于他所属的士绅阶层而言并非罕见，因为正式的学位资格主要是为了那些谋求教会职务者所准备的。沃尔辛厄姆的背景赋予其与研究员同桌用餐的自费生地位，在学院礼拜堂和餐厅享有优于贫困学者的社会特权。尽管如此，当时剑桥大学国王学院的条件依然十分简陋，近似于中世纪僧侣的生活方式，而非如后世出身士绅阶层的学生所享受的那般豪奢。

　　沃尔辛厄姆当时所处的国王学院挤在一座防御性门楼的后方，是个既狭窄又阴冷的小庭院。这座曾经的巨大方庭建筑在一个世纪前被夷为平地后，维持着空空荡荡的冷清寂寥，未见建设。当时的牛津大学与剑桥大学仍旧遵循着新近解散之修道院的生活节奏，延续私人学习和私人告解，授课语言沿用拉丁文与希腊文。学生宿舍不允许生火，窗户以百叶窗而非防风的玻璃装设。国王学院借助鞭笞和刑枷强化纪律。尽管生活严苛，但提供了莫大的安全感与同窗情谊，这种纪

14

012 都铎谍影：弗朗西斯·沃尔辛厄姆与伊丽莎白一世的宫廷

律和特权的巧妙结合，促使一种对学院共同体的认同感油然而生，且深植于学院成员彼此之间。沃尔辛厄姆的剑桥岁月使他融入国王学院五六百名成员的日常生活，其中许多人日后遍布伊丽莎白统治时期的政界、学界以及教会领域。此外，剑桥生涯也让他直接置身于英格兰精神复兴的支点。

剑桥大学的学生是最早吸收来自欧洲大陆新宗教思潮的群体之一。国王学院对面是白马旅馆（White Horse inn），16 世纪 20 年代路德研究小组多在此聚会，故通常被称为"小德意志"(little Germany)。当时的剑桥大学校方公开对异端采取强硬立场，尤其在校长约翰·费希尔的主导下，要求学生驳斥路德与约翰·威克利夫（John Wyclif）的谬论，重申对天主教教义的坚定信仰。后当亨利八世的首席大臣托马斯·克伦威尔（Thomas Cromwell）接任校长职务时，正统观念产生巨变。王室禁令废除了教会法教学，并修改了神学课程。学院和大学的职员被迫将原属罗马天主教的权状文书全部移交王室。国王学院出资将王室禁令绘于黑板上，借此宣示绝对忠诚，且剑桥大学要求全员参加圣玛丽大教堂的弥撒，为亨利八世祈祷。教会和国家的新秩序建设不容置疑。亨利八世崩逝前一个月，三一学院重新拟定章程，正式宣示将与教宗之间的斗争纳入其使命。[5]

1548 年春，沃尔辛厄姆初入国王学院之际，恰逢学院两件大事发生。首先，学院礼拜堂内令人惊艳的彩绘玻璃窗耗时长达 30 年终于安装完成。该礼拜堂最初为纪念亨利六世与兰开斯特家族而建，但已全然采用都铎式装饰。一块颂扬圣母与基督的彩绘玻璃上装点着美轮美奂的王室符号：都铎王朝外红内白的联合玫瑰、王室纹章、爱德华王子的百合花饰以及亨利八世第二任王后安妮·博林和第六任王后凯瑟琳·帕尔的标志。这种王朝象征的集合宣示，足以媲美威斯敏斯特教堂的亨利七世礼拜堂。一扇可溯源至 16 世纪 20 年代的彩绘玻璃

15

窗，通过绘制所罗门接受示巴女王的贡礼，来向亨利八世致敬。这一主题也为宫廷画师汉斯·霍尔拜因（Hans Holbein）沿用，并随着与罗马教廷的决裂而获得了更具体的共鸣，塑造了一位创建让臣民得以朝拜之新圣殿的皇帝形象。[6]

1548 年，国王学院的第二件大事为院长乔治·戴（George Day）辞职，其职位由约翰·奇克（John Cheke）接任。这两人的履历有部分相似：戴是经常出入宫廷的御用神父，而奇克则担任王室子女的家庭教师。两人皆为古典希腊语的爱好者，奇克更曾是戴在圣约翰学院的学生。然而，文艺复兴的人文主义引导两人迈向分歧之路。戴支持君主在教会的至尊地位，但对基督教教义仍持相对保守的立场。亨利八世认可他的忠诚，故任命他为奇切斯特主教。笃信新教的爱德华六世继位后，国王学院的研究员利用这一崭新的政治氛围，将天主教的私人弥撒彻底逐出学院礼拜堂。戴立即请辞院长职务。3 年后，他因拒绝改用新教仪式规定的木桌取代祭坛，被进一步革除了主教职务。

国王学院的新院长约翰·奇克出身学者，而非神职。作为圣约翰学院的初级研究员，奇克吸引了一群致力于学习古典希腊语的学生。他们效仿鹿特丹著名人文主义学者伊拉斯谟设定的语言风格，别树一帜。在现代社会，古典希腊语的知识几近消逝无踪，难以恢复，因此很难理解为何一个如此枯燥的学术问题竟引发轩然大波。1540 年，斯蒂芬·加德纳（Stephen Gardiner）在克伦威尔被处决后接任剑桥大学校长一职，下令严惩任何使用伊拉斯谟式而非中世纪发音的人。伊拉斯谟并非新教徒，但其翻译的希腊文版《新约圣经》在旧教会内部劈出裂痕，就此引发新思潮的洪水自 16 世纪 40 年代起倾泻而下。面对校方的严厉管控，奇克退缩了，于 1544 年转任爱德华王子的家庭教师，并为其设计了一套着重于语言、教义与历史的课程。他在

16

1547 年后继续担任幼主的御用导师，进一步将西塞罗和修辞学介绍给这位年轻的新英王，最终引导其进入希腊文的世界。

　　奇克虽因王室教学职责而经常留驻宫廷，但对于沃尔辛厄姆就读时期的剑桥大学依旧影响深远。1549 年，他对剑桥大学进行了一次全面的视察，以检验学校是否符合新教主义，并要求校方按照人文主义路线调整教学。同年，他被钦定为玛格丽特夫人神学讲席教授。同为钦定教授的还有德意志著名神学家马丁·布塞尔（Martin Bucer），他试图在欧洲各改革教会之间进行调解并寻求共识，这项努力可能塑造了沃尔辛厄姆日后面对天主教敌人时所提倡的新教团结信念。布塞尔根据圣保罗写给以弗所人的信件，向众人演讲，并修订《公祷书》（*Book of Common Prayer*）。当他于 1551 年逝世时，送葬队伍多达 3 000 人。沃尔辛厄姆的导师托马斯·加德纳（Thomas Gardiner）为其撰写悼词。布塞尔对新教的认同十分深厚，导致他在玛丽一世天主教统治时期被开棺焚尸，以示将其异端邪说灰飞烟灭。

　　沃尔辛厄姆从这股改革的泉源中汲取良多。剑桥大学的学习生活升华并完善了他母亲自幼教导的信仰，马丁·布塞尔的新教教学使他进一步触及欧陆的宗教改革。除此之外，古典教育无疑启发了沃尔辛厄姆与其同时代人的另一个重要思维，即为王室和国家服务。奇克在希腊文献学课程的合作教师为民法教授托马斯·史密斯（Thomas Smith），其在 16 世纪 60 年代任驻法大使，自 1572 年至 1577 年逝世为止担任首席国务大臣，并由沃尔辛厄姆担任副手。奇克与史密斯均教导过罗杰·阿谢姆（Roger Ascham），后者为伊丽莎白公主设计了一系列基督教和古典研究的课程，并在这位王室门生继位为女王后升任她的拉丁文秘书。奇克最著名的学生莫过于年长沃尔辛厄姆 12 岁的威廉·塞西尔（William Cecil），塞西尔后来成为一位颇具造诣的古典主义者，且迎娶了奇克的妹妹玛丽。日后，塞西尔将跃升为他这

一世代最显赫的英格兰政治家，先后担任伊丽莎白一世的国务大臣和
财政大臣，更被册封为伯利男爵（Baron of Burghley）。在伊丽莎白女
王统治中期的 20 年里，英格兰政府将仰赖塞西尔和沃尔辛厄姆的通
力合作。[7]

　　在 16 世纪与 17 世纪圣像破坏运动的浪潮下，剑桥大学国王学院
礼拜堂的彩绘玻璃窗幸免于难，但如同沃尔辛厄姆所认为的那样，这
种装饰或多或少反映了英格兰天主教崇拜艺术的最后繁荣。此处玻璃
描绘了圣母玛利亚升天与加冕的场景，在安装后立刻引发争议，但何
其讽刺，诸类圣像崇拜的装饰受益于隐喻其中的都铎王室形象，从而
侥幸保存下来。在国王学院的围墙庇护之外，爱德华六世与主政的重
臣开始攻击圣像崇拜行为。亨利八世统治的最后 10 年，以教会与国
家团结为美名，企图在旧传统与新改革之间达成的妥协，被以这位幼
主名义执政的枢密院迅速废弃。英格兰教会的各地教区委员奉令毁损
或彻底摧毁在 16 世纪 30 年代宗教改革第一阶段大清洗中残存下来的
信仰图像。4 000 座为亡者吟诵弥撒的教堂与学院被陆续解散。祭坛
被移除了，而教士则获准结婚。新版英文祈祷书重新规定面包和酒的
圣餐礼，删除圣体的象征性升华，诸如此类的激烈变革遂在英格兰数
个地区引起骚乱，甚至在康沃尔郡与德文郡爆发全面性的叛乱。1552
年，改革进一步将圣餐礼转化成一种纪念行为，并终止受洗者和临终
者的涂油仪式。如同新教宣传家理查德·莫里森（Richard Morison）
在玛丽一世统治时期所回忆的那样："自创世以来，从未有任何国家
在如此短暂的时间内发生如此巨大的变化。"

　　在这场变革中，英王爱德华六世的角色极难衡量。当时的幼主政

权并无摄政之名，而唯爱德华国王马首是瞻。且他自幼接受如沃尔辛厄姆之舅父安东尼·丹尼等新教重臣的指导。部分证据显示，这位幼主将约翰·奇克与其他家庭教师所教授的一切尽皆内化。在 11 岁时，爱德华六世搜集了关于圣像崇拜和因信称义的教义条文，并翻译成法语，用以馈赠舅父萨默塞特公爵。他撰写了一篇探讨教宗至上的论文，通过典型的人文主义方式，双向陈述支持与反对的论点，最终得出结论：教宗实为一位暴君、"真正的恶魔之子"以及世间的反基督者。他还保存了自身出席聆听之众多宫廷布道的笔记。这种精神投入19 截然迥异于他的父亲亨利八世——这位发动英格兰宗教改革的国王总是一边聆听弥撒，一边分心处理王室事务。由此，这对父子的信仰举止形成鲜明对比。[8]

　　对于曾在亨利八世保守统治末期饱受恐吓或遭受实质迫害的新教徒而言，爱德华六世政权对福音的解放无疑是一种神意象征。时至今日，终于降临一个真正致力于宗教改革的新教政权，布道传教和印刷活动使宗教辩论开始超越传统狭隘的教士精英阶层。天国的大门被无知与迷信蒙蔽染尘了如此之久，现今正在清除杂草，即将重新开放。许多人正努力理解关于救赎的新教义。这场运动以解开神意枷锁为己任，将神意的诠释权重新归还早在基督时代已受启示的穷人和文盲，但也贬低了长久以来作为英格兰男女信徒灵性核心的善行。仅仅过着善良且乐善好施的生活显然已经不符合虔诚的新标准；基督教的门徒还必须拥有信仰，这并不意味着宽泛的信仰举止，而是一种炽热的内在信念，即以圣保罗为典范的皈依者信仰。唯有如此，才能在审判之日抵消人类罪孽难以承受的重负。

　　伦敦受到这种福音教派的冲击最为强烈，而沃尔辛厄姆恰巧在这座新教氛围笼罩的首都度过了爱德华六世的最后统治阶段，也可能是玛丽一世统治的第一年。他在剑桥大学最后的就读记录停止在 1550

年 9 月，但来年国王学院的账目已经遗失，故推测他也有可能继续在
此居住数月。他在国王学院留下了一幅高悬于大厅的肖像，让人们得
以记住他。这幅是荷兰艺术家约翰·德·克里茨（John de Critz）现
存于伦敦国家肖像艺廊（National Portrait Gallery）所绘之半身肖像画
的另一版本。根据圣保罗大教堂沃尔辛厄姆坟墓上方的拉丁铭文可
知，他随后前往欧陆研修语言和法律，从而完成学习。毋庸置疑，他　　20
对语言颇具天赋，尤其精通法文和意大利文。或许，是继父约翰·凯
里爵士的逝世使他重返伦敦。1552 年，他入学生父威廉·沃尔辛厄
姆曾经执教的格雷律师学院，而威廉·塞西尔于 16 世纪 40 年代初期
也在此学习。沃尔辛厄姆可能想通过攻读法律来评估他是否适合继承
生父的律师衣钵，尽管这非绝对必要：掌握法律知识有助于一位绅士
捍卫他的土地，以应对都铎时代法庭上日渐猖狂的掠夺性诉讼。不仅
如此，格雷律师学院还为沃尔辛厄姆提供了邻近威斯敏斯特宫和白厅
的住所，那两处是国王、宫廷、枢密院和议会运转的枢纽。

　　沃尔辛厄姆初抵伦敦时，年约 20 岁。他惊讶地发现这座城市正
处于一个宗教与社会均蠢蠢欲动的发酵阶段。自从这座首都的每个天
主教祭坛都被朴素的圣餐桌所取代，转眼间，两年时光已然流逝。在
圣保罗大教堂内，唱诗班的铁栏已经用砖封起来，以防传统主义者参
加任何未经授权的圣礼仪式。传教士齐声谴责统治阶级猖獗的贪婪，
以及这座城市积重难返的恶行与慈善事业的匮乏，乃至一味沉溺于赌
博与卖淫的罪孽。普通民众也纷纷经历突如其来的转变。据称，一位
学徒聆听完当地教堂的讲道后，随即转身离开，抛弃了他先前的喧嚣
生活。这种变局下的诸多反应开始让当权者感到不安。编年史家的记
载充斥着各种显现奇异征兆的故事，包含高悬天际的 3 个太阳，以及
悬挂在半空中的幽灵士兵。这种氛围诡异地热烈，甚至开始有谣言称
一种神秘疾病正在无差别攻击富人和穷人。例如，一群患上汗热病的

朝臣上午9点汗流浃背地跳着舞，却在11点前莫名死去，从而获得"纡尊降贵"的病名。此外，随着农作物的歉收，数以千计的求职者涌入伦敦，面包的价格前所未有地飙涨。由于当时尚未形成现代经济理论可供参考，枢密院将这场危机归咎于市长和市政官的怠惰渎职。但与此截然不同的是，牧师们将这场危机归因于神谴，并呼吁信众诚心悔改。

格雷律师学院正巧位于伦敦城墙之外，即约翰·斯托所谓的霍尔本与法院路以北的"郊区"。当时，该地区仍维持乡村景观，格雷律师学院的校舍和宿舍耸立于开阔的田野上。沃尔辛厄姆在此学会了如何通过普通法的严格惯例进行案件辩论，也熟悉了生疏僵化的拉丁语和诺曼法语，这两种语言惯用于令状，可进行起诉和裁决。他仔细观察威斯敏斯特宫的法庭运作，该宫早在亨利八世统治初期就已不再充作王室居所。这种学习方式似乎引导沃尔辛厄姆踏入了一个不可思议的中世纪世界，但他的生活并不因此全然局限于制式的模拟辩论和死记硬背。律师学院沿袭一个特殊的传统，即在圣诞节讽刺当权人物（亨利八世时期的枢机主教沃尔西曾经沦为调侃目标），议论当朝时政。

格雷律师学院内设有独立礼拜堂，大律师与学生在此聚集，纪念正式法条的创建与终结。礼拜堂内的圣托马斯·贝克特彩绘玻璃窗已遵从亨利八世之令而拆除。此时的沃尔辛厄姆也应该察觉到激进的新教"异邦人教会"（Stranger Churches）的兴起，这些荷兰和法国新教流亡者在伦敦接受如同神学家马丁·布塞尔在剑桥所获得的相同紧急庇护。爱德华六世政府为这些异邦人提供财政援助，并出借已解散之奥斯汀隐修院的小修道院教堂供他们进行礼拜。在牧师约翰·拉斯科的带领下，这群新教流亡者在英格兰创造了一个微型苏黎世，祈祷他们能够成为东道主英格兰的信仰改革灯塔。在1572年圣巴托洛缪日巴黎新教徒的屠戮惨案发生后，沃尔辛厄姆对这一异邦人群体的同情与维护愈发明显。[9]

正当英格兰宗教俨然重生之际，天降横祸，让虔诚的传教者们顿时惊慌失措。1552 年 4 月，爱德华六世在日记中描述他身染麻疹与天花。而在此之前，他的身体一直很健康。至同年 10 月，在庆祝自己的 15 岁生日时，他已然康复。但这场感染激活了爱德华体内潜伏已久的肺结核隐疾。11 月，他的日记写作突然中断，暗示着病情开始恶化。圣诞节前，他明显处于病中；到 1553 年 3 月，威尼斯大使预测爱德华国王即将崩逝。爱德华自己似乎也警觉到这一点，于是开始起草一份名为"继承计划"的文件，着手变更亨利八世规定的英格兰王位继承顺序。

接下来数月将见证整个都铎王朝最离奇的政治操作。为使新教改革在自己逝世后得以延续，爱德华六世推翻他父亲的遗嘱和 1544 年议会通过的第三次继承法案，宣布将王位传予笃信新教的格雷表亲。他两位同父异母的亲姐被彻底排除在新继承序列之外：长姐玛丽受限于其天主教信仰而被排除；二姐伊丽莎白则因为她的私生子身份而失去机会，也有可能是考虑到她未来的婚姻说不准会对宗教改革构成威胁。爱德华国王倾向于任命表姐萨福克公爵夫人弗朗西丝·格雷（Frances Grey）为英格兰王国的"管理者"，直到弗朗西丝本人或她的 3 位女儿诞下新教男性继承人。但情势已刻不容缓，日渐虚弱的爱德华国王改变了想法，转而支持弗朗西丝的长女简·格雷（Jane Grey）直接继承王位。因此，他亲手修改了"继承计划"文件，这也成了他身为国王所签署的最后一项法案。

简·格雷女士与爱德华六世同龄，也同样是一位虔诚的新教徒。约翰·福克斯（John Foxe）记录了这样一个故事：当简·格雷行经玛丽公主的私人礼拜堂时，拒绝向祝圣用的上帝肖像行屈膝礼。1533

年 5 月，正值爱德华六世决定让简·格雷继位的前几天，她不情愿地嫁给当时的实际决策者、首席大臣诺森伯兰公爵之子。爱德华时期的高层政治往往充斥着蝇营狗苟，但即使依照当时常态，诺森伯兰公爵意图扮演造王者，甚至图谋不轨地将其家族融入王室血脉之中，这样的联姻之举仍然暴露了过于明目张胆的贪婪。国王的私人律师察觉到这近乎于叛国的政治野心，主张爱德华六世太过年轻，不可自行订立遗嘱。但最终，个人君主制凌驾于一切。1553 年 7 月 10 日，面对缄默而忧心忡忡的伦敦民众，简·格雷宣布继位。9 日后，同样的人群敲响了这帮野心勃勃的政客的丧钟，为长公主玛丽燃起继位火炬。诺森伯兰公爵被处决，但简·格雷暂获恩赦，这两种迥异的决策拥有相同的目的：拉拢民心。

民众的支持浪潮把玛丽公主推上王位，这时被视为都铎王朝史上唯一成功的政变。讽刺的是，其性质是对都铎王室的拥护，而非反抗。1553 年夏天，飘扬着玛丽旗帜的萨福克郡法拉姆灵厄姆城堡迎接众多家族在此集结，这些支持者大多坚定信仰旧教。玛丽曾公然蔑视她弟弟统治下的新教异端，坚持将弥撒仪式保存在私邸中，甚至在 1551 年骑马穿越伦敦时公开炫耀被明令禁止的天主教玫瑰念珠。随着她的登基，圣徒图像重新出现在伦敦家家户户的窗户上，这证明尽管天主教徒面临各种恫吓，但未被爱德华国王扭转信仰。不仅如此，玛丽在执政之初显然拥有比这隐藏性天主教民心更为广泛的支持基础。笃信新教的苏塞克斯伯爵在东安格利亚为她指挥支持者军队。另一位坚定的新教改革者彼得·卡鲁爵士（Sir Peter Carew）则在家乡德文郡公然拥护玛丽的继承权，否定简·格雷的继位合法性。皇家海军的海员们强迫他们的长官宣布玛丽为女王。根据这些人的种种拥戴行为，证实亨利八世决定的继承序列显然比诺森伯兰公爵策划的政变更契合当时的民心。

短短数月内，局势不变。1554 年春，玛丽面临一场由 3 000 人组成的新教叛乱，其中包含伦敦的叛逃民兵。士兵从肯特浩浩荡荡出发，朝着伦敦城门行进，直到他们的领袖托马斯·怀亚特爵士（Sir Thomas Wyatt）投降以避免不必要的流血牺牲。尽管叛军规模仅是亨利八世时期反宗教改革的求恩朝圣（Pilgrimage of Grace）的十分之一，但怀亚特是位经验丰富的军事指挥官，相较于都铎时期其他的叛乱领袖，他的举事更显成效，几近废黜一位执政君主。然而，各种流言蜚语迫使怀亚特在尚未做好充分准备前就仓促行动。倘若给予多余数周的筹谋时间，这场肯特暴动将足以成为协调全国各路人马合作的核心力量。萨福克公爵曾计划在莱斯特郡集结，由卡鲁负责防御西南地区的港口以确保法国海军运入补给。这场举事声称是抗议玛丽女王与西班牙菲利普二世的联姻，该说法使参与的众多步兵深信不疑。事实上，领导者正筹谋一些更近似于革命的计划：伊丽莎白公主与德文郡伯爵爱德华·考特尼（Edward Courtenay）的婚事，以及新教君主制的确立。伊丽莎白公主极可能在这场叛乱余波中被牵连处决，尽管事实上最终由简·格雷沦为代罪羔羊，在伦敦塔的中庭，伴随着《诗篇》第 51 篇的吟咏声，终结了她坎坷多舛的悲剧人生。

当这一切发生时，沃尔辛厄姆究竟在哪里？若仍在格雷律师学院学习，他应该目睹了王室指挥官彭布罗克伯爵在霍尔本部署骑兵团；他也可能看到玛丽女王的军队让行怀亚特的士兵，从而趁机自后方攻击叛军；或许，他们一直等待着看伦敦这座城市究竟支持哪一方。还有另一种可能。年届 21 岁的沃尔辛厄姆已经达到其生父遗嘱规定的遗产继承年龄。如今，富茨克雷庄园归他所有，斯卡贝里附近的庄园则由伯父埃德蒙·沃尔辛厄姆传给其长子托马斯，即弗朗西斯·沃尔辛厄姆的大堂兄。沃尔辛厄姆家族的土地位处肯特西北部教区，该地区也曾派遣人马加入托马斯·怀亚特的军队。怀亚特本人与肯特郡士绅彼此熟识，曾在 1547 年代表该选区入下议院，后于 1550—1551 年任郡守。沃尔辛厄姆家族的成员曾支持简·格雷，故卷入了怀亚特的叛乱。但弗朗西斯·沃尔辛厄姆是否曾加入他们的活动？倘若他于 1553—1554 年间卷入这场叛国行动，那么他决定逃离玛丽一世统治下的英格兰，就不仅是单纯出于信仰激情，也极有可能是基于现实政治考虑。[10]

最终，怀亚特叛乱未能如愿推翻玛丽女王，这场失败直接迫使新教徒面临一系列悲惨的抉择：或妥协，或抵抗，抑或流亡欧陆。对于无法负担高昂移民费用的大多数人而言，进退两难的处境无疑更加严峻。贫民必须决定是否返乡面对群众的憎恨情绪，或者被迫走出教会围墙之外。开除教籍的绝罚将使监禁和暴力致死等风险与日俱增。若选择妥协，一方面对天主教阿谀奉承，另一方面力求保持内心纯洁，这种含糊的双面立场，被新教牧师谴责为尼哥德慕主义（Nicodemism），此以法利赛人（Pharisee）命名，意指只能畏缩在黑暗的掩护下敬拜耶稣基督。

伦敦这座城市的庞大规模及其复杂的教区结构，有利于新教徒在边陲地区聚集。这类新教集会隐蔽地在织布工人的阁楼和停泊在比灵斯盖特的船上召开，或将《圣经》研读小组移往更偏僻的田野举行，这宛如一种内部流亡。此时新教徒在天主教政权下所用的应对方式，与 16 世纪七八十年代天主教徒面对沃尔辛厄姆和国家监控力量的驱逐而被迫转入地下活动时所采取的策略，竟然惊人地相似。但这种信仰狂热，即使在首都伦敦，也并不寻常。回顾玛丽一世的统治，约翰·福克斯估算伦敦的新教笃信者仅数十人，而非数百人之众。政治精英群体和更广泛的民众对新政治环境的适应十分普遍。议会曾在 16 世纪 30 年代投票支持福音派改革，但如今有意再度废除，前提是已解散之修道院的土地的私人所有权必须获得保障。地方政府运作如常，意味着同情新教的士绅将对王室的忠诚置于对宗教的要求之上。威廉·塞西尔因服务于爱德华六世政府而受封爵士，但他不仅愿意留在玛丽统治下的英格兰，而且接受天主教弥撒仪式回归他的家族礼拜堂。[11]

沃尔辛厄姆对《圣经》的阐释迥异于塞西尔。1555 年秋天，在怀亚特—卡鲁叛乱失败 18 个月后，面对新教徒日益遭受迫害的现实困境，沃尔辛厄姆连同他 3 位丹尼家族的表弟离开英格兰，抵达瑞士巴塞尔。最年长的亨利·丹尼仅 15 岁，他和弟弟安东尼先前就读于剑桥大学彭布罗克学院。如今这两人，连同查尔斯·丹尼和沃尔辛厄姆，共同注册进入巴塞尔大学就读。这四人在该校的注册簿上被标记为高贵的，象征着他们优渥的社会地位。随后，沃尔辛厄姆将 3 位丹尼家族的表弟暂时托付给当地的英格兰团体照顾，自己则单独旅居意大利威尼托区的帕多瓦，至 1556 年方返回巴塞尔，并且可能在玛丽的剩余统治时期长住此地。沃尔辛厄姆曾在晚年回忆起他身处"真诚的瑞士人"之中的美好旅居时光，展现了一位饱经风霜的老者对少年纯真的渴望。

27

沃尔辛厄姆和表弟们所加入的这支新教流亡队伍，约计 1 000 人，足迹遍布神圣罗马帝国和瑞士的新教城镇：法兰克福、斯特拉斯堡、日内瓦与苏黎世。如沃尔辛厄姆及其丹尼家族的表弟一样，多数流亡者家境殷实或交游广阔。士绅和神职人员遭大学驱逐后，多结交银行家之流的商贾，继而共同移居国外。1536 年，约翰·加尔文（John Calvin）在巴塞尔首次出版了他的著作《基督教要义》（*Institutes of the Christian Religion*），20 年后，这座城市仍以激进主义而闻名。流亡此地的英格兰教众共同选举出长老，依据改革后的《公祷书》进行礼拜仪式。自1557年起，他们聚集在一所租借来的旧克拉克洛斯特修道院里，这儿包含一个宿舍和一座小礼拜堂，俨然如同一座复制的剑桥学院。在此，约翰·福克斯笔耕他的专著《使徒行传》（Acts and Monuments），也称《殉教者之书》（Book of Martyrs）。他赠予沃尔辛厄姆3本，反映了两人的亲近友谊。

倘若巴塞尔对沃尔辛厄姆而言意味着宗教改革的浸润，那么帕多瓦则提供了文艺复兴的教育。1555—1556年，他被推选为该市法学院学生组织之小英格兰"国"的学督或发言人。在威尼斯共和国治下，帕多瓦位于宰制意大利的神圣罗马帝国势力范围之外，遂成为英格兰旅行者喜爱的目的地之一。该市大学的新校友包含外交官理查德·莫里森、政治理论家托马斯·斯塔基（Thomas Starkey）以及天主教人文主义者与激进分子雷金纳德·波尔（Reginald Pole），后者曾被亨利八世谴责为叛徒，后被玛丽一世邀请返回英格兰担任坎特伯雷大主教。意大利半岛各地的艺术家多在15世纪时赴帕多瓦研习，故此处教堂和市政建筑多装饰着乔托（Giotto）与曼特尼亚（Mantegna）的壁画。其丰富的天主教肖像收藏使沃尔辛厄姆将帕多瓦视为一座诡异的城市，但事实上，这座城市长久以来作为反抗宗教裁判所的庇护地而闻名。身为英格兰学督，应尽可能避免针对天主教信仰作出任何正式声明，以保护英格兰和意大利的知识交流可在宗教改革的混战中延续，否则随时会因敏感言论而中断。

或许，这不是沃尔辛厄姆首次抵达帕多瓦。1554年，大批怀抱信念的英格兰新教难民曾落脚于这座城市，其中包含丹尼家族三兄弟和约翰·奇克爵士；支持简·格雷的奇克爵士虽然获得玛丽女王的特赦，但伦敦塔的囚禁梦魇已撼动他的信念。我们或许可以合理推测沃尔辛厄姆也在这批流亡者之中。安东尼·丹尼爵士和其妻

琼（Joan）均已逝世，沃尔辛厄姆无疑成为他们 3 个儿子在流亡途
中的保护人。奇克流亡至帕多瓦，大大增加了沃尔辛厄姆在怀亚特
叛乱失败后于 1554 年从英格兰远赴意大利的可能性。在帕多瓦，奇
克为英格兰团体讲授希腊政治家狄摩西尼（Demosthenes）的《演
说》（Orations），借此消磨时光。他所收的门生包含托马斯·威尔逊
（Thomas Wilson），后者曾任剑桥大学国王学院研究员，日后将在伊
丽莎白一世统治中期担任枢密大臣，专司政治犯审讯。沃尔辛厄姆可
能也曾在奇克门下求学。之后，威尔逊出版自己的《演说》译本，将
暴君马其顿的菲利普（Philip of Mecedon）与西班牙菲利普二世进行
了比较。16 世纪 70 年代后期的第二次安茹公爵联姻谈判期间，他成
为沃尔辛厄姆的副手，任副国务大臣。

　　倘若上述年表推测正确，或许可试着想象沃尔辛厄姆于 1554 年
跟随国王学院前院长和学院成员奔赴帕多瓦。他先行护送丹尼家族的
表弟们前往巴塞尔，随后暂返帕多瓦旅居一年，最后一段时间则返回
巴塞尔或有其他未知旅行。尽管无法确认细节，但结论已清晰成形：
弗朗西斯·沃尔辛厄姆实由文艺复兴时期意大利的知识文化以及宗教
改革时期的德意志神学共同雕琢而成。

　　就读格雷律师学院期间，沃尔辛厄姆已先习得法律如何作为司法
和政府议政的实用工具，经由律师之间的交叉诘辩，最后根据先例判
定。流亡帕多瓦期间，他改学民法或罗马法，但教学方式大相径庭。
帕多瓦大学的法学训练着重查士丁尼皇帝的《民法大全》（Corpus
Iuris Civilis）和其余教会法文本，辅以中世纪时期注释者的相关润
色。英格兰法律属普通法系，因此，成为"罗马法专家"或"民法专
家"在英格兰法庭上几无用武之地。但民法对都铎政府的理论与实践
仍存在一定影响力，且它的泛欧适用法条使沃尔辛厄姆和威尔逊等一
众未来外交官受到良好培训。更微妙的是，民法强调治国之道本身就

29

是一种对美德的追求。托马斯·斯塔基将民法视为对所谓"政治生活"的理想准备，且其思想已融入亨利八世对英格兰教会宣布的王权至上论。这进一步巩固了沃尔辛厄姆自家族传承之服务王室和国家的使命感，然而，在帕多瓦习得的共和思想对他未来国家概念的形成也同样重要。此外，传统研究通常将国务大臣沃尔辛厄姆描绘成单一维度的形象：一位完全被恐惧和仇恨驱使的冷酷清教徒，但沃尔辛厄姆在意大利流亡期间的两项生活细节，呈现了迥异于这一刻板形象的反差：他买了大量葡萄酒；甚至购入了翼琴，一种特别适合作曲用的键盘乐器。[12]

多年后，沃尔辛厄姆在写给即将出国游历的侄子的信中，回忆起他的求学经历。我们很难找到比这更清晰的宣言来阐释古典学习对于治国之道的价值，这俨然成为文艺复兴精神的核心原则。沃尔辛厄姆拟定了祈祷、阅读《圣经》与翻译的日常工作；特别是要将西塞罗的书信先翻译为法文，再将法文翻译成拉丁文。再就是研习历史。"对绅士而言，历史知识是极其有益的研究，请阅读普鲁塔克的生平"，他进一步补充阅读书单，"还有提图斯·李维，以及全部罗马历史，包括国家的古今书册"。研读这些历史书籍的目的在于"观察当时政府如何应对处理"，以便"将这些（历史经验）应用于我们的时代和国家"。他指出，同时也应时刻提高警觉，留心周围事务，关注外国的防御工事，观察君王周边的众臣，这批近臣在沃尔辛厄姆的建筑学譬喻中，被比拟为"尽管自身没有任何水的导管"。1580年，军旅诗人菲利普·悉尼（Philip Sidney）写信向他的朋友爱德华·丹尼，即沃尔辛厄姆的另一位表弟，推荐相同的学习要素：阅读一小时《圣经》，另外花一小时阅读西塞罗的《论义务》，并辅以马基雅维利与编年史家拉斐尔·霍林斯赫德的《编年史》。[13]

相较于散布在瑞士和德意志的同胞，身处威尼斯和帕多瓦的英格兰流亡者之间拥有更紧密的联系，且投入政治活动更为积极。他们的个人传记呈现了与被处决之诺森伯兰公爵及怀亚特—卡鲁谋反者之间的关系网络。一些人在英格兰西部拥有地产，那是新教武装力量最有可能登陆之处。流亡群体中最显赫者莫过于贝德福德伯爵（Earl of Bedford），他曾在1554年协助怀亚特联系伊丽莎白公主，如今在威尼斯召集了一群理想幻灭的新教贵族。康沃尔人亨利·基利格鲁（Henry Killigrew）曾亲赴法国为怀亚特叛乱争取法国王室的支持；且他的庄园辖有法尔茅斯港，这对推翻玛丽女王统治的任何活动都至关重要。约翰·阿斯特利（John Ashley）的妻子凯瑟琳担任伊丽莎白公主的家庭教师，被怀疑将反玛丽统治的宣传物自帕多瓦偷渡运入英格兰。威尼斯当局鼓励针对玛丽一世和她的西班牙丈夫菲利普二世进行类似的政治煽动，这符合他们反西班牙的外交立场。

1556年1月，德文郡伯爵爱德华·考特尼进入帕多瓦大学攻读 31
法律。考特尼的父亲埃克塞特侯爵亨利·考特尼（John Courtenay）为亨利八世的表弟，在内廷任职且与国王私交甚笃。然而，随着亨利八世在晚年日趋偏执，埃克塞特侯爵的约克家族血统对他极为不利。1538年，埃克塞特侯爵被控以一项罗织的叛国罪而遭处决，他的儿子遂成为少数拥有王室血统的贵族之一。怀亚特曾冀望伊丽莎白公主与爱德华·考特尼结婚，建立一个纯粹新教而非以天主教和西班牙为主体的英格兰政权。在这场政治风波中，考特尼虽然借告发同谋而幸免于难，但依旧痴迷于自身的王室血统，故对任何可能使他成为王夫的提议都颇为积极。1554年，威尼斯驻英大使允诺在泰晤士河的一艘船上为怀亚特提供火炮，这一提议不仅进一步膨胀了考特尼的权力野心，而且让威尼斯自身深陷新教阴谋，成为焦点。冒险家亨利·达德利（Henry Dudley）欲引领法军入侵德文郡和康沃尔郡，并在进军伦敦前先行夺取埃克塞特充作桥头堡。对此，考特尼不惜出售土地以支付人力和物资开销，但他于 1556 年 9 月可疑地暴毙，可能由西班牙菲利普二世下令毒杀。弗朗西斯·沃尔辛厄姆身为考特尼流亡帕多瓦期间的英格兰学督，似乎也与贝德福德伯爵关系密切——他在伊丽莎白执政初期入选下议院，即代表着贝德福德伯爵的恩惠席次。除了上述这些明显事实之外，沃尔辛厄姆的早期政治角色唯有通过猜测推断。但无论是作为观察者还是密探，沃尔辛厄姆在帕多瓦期间的政治见习已将他引入一个充满颠覆和阴谋的世界。[14]

关于沃尔辛厄姆在玛丽统治时期选择流亡，而威廉·塞西尔选择与新政权和平共处的这一事实，我们应该作何解读？塞西尔的行为与其曾在爱德华六世宗教改革最激烈时期担任国务大臣和枢密大臣的身份极不相称，缺乏应有的尊严性退场。他选择同时置身于两种可能的未来：为玛丽女王承担两项外交任务，并担任伊丽莎白公主的封地总管。1555 年，他向玛丽女王敬献了一份由黄金制成的新年礼物，暗示着他愿意入职新政府，且他与英格兰反宗教改革的先锋枢机主教雷金纳德·波尔建立了一种令人难以置信的友谊。当沃尔辛厄姆与约翰·福克斯共同避祸于旧克拉拉克洛斯特修道院时，塞西尔正与波尔一同餐叙，甚至欣然接手温布尔登庄园总管一职。

塞西尔较沃尔辛厄姆年长十余岁，这意味如若流亡，他所需承担的损失更大。塞西尔已经是一位历练丰富的行政官僚，且他与伊丽莎白公主的关系，极可能在菲利普二世和玛丽女王未诞下继承人的情况下，孕育出光明的政治坦途。他已婚，拥有一个新建立起的家庭，亟须保护与日俱增的财产。与此不同的是，沃尔辛厄姆的公共生涯才刚起步；相较于塞西尔，他在英格兰几乎没有任何羁绊。这两人所处的迥异处境，使他们的不同抉择更容易被理解。不过，个人性格也有一定影响。沃尔辛厄姆并非被迫流亡。不像其他已婚的新教牧师，或在

新政府严刑峻法下丧失生计的伦敦印刷商，他原本可以踏上一条顺从
和妥协的宽阔道路，充分利用父亲在法律界和伦敦市的声望，或动用
自身的剑桥人脉，在王室服务体制内谋得一官半职。他也可效仿堂兄
托马斯·沃尔辛厄姆，后者在波尔枢机主教 1554 年 11 月凯旋返回英
格兰途经肯特时，亲自服侍。与之相反，沃尔辛厄姆选择了一条充满
艰辛的荆棘道路，自我放逐于巴塞尔，重新投入大学，与神学院学生
一起学习。塞西尔和沃尔辛厄姆有诸多相似观点，但在玛丽统治时期
的迥异经历导致两人之间存在鲜明的分歧：一位具有政治家的实用主
义，另一位则拒绝成为风中的芦苇。[15]

33

　　1555 年春天，欧陆流亡者陆续收到关于家乡新教者的噩耗。英
格兰天主教重建行动已如火如荼展开，恢复且修复了祈祷性的宗教艺
术品，更换了祭坛和圣像，同时以所有可以聚集的崇敬来庆祝弥撒。
原本应投入修缮修道院的经费转而流向大学和新的神学院，用以培养
更有能力的神职人员。且希望借助教育和讲道等方式，促使异议者重
新皈依天主教，甚至开始商讨英文版天主教《圣经》的出版。对于天
主教仪式的回归，人们大多秉持欢迎态度。但随着弥撒的回归，监管
手段也随之出现。1554 年 12 月，议会决定恢复爱德华六世曾废除的
中世纪异端法律。由于教会法庭无法执行死刑，判死者移交王室处
决，而这类死刑执行权的转移不可避免地导致玛丽女王沾染上宗教迫
害的恶名。当时对异端的普遍惩处是活活烧死：预尝地狱之火，也彻
底毁坏肉身，不遗留任何残躯碎骨等待基督在复活日的召唤。

　　焚烧异端的仪式始于 1555 年 2 月初，《圣经》翻译者约翰·罗杰
斯（John Rogers）在史密斯菲尔德被捆绑上了火刑台。随后，格洛斯

特与萨福克两地迅速点燃启动火刑的烽火，顿时让各郡的新教徒如同首都伦敦的新教徒那般陷入恐慌，宛如惊弓之鸟。利奇菲尔德、切斯特、埃克塞特与根西岛在往后 3 年半内，接连见证公开的火刑。共有284 人被处决，最后 5 人在玛丽女王崩逝前几日于坎特伯雷受刑。另外还有 30 人因遭受创伤或缺乏照护而死于狱中。

34   燃烧的烈焰迅速催生出新教徒独有的仪式世界。置身于烈火之中的新教徒力图平静坚忍地死去，他们吟咏着圣歌，向彼此保证将迎来更美好的未来：他们笃信，迎接他们的绝不是令人恐惧的炼狱。被定罪者亲吻着木桩，或在木桩前俯伏祈祷着，呼应传统耶稣受难日的攀爬十字架仪式。支持者为他们裁制了轻薄的白色殓衣，这参考自《启示录》中殉教者军队的典故，但也相当实用，因为厚重的衣物反而延长了在火焰里焚烧的痛苦。肯特殉教者克里斯托弗·韦德（Christopher Wade）受刑时先向围观群众大声疾呼，警示人们当心巴比伦的淫妇（the Whore of Babylon），随即将自己浸入沥青之中，双手高举朝向天空以迎接焚烧。见证韦德为信仰而死的群众之一是年仅 9 岁的理查德·弗莱彻（Richard Fletcher）；1587 年，当苏格兰女王玛丽于佛林盖城堡被执行死刑时，他将为她进行刑前祝祷。当圣骨寻找者在残余灰烬中翻寻烧焦的碎骨时，教会开始发布一系列的布道和文宣。迈尔斯·奥加尔（Miles Hogarde）的《新教徒的展示》（*The Displaying of the Protestants*）嘲笑异教徒宁愿死于"傻瓜的天堂"。当韦德于行刑现场试图对在柴堆旁讲道的教士呐喊时，换来的唯有天主教旁观者向他投掷的木柴。

      伴随异端火刑运动而来的，是一场非比寻常的监视和胁迫运动。埃蒙·达菲（Eamon Duffy）关注到玛丽女王统治时期普通人所遭受的"微观"审查。弥撒仪式中对基督圣体的崇拜不容置疑。政府严厉监控宗教集会中是否有人在举扬圣体仪式时刻意转移视线，或选择坐在柱子后方。一位来自肯特的治安法官时常钻入修复后的木制圣坛隔板来监视他所在教区的居民，由此以"九孔法官"而为人所知。每周圣餐和四旬期忏悔皆不可缺席。分娩前拒绝接受圣餐的女性将被指控为嫌犯。爱德华六世时期以美声闻名者均被迫加入教堂唱诗班。任何在临终前拒绝接受教会传统仪式者将无法举行基督教葬礼。玛丽一世统治下的英格兰，圣洁之美实则通过武力得以恢复。

35

伦敦将成为这场大屠杀行动高潮的见证地。在首都及近郊地区，有 65 人被施以火刑；而在更广泛的大伦敦教区内，遭受焚烧荼毒的人更是不计其数。1556 年春天，18 名男女在短短 6 周内步向死亡；其中 1 人是盲人，1 人是残疾人士。在斯特拉福德-勒-波的大规模火刑中，唯有男性被捆绑于木桩上，女性则被扔掷，四散在火焰里。时任伦敦主教的埃德蒙·邦纳（Edmund Bonner）与其说是一名传教士，不如说是一位律师，且极易流露愤怒情绪。他曾在爱德华六世统治期间进入马歇尔西监狱服刑长达 4 年，这段不堪的经历让他怒不可遏，故在其教区雷厉风行地推进将异教徒逐出教会的绝罚。伦敦肖尔迪奇一位新教织布工的坚忍激怒了邦纳，他抓住这名织工的手置于烛火上，直到其皮肉脱落。对于约翰·福克斯而言，这位"血腥邦纳"无疑是"光明的迫害者、黑暗之子"。

历史学者试图将这些事件重新置于历史语境中检视。他们指出，新教徒和天主教徒均认同火刑是处决异端的最佳方式。且他们注意到，相较于整个欧洲的迫害规模，英格兰的统计数据显得微不足道。但如果焚烧异端之举并不似我们想象的那般惊世骇俗，那么这群新教受害者的身份便足以让一个真正重视社区和邻里关系的社会深陷恐惧之中。高级神职人员如主教约翰·胡珀（John Hooper）和大主教托马斯·克兰默（Thomas Cranmer）极有可能被视为合法的惩处目标，尽管这无法被推测。执政当局显然对胡珀拥有的庞大公众支持十分畏惧，所以他在从伦敦到格洛斯特的人生最后旅程中被套上了头罩。追随这些备受关注的异教徒一同登上火刑柱的还有一小批鲜为人知的殉道者：受欢迎的传教士、因穷困而无法逃亡的制革工和洗涤工、长者，以及太过年轻而未曾经历宗教改革之前天主教时代的民众。其中，有 56 人是女性。根除错误教义的运动已经远远超出了玛丽女王所赋予的最初使命，即"惩治那些凭借学识蛊惑愚民之人"[16]。

在来自英格兰的各路消息的多重刺激下，少数英格兰流亡者开始质疑君主作为上帝受膏者的教义。但即使在流亡群体中，这些激进思想家也仅是少数派，尚未有足够的影响力。前任温切斯特主教约翰·波内特（John Ponet）的专著《简论政治权力》（*The Shorte Treatise of Politike Power*）引用了一系列《圣经》中和历史上的实例来论证罢黜暴君的合法性，但该书于 1556 年问世，为时已晚，难以影响托马斯·怀亚特或彼得·卡鲁的行动。约翰·诺克斯（John Knox）的《反对女性怪物统治的第一声号角》（*First Blast of the Trumpet against the Monstrous Regiment of Women*）激烈辩称女性统治国家的想法"违背自然"，且"颠覆良好秩序"。但这本书迟至 1558 年才出版，而玛丽一世于同年病逝。这些文本的重要性唯有等到伊丽莎白统治时期才能真正感受到，当时这些具有颠覆性的政治思想获得了荷兰和法国新教徒论述的补充，这些人多与弗朗西斯·沃尔辛厄姆亲近交好。在巴塞尔和帕多瓦的流亡岁月让沃尔辛厄姆并非仅领略了宗教改革和文艺复兴的风采，也非只涉足了谍报和谋反方面的学习。这段经历彻底扭转了他对君主制本身的看法，使他与伊丽莎白女王的关系永远无法像主人和仆人般简单。[17]

第二章

巴黎屠殺

1558 年 11 月 6 日，饱受高烧折磨的玛丽一世，面对无法诞育子
嗣的艰难处境，最终屈服于命运，开始正视不可回避的英格兰王位继
承议题，宣布幼妹伊丽莎白公主为继承人。她的丈夫西班牙国王菲利
普二世早已冷漠地离开，长达一年多未出现在英格兰的土地上，从而
使玛丽女王对怀孕的殷切期盼化为泡影。因此，她毕生信奉之天主教
在英格兰的存续希望，如今只能寄托于同父异母的妹妹伊丽莎白公
主，这位安妮·博林王后的唯一后代，正是催动她们父亲亨利八世与
罗马天主教决裂的导火索。借由公开承认伊丽莎白为继承人，玛丽女
王或许希望能哄诱这位笃信新教的妹妹延续她过去 5 年致力于恢复的
天主教仪式。倘若她果真如此寄予厚望，那无疑是自欺欺人。尽管伊
丽莎白公主在长姐统治期间表面上乖巧顺服于天主教，但新教徒依旧
确信她在内心深处是一位真正的改革者。11 月 17 日，玛丽一世和枢
机主教雷金纳德·波尔于同日逝世，这个巧合被诠释为天意主导的历
史进程终于回归。往后，这一天作为伊丽莎白女王登基日，成为充满
欢庆篝火和爱国布道的年度庆典。

宣布权力和平转移的钟声响彻全国各地，与此同时，也为英格兰

新教流亡者吹响了返回故土集合的号角。数百名神职人员、商贾和绅士随即准备启程返国，重拾往昔生活。或许归心似箭的他们尚未对英格兰国教的发展设想出一个总体蓝图，但在未来，这批玛丽一世统治时期的新教流亡者将集体为伊丽莎白时代烙下深刻的印记。1559 年，玛丽时期的主教，除一位之外集体辞职，所留下的庞大职缺迫使伊丽莎白女王从新教流亡者中拣选下一代英格兰国教领导者。参加 1563 年英格兰宗教会议的 25 位主教中，多达 14 位曾流亡德意志和瑞士。昔日，英格兰新教由路德和布塞尔初步塑形；如今，添加注入了加尔文主义思想：选民的救赎预选说、长老会形式的教会组织以及教会权力回归信徒而非集中于主教之手。伴随着第二波宗教改革而至的是《圣经》的日内瓦版译本，相较于亨利八世时期的《大圣经》(Great Bible)，这一版本更便宜，也更方便携带。[1]

　　新教徒旅居国外期间，相关的政治思想持续勃兴。此前，玛丽女王与其众臣将新教主义视为必须从英格兰政体中剔除的沉疴，激发约翰·诺克斯和约翰·波内特开始倡导抵抗王权的理论。如今，笃信新教的伊丽莎白女王继位，触发这种激进反抗思想的威胁消退，但绝对君主制的原则已然遭受质疑，并带来难以遏制的后果。宣扬顺从至上的福音显然不足以应对：君主必须强势对抗那些主张世俗王权需受制于上帝的人。女性的统治权也遭到了更大的挑战，再度创伤已隐有裂痕的王权结构。伊丽莎白女王被反复告诫，玛丽统治时期充斥着迫害、民众叛乱和灾难性的对外战争；新女王需以此为鉴，不可效仿其姐，重蹈覆辙。

　　伊丽莎白的政府在初创时期充斥着先前为了顺应玛丽一世政权主导之政教局势而妥协自身信仰的人。威廉·塞西尔在爱德华六世时代表现得犹如一位福音派，却在玛丽统治时期允诺让天主教弥撒回归家宅，并向枢机主教波尔示好。罗伯特·达德利 (Robert Dudley) 曾参与玛丽一世宫廷的马上竞技庆典，且从军支持玛丽女王对法战争，希望借此来代其家族赎罪——他的父亲诺森伯兰公爵在拥护简·格雷继位中是为主谋。苏塞克斯伯爵曾在 1554 年抵抗托马斯·怀亚特的叛军，保卫伦敦，后被任命为菲利普国王内廷的侍从官。托马斯·史密斯爵士曾针对经济议题向玛丽女王提供咨议，并获赐可观的王室津贴。尼古拉斯·培根爵士（Sir Nicholas Bacon）默不吭声地持续掌管封建监护权，而他的妻子曾任玛丽女王的内廷女官。诸如此类脚踏两条船的情况并非是要否定伊丽莎白时代枢密院的新教特性，而是清晰对照出沃尔辛厄姆迥异于他的同僚：他是一位不因利益而抛弃信仰的人。

　　1559 年春天，沃尔辛厄姆终于踏上久违的国土，回到英格兰。与此同时，他被选拔为康沃尔郡博西尼的下议院议员。这座毗邻廷塔杰尔堡废墟的小村庄，似乎很难想象会是这位 16 世纪最重要政治家之一职业生涯的起点。博西尼在 1832 年议会改革法案中被批评为一座衰败腐朽的自治市镇，在近现代地图上几乎没有留下记录。沃尔辛厄姆可能从未见过这个地方，但他深知其重要性。作为康沃尔公国领地的一部分，博西尼实际上处于王室控制之下。该地选举由锡矿矿区总管主导，何其巧合，正是与沃尔辛厄姆共同流亡威尼托地区的贝德福德伯爵弗朗西斯·罗素。两人在新教流亡期间早已互为惺惺相惜的患难之交。贝德福德伯爵曾在苏黎世师从海因里希·布林格（Heinrich Bullinger），并在返回英格兰后仍与加尔文保持联系，动用他的上议院职权严厉谴责罗马教廷为"犯罪的渊薮和藏污纳垢之地"。

　　1559 年 1 月，伊丽莎白女王的首届议会在威斯敏斯特大教堂召开。原被解散的本笃会已由玛丽一世恢复，但新女王伊丽莎白一世无意重建本笃会修道院。当威斯敏斯特修道院院长约翰·费克纳姆（John Feckenham）带领修士们在大教堂门口迎接伊丽莎白女王

39

时，她当场拒绝他们列队手持的蜡烛："移除这些火炬，我们看得很清楚。"这是一个信号，宣示着充满圣徒、祭坛、图像前的光辉，以及充斥圣体转化升华的祈祷世界，将不复存在。经过3个月的辩论，终于通过法规，确认教会的章程和礼拜仪式。《至尊法案》(Act of Supremacy) 恢复了1534年法案声称的君主至高主权，但附加一项关键改变：伊丽莎白女王被尊称为英格兰教会的"至尊管理者"(supreme governor)，而不再是"至尊元首"(supreme head)。这是相当精明的政治手腕，新女王借此尊号变更，在宗教分裂中智胜反对方。她的父亲和弟弟所宣称的君主制和神职之间的奥秘结合体，尚未轻易转化进入女性统治之中，但变更后的新头衔反映了伊丽莎白女王终其一生对上帝祈祷时的谦卑。

伊丽莎白时期教会的第二根支柱是《统一法案》(Act of Uniformity)。礼拜仪式的进行必须根据《公祷书》；任何无故缺席者将被处以一周1先令的罚款。颂祷则是依照1552年更彻底新教化的祈祷书，但也试图再度缓和变革的影响。牧师们被要求身穿白色祭衣，虽不似昔日天主教的祭袍那般华丽，但仍是他们被任命为神职人员的显著标志。圣餐礼的指导词也从1549年《公祷书》的保守版本"为你赐予我们的主耶稣基督的身体，保护你的身体和灵魂进入永生"，调整为1552年侧重纪念意义的仪式："请接受并吃下这个，纪念基督为你而死，并因以他为食，感恩信念在心中油然而生。"借由两者结合，希望将圣餐礼恢复到往昔状态，成为一种众人皆可参加的公共和平庆典。[2]

在1559年议会中，19位玛丽一世统治时期的新教流亡者当选下议院议员，沃尔辛厄姆是其中之一。在此之前，下议院规模已扩大至400名议员之多，而新女王还将选举权授予了所辖的额外31座自治市镇。换言之，当英格兰与威尔士的总人口数大约是今日的二十分之一时，下议院规模已达现代的三分之二。亨利八世与首席大臣托马斯·克伦威尔为英格兰议会创造了一个新角色，扩张了它对信仰事务的管辖权，借此证明了脱离罗马教廷的正当性。由议会立法所创设的，唯有议会才能修改。因此，伊丽莎白女王在1559年通过上议院和下议院恢复了凌驾于教会之上的王权至尊地位。一旦重建了这个权力框架，女王便无意继续纠缠于宗教争议。伊丽莎白对教会建制的模棱两可态度，可能会冒犯枢密院中激进的新教徒，但这一中庸的改革路线也的确吸引了臣民中保守的大多数。对她而言，如今，宗教问题已成为女王自己的事。

伊丽莎白女王对王室特权的解释在随后的议会议程中引发一系列小争论，主要聚焦于《公祷书》。威廉·斯特里克兰（William Strickland）在1571年提出一项法案，旨在将《公祷书》彻底新教化，而彼得·特纳（Peter Turner）则在1584年试图以日内瓦仪式规定取而代之。倘若如同部分史家所判断的那样，伊丽莎白时期的下议院确实存在清教反对意识，那么也无证据显示沃尔辛厄姆共享这种理念。他对王权的态度立足于抵抗理论学者的论著与自身深厚的新教信仰，但从未将议会视作追求改革的理想场所。沃尔辛厄姆未曾在下议院发表重要演讲，这完全迥异于他挑动政治争端的姐夫彼得·温特沃思（Peter Wentworth），后者将没有言论自由的议会描述为"一所充斥着阿谀奉承和装腔作势的学校，显然是一处适合为魔鬼服务的场所"，如此激烈的言论无疑是对王权的挑衅，故被押入伦敦塔。沃尔辛厄姆另辟蹊径。1578年，他敦促安特卫普的英格兰商业冒险家公司（Merchant Adventurers）切勿为追求更新教化的宗教仪式而放弃当前的《公祷书》：

　　我希望所有的改革皆由公权力完成……如果您知道我们

42

是如何艰难地保住现有的一切，且追求更多可能会危及我们
目前已拥有之成果，那么在这个政策比热情更能发挥影响力
的时代，您将会谨慎行事。[3]

无论私下是否存在任何疑虑，他早就意识到拥有一种公开祈祷仪式的
政治价值。

1563 年，沃尔辛厄姆代表莱姆里杰斯地区重返下议院，这是在
贝德福德伯爵势力范围内的另一座自治市镇；随后，他将以郡骑士的
身份代表萨里郡进入下议院。时任首席国务大臣的塞西尔似乎对他的
当选颇感兴趣，在一份备忘录中记录道："沃尔辛厄姆先生将成为下
议院议员。"沃尔特·迈尔德梅爵士（Sir Walter Mildmay）于 1546 年
与沃尔辛厄姆的姐姐玛丽结婚，可能有助于这位妻弟引起塞西尔的
关注。迈尔德梅为同样出身于格雷律师学院的律师，后成为一位行
政官僚，而非一名政治家，他曾在爱德华六世统治时期与塞西尔共
事，担任政务委员和枢密大臣。自 1566 年起，迈尔德梅晋升入枢密
院，开始将自身归入与沃尔辛厄姆相关的王室近臣、廷臣和议会议员
名单之列。彼得·温特沃思迎娶了弗朗西斯·沃尔辛厄姆的另一个姐
姐伊丽莎白。还有一个姐姐克里斯蒂安娜，先嫁予约翰·塔姆沃思
（John Tamworth），他曾担任王室私库总管，该职也曾由安东尼·丹
尼爵士执掌；此后，克里斯蒂安娜改嫁王室铸币厂官员威廉·多丁顿
（William Dodington）。凯瑟琳·阿斯特利曾担任伊丽莎白公主幼年时
期的家庭教师，后成为新女王的第一任首席内廷女官，她是丹尼的妻
妹，因此与沃尔辛厄姆也有姻亲关系。

紧密维系这些家族贯穿伊丽莎白政府网络的要角，莫过于最长
寿的罗伯特·比尔（Robert Beale）。比尔身为枢密院的资深书记官，
曾在玛丽一世时期流亡至斯特拉斯堡与苏黎世学习。在沃尔辛厄姆

于 1571—1573 年出使驻法期间，比尔担任其机要秘书。在沃尔辛厄姆晋升国务大臣之后，凡因外交公务或痼疾而缺席枢密院会议之际，总是由比尔代表他出席。当比尔迎娶沃尔辛厄姆第二任妻子厄休拉·圣·巴贝（Ursula St. Barbe）之妹伊迪丝·圣·巴贝（Edith St. Barbe）后，这段友谊升华成亲情。比尔是一位坚定的信仰改革者，认同 1552 年版《公祷书》更甚于 1559 年的宗教妥协方案，且力主削减主教权力。对于沃尔辛厄姆而言，他不只是"我的兄弟比尔"，更是政治盟友和知己。[4]

43

除了下议院选举记录之外，沃尔辛厄姆在 16 世纪 60 年代的大部分生活记录尽是令人沮丧的残缺与空白。罗伯特·比尔解释了为何档案线索如此冷清。他在 1592 年撰写的一篇长文《枢密大臣与国务大臣工作条例》（*A Treatise of the Office of a Councillor and Principal Secretary*）中，巨细靡遗地描述了其连襟沃尔辛厄姆长期执掌的国务大臣办公室的业务。由于意识到自己年事已高，比尔开始担忧政府行政的延续性，他特别热衷于保存政务文书，以期完整传递给下一代王室官僚。亨利八世统治时期，威斯敏斯特宫有一处房间，其中国家政务文书与国务大臣的私人信件分开保管。但这种管理模式已被漠视，"因此，无法调阅先前的行政业务，也无法为年轻的接任者提供任何行政协助"。这种文书归档的混乱，导致沃尔辛厄姆过世后，"他所有公务与私人性质之文件和书籍，尽被夺取和挪走"。

比尔对永久性档案的保存建议在当时极其重要。1838 年，公共档案馆（Public Record Office）的建立终于解决了这一棘手难题，当时成堆腐烂的手稿档案从伦敦塔和威斯敏斯特大教堂搬出，继而移入位于法院路的专门储藏所。维多利亚时期的历史档案编辑们在这混乱中创造了秩序，筛选出历代政府的主要行政记录，并将个别手稿汇整成册。自此，沃尔辛厄姆的大部分档案保存于此处［后更名为今日所知的英国国家档案馆（The National Archives）]，散布在国家档案系列的国内类和外国类之中。其余的部分档案则流散至大英博物馆，这批手稿原属国家档案，后由古文物收藏家如牛津伯爵罗伯特·哈利（Robert Harley）等人取得，哈利的肖像迄今仍悬挂在伦敦国王十字车站旁之大英图书馆的手稿阅览室内，向访问者致意。

44

沃尔辛厄姆的公职生涯尚可通过政策辩论还原。但是，那些可能重现他家庭生活的格调，如涉及访客款待、恩惠赞助、宅邸装修，以及他个人思想与信仰等的相关信件和账簿，近乎消失。这些私人文件对他之后的国务大臣继任者用途并不大，故被直接丢弃。倘若沃尔辛厄姆依循威廉·塞西尔的模式建立一个政治王朝，或许他的个人档案将如同塞西尔的档案那般，迄今妥善保管于其家族的哈菲尔德庄园。最终，他的私人档案仅仅遗留残余碎片。我们之所以了解沃尔辛厄姆喜爱驯鹰，是因为英格兰与苏格兰中部边境的戍边大臣约翰·福斯特爵士（Sir John Forster）曾赠予他一只珍贵的鹰隼。其他礼物还包含英格兰人开始探索海外新世界后搜集而来的各类植物。沃尔辛厄姆曾记录在 1571 年派驻巴黎期间去参观了一个花园。他在 1583—1584 年的日志中，从自己花园中榆树和山楂的种植，联想到国家的迫切性议题：密码的制作、对天主教士和叛徒的审讯以及多佛港的防御工事。对沃尔辛厄姆而言，公私领域的区别意义不大。花园是一处同时可供休息和展示的场所，它征服自然的秩序胜利在文艺复兴时期被公认为是治国之道的隐喻。1546 年在汉斯顿王室庄园绘制的爱德华王子肖像画暗示着同样的政治意涵，窗外的花园象征着他即将继承大统。[5]

现存的档案至少可以重构沃尔辛厄姆的部分家庭生活。1560 年，他的母亲乔伊斯逝世，长眠于圣玛丽·奥尔德曼贝里教堂中首任丈夫威廉·沃尔辛厄姆的墓旁。两年后，当弗朗西斯·沃尔辛厄姆筹备结婚时，他在所属的伦敦商人团体中寻找新娘。安妮·卡莱尔（Anne

Carleill）新近丧夫，是一位富有的遗孀，她育有一个年幼的儿子，还有一个大女儿。她已逝的父亲乔治·巴恩斯爵士（Sir George Barnes）于 1552—1553 年担任伦敦市长，并曾协助简·格雷登上王座。尽管沃尔辛厄姆与安妮·卡莱尔未能孕育自己的孩子，但沃尔辛厄姆始终支持继子克里斯托弗·卡莱尔（Christopher Carleill）投入尼德兰和爱尔兰的军旅生涯。安妮的父亲和首任丈夫皆为莫斯科公司（Muscovy Company）的创始股东，该公司成立于 1555 年，专司英格兰对俄国的贸易事业。安妮的女儿艾丽斯·卡莱尔（Alice Carleill）则嫁予波罗的海商人克里斯托弗·霍兹登（Christopher Hoddesdon），后者的情报使沃尔辛厄姆得以对 16 世纪 70 年代和 80 年代初期的航运动向及异议天主教徒的行动洞若观火。

通过与安妮·卡莱尔的婚姻，沃尔辛厄姆加强了其家族与伦敦市的关系纽带，更踏进了英格兰新贸易领域的投机商人圈。1569 年，他成为莫斯科公司的"助理"或主管。对安妮而言，她成功为尚未成年的幼子找到一位监护人，且可通过具有王室纽带的丈夫获取社会声望。这对夫妇出售了富茨克雷庄园，长期租用位于赫特福德郡的帕克伯里庄园。与此同时，沃尔辛厄姆开始为王室服务，担任地方治安法官。遗憾的是，这段互利互惠的婚姻好景不长。安妮强撑着病体，于 1564 年 7 月立下遗嘱。4 个月内，她撒手人寰，将 100 英镑和独子克里斯托弗·卡莱尔的监护权遗留给沃尔辛厄姆，并恳切期待儿子"在学习和知识之中，品德高尚地成长"。她将衣橱的物件分赠给沃尔辛厄姆的姐姐们，意味着她们已结为朋友：克里斯蒂安娜获赠一件锦缎礼服和一件缎面长袍；伊丽莎白获得一对貂皮；玛丽则得到一个用紫色丝绸缝制并以黄金镶嵌的钱包。其他遗产还包含一颗钻石、一本带有链子的"金书"以及购买纪念戒指的数笔钱——这是作为代替昔日弥撒和讣告的新教仪式。另外，还有一张附带枕垫和毛毯的羽毛床，

46 布满刺绣的帷幔以及红绿相间的薄绸帘幕，足以让人一窥帕克伯里庄园内部陈设之奢华。[6]

面对发妻的去世，沃尔辛厄姆的哀伤并未持续太久。1566年，他再婚了，这次婚姻维持长达24年，直到他逝世。第二任妻子厄休拉·圣·巴贝为一位萨默塞特士绅的女儿。她的第一任丈夫理查德·沃斯利爵士（Sir Richard Worseley）曾是怀特岛的地主，而厄休拉为这段婚姻带来了卡里斯布鲁克修道院的地产和位于阿普尔杜科姆的一栋房屋作为嫁妆。1545年，怀特岛遭法国突袭队烧毁，但沃斯利的房屋似乎被加固过，因为厄休拉的两个儿子于母亲再婚后不久，在那里因火药爆炸而身亡。随之而来的财产权诉讼持续了数年之久。沃尔辛厄姆现存最早的一封信是请求一位朋友帮助厄休拉摆脱"对单独生活的决定"，这对夫妇即使因为王室服务而分隔两地，仍保持通信。他们的幼女玛丽于1580年夭折，而以父亲名字命名的长女弗朗西丝则将先后嫁给伊丽莎白时代炙手可热的两位廷臣：诗人菲利普·悉尼爵士（在1586年死于尼德兰新教战争），以及注定成为王室宠臣的埃塞克斯伯爵罗伯特·德弗罗（Robert Devereux）。

厄休拉·沃尔辛厄姆的存在感在宫廷的礼仪生活中体现得十分鲜明。她陪伴丈夫出使巴黎，于1571年4月受到法国王室的款待。随着弗朗西斯·沃尔辛厄姆平步青云，厄休拉有幸参与伊丽莎白女王的礼物交换仪式。1579—1580年的新年，她向女王敬献了一双镶有金扣的手套；这是一个聪慧的选择，众所周知，伊丽莎白女王对她的那双纤纤玉手深感自豪，十分乐于展示。来年，她献上一颗由玛瑙与黄金镶嵌而成的蝎子状珠宝，闪耀着钻石和红宝石的光芒。1581

47 年，厄休拉保管了一颗属于葡萄牙王位觊觎者唐·安东尼奥（Don Antonio）的珍贵钻石，作为他允诺支持袭击加勒比海地区西班牙殖民地之武装计划的信物。沃尔辛厄姆在遗嘱中将厄休拉称为"我挚爱的妻子"，以及"我最善良且最慈爱的妻子"。她将比他多活 12 年，在她的遗嘱里，一位驻堂牧师被列入她为数众多的仆从名单。两位厨师每人可获取 3 英镑年金，侍女艾丽斯·普尔（Alice Poole）获赠慷慨的 50 英镑丰厚奖金。巴恩斯教区的牧师和穷人也获赠她的遗产，这显示了她虔诚的信仰。一幅可追溯至 1583 年的肖像画曾一度被判定是厄休拉·沃尔辛厄姆夫人，但如今，这位身着襞襟和帽子，且脖子上戴着一条项链的清秀女子已被国家肖像艺廊降级为"佚名女性"[7]。

厄休拉负责操持家务，最初掌管帕克伯里庄园，自 1579 年起，管理泰晤士河南岸的巴恩埃尔姆斯庄园。罗伯特·比尔的宅邸也位于巴恩斯教区，邻近里士满宫。学者兼占星家约翰·迪伊博士（Dr. John Dee）位于莫特莱克的商会和宏伟的图书馆也在这附近。从巴恩埃尔姆斯庄园楼梯而下，可直达河道，沃尔辛厄姆往往随着退潮乘船顺流航行至威斯敏斯特，或直达伊丽莎白女王位于格林威治的另一座宏伟宫殿。在 16 世纪 80 年代，女王多次造访巴恩埃尔姆斯，当时宫廷的活动以兰贝思宫的教堂钟响为标志。众所周知，她也曾巡幸沃尔辛厄姆的另一处住所，即位于汉普顿郡的奥迪厄姆。1578 年 11 月，沃尔辛厄姆邀请莱斯特伯爵与沃里克伯爵两兄弟共聚奥迪厄姆，"依照古老的天主教会传统，在周五晚上饮酒"，这是他极为罕见的黑色幽默。

一项 1589 年的调查显示，巴恩埃尔姆斯庄园豢养多达 68 匹马，意味该住所为沃尔辛厄姆的信息驿站总部。由于此座庄园早在许久之前被拆除，所以我们对其知之甚少。但关于它昔日的样貌，仍存在一个诱人的线索。一幅在传统上被认为是弗朗西斯·沃尔辛厄姆的四分之三半身肖像画中，绘有一栋时尚的山墙型房屋，通过敞开的窗户可一眺环绕四周的规整式花园，显然是该画主角的产业。我们迄今

48

无法确认，只能推测这幅肖像的画家身份，且近年来，其绘制的确切日期也饱受质疑。史家罗伊·斯特朗（Roy Strong）认为这栋建筑与17世纪20年代詹姆斯一世时期一位野心勃勃的廷臣所建造的房屋极其相仿。然而，这幅肖像的面容却与沃尔辛厄姆的真实肖像有着惊人的相似：轮廓分明的五官和窄鼻，从发际线开始后缩的黑发，以及同样精简修剪的髭与胡。襞襟、刺绣紧身上衣和袖口较其他肖像更为精致，且黑色服装明显表示画中人物位居政府高职，绝非仅是普通的乡村绅士。对于一位收入与威廉·塞西尔有着明显落差的国务大臣而言，如此的房产规模其实恰如其分；塞西尔的丰厚收入使他足以负担在西奥波尔斯和伯利大兴土木，建立宏伟壮丽的宅邸。史家科尼尔斯·里德显然认可这幅肖像，故采用此画作为其在1925年出版之3卷本沃尔辛厄姆传记的封面。

如果这幅肖像的确描绘出弗朗西斯·沃尔辛厄姆在泰晤士河南岸的宅邸，那么巴恩埃尔姆斯庄园的建筑正是依照文艺复兴时期严格的秩序和对称原则所建造。荷兰式山墙在伊丽莎白统治时期仍是时新设计，但已开始出现在一些士绅的宅邸中。沃尔辛厄姆为荷兰反抗哈布斯堡王朝统治的坚定支持者，由此可以理解这一政治倾向也反映在他对建筑风格的选择上。中央塔楼为伊丽莎白时期宅邸内部设计常见的宴会厅，即主人和客人退席享用餐后甜点之处。通往花园的大门两侧耸立着古典式廊柱，门内是一条拱形隧道走廊，通往一座穹顶凉亭，环绕着精致的花坛和成排的果树。根据40多本赠予沃尔辛厄姆的书籍显示，他在巴恩埃尔姆斯庄园的图书馆藏有关于哲学、勘探、音乐与宗教等诸多议题的著作。约翰·科桑（John Cosyn）的《六声部与五声部音乐》（*Music of Six and Five Parts*）是一本圣歌集，"供虔诚者私用与抚慰心灵"。才华横溢的年轻诗琴演奏家丹尼尔·巴舍利耶（Daniel Bacheler）所呈献的《弗朗西斯·沃尔辛厄姆爵士的美好早晨》

及《沃尔辛厄姆夫人的奇想》，则为他们的生活带来轻松的氛围。[8]

　　一位拥有宫廷关系纽带、接受文艺复兴教育洗礼的绅士，游历丰富，且精通多种语言和法律，这无疑是弗朗西斯·沃尔辛厄姆踏入公职之前的面貌。如《牛津国家人物传记大辞典》(*Oxford Dictionary of National Biography*）所记载，他曾在 16 世纪 60 年代后期协助英格兰驻苏格兰大使尼古拉斯·思罗克莫顿爵士（Sir Nicholas Throckmorton），但这段履历未留下任何记录。此时的沃尔辛厄姆似乎与下议院和地方法庭的众多士绅毫无区别，他们相互涉入土地诉讼，并汲汲猎取英格兰贸易不断扩张的机会。在看似不涉政治的外在举动下，他实际上深具警觉性。沃尔辛厄姆的流亡经历深深磨砺了他的见识，使他得以适应全球新教事业的脉动。当接受国务大臣塞西尔的邀请，秘密为王室效力时，摆在他面前的是一系列足以将英格兰推向侵略危机边缘的重大威胁，从而为处决一位受膏女王提供了正当理由。

　　苏格兰女王玛丽·斯图亚特对于英格兰王国有着惊人的强烈欲望。她的父亲苏格兰国王詹姆斯五世为亨利八世长姐玛格丽特之子，当其于 1542 年逝世时，出生仅仅 6 天的玛丽在襁褓中被仓皇抱上苏格兰王位。这意味着英格兰伊丽莎白一世与苏格兰玛丽女王均是都铎王朝首位君主亨利七世的直系后裔。前者为孙女，后者则是外曾孙女。玛丽的都铎血统使她成为英格兰人的诱人指望。16 世纪 40 年代，英格兰曾企图使她成为王位继承者爱德华王子的新娘，最初通过外交手段，之后由于英格兰武力入侵式的暴力求婚而破局，且战场上毁灭性的击败进一步导致事与愿违的反效果，激怒苏格兰王室转而与英格

50

兰最古老的宿敌重新缔结同盟。玛丽随即被许配给法国王太子弗朗西斯，并被送往法国接受教育，这场新结盟粉碎了英格兰人依据自己方式建立联合王国的希望。1558 年，这对年轻夫妇在巴黎圣母院结婚，由玛丽的舅父吉斯公爵担任司仪。次年，弗朗西斯继位为法国国王弗朗西斯二世（Francis Ⅱ）。

在不同情况下，玛丽·斯图亚特从亨利七世处继承而来的都铎血统有时仅仅充作一种外交性炫耀；在她加冕为法国王后的 18 个月内，英格兰王室的纹章被挑衅地装饰在她的餐具和家具上。然而，弗朗西斯国王英年早逝后，孀居的玛丽返回苏格兰，某些因素开始发酵，逐渐拉近了她与英格兰王冠的距离。首先，都铎王室常处于缺乏男性后嗣的继承窘境。亨利八世曾试图否认这一点，但在继承顺位上，他的长姐玛格丽特·都铎的后代，相较于幼妹玛丽以简·格雷为代表的后嗣，更为优先。其次，与罗马决裂及宗教改革的影响仍在持续产生波澜。天主教徒始终无法接受亨利八世与安妮·博林婚姻的合法性，故也难以认同这段婚姻所生之女的合法性。吊诡的是，反对伊丽莎白王位继承权的人援引亨利八世的言行以支持他们的反对论点。即当亨利八世取得安妮·博林的通奸证据时，取消了他与安妮的婚姻，导致两人的独生女伊丽莎白因王室宣告和天主教会的指摘而悲惨地沦为私生女。尽管英格兰议会日后追溯认证安妮·博林的婚姻，但天主教的宣传仍持续操弄这些质疑，以动摇伊丽莎白女王的继承合法性。[9]

第三项因素是苏格兰玛丽踏上了英格兰的土地。1568 年 5 月 16 日，玛丽搭乘渔船，穿越索尔韦湾，偷渡抵达坎伯兰。3 天前，她的军队在朗塞德战役中被击溃，结束了她在苏格兰的统治。在 7 年的亲政生涯中，这位信仰天主教且受法国文化熏陶的女王试图与苏格兰长老教会的显贵共治；后者曾在英格兰支持下掀起新教革命，推翻苏格兰旧教会。但时不我与，玛丽在苏格兰王国方圆数百英里的巡幸视察中所积累的政治声望，首先被她与达恩利勋爵亨利·斯图亚特（Henry Stuart）的婚姻消耗殆尽，这使她同父异母的兄长莫里伯爵詹姆斯·斯图亚特（James Stuart）站到了她的对立面。1567 年 2 月，达恩利突遭爆炸并被离奇地勒毙，而玛丽疑似涉入这场谋杀，再度重创其声誉。更匪夷所思的是，玛丽随即被博思韦尔伯爵詹姆斯·赫伯尔尼（James Hepburn）绑架，且可能被强奸。尽管很难将这一连串变故归咎于玛丽，但继达恩利陈尸在位于柯克欧菲尔德的市长宅邸花园后，短短 3 个月内，玛丽竟决定下嫁博思韦尔伯爵这位达恩利谋杀案的头号嫌疑犯。面对上议院的死刑威胁，且被爱丁堡民众千夫所指、唾弃嘲讽为淫妇，玛丽终于在 7 月被迫退位，由她刚满 1 岁的独子詹姆斯继位，并由莫里伯爵组成摄政政府辅佐。不久后，被罢黜的玛丽奋勇逃离洛利文城堡，试图夺回王位。这一行动显示了玛丽惊人的自信积累。这与玛丽·都铎面对怀亚特叛乱，或伊丽莎白女王藐视西班牙无敌舰队来犯时，所展现出的钢铁般坚韧如出一辙。

苏格兰玛丽并无意愿在英格兰寻求永久性的政治庇护。她所需要的，是一个暂时休养生息的地方，用以集结她的军队反攻苏格兰，所以她向表亲伊丽莎白女王寻求帮助。出乎意料，等待她的却是无止境的软禁，以及英格兰重臣们毫不掩饰的公然敌意。首席国务大臣塞西尔竭力消除伊丽莎白女王出于本能对玛丽的同情。法庭审查了"银匣信"（casket letters），其中保存了玛丽写给博思韦尔伯爵的一批信件，足以将她定罪，故最终判决确认她下令谋杀亲夫达恩利。对此判决结果，沃尔辛厄姆下了更犀利的结论：苏格兰女王就是魔鬼的代理人。玛丽遭受苏格兰和英格兰王室的双重排挤，也无法保护独子詹姆斯免受其导师乔治·布坎南（George Buchanan）强行灌输加尔文共和主义思想。万般无奈下，玛丽转而请求法国和西班牙为她的释放奔走。当这些请愿尽皆落空时，唯一的选择只剩下：若不投降，就造反吧！[10]

52

1568 年 8 月 19 日上午，沃尔辛厄姆向塞西尔面禀一个政治上太过于敏感而无法以书面呈交的议题。英格兰驻法大使亨利·诺里斯爵士（Sir Henry Norris）向上司塞西尔递交了一些令人震惊的报告，攸关法国吉斯家族支持外甥女玛丽·斯图亚特的活动。法国宫廷笃信成千上万的英格兰人准备支持玛丽。诺里斯的信件部分以密码写成，建议塞西尔应该雇用一位名为弗兰基托（Franchiotto）的意大利上尉进行调查。他为法国效力多年，但新教信仰说服他背弃旧主。精通意大利语的沃尔辛厄姆负责居中联系他。弗兰基托随即证明自身的价值，他列出可疑的特务名单，并警告伊丽莎白女王务必警觉她的饮食或床上用品，其中可能掺杂毒药。10 月，沃尔辛厄姆听闻 12 艘军舰正集结在法国马赛，准备出征英格兰北部。弗兰基托无疑是这份情报工作的老手；而沃尔辛厄姆初出茅庐，有诸多事务亟待学习，但他积极运作自己在伦敦精英圈的人脉，指示伦敦市长每周提供关于城市周边陌生人的活动报告。

53　12 月，沃尔辛厄姆收到来自巴黎的消息，传言法国和西班牙正筹备在英格兰展开一项"改变宗教和促成苏格兰女王登上英格兰王位"的行动。但相关细节太少，沃尔辛厄姆在提交这份笼统报告前，也再三犹豫。最终让他决定提交的主因是，"此时的恶意"已然说服了他；故每一条情报皆需严阵以待。他通过自己的世界观进行总结，"忧虑太多比忧虑太少危险性更低"，"没有什么比安全感更危险的"。沃尔辛厄姆示警的是一种虚假的安全感，即志得意满地认为女王的安全仰赖她臣民的爱戴与忠诚，将足以获得保障。这无疑是对政府当权者的当头棒喝，告诫谋反和暗杀的危险是真实的，且近在咫尺。在未来数月内，伊丽莎白女王将面临一场曾经最困扰其父的政治危机，即英格兰王国北部爆发的天主教叛乱。但不同于亨利八世统治时期反宗教改革的求恩朝圣，1569 年叛乱意图寻求外国支持，以确保天主教继承。[11]

　　1569 年北方叛乱的核心地带坐落在约克郡与达勒姆，这两处曾同样反对亨利八世的宗教改革。反抗者高举象征耶稣于十字架上受难的"五伤"（Five Wounds）条幅游行，象征基督与他们同在。约克郡守理查德·诺顿（Richard Norton）曾与先前的求恩朝圣有着密切联系，也在 40 多年前佩戴过相同的"五伤"徽章。在这场叛乱中，步兵、教士和马匹皆身着涂有红十字的战袍，象征古代十字军东征。一面标示着"上帝佑犁"（God Speed the Plough）标语的旗帜，让人回忆起几代之前的乡村叛乱。圣徒肖像与纹章三角旗帜也添加到华丽的军队列阵中。

　　每当叛军抵达一处，就在当地举行弥撒。在约克郡北雷丁的科比穆尔赛德，《公祷书》规定的朴素圣餐桌被象征性搁置一旁。塞奇菲尔德的女性与年轻人重建了他们的圣坛和圣水池，围绕着焚烧新教书籍的篝火取暖。一位来自达勒姆郡的母亲将她的婴孩托付给助产士，由一位天主教士施行洗礼。最壮观的弥撒仪式在达勒姆主教座堂举行，这座大教堂最近刚见证了圣卡斯伯特条幅被焚烧，如今以罗马教宗的名义寻求赦免。至 11 月 18 日，当这群叛军在北路的巴勒布里奇驻留时，规模已膨胀至 6 000 人之多。这批人多数是自由农，而非劳工、富人或民兵骨干。信仰将他们凝聚起来，集结成军。

　　1569 年北方叛乱由统治英格兰北部大片地区的两个显贵世家领导，名义上是为了恢复英格兰的天主教王位继承，实则图利自身。威斯特摩兰伯爵查尔斯·内维尔（Charles Neville）是位摇篮天主教徒（婴儿时期就受洗），在英格兰国教会里漂泊无依。如今，他已 20 多岁，沮丧地意识到内维尔家族的势力正在衰退。即使如此，若非他的妻子简为诺福克公爵托马斯·霍华德（Thomas Howard）的妹妹，他可能仍继续忠于王室。莱斯特伯爵与尼古拉斯·思罗克莫顿最近正筹谋一项计划，将诺福克公爵匹配给正与博思韦尔伯爵离婚的玛丽·斯图亚特。在伊丽莎白女王没有继承人的前提下，枢密大臣将此桩联姻视为与苏格兰和平合并的良机。对玛丽而言，这桩联姻建议提供了一条摆脱囚禁的体面途径，谋划了可能晋封为王太后的尊荣前景。但这项政策的症结点在伊丽莎白女王本人。面对众臣在她背后对继承人议题争论不休，伊丽莎白女王动怒了，她将诺福克公爵召回宫廷，投入伦敦塔监禁。威斯特摩兰伯爵担忧遭遇相同的命运，故决定在一场天主教阴谋中拿起武器，利用苏格兰玛丽作为筹码。

这次，他选择诺森伯兰伯爵托马斯·珀西（Thomas Percy）为战友。以宗教为名的反抗精神始终流淌在诺森伯兰家族的血液中。他的父亲托马斯·珀西爵士在求恩朝圣后被处决。如同威斯特摩兰伯爵，他被迫目睹王室任命的官员侵门踏户般劫掠他的领地。1568 年，他家族产业中的铜矿利润被收归王室，这种侮辱可能加速了他倒向天主教阵营的决定。这两位伯爵采取以保护伊丽莎白女王免受身旁异端顾问危害的清君侧名义，揭竿举事。他们号召民众挺身而出，"如同你们对上帝的责任，也如同你们对国家的关心"。对于苏格兰玛丽女王的角色，他们只字未提，但这纯属算计。诺森伯兰伯爵事后在约克被处决前，接受了汉斯顿男爵的审讯，否认他们计划废黜伊丽莎白，但坦率地承认苏格兰玛丽的重要性：

> 叛乱的目的和意义是什么？答道：我们聚集于此的首要目标在于改革宗教，并保护苏格兰女王的人身安全，倘若（伊丽莎白）女王陛下未有后嗣，她将成为王位继承人，而我相信这一行动得到这个王国大多数贵族的支持。

这场叛乱的主谋对追随者隐瞒了另一项计划要素。诺森伯兰伯爵与新任西班牙驻伦敦大使唐·格劳·德·斯佩斯（Don Guerau de

Spes）取得联系。德·斯佩斯为宗教激进分子，渴望抓住任何让英格兰重新皈依天主教的机会。当叛乱分崩离析之际，威斯特摩兰伯爵最终在尼德兰转投西班牙军队。这两位伯爵均希望获得西班牙驻尼德兰总督"铁公爵"阿尔瓦公爵的军事支持，因此他们改变计划，企图攻占哈特尔浦港，以便西班牙军队和补给在那里登陆。但是，他们放肆地玩弄英格兰臣民对入侵的恐惧和爱国职责："不同的外国势力确实计划在短期内入侵这些领地，如果我们自己不迅速保卫这些地方，将导致彻底的覆灭……倘若外国入侵，我们尽皆沦为他们的阶下囚与奴隶。"这只是刻意隐瞒意图的烟幕。普通士兵笃信他们正在进行一场为天主教忠诚而战的十字军圣战，殊不知他们的领导者深陷叛国罪行。如果他们的骑兵成功解救或掳获了软禁中的苏格兰玛丽，这群北方伯爵难道仅仅满足于承认玛丽为伊丽莎白的"下一任继承人"？英格兰政府警觉到危机四伏，于是迅速将玛丽从斯塔福德郡往南移监至英格兰中部的考文垂，导致叛乱者失去了主要目标。面对王室军队节节进逼，再加上被自身的领导者无情抛弃，叛军最终向伊丽莎白女王投降，恳求她的怜悯恕罪。但是，仍有数百人在戒严令下被绞死。[12]

56

　　沃尔辛厄姆曾迟疑自己似乎过早敲响警钟。他深知自己经验不足，故早在1568年12月提前在信中向塞西尔示警。但他在巴黎的线民始终坚信：法国与西班牙的君主正密谋颠覆英格兰的安全。北方叛乱与随后在伦敦发生的事件证明，他确实有充分的担忧理由。就在沃尔辛厄姆示警后数天内，德·斯佩斯向法国驻伦敦大使提出一项大胆的计划。西法两大强权应弭除歧见，合力迫使伊丽莎白女王摆脱她的首席大臣塞西尔。德·斯佩斯认定，"这个世界上没有比威廉·塞西尔更危险的异端"。尤为重要的是，女王应当被敦促重新皈依天主教，否则将吞下全面贸易禁运的苦果。德·斯佩斯僭越了职责，随即被软禁在家。但他留下了一位共谋者持续潜伏活动，这位的故事将在众人淡忘德·斯佩斯许久之后经英格兰政府宣传而曝光。他的名字是罗伯托·迪·里多尔菲（Roberto di Ridolfi），因其行事圆滑，左右逢源，导致我们迄今无法确定他的立场究竟为何。

57 　　在伦敦商界，里多尔菲是一位备受尊敬的佛罗伦萨银行家，身兼权臣威廉·塞西尔的金融业务代理人。然而，他另一个不欲人知的身份是教宗密使。自1566年起，他协助处理教宗庇护五世（Pius V）汇入的资金，以资助英格兰天主教的政治运作。里多尔菲的确是这类秘密资金转移的理想中介人选，商人职业使其得以在文艺复兴时期的欧洲宫廷之间来去自如。佛罗伦萨的银行业务也便于他通过汇票转移资金，避免大量硬币的运输困难。1569年9月，他利用这种方式将3 000英镑的绝大部分自德·斯佩斯转予玛丽·斯图亚特驻伦敦代表罗斯主教约翰·莱斯利（John Leslie）。但如此巨额的资金交易极难掩饰，足以让塞西尔和莱斯特警觉到里多尔菲可能远比他在外表现得更为复杂，故下令羁押其至沃尔辛厄姆家宅进行讯问。

　　1569年，沃尔辛厄姆的伦敦住家位于奥尔盖特区中被称为帕佩的一栋建筑，前身为一栋专门接济贫穷小礼拜堂教士的中世纪医院。里多尔菲在此处接受审讯，而他的完美伪装可能对英格兰政府发挥了作用，最终得以全身而退。在审讯之初，塞西尔和莱斯特写信给"我们非常亲爱的朋友"沃尔辛厄姆，以示充分信任。渐渐地，里多尔菲开始向逮捕他的人松口。首先，里多尔菲坦承知晓苏格兰玛丽与诺福克公爵的联姻阴谋。而他转汇给诺福克公爵之仆人与罗斯主教的金钱来自教宗。伊丽莎白女王本人甚至亲自参与调查，敏锐地观察到里多尔菲的一些回答"与事实大相径庭"，继而提议从宽量刑，以换取他坦白与苏格兰玛丽的往来细节。沃尔辛厄姆被授权搜查里多尔菲的房屋以翻找相关证据。在被拘留一个月后，里多尔菲终于获释，条件是发誓不再涉足英格兰国家事务。

伊丽莎白女王宣称自己出于宽容考虑，展现对包括里多尔菲在内之意大利同胞的情谊。但这个说法似乎不太真实。当约克郡教堂的钟声响起，达勒姆乡村掀起反抗运动。但两日后，令人错愕的是，里多尔菲竟然获释了。这是全然愚蠢的决定，除非塞西尔和沃尔辛厄姆另有谋划。尽管我们无法确认其中细节，但里多尔菲的释放似乎另有隐情，暗藏着一笔交易的影子：允诺提供情报以换取暂缓刑罚，甚至铺平为王室效力的晋升坦途。如果这项利益交换仍无法说服他投诚，那么女王必然语带威胁地指出，更严厉的审讯将足以披露比里多尔菲迄今为止自愿坦承的更多信息。沃尔辛厄姆将让他深刻体认到当下的毫发无损是多么幸运。

羁押在沃尔辛厄姆家宅中的数周时间内，里多尔菲是否被成功策反？有两种截然不同的方式来解读他的故事结局。在北方叛乱爆发之前，里多尔菲向法国大使告知他已接受教宗的委任，将联手富有同情心的英格兰贵族，尤其是诺福克公爵，合力恢复英格兰的天主教信仰。在重获自由后，他显然又回归了早前承担的任务。1571 年 3 月，他前往罗马，请求教宗批准另一项天主教行动，即由诺福克公爵领导，在西班牙军队支持下，将苏格兰玛丽推上英格兰王位。但随着罗斯主教的信使查尔斯·贝利（Charles Bailly）在多佛港落网，里多尔菲和玛丽·斯图亚特代理人之间的联系渠道自此中断。1572 年，诺福克在陶尔希尔被斩首，幸运的是，苏格兰玛丽获得伊丽莎白女王的庇护，免遭英格兰议会的惩处要求。此后，里多尔菲偷渡离英，转而效力佛罗伦萨的美第奇公爵，并在多年后以议员的身份荣退。

若依此发展，或许沃尔辛厄姆和塞西尔在 1569 年 11 月共同犯下了一个灾难性的错误判断，释放里多尔菲，使其重启反抗女王和英格兰的密谋。菲利普二世确实被说服参与反对英格兰的积极政策。若非阿尔瓦公爵疑心深种，西班牙无敌舰队可能早在 16 世纪 70 年代初期就扬帆启程，而非延迟至 1588 年。倘若里多尔菲为一位双面间谍，那么他的伪装深不可测，且其背后操控者正在玩弄一场危险游戏。然而，种种迹象显示，这纯粹是他自己的决断。里多尔菲和伊丽莎白女王单独面谈后，随即离开英格兰，奔赴罗马，临行前女王还赐予一本护照和两匹马以示祝福。在此之后，他的保密防卫工作突然松懈，改用无加密的纯文本方式写信给苏格兰玛丽。而其他信件仍维持加密形式，但伊丽莎白女王以某种方式取得了密码表。里多尔菲的叛变加速了诺福克公爵的溃败垮台，这确实符合塞西尔的期待，同时也加速了苏格兰玛丽的势力陨落。

　　另一个证据显示，沃尔辛厄姆说服了某人改变立场。北方叛乱时隔一年后，里多尔菲再次与沃尔辛厄姆会谈，而此次议题，如同他事后向塞西尔所汇报的那样，攸关英格兰、佛兰德斯及法国的三方关系。显然，沃尔辛厄姆认定里多尔菲仍有利用价值。尤其他提及里多尔菲的方式，表明这两位在共处一屋的奇妙经历中建立起了一种融洽的关系。毕竟，他们皆是同时代的人，均出身商人世家，且共同拥有意大利的生活背景。沃尔辛厄姆告诉塞西尔，里多尔菲"行事谨慎且正直，是一位重视诚实和信誉的聪明人"。对罗伯托·迪·里多尔菲这位叛乱者或双面间谍而言，诚实和信誉似乎是诡异的形容词。沃尔辛厄姆若不是通过一场至为关键的情报胜利来开启他的王室服务生涯，那么他就是被极其羞辱地彻底愚弄了。但至少，女王似乎相信他的策反说法。因为，在提笔写下这封信之前，弗朗西斯·沃尔辛厄姆已经被任命为新任英格兰驻法大使。[13]

　　16 世纪，英格兰人对法国的态度掺杂着恐惧和钦佩。法国与苏

格兰之间的"老同盟"(auld alliance)合作，意味着英格兰君主经常 60
面临双线作战。亨利八世恢复了一项古老的论述，即英格兰国王亦是
法国的统治者，但他在诺曼底赢得的据点仅仅维持了短暂时间。布洛
涅被爱德华六世政府回售给法国，加莱的驻军城镇也在玛丽一世统治
的最后几天被法军夺回。毋庸置疑，法国是一个大国，孕育着英格兰
6倍的人口，且税收系统足以支持陆军长征及勒阿弗尔近代海军基地
的运转。然而，长达数世纪的战争在两国之间孕育出意外的果实，即
对骑士精神的共同信念，以及一致的权力语言。法王查理九世在伊丽
莎白一世统治初期被授予嘉德勋章，英格兰则热衷于模仿法国宫廷仪
式。两国的宗教鸿沟也不似表面那般严重。法国加尔文教会是欧洲最
大教会之一，工匠和贵族是最早皈依的群体。尽管法国王室仍信仰天
主教，但也制约任何教宗权力的扩张。作为一个统治着多元宗教群体
的集权君主制国家，法国比西班牙或神圣罗马帝国更像英格兰。这一
特质使法国成为伊丽莎白女王最可能寻觅配偶的理想地点。

英格兰新教徒也有需要密切关注法国的特殊理由。16世纪60年
代初，多达100万胡格诺派教徒，即法国加尔文派，为了生存而展
开血腥斗争。法国的宗教战争和英格兰都铎宗教改革在异常相似的
王朝情势下展开。如同英王亨利八世一般，法王亨利二世在1559年
一场马上竞技中意外猝逝后，他的3个孩子依序继位。首先是15岁
的弗朗西斯二世，但他很快在1560年12月崩殂，其妻玛丽·斯图
亚特遂成寡妇。随后，他年仅10岁的弟弟即位为查理九世。凯瑟 61
琳·德·美第奇王太后借机夺取摄政权，开启一场权力斗争，引爆内
战。在这场内战中，从鲁昂到罗讷河的天主教堂屡遭掠夺。而在法国
南部，一场激烈的游击战已遍地烽火。当法国沿着信仰断层而分裂之
际，其社会陷入严重的民众暴力。人们已不满足于仅仅对宗教图像和
新教《圣经》施暴，开始进一步对他们的邻居暴力相向。各种残暴的

故事迅速流传，甚至被渲染宣传，但仍是基于难以置信的真实谋杀和残害。1564 年，路经曼恩途中，法王被禀告一则消息，一位孀居的新教贵族妇女，连同她的孩子和侍女们，在她的宅邸中被血洗屠杀，遗体甚至被喂食给猪。数群天主教青年在普罗旺斯地区的城镇中来回巡逻，丢掷石块砸死新教徒，并焚烧尸体。胡格诺派被非人化比拟为害虫，一种必须从法国社会中清除的污点。[14]

　　法国宗教战争对于英格兰而言，祸福参半。一个深陷内部矛盾的国家不太有能力采取侵略性的外交政策，反而更有可能寻求与宿敌和解。但是，法国的骚动隐约预示在英格兰也将点燃类似的大火。这种关于法国代表另一种命运的恐惧感，同时被谣言煽风点火着，即传言天主教军队正在英格兰北部和西部等待动员。一个世纪前的玫瑰内战记忆也加剧了英格兰人的恐惧感。补救措施之一就是与胡格诺派结盟，故在 1562 年与其领袖孔代亲王路易·德·波旁-旺多姆（Louis de Bourbon-Vendôme）达成协议。英格兰军队将出兵占领勒阿弗尔与迪耶普，而当胡格诺派赢得战争时，将以加莱相赠。但事实证明，这些城镇不易守住，胡格诺派最终选择与其天主教同胞和平共处，而英格兰远征军在一场残酷的黑死病中崩溃了。英格兰的荣誉面临威胁，甚至蒙羞沦丧，由此印证了伊丽莎白女王对战争的厌恶，说服她支持鹰派的主战外交将比以往任何时候都更加困难。

　　1571 年元旦，弗朗西斯·沃尔辛厄姆抵达法国，前往巴黎觐见法王查理九世与美第奇王太后。这一时期，尚未有常驻使馆建筑；大使们需自行安排住所。传统上，沃尔辛厄姆被推测居住于圣日耳曼城郊区，这是一处昂贵的城郊区，贵族们从充斥着资产阶级价值观的城市撤出后，大多移居至此。事实上，其特务兼军人托马索·萨塞蒂撰写的一份文件显示，沃尔辛厄姆的住所位于圣马索区。这一地区位于城墙以南，临塞纳河左岸，氛围与时尚的圣日耳曼城郊区截然不同。

织布工与皮革工在众多小作坊辛勤劳作，使得此区空气中弥漫着浓重的染料和皮革气味。圣马索区的位置与工业特征使其顺势成为新教激进主义的中心。加尔文主义者得以在他们所谓的礼拜堂建筑中公开进行礼拜，而英格兰大使也得以在不引起太多关注的情况下，招待如于贝尔·朗盖（Hubert Languet）与彼得吕斯·拉米斯（Petrus Ramus）等贵族和知识分子。萨塞蒂与弗兰基托上尉也曾造访过大使馆，这意味着沃尔辛厄姆已在巴黎筹建起一个特务情报网。[15]

16 世纪的大使不仅仅是一份公职。他们既代表君王个人，又代表国家，理当受到符合其身份的尊荣礼遇。法国宫廷被广泛赞誉为欧洲最辉煌的宫廷，尽管沃尔辛厄姆的家书通常着重述说政策，而非宫廷的壮丽。当描绘他的接风晚宴时，他指出"我们不缺好肉"；对他而言，浮华的盛典和仪式并不容易适应。托马斯·史密斯爵士直到任职大使一年后，才融入并欣赏法国式的殷勤好客：

> 我的厨房里有 9—10 名厨师，国王宅邸的职员、食品供应商、管家都被指派来服务我。肉、美酒、面包、蜡烛、餐盘，以及所有这些服侍供应，让我感觉犹如一位年轻的王子，且所有费用皆由（法国）国王负担。有超乎我需求的吟游诗人和音乐演奏，还有一位国王宅邸的总管统辖服侍工作，他如影随形且无微不至地陪侍，犹如我高居公爵之位；每日两顿主餐，充满各色美味佳肴。

诚然，西班牙驻法大使并非是一位公正的证人，将沃尔辛厄姆描述为一个耿直无礼、永远穿着一身黑衣的男人；但他也的确是一位天生的谈判专家，在到任后迅速与凯瑟琳·德·美第奇王太后建立了一条通畅的沟通渠道。[16]

　　沃尔辛厄姆的前任亨利·诺里斯爵士迫切渴望摆脱驻法大使这一职位。亲胡格诺派的立场使他全然不受法国王室的待见，而伊丽莎白女王却不切实际地持续要求他诉请法国归还加莱。诺里斯还被要求参与法国宫廷的天主教弥撒，他的邮件被蓄意破坏，仆从也遭到逮捕。此外，维持驻法使馆的家庭生活费以及马匹、秘书、信差、线民和各种贿赂费用，更累积了莫大的经济压力。伊丽莎白女王始终紧守着她的钱包，期待她的特使们自掏腰包支付出使费用。面对沃尔辛厄姆就难以负担驻法费用所提出的抗议，女王将他的每日津贴微调到 3 英镑 6 先令 8 便士，仅比诺里斯的薪水多一点，但公务经费仍然大打折扣。沃尔辛厄姆埋怨这杯水车薪无疑"让我如同行乞"。1571 年 9 月，他请求塞西尔（已晋封为伯利勋爵）减轻"与日俱增的职务，其相应支出早已远远超过女王陛下的津贴所能支应的范围"。这份津贴主要支应他、伯利和莱斯特之间的工作业务，与胡格诺派领导者的接触，以及推广新教信仰的机会。迥异于他的王室女主人，沃尔辛厄姆将英格兰外交政策的成功定位于是否成就"圣灵的果实"和"福音的推广"。驻法 4 个月后，沃尔辛厄姆向莱斯特写信阐述其政治理念。他在 1571 年 4 月写道："我最重要的希望，首先是上帝的荣耀，其次是女王的安全。"[17]

　　沃尔辛厄姆在宗教战争的休战期抵达法国。1570 年，《圣日耳曼和约》将 4 个要塞城镇交归胡格诺派控制。孔代亲王已阵亡，仅存海军大臣加斯帕尔·德·科利尼指挥新教军队。亲英的科利尼希望伊丽莎白女王能与法国联姻，无论对象是查理九世的弟弟安茹公爵亨利（Henry），还是胡格诺派领袖纳瓦尔国王亨利·德·波旁（Henri de Bourbon）。当科利尼于 1571 年 9 月来到宫廷时，特别向沃尔辛厄姆保证了他对伊丽莎白女王的忠诚。受此鼓舞，沃尔辛厄姆向伯利报告："一般而言，信仰（胡格诺派）者大多是法国精英，他们纷纷作出类似的郑重承诺，向女王陛下保证："当机会到来或面对考验之际，他们将蓄势待发为她服务，犹如她的天生臣民。"但沃尔辛厄姆也了解胡格诺派始终是少数派。强烈反对此类联盟的是极端天主教派洛林的吉斯家族，他们虽然暂时丧失法国王室的宠爱，但正努力恢复先前在宫廷的主导地位。吉斯公爵的士兵在瓦西的临时教堂大肆屠杀 50 名手无寸铁的新教徒，引爆第一次内战。他的弟弟洛林枢机主教则对极度虔诚的安茹公爵（因长期禁食和守夜祈祷而愈显苍白）颇具影响力。而且，洛林枢机主教始终挂念着囚禁在英格兰的外甥女苏格兰玛丽，她作为英格兰的合法统治者和安茹潜在的新娘人选，将足以在一顶天主教王冠下，一统法兰西和不列颠。[18]

　　面对这蠢蠢欲动的天主教激进势力，伊丽莎白女王在新大使沃尔辛厄姆走马上任的前几日，曾提醒他务必密切关注"他们在当地的一举一动，无论私下或公开，这可能对我们或我们的国家造成损失"。他也需支持当地的英格兰商人，以维持英法之间的自由贸易。另一项冗长的条款则阐述了伊丽莎白女王对胡格诺派的态度，其福祉攸关"我们和我们国家的安宁"。沃尔辛厄姆应设法让法王铭记，法国的和平将取决于是否遵守《圣日耳曼和约》赋予新教徒的权利。伊丽莎白女王习惯于称呼查理九世为"我们的好兄弟"，但也毫不掩饰对宗教战争的严厉批评。查理九世对胡格诺派的态度，将使其"目睹并感受到他的王国层出不穷的麻烦"。当提及苏格兰玛丽与布列塔尼的军舰时，更透露出伊丽莎白女王话语中的沉重寒意。查理九世近来威胁将派军进驻苏格兰以对抗在当地镇压玛丽党人的英格兰军队。事后看来，这几乎是玛丽·斯图亚特最接近解脱监禁生涯的时刻。伊丽莎白女王仅考虑一天左右，枢密院就拍板定论：协助苏格兰女王复位只会毁坏英格兰的王冠。[19]

　　另一项计划也对法兰西和英格兰至关重要，尽管未在沃尔辛厄

65

姆的正式职务指示中明确阐述：伊丽莎白女王和安茹公爵的联姻计划。这一婚配看似希望渺茫。伊丽莎白女王已年届 37 岁，而安茹公爵仅 19 岁。伊丽莎白为英格兰教会的至尊管理者，且国教会的教义和主教明显倾向于新教；而安茹曾作战对抗胡格诺派，并鄙视伊丽莎白为私生子和异端。对于这位安茹"殿下"，沃尔辛厄姆通常持谨慎正面的看法。"他身材极佳，长腿纤细，比例适当"，安茹公爵比沃尔辛厄姆本人高出三指左右，但气色和肤色呈现出令人担忧的蜡黄。安茹的性取向也值得商榷，但沃尔辛厄姆对此只字未提。当安茹公爵于 1574 年继任为法王亨利三世后，其各类嗜好开始被评头论足，包含喜着异性服装、常佩戴双耳耳环以及豢养了一批蓄留长发和戴女帽的男宠等。

　　除了安茹本人的争议之外，这段联姻的利益着实吸引了英法双方。凯瑟琳·德·美第奇王太后发现这是一个使她爱子摆脱吉斯家族影响力的妙计。查理九世对他弟弟受欢迎的程度颇为不满，希望他远离法国。英格兰则可借此获得一个对抗西班牙的军事盟友。伊丽莎白女王也公开表示决定迎接一位丈夫。她早在 1559 年首届议会演说中就阐释了对婚姻的看法。"最后，这对我而言已然足够：一块大理石（墓碑）将宣布，一位女王，统治如此一个时代，自生至死，始终为童贞之女。"但同一场演说的前一部分鲜少被引用："无论我的机缘是何人，我深信他将会……如同我自身小心翼翼保护这个王国一般，保护着你们。"伊丽莎白女王以父亲亨利八世的君主制为榜样，知晓解决王朝继承问题是她不可回避的责任。[20]

　　从信仰层面而言，沃尔辛厄姆很难欣赏由另一位外国天主教徒担任英格兰国王的政治前景。莱斯特伯爵似乎是一位更佳的王夫人选，他不仅是一位忠诚的新教徒，而且是厄休拉·沃尔辛厄姆的远房表亲。但殷鉴不远，一个世纪之前的英格兰历史已敲响了警钟。爱德

华四世和王后伊丽莎白·伍德维尔的婚姻间接催动玫瑰战争，展现出
君主和臣民之间的不对等婚姻如何引发政治动荡。而且，莱斯特因涉
入发妻埃米·罗布萨特（Amy Robsart）意外死亡的流言蜚语而名誉
受损。故对沃尔辛厄姆而言，若欲放眼一场更大的国际战略博弈，与
法国联姻是必要的妥协。身为驻法大使，他有机会建构一个防御联盟 67
来抵抗正整军备战的西班牙军队，同时将安茹公爵从吉斯家族的魔掌
中解放出来，以重创玛丽·斯图亚特的支持者。从更长远来看，若蒙
上帝应允，这场婚姻还可能诞下一位继承人。一个孩子的出生，男孩
尤佳，将平稳这艘自 16 世纪 40 年代以降就动荡不安的国家之船。在
权衡利弊得失后，沃尔辛厄姆最终选择与伯利合作促成安茹联姻计
划。正如他向法国外交官保罗·德·佛克斯（Paul de Foix）所解释
的那样，如果他失败了，应归咎于他"缺乏判断力和经验，而非缺乏
诚意"[21]。

1571 年 3 月 12 日，这场联姻谈判在新杜伊勒里宫的花园秘密展
开，美第奇王太后在此接见伊丽莎白女王的私人特使巴克赫斯特男爵
托马斯·萨克维尔（Thomas Sackville）。12 天后，沃尔辛厄姆被指示
如何回复这桩婚姻提案的可能性。伊丽莎白女王解释道："为了所钟
爱的臣民的殷切恳求，通常会促使我们考虑他们的缘由，倾听关于结
婚的提议。"她暗示着欢迎安茹的求婚。但在一切重要的议题上，女
王拒绝让步。她的谈判起点是联姻条件不得差于神圣罗马帝国皇帝查
理五世签署之 1554 年玛丽一世和菲利普二世的结婚条约。在某种意
义上，这是一个公平要求：若伊丽莎白接受劣于她姐姐的联姻待遇，
英格兰将名誉受损。1565 年，类似的婚前协议也提交给伊丽莎白女
王的另一位追求者奥地利大公查尔斯。但对英格兰而言，西班牙菲利
普二世与玛丽一世的婚姻是一笔物超所值的交易。菲利普被剥夺了加
冕为英王的尊荣，只能通过他的妻子行使王权，且他的西班牙随从被

严禁担任英格兰官职。这是令人难以接受的阉割式王权，故菲利普在正式签署前宣示放弃该项条约。说服安茹接受这种模式的王室配偶角色，的确需要经过一些艰难的谈判。

菲利普二世和玛丽一世至少还共享天主教复兴愿景，但对于安茹这般笃信天主教的王子而言，伊丽莎白设下的种种宗教限制与对他政治权力的钳制一样令人反感。

> （安茹）殿下无权在英格兰行使我国法律明令禁止的任何宗教形式……关于他对我们（国教会）信仰的认同，虽然我们由衷希望他能在良心上接受（如果他理解其中形式，我们相信，他定然不会厌恶），但我们只需要他出现在我们的礼拜和教堂即可。[22]

安茹的联姻计划让我们得以一窥伊丽莎白女王的私人信仰，这位女王以不愿窥探人的灵魂而闻名。伊丽莎白女王经常被描绘成一位国家利益至上者，而她设定的教会建制是英国国教会妥协精神的起源。不过，她撰写的祷文，以及赞助王室礼拜堂的音乐创作，揭示了这位新女王的信仰与她的弟弟及姐姐一样强烈。她对圣礼仪式的维护之情，有时甚至被误以为是对天主教的同情。但对伊丽莎白而言，传统和改革之间并无矛盾，关键在于规定的礼拜仪式。因此，女王即使在其私人礼拜堂放置十字架，也照样可以拒绝让她的丈夫接受圣坛上的天主教圣礼。

伊丽莎白女王的指示无疑让沃尔辛厄姆陷入两难。他非常赞成女王所坚持的强硬底线，故当法国反对此提案并要求安茹公爵与其仆从获得"宗教信仰自由"时，他坚决捍卫女王的立场。沃尔辛厄姆认为，允许安茹在私宅进行弥撒，将导致女王与其忠实的臣民离心离德，继而煽动叛乱的蔓延。但他也明白，若依伊丽莎白女王建议的方式提出规定，将阻碍这项可为维护英格兰稳定带来最大希望的联姻计划。因此，他决定"在一定程度上偏离女王陛下指示的精确路线"。简而言之，在必要时对宗教议题保持沉默，将是最好的行动方针。沃尔辛厄姆强势地向保罗·德·佛克斯指出安茹在年幼时与新教信仰关系暧昧，"因此，如果（安茹）愿意浇灌这些（新教）种子，他应该容易察觉出改变他的信仰将不会导致任何不荣誉，继续犯错依然是错误，但从错误走向真理则值得赞扬"。这种灵活弹性也显示了沃尔辛厄姆作为一位政治家的精明之处，他选择与伯利密切合作，以确保英格兰安危所仰仗的外交联盟得以实现。如果这么做意味着要雕琢女王的话语以应对实际情况，那就如此执行吧。[23]

　　这场谈判持续了 1571 年整个春夏。安茹希望在婚礼后立刻加冕，要求在英格兰政府中担任全职工作，并且获拨一笔经费用以维持他的内廷。这笔费用初估为 6 万英镑，相当于伊丽莎白女王年收入的五分之一；若她崩逝时尚无子嗣，安茹希望将这笔收入挪作养老金之用。对于伊丽莎白女王而言，她妥协接受了安茹将不会采用国教式圣餐礼作为婚礼仪式之一，但拒绝了他"欲在秘密地点，以秘密方式"履行天主教仪式的请求，理由是这将鼓励其他人藐视英格兰法令。她也婉拒了为安茹加冕。当美第奇王太后向沃尔辛厄姆大使抱怨英格兰的条件过于苛刻时，伊丽莎白女王立刻建议寄给安茹一本英格兰《公祷书》，以拯救他的良心。她声称，在这本书中，"没有任何一部分是罗马教会未曾使用过的，甚至时至今日罗马教会仍在使用相关内容"。若《公祷书》的英文版本令人不悦，安茹可自由采用牛津大学和剑桥大学的拉丁文译本，或海峡群岛专用的法文译本。[24]

　　伊丽莎白的这项提议并非诚实之道。无论何种语言版本，1559年《公祷书》的圣餐礼本质上迥异于天主教弥撒，但这一提议并无意

69

70

破坏联姻谈判。毕竟，伊丽莎白女王可借由结婚囊括许多好处，故继续表达被求婚的意愿。在与沃尔辛厄姆的对谈中，安茹精心称赞伊丽莎白女王的身心天赋为"这 500 年来欧洲最珍稀的创造物"。但在宗教自由方面，他和女王一样寸步不让，甚至申明与异教徒通婚绝不可行。身处夹缝中的沃尔辛厄姆企图抓住任何一根救命稻草，让这场联姻仍有回旋余地。6 月 21 日，他向伯利解释称安茹的天主教信仰源自他母亲的影响，但根据德·佛克斯信誓旦旦的保证，不出一年，这位殿下"在推动宗教事业方面，将不亚于我们王国中的任何人"。摆脱外交辞令的束缚，沃尔辛厄姆在写给莱斯特伯爵的一封私人信件中以惊人的坦率打开心扉，坦言这场联姻太过于重要，绝不能放弃。

> 我特别考虑到女王陛下目前的国内外处境，这是我贫瘠的眼光所观察到的，以及她如何被国外的危险所包围，而这些威胁唯有这场联姻才能化解，我无法想象，若此事破局，她将如何应对。

7 月，谈判主会场从法国转回英格兰汉普顿宫。安茹的护卫队长格里蒙维莱·德·拉尔尚（Grimonville de l'Archant）觐见女王，讨论派遣使团以缔结婚约。然而，宗教障碍再一次被证明无法逾越。伯利虽然谴责了德·拉尔尚，但事实上，他的女主人也同样执拗。当意识到所剩时间不多，莱斯特与伯利建议在婚姻协议中忽略信仰议题，但遭到伊丽莎白女王的断然拒绝，她严正知会沃尔辛厄姆大使，若无"坦白"，只会引发更多争议。9 月，德·佛克斯代替德·拉尔尚赴英谈判，将陷入僵局的联姻辩论转向新政治选项。他呼吁任命一位可直接居中联系伊丽莎白女王和查理九世的特使，从而重新展开协商；"倘若联姻不成，转向缔结某种更紧密的同盟协议"。而后项提议无疑默认安茹的联姻谈判已胎死腹中。10 月，安茹公爵明确宣布永远不会迎娶伊丽莎白女王。尽管沃尔辛厄姆在此事上全力以赴，但他仍功败垂成。[25]

长达数月的外交磋商和急件撰写，再加上与安茹公爵及其母后的难堪会面，这种身心煎熬蚕食了沃尔辛厄姆的健康。1571 年 8 月，查理九世命令外国大使们南向前往卢瓦尔河，他在该地的布卢瓦接见新教领袖海军大臣科利尼。沃尔辛厄姆因"需要接受治疗"而推延启程，且抵达后随即请求伯利允许他返回巴黎："由于我的病情日益恶化，我非常谦卑地恳请女王陛下尽快指派某人替代我的职位。我诚挚希望以我的生命，而非我的死亡，来支持女王。"迫使他写下这封辞呈的是一种泌尿系统感染，这一疾病导致沃尔辛厄姆在 1571 年 11 月至 1572 年 2 月期间卧床不起，且将继续纠缠他的余生。他也在写给莱斯特的信中抱怨自己的视力日趋衰弱，后来更因长年在微弱烛光下的密集文书工作而加速恶化。1588 年 1 月，他抱怨双眼渗出液体并"向下流淌"，这或许可以解释为何随着年龄增长，他的书写笔迹明显变得潦草。古今时空的距离使我们很难作出疾病诊断，但综合以上症状——眼疾、排尿困难且不时感觉濒临死亡——推测沃尔辛厄姆可能罹患糖尿病。如果这一推测正确，典型的都铎绅士餐饮所摄入的糖和饱和脂肪量必然大大加重他的病情。前任英格兰驻法大使托马斯·史密斯描述法国宫廷的食物"尽是雉鸡、鹧鸪、红腿肉和白腿肉，以及小孔雀和其他所有精致肉类，用猪油封住并浸透煮熟"。沃尔辛厄姆在 1571 年 11 月的日志中记载，医生叮嘱更换新饮食菜单。顺带一提，他的数名医生在 16 世纪 80 年代成为他的信使和特务。[26]

病痛缠身的沃尔辛厄姆仍持续埋首工作之中。1572 年 1 月下旬，伯利自伦敦传来一些可怕的消息。"通过上帝的神意"，他回复，"我知晓阁下您已成功逃脱最邪恶的意大利行动的险峻情况"。一对叛乱

72

者悄然埋伏，意图在伯利从宫廷返家途中将之射杀，并利用索桥营救羁押于伦敦塔的诺福克公爵。其中一位涉案者的身份必定使沃尔辛厄姆感到震惊。他是埃德蒙·马瑟（Edmund Mather），曾任前驻法大使亨利·诺里斯爵士的机要秘书，类似罗伯特·比尔之于沃尔辛厄姆的重要性。各类国家机密每日皆从他的办公桌上川流不息地经手而过。马瑟在审讯中坦承自己是苏格兰玛丽的狂热追随者。一旦伯利过世，伊丽莎白女王将成为他的下一个谋杀目标。

　　马瑟曾以意大利文与一位威尔士商人威廉·赫尔勒（William Herle，曾经是海盗）讨论暗杀计划。但马瑟被蒙在鼓里的是，赫尔勒实为伯利的特务，煽风点火地佯装策划这场阴谋，以探查可能的涉案者。这也是沃尔辛厄姆在 16 世纪 70 年代后期护卫女王时效仿的策反谋略。面对国内叛乱阴谋迭出、国外与安茹联姻失败引发的沮丧，再加上病痛缠身，彻底激发了他对苏格兰女王的厌恶。"只要那位恶魔般的女人还活着"，他呐喊着，"女王陛下的王位就难以安稳延续，连她的忠仆们也无法确保自身的生命安全；因此，愿上帝开启女王陛下的慧眼，使她看清什么才是对她最有利的保护方式"。这一赤诚呼吁也是伯利的心声。在枢密院的步步紧逼下，伊丽莎白女王终于不情愿地批准了诺福克公爵的死刑，但对议会封杀了一项反对苏格兰玛丽的法案。伯利悲伤地向沃尔辛厄姆坦言，"他心如刀绞"。15 年之后，在他们见证玛丽最终被绳之以法前，将慷慨地提供行动机会给她的热情支持者们，让他们如愿追随英格兰北方伯爵与埃德蒙·马瑟的脚步。[27]

　　在沃尔辛厄姆康复之前，驻法大使一职暂由托马斯·史密斯和亨利·基利格鲁接管。当时法王正在位于昂布瓦斯的宫廷，以舞会欢庆圣诞节 12 天的结束。为了重启安茹的婚姻谈判，凯瑟琳王太后重申其子在私家进行弥撒的要求。史密斯斗胆反驳："这是为何呢？殿下，若如此，他可能还需要四会修士、僧侣、教规、朝圣、赦免以及油与奶油、圣物等诸如此类虚有其表的物件，这对我们国人而言是如此诡异，绝无可能达成共识。"首次安茹联姻谈判触礁后，英法外交的焦点遂转向史密斯被委任的第二项任务，即英格兰和法国之间的防御联盟。2 月，沃尔辛厄姆重新加入外交代表团，谈判仍由史密斯主导。苏格兰始终是一个潜在的绊脚石。法王曾对法国与苏格兰的老同盟传统和寡嫂苏格兰玛丽宣示忠诚："我的亲人、我的嫂子，她是我的君主。"对于法王亲近苏格兰的态度，基利格鲁如同史密斯一般坦率无畏地提醒：

> 水火不可并存，两者相克。这个联盟存在的目的是为了在您和英格兰女王陛下之间建立永久紧密的友好关系，您将协助对付女王最致命和最危险的敌人。这无法共存，现在，您必须将她（玛丽）置于死地。[28]

1572 年 4 月 17 日，史密斯终于能向伯利报告完成使命，"沃尔辛厄姆先生和我至少达成了联盟（谈判）"。双方皆允诺不会帮助对方的敌人，法国同意不代表玛丽干涉苏格兰。然而，英格兰的继承问题仍未获得更佳解决方案。凯瑟琳王太后提议法国尚有阿朗松公爵能成为伊丽莎白女王的王夫候选人，他年届 17 岁且开始蓄须。正式批准英法《布卢瓦条约》(*Treaty of Blois*) 的任务落在海军大臣林肯伯爵爱德华·法因斯·德·克林顿 (Edward Fiennes de Clinton) 的肩上。林肯伯爵曾与亨利八世在诺曼底并肩作战，并于 1550 年督导英军从布洛涅撤退。1572 年 6 月，英吉利海峡两岸同时举行签约仪式，巴黎庆典的绚丽场景呈现在史密斯的报告中。林肯伯爵乘坐国王的马车前往卢浮宫，沃尔辛厄姆和史密斯随安茹公爵一同前往。该条约在

74

圣日耳曼教堂的高坛上被高声宣读，英格兰代表团则端坐在侧边小礼拜堂，同时吟唱着晚祷曲（根据史密斯的说法，这是"极美妙的音乐"）。晚宴在杜伊勒里宫花园的一个开放式宴会厅举行，沃尔辛厄姆和史密斯获赐重达 472 盎司的金银盘礼物。连日宴会、杂戏与烟花终于在一场盛大的篝火中达到高潮，为给国王祈福，一袋活猫直接从横梁上被扔进篝火，这是国王特别钟爱的娱乐活动。[29]

《布卢瓦条约》标志着英格兰外交政策的彻底颠覆，切断了英格兰与西班牙的传统纽带，这起源于 70 多年前阿拉贡的凯瑟琳与亨利七世长子亚瑟·都铎的联姻，且英格兰与勃艮第（有时被称为西属尼德兰）的友谊可追溯至更早。抛弃这一曾经扶持英格兰外交的联盟传统，需要执政政府在心态上作出重大转变。幸运的是，沃尔辛厄姆将自己的想法写在纸上，以便处理这个问题。结果，这份标题名为《论女王陛下在勃艮第计划中联合西班牙是否为良策》的文件，成为一份难以驾驭的棘手史料。现代读者首先感到困惑的是这份文件的标题，此处的"联合"意味着参战反抗。这份手稿的原件已经遗失，但数份副本得以保留，所用语言与沃尔辛厄姆的官方文书颇为相似，故可确认其归属。值得注意的是，这份特殊文本从未打算让女王看到，正是这点赋予了它高度研究价值。且当分析战争的利弊得失时，沃尔辛厄姆阐述了他对女性统治的看法。

与莱斯特等一众英格兰宫廷鹰派志同道合的是，沃尔辛厄姆渴望资助低地国家的奥兰治的威廉与其弟拿骚的路易伯爵领导之新教军队对抗西班牙总督阿尔瓦公爵。1572 年 7 月，他在写给莱斯特的信中指出："若上帝没有唤起奥兰治王子与西班牙周旋，恐怕这场危险的战火早已在我们的家园中燃烧起来。"既然与西班牙的冲突不可避免，伊丽莎白女王就应主动出击，抢先掌握主动权。但说服女王并非易事，因为"女王陛下基于性别的恐惧显得怯懦而踌躇，而优柔寡断向

来与恐惧相伴：这在战事中极其危险，因为机会必须在首次反弹时第
一时间牢牢抓住"。

英格兰重臣们面临一个抉择。如果伊丽莎白女王可被说服相信远
征尼德兰将会成功，那么"恐惧会让位，理性将指导女王果断决策"
（对沃尔辛厄姆而言，理性专属于男性）。另一种办法是，用不作为的
后果恐吓她，若无所作为，势必招致"她的自我毁灭与国家覆亡"。
这种将女王视为一个需要哄骗和克服的因素极不寻常。显然，她的顾
问们正是如此思考的，故有时可能会利用这些术语交流沟通，但极少
将如此激进的想法书写下来。潜在的巨大利益合理化了这种近乎藐视
君主的手段。加入勃良第计划，将"推动整个基督教世界的宗教事
业，这是一个值得基督教君主参与的行动"。一位邪恶的邻居（西班
牙）和其统治尼德兰的暴虐政府将被推翻。若伊丽莎白拒绝承诺协
助，只会助长西班牙的恣意妄为，"它骄傲得仿佛自认为可以代表整
个基督教世界制定法律"。随着《布卢瓦条约》签订和英格兰可能干
预尼德兰，沃尔辛厄姆一度相信天空正在拨云见日。但事实上，一阵
雷电撼动了整个新教世界。[30]

76

1593 年 1 月，斯特朗格勋爵剧团在玫瑰剧院上演了剧作家克里
斯托弗·马洛的新作品。这出新剧题为《巴黎大屠杀》(*The Massacre
at Paris*)，描绘了法国新教徒如何在吉斯家族和安茹公爵手下惨遭血
腥屠戮。多起谋杀案在观众眼前逐一演出。海军大臣科利尼惨遭杀
害，被悬尸吊挂在舞台上。下跪祈祷中的胡格诺派教徒遇刺身亡。纳
瓦尔王太后被一副手套毒死。凯瑟琳·德·美第奇王太后主导了整场
事件，挥舞着杀戮的指挥棒，以巩固自己的权力。但马洛凸显出吉斯

072 都铎谍影：弗朗西斯·沃尔辛厄姆与伊丽莎白一世的宫廷

公爵亨利的角色，他是一位偏执的天主教徒，宛如浮士德博士般野心勃勃：

> 每个乡巴佬都能得到的普通好处有何光彩?
>
> 我最喜欢的东西是超越我的所能。
>
> 我要前去攀登高耸的金字塔，
>
> 那里贡着法兰西的王冠；
>
> 我将或者一无所获，
>
> 或者展翅高飞登临绝顶。
>
> 尽管如果失败我将坠入地狱。*（Ⅰ, ii, 40—47）

　　剧场里的每位观众都心知肚明，马洛的这出新剧正是改编自 20 年前发生在法国的真实事件，1572 年 8 月的圣巴托洛缪大屠杀。这场血腥的新教徒惨案始于一场王室婚礼。8 月 18 日，法王查理九世的妹妹玛格丽特·德·瓦卢瓦（Margaret de Valois）在巴黎圣母院与信仰新教的纳瓦尔国王亨利·德·波旁结婚。这场王室婚礼吸引胡格诺派贵族集聚巴黎。数月以来，新旧教派的紧张关系未曾缓和。当海军大臣科利尼下令拆除一座新教房屋废墟上竖立的纪念十字架时，引燃了天主教徒的怒火。在代表基督身体的圣饼游行途中，40 位胡格诺派教徒因对其肆意嘲笑而被杀害。甚至谣言四起，称法王已经派军支持拿骚的路易伯爵在尼德兰作战对抗西班牙。当天主教士大声疾呼反对法国王室与新教徒联姻，指责此举无异于信仰污染时，科利尼在与查理九世会面后的回程中遭遇枪击受伤，而子弹正是从吉斯家族仆

---

*　译文引自 [英] 克里斯托弗·马洛:《马洛戏剧全集（下卷）》，华明译，商务印书馆 2020 年版，第 587—588 页。

人的房中射出。倘若此时科利尼逃离巴黎，胡格诺派领导群就会跟随他离开。但与之相反，他选择接受法王的庇护提议。

　　8 月 24 日，星期日，圣巴托洛缪节，旨在纪念这位因信仰而被剥皮斩首的基督使徒。当日一早，还在床上沉睡的科利尼被吉斯公爵召集的一队士兵谋杀了。几十位胡格诺派贵族落入法王的瑞士卫队和安茹公爵的亲信手中，遭受同样悲惨的命运。随着消息传遍整座苏醒的巴黎城，这场圣人节的庆典早已以可怕的速度恶化为对新教徒的全面攻击。这场暴力狂欢整整持续了 3 天。胡格诺派教徒在任何可以被搜捕到的地方，在他们的房子或街道上，尽被屠戮，一些人甚至惨遭仪式化污辱，另一些人则直接横死于家门前。这无疑是一场亲密性杀戮。与新教徒比邻而居的天主教徒自然知晓如何找到他们藏匿的左邻右舍。根据一种说法：

78

> 在一片破坏和掠夺的氛围催动下，流氓般的群众带着他们血腥的剑在整个城镇肆无忌惮地到处屠戮着。他们没有放过老人，也没有放过妇女，更没有放过婴孩。在胜利气氛的熏陶下，他们欣喜若狂地将杀戮后的尸体扔出窗外，如此一来，似乎每一条街道或巷道都铺满着遮掩被谋杀之尸体的稻草。

　　仅巴黎一城就多达 2 000 名新教徒死于非命，可能还有另外 3 000 人惨死于法国各省。暴徒袭击的不只是人民，还有财产。在首都巴黎，600 所房屋遭到洗劫。在法国宗教战争之前，"massacre"原本指称切肉的砧板；如今，它意味着人类的屠戮。

　　除了受害者数量众多之外，圣巴托洛缪大屠杀中最令人难以理解的就是屠杀时的狂欢气氛。当受害者被游街示众时，仿佛他们被卷入了忏悔节的变装狂欢。死者尸体被肢解，如同牲畜般被拖拉过大街小巷，身体的各部位以模仿屠夫推车的恐怖形式吆喝出售。谋杀者以愉悦的心情进行这一切让人触目惊心的活动，不时开怀大笑，或彼此开玩笑，驻足在小酒馆纵饮高歌。这是中世纪的死亡之舞主题，如今被血腥地转化为真实的血肉横飞。这群行凶者笃信他们正在做正确的事，没有逾越国王宣告的命令范围。当圣婴墓地里一棵枯死的山楂树开始开花时，被解释为他们正在执行上帝托付之神圣使命的标志。[31]

　　胡格诺派教徒，无论是生是死，尽皆被倾倒入塞纳河内，进行所谓的净化仪式。在接下来的几天里，多达上千具尸体被冲上河岸，马洛的《巴黎大屠杀》重现了这可怕的一幕。当安茹在书房刺杀新教学者彼得昌斯·拉米斯时，吉斯公爵和他的兄弟迪迈纳正在闲聊着外面横行肆虐的大屠杀：

吉斯：

我的安茹殿下，我们已经把 100 个新教徒

赶进了塞纳河，

他们四散游走，企图保住性命；

我们如何处理？我恐怕他们能活命。

迪迈纳：

把一些人布置在桥上，

带着弓箭，看见他们就杀，

把游泳的人沉进河里。*（Ⅰ, vii, 57—63）

或许，马洛曾聆听沃尔辛厄姆述说 1572 年夏天所目睹的惨况。这

---

* 译文引自 [英] 克里斯托弗·马洛：《马洛戏剧全集（下卷）》，华明译，商务印书馆 2020 年版，第 610 页。有修改。

个想法十分吸引人，而这位剧作家也有充足的出版物证据可供参考：弗朗索瓦·霍特曼（François Hotman）的《高卢的狂暴》（*De Furoribus Gallicis*）在大屠杀发生一年后重新出版为《关于法国疯狂暴行的真实报告》（*A True and Plaine Report of the Furious Outrages of Fraunce*）。霍特曼的科利尼传记与亨利·艾蒂安（Henri Estienne）对凯瑟琳·德·美第奇王太后的粗暴攻击文宣也皆被翻译成英文。[32]

屠杀惨案发生当下，沃尔辛厄姆的家人正陪同驻法。他的女儿弗朗西丝年约 5 岁，而妻子厄休拉正怀着他们的第二个孩子。罗伯特·比尔也同在此处，担任沃尔辛厄姆的秘书。巧合的是，年轻诗人菲利普·悉尼也正游学巴黎。圣巴托洛缪大屠杀使沃尔辛厄姆和悉尼建立了紧密的联系，不仅反映在他们相同的政治理念上，而且最终成就悉尼于 1583 年迎娶 16 岁的弗朗西丝。在求学阶段目睹大屠杀的医生蒂莫西·布赖特（Timothy Bright）将沃尔辛厄姆在巴黎的宅邸描述为"一个真正的圣地"，对于差点惨死街头的新教徒来说，确实如此。沃顿勋爵就在此处避难，但他的导师，一位英格兰牧师，却被疯狂的人群砍倒。担任伯利眼线的意大利历史学者彼得罗·比扎里（Pietro Bizari）将自己的幸存归功于沃尔辛厄姆的庇护。正如我们在序言中所见，胡格诺派贵族布里克莫先生就欠缺如此的幸运。为了庆祝大屠杀，西班牙驻巴黎大使用猩红色布料装扮他的仆从们，戏称沃尔辛厄姆本人幸运地逃过一劫。[33]

现存的沃尔辛厄姆档案缺乏对圣巴托洛缪大屠杀的相关叙述。沃尔辛厄姆深知外交文件被拦截的风险，故可能派遣一位可以强记并背诵报告的信使返英报信。令人惊讶的一点是，鲜有大屠杀目击者记下他们的所见所闻。硕果仅存的一篇文章是罗伯特·比尔所撰写的《巴黎与法国其他地方大屠杀之后的讨论》（*Discourse after the Great Murder in Paris & other Places in France*），可能是为呈阅伯利勋爵所准备。他提醒，英格兰女王及国家自由的双重保障，与新教在欧洲的生存息息相关：

> 我认为，我们是时候从沉睡中苏醒了，刻不容缓，务必警惕，以免那些已覆灭我们法国和佛兰德斯兄弟及邻居的灾祸，同样缠绕上幸存的我们，届时将无处可逃。

倘若英格兰继续沉睡，安茹公爵将迎娶苏格兰的玛丽女王，"这件事酝酿已久"，法国战舰也将随之而来。比尔观察到这与 1066 年诺曼征服的相似之处，当时的陷落破坏了英格兰的法律与国家。如同征服者威廉之所作所为，安茹和玛丽将任意分配土地给追随者。英格兰的防御十分薄弱，它的女王易遭受毒害或叛国谋杀。胡格诺派在拉罗谢尔据点的陷落，或奥兰治的威廉的失败，将使天主教势力集中对付英格兰。"但是，最大的危害其实在内部"，比尔进一步说明，"我指的是在这个王国内部的苏格兰女王派系与教宗党人"。英格兰天主教徒仅仅是暂时佯装忠诚，一旦时机到来，将会立即离弃。面对上述危机，比尔明确提出一个补救办法：只有促成苏格兰玛丽的"耶洗别之死"，才能拯救英格兰免于内战。若再推延下去，"我们集结的军队、我们夜以继日的监控以及我们的船只，将毫无用武之地"。比尔论述的紧迫感，以及反复提及历史和基督教命运的观点，皆呼应沃尔辛厄姆的论述。[34]

对于置身险境的沃尔辛厄姆而言，评估大屠杀发展数日以来的情势，离开使馆太过危险了。当厄休拉试图逃离巴黎时，城门守卫认出护卫队伍中的两位牧师，将他们拖出并施以拳脚。为此，比尔亲赴法国宫廷听取官方解释，王太后冷漠地将这场举事描述为"最近的事故"。他以同样冰冷的礼貌问道：他应当如何禀告他的女王？沃尔辛厄姆终于在 9 月 1 日的王室接见中获得答案。国王宣称,他一直试图保护自己和母亲免遭科利尼及其支持者策划的叛变,只想保持他与姊妹伊丽莎白女王之间的友谊。沃尔辛厄姆以同样的方式回答。相较于前任法王缔造的任何成果,国王陛下与英格兰缔结的联盟更加牢固,不应受新近事件的牵连。身为一名外交官,沃尔辛厄姆正在履行他应尽的职责和义务,保护《布卢瓦条约》免受那些主张与英格兰开战者的伤害。但作为一位虔诚的新教徒,他对于法国事态的丕变震惊不已。当沃尔辛厄姆提出关于在暴动中遇害的 3 位英格兰人之议题时,查理九世允诺,若能找到施暴者,将予以起诉。沃尔辛厄姆语带讽刺地回答:"我向国王陛下表明,这项罪名将很难确立,混乱如此普遍,且利剑已交到平民百姓手中。"这是一个意味深长的引据。剑在王室符号学中代表执行正义的力量,理应属于国王,绝非民众。这一尖锐的答复是在他立场允许之下进行的最直接抨击。[35]

　　伯利试图安慰饱受精神创伤的沃尔辛厄姆,尽管他的结论难以鼓舞人心:"我领悟到,全能的上帝因世人的罪恶,竟容许魔鬼猖獗至此,追逼迫害基督信徒。"莱斯特则强烈认定大屠杀实为对忏悔的呼吁。他告诉沃尔辛厄姆,上帝曾以"纠正性天谴"来探访众生,"但我们的罪孽应遭受更多磨难"。唯一正确的响应是,坚守信仰,祈求上帝让他们活着见证"他的降临和我们敌人的陨落"。终于,女王的新命令带来一线希望,授权她的大使向法国宫廷宣布"他无意逗留"。对此,查理九世表示抵制,威胁说召回沃尔辛厄姆大使将视同外交关系的破裂。托马斯·史密斯爵士将沃尔辛厄姆比拟为一根插在孔里的大头针,需要有另一根递补,才能将其拔出。为了这一驻法公职,沃尔辛厄姆已负债数百英镑,甚至被迫出售土地和借贷以支应,但他呼吁增加津贴的请求迟迟未获得答复。直到 1573 年 4 月,瓦伦丁·戴尔(Valentine Dale)才被派往法国担任伊丽莎白女王的新特使。伯利委以苦笑，写道："我敢说你希望他能加速航行。"

　　圣巴托洛缪节后一个月，沃尔辛厄姆向枢密院简要报告了他对英法事务的分析。胡格诺派各群体遭受袭击，"丝毫不见任何怜悯和同情，不分年龄或性别，也没有普通形式的正义"。英格兰是波尔多葡萄酒的重要出口市场，但法国人始终以厌恶的眼光鄙视英人。沃尔辛厄姆的生命正饱受"这个国家不安状态"的威吓。总而言之，这已演变成一连串的挫败：

83

> 　　眼见此地既不重视建言、条约，也不重视法令；眼见国王竭力迫害女王陛下所信奉的宗教；眼见现在影响国王的人正是与女王陛下不共戴天的敌人，昔日友谊的建立者已然疏离他。现在，我请阁下判断，请您评估这顶王冠的友好程度。如果我不以假定或冒犯之意简述自己的观点，鉴于目前的情况，我主张将他们视为敌人比待之以朋友更安全。[36]

既没有成就联姻，也未解决王朝继承问题，所谓的和平条约也仅是花言巧语而无实质性，天主教一派在法国大获全胜。在 1573 年春天航行返国的归途上，沃尔辛厄姆想必在怀疑上帝是否已经抛弃英格兰了。

第三章

秉持纯真

1572 年 8 月的圣巴托洛缪大屠杀，让英格兰的新教团体彻底陷入恐慌。弗朗西斯·沃尔辛厄姆派驻巴黎期间，正值胡格诺派享有相对宽容待遇之时，但在 1572 年惨案后，他头也不回地远离了这场忏悔战争的前线。这一肆虐法国的大屠戮带来骇人听闻的想象力刺激。一种仪式迅速通过印刷品渗入各教区教堂，呼吁英人忏悔，否则将面临相同的流血惩处。"不敬神者正挽着弓，在箭筒备好箭：他们可能射向那些呼喊上帝之名的人。"传道者们呼吁模仿古代以色列的公共斋戒以作忏悔，书商却渴望渲染暴力故事以刺激销量。新教信仰的生存危如累卵，不只在法国，也同时蔓延至尼德兰、苏格兰，甚至英格兰本身。正如罗伯特·比尔所说，如今该是从睡梦中苏醒的时刻了。[1]

在同年的早前初夏时刻，一切看起来如此不同，当时正欢欣眺望着和平前景。《布卢瓦条约》的签署以一幅英格兰王室的集体肖像《都铎王朝继承的寓言》作为纪念。根据题词，这幅画被伊丽莎白女王赐予时任驻法大使弗朗西斯·沃尔辛厄姆，以示"她的子民与她自己满意（此条约）的象征"。画家并未署名，可能是佛兰德斯新教徒卢卡斯·德·希尔（Lucas de Heere），他于16世纪60年代随家人流亡英格兰，后担任沃尔辛厄姆和奥兰治的威廉之间的特使。如同此时期的诸多图像一样，这幅寓言画应当抽丝剥茧地解码后再重新观赏。这幅画的场景是王宫内的王座厅。亨利八世端坐于都铎王室纹章之下统辖指挥，他的3个孩子均承欢膝下。爱德华六世单膝跪在父亲身旁，承接正义之剑，但占据这幅画最关键位置的却是伊丽莎白女王。她与手持橄榄枝的和平女神携手步入王座厅。武器被和平女神践踏于脚下并熊熊燃烧；而象征繁荣与财富的丰饶女神则携带着装满花果和谷穗的羊角紧跟其后。站立在王座台后方的是玛丽一世和其夫婿西班牙的菲利普二世，但随侍一旁的却是战神马尔斯。[2]

　　这幅画可通过透视法和人物姿态进行解密。亨利八世端坐在构图的中心位置，但他身体的倾斜却使伊丽莎白女王成为焦点。她首先接受了观众的目光，然后通过食指顺势将观众视线重新引向和平的象征，即手持橄榄枝的和平女神。在她的父亲、弟弟和姐姐僵硬地处于原地的同时，伊丽莎白仿佛正在优雅地行走。随附于寓言画的诗句将这幅肖像描述为一场"表演"，而事实上，在1572年6月白厅举行火炬庆典期间，当和平女神乘坐战车寻求伊丽莎白女王帮助之时，也出现了类似的戏剧性场景。德·希尔可能采用复杂的表述方法，但立意明确。爱德华六世和伊丽莎白一世代表王室继承的合法性与新教传承。迥异于玛丽一世的西班牙婚姻导致战争和迫害，伊丽莎白女王成功促使和平的回归。不可否认，她通过外交已经达成其父亨利八世耗费巨额军资却未实现的目标：法国王室承认英格兰的平等地位。

　　这幅寓言画是一份慷慨的礼物。女王极少委托绘制肖像画，通常由大臣们献上她的肖像以示崇敬，诸类画作有助于在她周围塑造出一种虔诚的崇拜氛围。但对于沃尔辛厄姆而言，这幅画传达的信息想必是苦乐参半。英法双方使节团在布卢瓦把酒言欢的友谊话语，显然对保护胡格诺派免于巴黎大屠杀毫无帮助。爱德华六世在他父亲身旁的身影，仿佛不安地提醒众人，都铎王朝的继承依旧悬而未决。这幅画在英格兰迈向战争之时，诉及承平时刻：并非取决于由骑士规则支配的君主争霸，而在于对真正宗教生存的全新威胁。每当沃尔辛厄姆冷酷地注视着画布的背景时，天主教军队仿佛随时可能从一扇敞开的门外杀进英格兰王廷。

自法国返英后，沃尔辛厄姆与家人共度了一段时光。驻法任期最后几个月不仅徒劳无功，还给他留下需要重组的贷款和待偿还的债务。他身心俱疲。密切监控法国宫廷的紧绷过劳，加剧了圣巴托洛缪大屠杀留下的心理创伤。他需要一些时间进行反思和休养生息。在这段时间里，他与厄休拉的第二个女儿诞生了，这一喜悦有助于夫妻俩逐渐抚平在巴黎目睹血腥惨案所导致的心理阴影。但时间的紧迫性已无法容许他休养太久，一个新角色已经为他量身定做。1573 年 1 月，莱斯特伯爵写信给沃尔辛厄姆时，提及"所有人都属意你担任这个位置，即使是为了女王陛下"。这只意味着一件事：在枢密院中担任国务大臣一职。

1573 年 12 月 21 日，星期一，沃尔辛厄姆从伦敦市骑马前往白厅，女王喜爱在这座亨利八世时期的宽敞宫殿里欢度圣诞节。他只在日记中简短记载，这一天"我宣誓成为国务大臣"，实难反映出他将承担的职责范围。自此，沃尔辛厄姆与王室事务如同婚姻般彻底捆绑在一起。正如托马斯·史密斯爵士所付出的代价，伊丽莎白女王希望国务大臣们如影随形，时刻待命。史密斯在 16 世纪 40 年代后期首次担任国务大臣，当时萨默塞特公爵以国王爱德华六世之名摄政统治，改革浪潮势不可挡。他撰写的《论英格兰共同体》(*Discourse of the Common Weal*) 是一部经济分析的开创性著作。然而，在伊丽莎白女王的统治下，史密斯不得不服从每一个琐碎的召唤，疲于奔命：

86

87

> 我还能写出什么，我每天都必须随侍（女王），常常一天多达3—4次，我几乎无法从事其他工作。这让我厌倦了我的生活……我既不能让其他文件获得（女王的）签字，又无法让那些已经签字的文件顺利递送……我希望一位获得女王充分信任的人能够取代我，入主我的办公室，及时将这些事情全部解决。

　　尽管史密斯在1576年退休之前始终担任两位国务大臣中的首席职位，但沃尔辛厄姆已逐渐接管女王事务和枢密院业务。60多岁的史密斯厌倦了政府政务，且所罹患的喉癌日渐恶化。他年轻时首重的社会良知已被都铎时期士绅的传统关注所覆盖，即致力于修建一栋精美的房屋和一座坟墓，以期流芳后世。1573年10月，史密斯的独子死于对爱尔兰阿尔斯特省的殖民远征。史密斯的宗教承诺从来不是他的主要特质，但如今更显得不冷不热。他不曾对女王施压新教议程。相反，弗朗西斯·沃尔辛厄姆则企图将他的信仰付诸政策实践。[3]

　　早在亨利八世统治时期，首席国务大臣的潜在权力就已充分展现。托马斯·克伦威尔在16世纪30年代利用他对国王的近身服侍，负责监督教会和国家的全面激进改革，君主私人秘书的职位就此转变为国家的重要官职之一。伊丽莎白女王对克伦威尔毫无敬意可言，他须为她母亲之死负起一定责任。但她对威廉·塞西尔赋予的信任又复制了一个极其相似的政府。事实上，塞西尔担任国务大臣期间的职权远远超越克伦威尔，因为女性君主被公认为需要男性臣僚的指导和建议。1572年，晋封为伯利勋爵的塞西尔卸任这个需频繁随侍女王的要职，转任财政大臣。而沃尔辛厄姆承接了这个在伊丽莎白女王即位最初十几年巩固塞西尔权力的职务：为枢密院拟定议程，向下议院呈递王室政策，以及筛选呈交女王的各方信息。

国务大臣办公室的标志是私玺，此为三种王室玺印中最具私人性质的一个，用于对官员下达命令及对王室赞助进行授权。御玺在传统上设有独立掌印官，国玺则由御前大臣职掌。然而，当埃芬厄姆男爵威廉·霍华德（William Howard）于 1573 年过世后，御玺掌印官迟迟未补。伊丽莎白女王遇缺不补以撙节开支，沃尔辛厄姆则从中得利。16 世纪 70 年代中期之前，御玺处职权已移交给沃尔辛厄姆，使其得以更严密地掌控王室令状和授权状。伯利仍居众臣之首，他与伊丽莎白女王的私人交情无人可及；但沃尔辛厄姆已然跃居为英格兰政府的要角。[4]

沃尔辛厄姆在私人日志中记载，他就职后随即参与了关于日益严峻之爱尔兰政治危机的会议；连续数日穿梭于女王、枢密院和伯利勋爵之间居中协调。此事随着伊丽莎白女王 1 月 12 日启程前往汉普顿宫告一段落，而沃尔辛厄姆依然伴驾在侧。身为国务大臣，他从来无法离开马鞍太久。3 月，女王迁移至格林威治宫，她与她的父亲均诞生于此。这种巡游是伊丽莎白宫廷熟悉的节奏，她的枢密院早习以为常了。更易引起混乱的，是女王前往英格兰南部的巡游。1574 年夏天，伊丽莎白女王缓慢地前往布里斯托尔，在那里接受盛会款待和连续鸣枪的敬礼，沃尔辛厄姆也得以喘息片刻，与妻子短暂相聚。一位装扮成"声誉"的男学生高声吟诵着这座城市的欢迎词：

> 当朗诵出这个名字时，娃娃们在街道上欢快地跳跃着；
> 众多的青年、长者、富人与贫者均蜂拥迎接，鼓掌大喊着：
> "啊！如此幸运的时刻，我们的女王身着华丽王袍，威风凛凛地驾临这座城市。"

89

归程以同样的缓慢速度行进，先参观约翰·锡恩爵士（Sir John Thynne）在朗利特的建筑工程，以及彭布罗克伯爵在威尔顿的宅邸，后继续前往索尔兹伯里和位于奥特兰兹与诺萨的王室行宫。当返回王国中心时，女王与政府已离开长达 4 个月了。

这一路上，伊丽莎白一世并未轻装简从。多达数百辆的行李车将全副王权仪仗，从女王的衣橱到王室厨房的装备，繁忙地运送到即将造访的各郡。王室巡游将都铎王室和统治地方各郡的贵族与士绅紧密联结起来。对伊丽莎白女王而言，这群臣民可借此近距离的接触，提出更多个人诉求，让她相信自己广受人民的爱戴。即使在乡间，也宛如身处宫廷，各种刻意展示的富丽堂皇成为她统治的基础，宣扬神圣王权。但史密斯对于这种所谓"小碎步似的巡游"十分恼火，因为这对"许多政务毫无益处，甚至带来诸多拖延"。沃尔辛厄姆深有同感。"宴会与娱乐"让女王脱离政府的实体环境，赋予她各种逃避和拖延的机会。伊丽莎白女王甚至沉湎于这种混乱，随心所欲地临时变更行程，打乱数月的计划。戏剧和表演优于行政规划，真是有其父，必有其女。[5]

女王所到之处，她的大臣与亲信必然如影随形。枢密院早已脱离最初设立的初衷，不再是君王与尚武贵族的咨议集会。根据枢密院书记官罗伯特·比尔所言，伊丽莎白时期的枢密院负责传递"国内外的国家事务"。没有一条议会法令规定女王必须听取枢密大臣的建议，但也无人怀疑枢密院代表王室行事的权限。得以在枢密院议事桌占有一席之地的显贵，凭借的是功绩，而非阶层。第六代施鲁斯伯里伯爵乔治·塔尔博特（George Talbot）看似是中世纪的地方显贵，实则担任苏格兰女王玛丽的监管人。伊丽莎白时期枢密院的其他伯爵，包含莱斯特与其兄沃里克伯爵，以及苏塞克斯伯爵，均受封于都铎王朝。

枢密院的其他成员还包含财政大臣伯利，两位国务大臣，以及女王宫内司的主要官员。1574 年的枢密院成员为 16 名，尽管部分成员为极少列席与会的上议院显贵，大多仅出席仪式性场合。多数紧急事务均由伯利、沃尔辛厄姆和莱斯特组成的核心圈处理。

当枢密院未随侍女王巡游时，经常驻守在威斯敏斯特旧宫的星室厅开会。这个房间可以俯瞰泰晤士河，蔚蓝的天花板上装饰着金箔星星。绣着都铎玫瑰和王室纹章的挂毯，随时提醒枢密大臣，他们正在代行君权。枢密院每周大约召集 2—3 次议事，商讨王国的治理事宜，且随着统治时期越长，议事频率愈加频繁。驻外使节和主教的报告川流不息地传递堆叠到议事桌上，经由辩论最终付诸执行。海防和海军的备战状态不断被审视。对外贸易和英格兰商人的经营业务也在监控之下。在各地执行王室政策的治安法官和城镇政府的文书纷至沓来。一旦议事桌的红桌布更换成绿桌布，枢密院立即转换为对暴乱拥有特殊管辖权的星室法庭。在 16 世纪的英格兰，权力分立毫无意义。[6]

都铎政府像一座希思·鲁宾逊（Heath Robinson）设计的机器，是一个未具备明显运作机制的复杂集会。然而，伊丽莎白时期的枢密院设法解决了令人惊讶的各类庞杂议题，同时对王国的偏远地区施以监控。例如，1574 年 5 月 31 日，10 位枢密大臣集聚格林威治宫，所面对的正是一个典型不拘一格的议程。伯利、史密斯和沃尔辛厄姆，以及王国的 5 位贵族并肩而坐，其中包含海军大臣林肯伯爵与宫务大臣苏塞克斯伯爵。他们讨论的第一个议题是法律学院。颁布的条例涉及学院活动的各个层面，从模拟审判的运行到学生参与神圣祈祷的出勤情况都涵盖在内。随后，枢密院接续讨论地方事务。军事征召令需发送给沿海郡县的郡守和治安法官。一位名为约翰·阿普尔亚德（John Appleyard）的宗教异议者被移送给诺威奇座堂主任牧师看管。

91

此外，对一位在苏格兰伪造硬币的意大利金匠发出逮捕令；仲裁了一桩多切斯特的长期租赁纠纷；签发了一份从新森林运输木材用以加固根西岛防御工事的备忘录。上述议题全部罗列在一个相对平淡无奇之日的一次枢密院会议清单上。身为国务大臣，必须"了解整个王国的状况"，涵盖从国家的地理和军事资源到拒绝国教的天主教徒之藏匿点与各贵族的势力范围。[7]

罗伯特·比尔的《枢密大臣与国务大臣工作条例》是沃尔辛厄姆的幕僚们在1592年撰写的两份国务大臣工作建议手册之一。另一份是《论国务大臣办公室》（*Discourse Touching the Office of Principal Secretary of Estate*），由沃尔辛厄姆的机要秘书兼特务尼古拉斯·方特（Nicholas Faunt）执笔。这两本手册撰写时间的巧合，显示沃尔辛厄姆于1590年逝世后，国务大臣的职务正被重新思考。比尔的作品剖析了国务大臣、女王和枢密院之间的关系，方特则聚焦于国务大臣的私宅职员与运作，但这两位幕僚在两个关键议题上达成共识。首先，国务大臣的业务范围相当广泛，从外交事务到共同和平协议的维护都涵盖在内。诚如方特所言，"让敌者远离邪恶，支持盟友，且在臣民中进行仲裁并达成良好协议"。后世有时以现代语言称呼伯利和沃尔辛厄姆为首相和外交大臣，但这种区分并不适当。沃尔辛厄姆身为女王的国务大臣，肩负保卫女王安全的重担，这意味着他全神贯注于国内事务。

第二点共识更令人惊讶。两位作者都公开批评沃尔辛厄姆对保密安全的松懈态度。比尔警告："切勿如同弗朗西斯·沃尔辛厄姆爵士那样聘用太多的秘书或助理，这将加重你自己的负担。"应仿效伯利勋爵的良好模范，"只让少数人知晓你的机密业务"。方特对其旧主的批评则更加尖锐：

根据经验，我认为，在这种（保密业务）上聘用众多助
理是有害的，且近年来，由于保密和处理效率的不足，已引
发诸多混乱。身为国务大臣的首席助理，当以保密和忠诚为
首要条件，如何能将信任寄托在如此众多的人身上？而且，
如果这么多人被聘用从事机密业务，那么谁会认为自己是首
要受托者？

沃尔辛厄姆的现代声誉奠基于他身为情报头子的工作，尤其体现在渗
透并揭露试图推翻伊丽莎白女王之天主教阴谋的卓越能力。正如我们
将见证的，这个历史形象立足于大量铁证。但根据这两位曾奉行沃尔
辛厄姆的指令并在其病休期间代为行权的私人幕僚判断，沃尔辛厄姆
也曾犯下一些严重错误。他的幕僚们为竞逐职位，争相提出不同意
见，从而削弱了他果断反应并决策的能力。方特进一步建议，国务大
臣最好只挑选一个人成为"他自己的笔、他的嘴、他的眼、他的耳和
他的密柜掌管者"。[8]

伊丽莎白女王决心在执政期间捍卫父亲所宣称的王权至尊地位，
不容任何外力撼动。至少在理论上，政策取决于君主，而非大臣。但
伊丽莎白时代的英格兰远非绝对君主制，女王的王者威仪和疾言厉
色，她的拖延战术与泪眼婆娑，都无法改变一个既定事实：若无枢密
院的合作，她的领土实难管控。伊丽莎白女王极少参与全体枢密院会
议，而是倾向于逐一召见她的顾问，以免他们形成同一阵线。然而，
女王的长期缺席也助长了枢密大臣们的团队精神，尽管这一精神始于
一种共同的辅政挫败感，最终贴近一种混合政府理论。早在爱德华六
世统治期间，枢密院就曾以类似形式统治王国。如今，若伊丽莎白女
王未能或不能作出确保国家安全的必要决策，那么部分当权的大臣认
为他们有责任径自决策行动，即使在女王未知情或未授权的情况下。

在解答国务大臣的职务细节后，罗伯特·比尔转向讨论一个更敏感的问题：如何管理女王。令人诧异的是，他的建议非常坦率：这项艰巨的工作很大程度上取决于女王的情绪。若她当下心情愉悦，国务大臣极有可能顺利取得她的签名授权。倘若处于低潮烦闷，鉴于伊丽莎白女王以脾气暴躁和抑郁发作而声名狼藉，政府可能随时会陷入停顿。一位明智的大臣应先确认她的情绪状态，再请求觐见。因此，内廷、近身陪侍伊丽莎白女王的侍女和私人侍从深具政治重要性。比尔告诫道："当您欲探知女王陛下的意向之前，请向一些在内廷任职的人打听消息，您必须对这些人保持信誉。"当女王签署文件时，一桩恰如其分的有趣轶事将使整个过程更加顺利。另外，应把握一切机会讨好女王的母族博林家族。当她生气时，"除非迫切必要"，否则切勿在此时接近女王。

比尔为沃尔辛厄姆的继任者上了另一堂课：宫廷派系之争将使国务大臣容易受到攻击。他警告说："当枢密院有意向女王陛下呈递任何可能引发不悦的事宜时，切勿让您自己独立承担责任，而是应让其他人与您同行。"如此一来，没有人可完全推诿卸责给国务大臣。沃尔辛厄姆在与他最信任之人的通信中，也包含了应对女王的类似建议；他写给亨廷顿伯爵亨利·黑斯廷斯（Henry Hastings）的信件尤其透露内情。亨廷顿伯爵身为北方委员会主席，统辖英格兰北部大片地区。他也是一位坚定虔诚的新教徒，运用自身影响力将福音派神职人员派驻至战略性教区，并组织北方布道之旅。其妻凯瑟琳（也是莱斯特之妹）则代表丈夫在宫廷竭力捍卫利益，沃尔辛厄姆称赞这位夫人为"最勤奋的游说者"。英格兰北方各郡被视为抵御苏格兰潜在攻击的重要缓冲区。正如伊丽莎白在位期间经常面临的难题，症结点往往在于金钱：女王不愿资助昂贵的永久性军事设施。沃尔辛厄姆建议亨廷顿伯爵将经费申请直接呈送枢密院，并承诺收到申请后，"我将设法在不打扰女王的前提下，让阁下您获得支援"。

　　沃尔辛厄姆非常清楚伊丽莎白女王的可能反应，故试图迂回绕过她。尽管亨廷顿伯爵对他指挥的地区持积极乐观态度，但沃尔辛厄姆相对悲观。他怀疑那些目前对女王宣誓效忠之人的忠诚度，预测若第二次北方叛乱开始集结，当中许多人"将被发现非常危险，令人怀疑他们的服从"。这是为何他希望"女王陛下持续怀疑最糟的情况，并提供应对之策"。掌管女王的信息业务赋予国务大臣真正的实权。但伊丽莎白女王并不容易被操控；尽管沃尔辛厄姆竭尽所能，但汉斯顿男爵还是依令解散所有在北方集结的军队，仅仅保留 500 名士兵。沃尔辛厄姆痛苦地写道："依照这种情况，我预见到苏格兰彻底失守，也就此打开爱尔兰陷落的一扇大门。"枢密院忠诚地履行保护王国免受伤害的职责，"但上帝属意以其他方式处理，所有君主的心尽在上帝的手中"。在服务伊丽莎白女王时，有时唯一的选择只剩下向上帝祈祷。[9]

　　尼古拉斯·方特在 1592 年评论道，在政府部门中，"没有比国务大臣办公室更必要，也没有比这个办公室承担更多压力、应对更多变局的了"。"Cumber"一词在现代英文中已不再沿用，而方特用以表示政府日复一日承受的残酷压力。沃尔辛厄姆每天的工作从他晨起尚坐卧在床上时就已展开，先在工作备忘录写下当日应处理的事务，注记送递的文件，然后继续处理尚待完成的文件或事项。他持续工作到深夜，埋首于办公桌，撰写都铎王室权威所仰仗的大量政务文书。应付这庞杂文书和行政工作量的唯一方法，就是根据业务紧迫性，"分类并衡量每日（待办工作）"。方特的建议手册描绘了沃尔辛厄姆的幕僚围绕在他身旁工作的忙碌场景：整理他桌上成捆的各类文件，取用密码表解密特务们从国外寄回的报告，并摘要总结最具价值的情报，最终分类保存以备调阅。

这简直就是一种惩罚性的高压工作常态，很快，沃尔辛厄姆付出了高昂的健康代价。1574 年 3 月，他病倒了，不得不暂离宫廷休养数日。12 月，一场更严重的疾病再度将他拖离宫廷，这次长达近 4 个月。尽管如此，缠绵病榻的他仍然埋首于成堆的行政文书。1576 年 9 月前，经历两个夏天的王室巡游，沃尔辛厄姆的忍耐已濒临极限。他告知伯利，只想向女王请求"允许我从当前服务的职位离开，这个位置总是遭受如此多的阻挠和严苛言论"。

如果沃尔辛厄姆断然请辞这种威胁健康的高压职务，他将步上前任托马斯·史密斯爵士的后尘，以相同的方式为后世所记住。史密斯爵士本是一位成功且谨慎的外交官，却最终被伊丽莎白政府的繁重公务所压垮。但这两人的不同之处在于，沃尔辛厄姆总能凭借他的信仰反复修补和巩固为国家与政府服务的决心。正如他之后写给亨廷顿伯爵的信中所述："一位秉持纯真的基督教徒，绝对不会因类似挫折而受到伤害，因为它们带来更多的是慰藉，而非悲痛；这些试炼俨然成为上帝慈爱眷顾的证明：他对所爱之人，必施以管教。"沃尔辛厄姆为国家服务的动力可通过诸多不同方式进行阐释：他对入侵危机与随后而来之内战的深沉忧虑；他的忠诚和爱国主义；以及他对权力和个人晋升的渴望，即使是他，也无法对此欲望免疫。但他将对女王和国家的义务，与对上帝的责任紧密捆绑。倘若两者利益发生冲突，沃尔辛厄姆将毫不犹豫地追随自己的良心。这种比较似乎有些古怪，但有时，他认定的优先事项与亨利八世的国务大臣托马斯·莫尔不谋而合，即成为"国王的良仆，但以上帝为先"。[10]

对于一位仿效父亲形象形塑自我的统治者而言，伊丽莎白一世显

然厌恶参战。她在 1572 年赐予沃尔辛厄姆的《都铎王朝继承的寓言》 97
一画中自我标榜，亦是自我表扬，将冲突驱逐出她的王国，使和平富
足得以蓬勃发展。伊丽莎白女王在青年时期接受的基督教人文主义教
育蕴含着和平精神，这或许让她铭记于心。她的弟弟和姐姐也接受了
类似的教育方式，但奉行侵略性的外交政策。针对伊丽莎白女王选择
谨慎的施政方针，其他的现实性解释似乎更为可能。早期军事行动的
苦果有目共睹：国库空虚、货币贬值、割让加莱，却一无所获。沃里
克伯爵在 1562—1563 年的纽黑文远征，最终以在迪耶普与勒阿弗尔
两地屈辱的投降告终。诚然，伊丽莎白女王的海军相对强大，但她足
够精明，警觉到王室难以负担陆军对国家资源的吞噬。英格兰远离欧
陆的政治舞台还有另一个无法掩饰的政治原因。防卫勒阿弗尔已耗损
了伊丽莎白女王一年多的常规收入，迫使她向议会寻求补贴；殷鉴不
远，保持中立可以保护王室特权免遭下议院的干涉。

　　弗朗西斯·沃尔辛厄姆并未依循伊丽莎白女王的视角审视国政。
对他而言，国家安全与新教基督教世界的生存，取决于对西班牙展开
先发制人的攻击。由于人口少，税基有限，英格兰没有能力向伊比利
亚半岛主动进攻；这种规模的军事野心早已随着亨利八世一同逝去。
但在邻近的战场上，英格兰尚有能力打击当地的西班牙和天主教势
力。自 1566 年以来，低地国家的加尔文派城镇持续合作反抗菲利普
二世及其派驻尼德兰的摄政，即他同父异母的妹妹帕尔马的玛格丽特
（Margaret of Parma）。但伊丽莎白女王始终秉持谨慎中立的态度。她
治下王室和国家的繁荣昌盛依赖于贸易，而英格兰商人的贸易重镇正
是安特卫普。女王对任何形式的叛乱都深恶痛绝。然而，低地国家新 98
教反对派的领袖奥兰治-拿骚的威廉根据自己的权利而成为君主。一
位最高统治者不可能成为反叛者。但如果自由和真正的宗教就此在低
地国家被践踏，英格兰可能会成为天主教联盟的下一个目标。

　　凭借城市的商业文化，以及人文主义和反教权主义的知识传统，尼德兰成为新教生根的天然土壤。16世纪20年代初期以来，激进思想通过印刷传入弗莱明斯与沃伦斯。40年后，对胡格诺派的迫害逼迫法国边境的新教移民迁入阿图瓦与佛兰德斯。新教徒露天集会，吟诵着《诗篇》，聆听从一般民众而非教士精英中招募而来的"树篱布道者"宣读福音书。支持响应的加尔文派牧师陆续从日内瓦启程，赴各地传教。在新教布道及高失业率之经济衰退的双重推波助澜下，荷兰的城镇和修道院爆发了一场圣像破坏运动。正是在此氛围下，300名身着乞丐装束但手持枪支的贵族向摄政帕尔马的玛格丽特送去请愿书，请求宽容非天主教徒。根特的孩子们发起一场声援性抗议，反对圣像，先高喊"乞丐万岁"，随即当街将这些宗教肖像斩首。当奥兰治的威廉请辞退出帕尔马的玛格丽特的枢密院，逃亡德意志时，荷兰叛乱的众多分支皆已拥有一个足以团结众人的领袖。

　　根特，这座中世纪城市曾是神圣罗马帝国皇帝与天主教会保护者查理五世的出生地。尽管查理五世企图将新教从尼德兰铲除，但至少他的政权被公认为勃艮第政权。而他的儿子菲利普二世出生在巴利亚多利德，从未尝试说过佛兰德斯语或法语，实为一土生土长的纯西班牙君主，故选择解决此场政治危机的最好办法，就是将西班牙军队派驻尼德兰。指挥官阿尔瓦公爵费尔南多·阿尔瓦雷斯·德·托莱多（Fernando Alvarez de Toledo）为一名职业军人，先前在北非与奥斯曼土耳其人作战，也曾在意大利对抗法军。当他于1567年抵达低地国家时，被巧妙地称为"欧洲历史的转折点"。阿瓦尔公爵的军队将尼德兰人一律视为"路德教派"，故一视同仁地驻扎在效忠派和反叛派城镇。在高达千次对异端的处决行刑和大规模焚烧新教书籍的活动中，奥兰治的威廉被公开谴责为叛徒。[11]

　　鉴于与尼德兰长达数世纪的贸易联系，英格兰不可能对荷兰叛乱置身事外。奥兰治派的抵抗由"海上丐军"（Sea Beggars）提供军援，这是一支以威廉的兄弟拿骚的路易伯爵之名义指挥的非正规舰队。其中一些船只由英格兰王室庇护下的荷兰流亡教众资助。到 1570 年，已有多达万名荷兰流亡者居住在伦敦、诺威奇和桑德威奇，人数之多足以为荷兰归正会设立一个独立省区。当阿尔瓦占领荷兰的新教海港时，多佛为"海上丐军"提供了一个安全港口。但随着资金枯竭，这批"海上丐军"转型成海盗，以劫掠维生，而岸上的荷兰流亡群体则协助贩卖他们所攫夺的物品。[12]

　　每当回忆起自己的流亡岁月，弗朗西斯·沃尔辛厄姆就越发坚定拥护荷兰加尔文教徒与其起义。1571 年，他首次与拿骚的路易会面，当时后者正向法国寻求对阿尔瓦公爵反抗活动的支持。对沃尔辛厄姆而言，这位伯爵正是祈祷中的神启答案，是上帝派来击败西班牙暴政的代理人。他在一封写给莱斯特的信中解释，哈布斯堡王朝"已成为教宗的拥护者，自诩为福音的敌人，日复一日地对福音斩草除根"。他们应当感谢上帝赐予机会，使其得以成就上帝的荣耀，捍卫女王的安全。英格兰是时候向伪教宣战了。

100

　　沃尔辛厄姆是一位鹰派，也是一位现实主义者。建议君王参战无疑充满危险，因为战争是不可预测的。但有时，不参战反而更危险。沃尔辛厄姆对这个问题的思考跃然纸上。他用一篇题为《勃艮第计划》的文章来帮助自己厘清思路，以说服枢密院赞成关于此计划的可行性。他解释，"因为对比色最容易辨别"，所以"最佳且最合理的解决方法是比较两者的不方便性"。反对意见总是先被预料到，如同在法庭上一般，逐项进行辩驳。沃尔辛厄姆对诉诸军事行动并无任何不切实际的幻想，"成功的几率可疑，附加利益极少，近乎没有，但危害尤为明显"。无论在海上还是在陆地上，英格兰都缺乏与西班牙比肩的实力。且女王本人始终"犹豫不决"，对支持尼德兰反抗他们的最高领主深感不安。为领土"野心"而战是非法的，但防御性战争则完全是另一回事。

由于西班牙已证实与英格兰为敌，这个理由足以正当化英格兰援助尼德兰攻击哈布斯堡政权。西班牙大使对英格兰北方叛乱煽风点火，且反抗伊丽莎白女王的叛乱仍在佛兰德斯蠢蠢欲动。西班牙菲利普二世为苏格兰玛丽的保护者，也是"（伊丽莎白）女王陛下的头号敌人"，且阿尔瓦公爵已获教宗赐予"英格兰的赠礼"。都铎王朝的逃兵兼私掠者托马斯·斯塔克利（Thomas Stucley）始终妄想成为爱尔兰公爵，如今被菲利普二世奉为座上宾。在西班牙街头各处，伊丽莎白女王被肆意嘲笑。有鉴于此，对尼德兰的干预不仅是正当防卫，而且具有战略必要性；更重要的是，这也是上帝的旨意。支持新教起义将"推动整个基督教世界的宗教事业，这绝对值得一位基督徒君主投入"。西班牙国王和吉斯家族皆渴望宰制基督教世界，唯有英格兰可阻挡他们的野心。若上述这些理由仍不够充分，沃尔辛厄姆进一步狡猾地煽动女王的虚荣心，声称尼德兰计划将增加"她王冠的统治地位"——这一诱饵对伊丽莎白的荣耀之重，犹如她长姐割让加莱所蒙受的耻辱之重。[13]

在一段时间里，伊丽莎白女王始终对《勃艮第计划》嗤之以鼻。1571 年 3 月，她命令沃尔辛厄姆估算"所需的最低经费"，这确实是非常典型的伊丽莎白行事风格。次月，她经过重新考虑，最终决定放弃这一计划。女王根本不准备依照低地国家所需求的规模资助路易伯爵。被荷兰叛军视为潜在保护者的安茹公爵之介入，是一个动摇她决定的主要因素：耗费英格兰的钱以成就法国在低地国家的霸权，这毫无意义。伯利也参与了这一决策，他主张优先考虑英格兰和荷兰港口的贸易。沃尔辛厄姆对女王的态度感到沮丧，但不觉意外。他郁闷地写信给伯利称，如果现在花费 5 万克朗，未来可能因此节省 30 万克朗。西班牙已然被激怒，绝不会忘记今日耻辱，"一旦复仇时机来临，它就会出现"。当"海上丐军"在 1572 年 3 月被逐出多佛，继而占领布里尔港时，英格兰丧失了依照自身形象塑造荷兰起义的机会。[14]

　　沃尔辛厄姆曾希望将干预尼德兰作为一种国家性行动。女王，可能还有伯利，则更倾向于由自愿者自发引导英格兰介入。事实上，这种策略更巧妙圆融，让伊丽莎白女王在对外佯装不知情的含糊状况下，私下满足新教徒的期待。1572 年 7 月，德文郡乡绅汉弗莱·吉尔伯特爵士（Sir Humphrey Gilbert）运送 1 000 多名士兵穿越英吉利海峡，与西兰岛的西班牙人爆发小规模战斗。因曾经受惨烈的爱尔兰战争洗礼，吉尔伯特迫使任何希望与他谈判的盖尔爱尔兰人踏过一条布满断头的道路，胆战心惊地前来会谈。而他在尼德兰的军队也心照不宣，奉命坚称，"他们在未获得许可或在女王不知情的情况下前往当地，唯一的目标就是帮助当地人从压迫中彻底解放"。事实上，枢密院始终密切关注着吉尔伯特，指示他保卫弗拉辛与斯鲁伊斯以对抗法国人和西班牙人。11 月，他被召回英格兰，这显然是一种屈辱；但在未来，沃尔辛厄姆将会需要他。[15]

　　倘若仍担任驻外使节，沃尔辛厄姆就能享有一定程度的决策自由，既执行女王的意愿，又可以在当地自主规划外交政策。然而，他已经升任国务大臣，在枢密院也仅仅是一个资历相对浅薄的微弱声音。沃尔辛厄姆被迫目睹伊丽莎白女王联手伯利修补英西关系。1568 年，英格兰扣留 4 艘西班牙运银船，引发一系列外交层面的武力恫吓和来年的贸易禁运，制裁最终于 1573 年解除。当奥兰治的威廉扣押英格兰商人，企图封锁斯海尔德河时，此举触怒了伊丽莎白女王。新任西班牙驻尼德兰总督唐·刘易斯·德·雷克森斯（Don Luis de Requesens）与伊丽莎白宫廷交换特使，应她要求将英格兰天主教流亡者逐出西属尼德兰，同时也提出相应条件：伊丽莎白女王须将荷兰叛军同样逐出她自己的领地。

　　面对这一意外发展，沃尔辛厄姆震惊不已。他对外交官丹尼尔·罗杰斯（Daniel Rogers）言道，当前这种英西的和睦亲善"只是一时娱乐"，"因为基督和魔鬼（Belial）很难达成共识"。"Belial"源于希伯来语，意为邪恶或毁灭，是《圣经》中魔鬼的同义词。沃尔辛厄姆引用圣保罗关于避开偶像崇拜者的劝告："光明与黑暗能有何交流？基督和魔鬼能有何默契？"1574 年，西班牙新特使唐·伯纳迪诺·德·门多萨（Don Bernardino de Mendoza）抵英，愤怒的沃尔辛厄姆向伯利写信以示抗议，称门多萨带着甜言蜜语前来，哄诱拐骗"我们再多沉睡一会儿，直到他们的秘密行动发展完全成熟"。他在这封信的结尾向上帝虔诚祈求："愿上帝怜悯我们。"1575 年 1 月，在一封督促伯利重返宫廷的信中，再次出现这种沉睡的示警意象。沃尔辛厄姆提醒，女王迫切需要注意她的处境，切勿"让她在微弱的安全感中如此沉睡下去"。[16]

　　1575 年夏天，雷克森斯与荷兰叛乱者之间的和平谈判破裂了，标志着一场自我标榜（尽管微弱）为始终忠诚，只为争取宗教宽容的抗议运动结束了。最终，奥兰治的威廉否定了菲利普二世的最高宗主权，叛乱遂转入革命。一个荷兰代表团随即前往英格兰，请求援助尼德兰独立城邦。这个代表团由奥兰治的威廉最信任的助手之一圣阿尔德贡德男爵菲利普·马尼克斯（Philip Marnix）率领。奥兰治曾向丹尼尔·罗杰斯提及沃尔辛厄姆是"他在英格兰最重要的朋友"。如今，他提醒代表团将自己托付到沃尔辛厄姆手中。他们的任务只有一个：说服伊丽莎白女王担任尼德兰最高领袖。若她拒绝，法国王室将递补这个位置。

　　沃尔辛厄姆早预料到伊丽莎白女王可能的反应。一如往常，伊丽莎白退回内廷，砰一声甩上宫门，拒绝任何人进入，直到侍女们威胁要破门而入。在此情况下，枢密院只能自行研拟对策。莱斯特伯爵、贝德福德伯爵与沃尔特·迈尔德梅主张英格兰应当公开支持叛军。尼古拉斯·培根爵士同意援助奥兰治的威廉，但只能秘密进行。沃尔辛厄姆历数他在驻法期间向女王和枢密院提出的论点。若为追求王朝野心和扩大上帝授予统治者的领土而强行发动战争，这绝对不可行，也不可接受。但是，"基于必要性，不是谋求统治权，而是为了安全；不是意图扩张，而是为了防卫"，战争则成为完全正义之举。西班牙枢密院否决了荷兰人对"良心自由和维护自身自由"的合法请求，也毫不掩饰对英格兰的敌意，再加上西班牙治下的尼德兰已对英格兰国家安全构成威胁，这些均是实际的正当理由。沃尔辛厄姆也提出一个令人信服的精神性理由。一个天主教联盟俨然成形，旨在"以暴力根除所有信奉福音之人"。面对当前危局，还有什么是比一位君主为真正信仰而战更为适当的理由？[17]

104

沃尔辛厄姆对荷兰支持计划的狂热触发了女王周期性喷发的怒火。根据曾担任雷克森斯和英格兰宫廷之间特使的香槟男爵记载，伊丽莎白女王曾因沃尔辛厄姆的干涉而公开训斥他，并在狂怒之下扇了一位侍女。这一行径符合伊丽莎白的性格，而非出乎意料之外。伊丽莎白厌恶被迫作出决定，尤其是牵涉她私人和君主特权的事务，故导致她和国务大臣沃尔辛厄姆的关系经常陷入紧绷。1586年，当发现沃尔辛厄姆刻意淡化关于西班牙入侵威胁的情报，以防已投入到莱斯特伯爵在尼德兰新教战争的庞大资源被挪回国内防御时，女王愤而将便鞋扔掷到沃尔辛厄姆的脸上。

伊丽莎白女王也颇具政治戏剧的表演天赋。对沃尔辛厄姆的公然斥责可能是刻意在特使香槟男爵的面前上演，且后者也的确为了一些矫揉造作的款待而来。某一刻，女王正全力反抗西班牙的暴政，高喊着："你主人企图在我的王国周围安上一条围堵带，认为他对付的仅仅是一个女人。我的父亲绝不容许你们侵门踏户到如此地步；而我，这个女人，深知该如何应付。"暂歇之后，她吩咐特使香槟男爵挪近椅子，两人又如朋友般谈笑风生。香槟男爵清楚他与沃尔辛厄姆针锋相对的立场，沃尔辛厄姆"与其说是加尔文主义者，不如说像清教徒，甚至更糟"。当他离开英格兰时，对伊丽莎白女王的真实意图感到十分困惑，但聊以慰藉的是，她的众多臣僚也陷入相同的疑惑中。不过，他确实达成部分使命，因圣阿尔德贡德男爵也未获得预期待遇。女王裁定下议院停止辩论，10 万英镑的预定贷款化为泡影。由此，圣阿尔德贡德男爵同样一事无成地离开英格兰。[18]

由于欠缺外国金援，再加上部分城镇受创于战争而税收减少，奥兰治的威廉被迫在弗拉辛扣押英格兰商业冒险家公司的商船。伊丽莎白女王将此举视同近乎开战。沃尔辛厄姆也加入谴责行列，但他有自己的考虑。他愤怒地写信给比尔，称叛军的行径"将极度激怒女王陛下反对他们"，"促使她势必站在他们的对立面"。他提出的危机解决方案远远超出他身为女王国务大臣的职权分际。在一封写给奥兰治的威廉的信中，沃尔辛厄姆提议他目前应如何行事，才能"让女王陛下满意"。他逐条列出奥兰治的威廉应向女王和枢密院道歉并辩解的诸项要点：倘若他被西班牙人推翻，势必置英格兰于险境；倘若伊丽莎白女王抛弃了他，他如何被迫转而向法国人求援。奥兰治的威廉接受了建议，从而避免伊丽莎白和尼德兰之间的冲突。沃尔辛厄姆比任何人都了解女王的决策习惯，却不惜将这种了解与应对经验分享给一位外国君主。关于被信仰驱动的外交政策，没有比这个事件更清晰的实例了。[19]

在一段时间里，荷兰新教叛乱似乎以休战告终。1577 年 1 月，除荷兰与西兰岛之外，代表大部分尼德兰地区的议会投票决定接受菲利普二世的弟弟奥地利的唐·约翰（Don John of Austria）为总督，以换取西班牙军队的撤离。值得注意的是，各城邦允诺维持天主教信仰。尼德兰南部改信加尔文教派的速度比北方商业市镇缓慢，且统治贵族渐趋惧怕民众在《圣经》中发掘出解放的福音。但奥兰治的威廉拒绝了这一和平协议，恳请伊丽莎白女王与新教各省签订条约，女王则持续周旋协调。此时，痼疾复发的沃尔辛厄姆已无能为力了。幸运之神仿佛眷顾着奥兰治的威廉，唐·约翰和叛军的谈判意愿最终破裂。那慕尔堡垒被占领为西班牙军队基地，一劳永逸地粉碎尼德兰议会的势力。一个月后，满载南美宝藏的运银船携带 200 万金币抵达塞维利亚，这笔意外之财足以使菲利普二世募集贷款，准备再战尼德兰。[20]

1578 年 1 月 31 日，在让布卢修道院城镇，西班牙和尼德兰双方军队开战。西班牙骑兵击溃了一支规模更为庞大的叛军，屠杀数千人，并迫使叛军残部仓皇撤退。这场溃败对低地国家未来的地域分布影响重大。佛兰德斯和埃诺地区开始寻求另一种命运，屈就沦为西属尼德兰的"顺从"省份，留下北方诸省孤军奋战。这种转折迫使伊丽莎白女王面临她向来厌恶的两难困境：派遣英格兰军队，承担军援可能导致的全部风险；或者无所作为，放手让荷兰叛军的未来取决于法国的态度。英格兰紧急贷款给德意志加尔文教派领袖约翰·卡齐米尔（John Casimir），使他得以向唐·约翰进军，为伊丽莎白女王多争取一些时间，但这绝非长久之计。女王的两位重臣提出相互矛盾的意见，呈现出迥异的外交态度。沃尔辛厄姆敦促女王积极干预。一旦获得适当的巩固，荷兰城镇将得以抵抗西班牙的再次征战。伯利仅仅对尼德兰的处境表示同情，但质疑这些反叛城邦能否在持续猛攻下幸存，认为调停无疑是更佳方式。一如既往，伯利的建议更吸引女王。针对向低地国家派遣和平使节团的任务，伊丽莎白女王否决了莱斯

107

特伯爵的主动请缨，选派科巴姆男爵威廉·布鲁克（William Brooke）以及满脸不情愿的沃尔辛厄姆作为特使。

庆幸的是，1578 年赴尼德兰的英格兰使节团规模并没有被女王克扣。6 月 21 日，沃尔辛厄姆和科巴姆在敦刻尔克登陆，60 多名英格兰士绅随同出使。金钱与礼物被大肆挥霍。仅沃尔辛厄姆一人的开支就高达 1 300 英镑，大大加重了他的债务。这些炫耀排场是女王的谋略，意图向尼德兰城邦和西班牙展现英格兰的实力。科巴姆为出生于资深贵族世家的第十代男爵，早在爱德华六世时期就开始担任王室外交特使，且身为五港监管大臣和多佛总管，他熟稔防务工事。伊丽莎白女王希望顺利促成尼德兰的和平，也想获得对奥兰治的威廉阵营实力的专业性评估。沃尔辛厄姆和科巴姆派出骑兵侦查荷兰海岸和腹地，并评估民众对于叛乱的态度。威廉·佩勒姆爵士和乔治·卡鲁汇报了根特的近况，此城防御坚固，士气高昂。新教布道在昔日的修道院教堂举行，市民渴望获得英格兰的支持。唐·约翰和教宗被讥笑为"溃散在地表的恶魔"，而奥兰治的威廉和伊丽莎白女王则被赞扬为上帝的器皿，广受欢迎。

当沃尔辛厄姆应邀至安特卫普郊外检阅尼德兰的 10 000 名步兵和 8 000 名骑兵时，他震惊不已，激动地告知莱斯特："如果胜利的主宰者上帝不从他们身上收回勇气的话，他们极有希望赢得成功。"奥兰治的威廉本人是"基督教世界中最稀罕的人物"。这两位特使很清楚，各城邦既无意在宗教问题上妥协，也不愿割让任何领土。沃尔辛厄姆和科巴姆眼见在尼德兰达成和解的希望渺茫，在听闻唐·约翰支持苏格兰玛丽的相关传闻后，两人共同得出一个结论：英格兰必须在法国作出决定之前率先掌握主动权。

但事与愿违，枢密院的一封信给予了遗憾的答复。女王拒绝继续借款给尼德兰各城邦。更糟的是，她还要求归还先前借出的贷款。

在宫廷的友人提醒沃尔辛厄姆,他已被质疑未支持女王选择的和平政策。伯利太了解伊丽莎白女王的善变了,他试图安慰沃尔辛厄姆:"她有时不喜欢某些事,但有时又改变她的严厉,特别是当她已经被说服,并深信我们都是真心为她和她的安全着想时。"莱斯特愈发气愤,不愿谅解女王的撤援决策。他在 7 月 20 日晚上写给沃尔辛厄姆的一封信中坦言,他对女王的谏言无法起到任何效果,"这项王冠从未置身如此险境之中"。由于枢密大臣的恳求全部徒劳无功,如今,只有上帝才能保卫女王了。

沃尔辛厄姆被这则消息击垮。他向克里斯托弗·哈顿爵士吐露:"遭受女王陛下如此严厉的对待,对我而言,这是一种无法忍受的悲痛。"不只政策变卦,最糟的是,他甚至被严厉指控,称他考虑女王的安全更甚于她的财产。两位特使被迫自行筹集 5 000 英镑作为私人贷款,以维系个人对各城邦不同程度的信用。但这远不足以恢复被蔑视的英格兰荣誉。沃尔辛厄姆向伯利倾诉他的沮丧。那些参加这趟"糟糕服务"的人需竭力忍耐,他们"几乎羞于在国外露面了"。尼 109 德兰城邦曾寄希望于女王的宠爱,却在最需要的时刻惨遭抛弃。约翰·卡齐米尔始终为他离开德意志的那一天深感懊悔。女王的行径可能陷她自身于"被世人憎恶"的风险之中,甚至将荷兰人推向新保护者,法王的弟弟阿朗松公爵弗朗西斯·埃居尔(Francis Hercules)的怀里。更令伊丽莎白女王的新教枢密大臣错愕的是,另一场王室婚礼又突然成为可能的选项。[21]

1655 年,一本涉及伊丽莎白一世婚姻谈判的档案集,以达德利·迪格斯(Dudley Digges)之名出版,编撰者对比了先后向女王求婚的两位法国王子。1571—1572 年的首次安茹联姻计划仅仅是设陷将胡格诺派诱入巴黎猎网的一项诡计，"我意指的是（1572 年）圣巴托洛缪日前夕的野蛮血腥屠杀"。但之后英格兰枢密院的部分重臣以及法国自身均"确实有意"促成伊丽莎白女王和阿朗松公爵的联姻同盟。至于伊丽莎白女王的个人看法，"这是一件令人双重费解的事情，她既是一个女人，又是一位女王"，他不得不承认这种挫败感。

　　现存于英国国家档案馆与大英图书馆的迪格斯相关证据与手稿显示，伊丽莎白女王的大臣们始终困惑她究竟意欲何为。1581 年，沃尔辛厄姆在另一次注定失败的出使法国任务中，写信对伯利坦言："我衷心希望，女王陛下终究会以某种方式解决她的婚姻问题。"在谈判过程中，沃尔辛厄姆仍倾向于与法国结盟，而非依循他的新教意识形态。他发自内心对女王这位潜在天主教丈夫的反感，已然被其他更优先的事项所抵消，即这场联姻足以解决王室继承危机，并确保英法外交结盟以抵制西班牙威胁。然而，圣巴托洛缪大屠杀始终让他余悸犹存，对天主教徒和新教徒的联姻胆战心惊，因为那场婚礼引发了一场对巴黎胡格诺派教徒的集体血洗屠戮。正如沃尔辛厄姆在一篇阐述与阿朗松公爵联姻利弊的文章空白处写下的创伤性回忆："我目睹了其中最骇人的景象。"而且，随着谈判拖延越久，诞下英格兰王位继承人的机会就越渺茫。[22]

　　早在 1572 年春天《布卢瓦条约》谈判期间，伊丽莎白女王与阿朗松公爵联姻的想法就被首度提出。在安茹公爵公开宣布永不与异教徒结婚后，其母凯瑟琳·德·美第奇王太后迅速建议由安茹之弟阿朗松公爵递补成为英格兰王夫候选人。这时阿朗松刚满 17 岁，而伊丽莎白女王已年届 38 岁。当蒙莫朗西公爵借新英法联盟庆典欢愉氛围的掩护下，趁机将阿朗松联姻计划呈递英格兰时，发现女王颇为在意双方的年龄差距。法国代表团不得不竭力游说女王关于这场新联姻的莫大好处：既可使她的王位更加稳固，又能满足她治下臣民的期待。事实上，阿朗松的年少对女王而言，确实是一大优势，"因为她习惯独揽大权"。时任签约特使的托马斯·史密斯爵士从驻法经验观察，也对这场联姻计划持积极鼓励的态度。阿朗松和安茹一样富有，同时更温和、更灵活，完全是"更好的男人"。无法否认，安茹更高挑也更白皙，阿朗松则不像他兄长那般固执、粗鲁、教宗主义者，但同样如同骡子般愚蠢和安逸。简言之，他比安茹更适合一万倍。史密斯早预料到伊丽莎白女王可能的迟疑，因此敦促伯利："阁下，我恳求您，请女王陛下不要再浪费时间了，请她切勿再耽搁拖延了。"[23]

111

　　然而，随着赞颂阿朗松的风向愈发强烈，沃尔辛厄姆愈趋沉默，尤其当这位年轻公爵现身登场时。一场天花早已摧残了他的容貌，且他还有脊椎侧弯问题。之后，伊丽莎白女王为他设计了一个宠物昵称："青蛙"（Frog），或许意指他向外弯曲的双膝。这比英国议论青蛙和法国人的笑话提前了两个世纪。女王对与太年轻的男性结婚可能导致的粗俗八卦已相当敏感。如今，加上阿朗松的麻脸和身高不足，恐怕使流言更加不堪入耳，甚至有损伊丽莎白女王珍视的王室荣耀。

　　"女王陛下的敏感眼光"并非唯一的障碍。沃尔辛厄姆一再抱怨英格兰廷臣发言竭力反对联姻只是为了让自己受到王室青睐，"既不顾及女王陛下，又不考虑保护我们的国家免遭毁灭"。用沃尔辛厄姆的话来说，伊丽莎白女王"是她教区里最好的婚姻（对象）"，而阿朗松则是一众求婚者中的最佳人选。但议会规定的"必要补救措施"因宫廷政治的腐败而屡屡受挫，他开始对女王的安全感到绝望了。

　　沃尔辛厄姆写信向伯利勋爵阐述阿朗松联姻计划的优势。若对阿朗松的容貌忽略不计，这位公爵拥有诸多足以胜任女王丈夫的特质，并且仍可对他的宗教信仰保有一线希望。沃尔辛厄姆认为，一旦脱离法国王室的家庭影响，阿朗松就可以被引导皈依英格兰国教。托马斯·史密斯爵士对此也深表认同。如今，既然安茹公爵已投靠极端天主教派，阿朗松的居所遂成为胡格诺派寻求王室服务的"庇护所和救济所"。从英格兰的视角出发，他与法国王位的距离在现实上让他比他的兄长更具吸引力。如果伊丽莎白的王夫继承法兰西王国，那么英格兰可能会沦为从属国。除了这些高度的政治考量之外，女王的男性重臣也共同期望婚姻（以及性隐喻）可以改善女王的体弱。生育对女性有益，根据史密斯令人难忘的表述，生育"可以净化她们的身体，改善她们的肤色，延长她们的青春"。伯利将那些折磨伊丽莎白女王脸颊与面部的疼痛，归咎于她的老处女身份。[24]

　　伊丽莎白女王必须对阿朗松联姻计划作出回应了。1572 年 7 月 23 日，正值王室夏季巡游的女王写信给沃尔辛厄姆，通知她无法同意这桩婚事，因为世人可能视她的择偶为一场"荒谬"闹剧。双方年龄差距实在太大了。女王也收到关于阿朗松公爵脸部疤痕的更详细描述，对此，沃尔辛厄姆巧妙地保持沉默。4 天后，女王又向沃尔辛厄姆写了一封信，声称她仍然维持第一个答复，但实际上，她试图修改一个关键细节。基于对法国盟友的重视，她愿意邀请阿朗松公爵"亲自到此"以展示他的求婚热忱。唯有如此，她才能最终下定决心。伊丽莎白女王明白，如果阿朗松公爵因受限于外貌而惨遭拒婚，这无疑是对法国的羞辱，她建议这次访问是秘密和私人性质的，"没有任何公开的典礼和表演"。

　　如果阿朗松主动提出要觐见女王是虚张声势，那么伊丽莎白女王亦如此认定。为何这两封自相矛盾的信件会如此密集地先后寄出？沃尔辛厄姆奉命在法国宫廷展示这两封信，引发诸多混乱。或许，这正是重点：如果伊丽莎白尚未规划好迎接一位丈夫的到来，那么尽可能延长或拖延谈判至少有明显的外交优势。调整她的立场也可能有助于平息枢密院和议会请求女王结婚的喧嚣呼吁。或许，这两封信呈现了史学家苏珊·多兰（Susan Doran）所谓的女王的"纠结"，即在一个与国内外政策紧密相关的议题上，下定决心是如此艰难。这的确符合我们对伊丽莎白女王个性的了解，在诸多国家重大问题上，她始终回避作出决定。[25]

对沃尔辛厄姆的指示也暗含了另一种解释。伊丽莎白女王愿意考虑与阿朗松公爵结婚，但前提是法国须提供额外回馈。她早已清楚意识到，以公爵太过年轻为由而中断婚姻谈判是一个虚弱的借口。对此，法国使节团可合理辩称，倘若这是症结所在，那么女王应该从一开始就直言不讳。伊丽莎白女王在 7 月 23 日写给沃尔辛厄姆的信中巧妙预见了这一反对意见；解释说，她一直密切观察"这场联姻能否带来进一步发展，以平衡或冲淡世人对年龄差异之不便性的议论"。

众所周知女王期待的额外回馈意味着什么：加莱须重新回归英格兰王室。这块英格兰亨利五世帝国最后仅存于法国的领土，在伊丽莎白继位前数月被法国人占领。和她同父异母的姐姐玛丽一样，伊丽莎白也对这片领土的丧失悲愤不已，始终无法忘怀。但在实际层面上，重新占领加莱没有太大意义。英格兰商人将当地业务转移到其他地方并无任何阻碍，英国政府官员可能还乐见其成，这为捉襟见肘的国库缓解了压力。然而，对于伊丽莎白女王欲借屈尊下嫁阿朗松而获得领土补偿的想法，法国人感到被冒犯，这是可以理解的。尽管英格兰大臣意识到女王所忽略的一点，即加莱这个位处法国北方的脆弱驻军城镇几乎未具任何战略价值；但作为英格兰主权的重要象征，足以驱使伊丽莎白女王坚持将之收复。她坚信外交手段足以迎回长姐在战争中丧失的荣誉，而这符合卢卡斯·德·希尔在《都铎王朝继承的寓言》这幅画中传达的信息。[26]

1572 年 8 月 21 日，凯瑟琳·德·美第奇王太后写信给法国驻英大使，提议她的幼子和伊丽莎白女王在两国之间英吉利海峡的一艘船上会面。很快，法国新教领袖海军大臣科利尼在巴黎被枪击。不同于他的兄长安茹，阿朗松公爵个人并未卷入随后的大屠杀，但他也确实参与了围攻胡格诺派位于拉罗谢特的要塞堡垒。不可否认，历经圣巴托洛缪大屠杀后，说服英格兰公众接受一位来自法国的王夫将愈发艰难，即使假设政治共识已趋于这一方向发展。在 1573 年的使节交换仪式上，尽管表面上仍围绕着联姻议题讨论，但双方均礼貌性地对此的论点置若罔闻。

　　1574 年复活节，查理九世正处弥留之际，而阿朗松公爵则被幽禁于巴黎郊外的文森堡。他被怀疑与姐夫纳瓦尔国王亨利·德·波旁，笃信新教且出身波旁家族的法国王位继承人之一，合谋反对他的兄长安茹。在沃尔辛厄姆看来，1572 年 8 月所发生的惨案必将重演。托马斯·莱顿（Thomas Leighton）被匆忙指定为特使，赶赴瓦卢瓦宫廷，而沃尔辛厄姆则紧急指派他在法国的前代理人联系阿朗松。尽管如此，莱顿寄送的加密报告仍远不足以让沃尔辛厄姆放心。阿朗松估计自己将很快被关进巴士底狱，故向英格兰寻求帮助。伯利的回应是，可提供金援贿赂他的看守官，但未成功。伊丽莎白女王也试图干预，表示愿意邀请阿朗松公爵赴英格兰宫廷，但被他的母亲婉拒。与此同时，新教上尉蒙哥马利伯爵从泽西岛根据地向诺曼底发起进攻；他在 1559 年马上长矛比武中意外杀死法王亨利二世（即现任法王的父亲），遂被迫逃亡英格兰。在此交织的乱局中，好不容易在布卢瓦敲定的英法协约迅速沦为一段遥远的记忆。英格兰外交官诺思勋爵极其耻辱地被迫观看了凯瑟琳·德·美第奇王太后公然嘲笑两位打扮成伊丽莎白女王的侏儒。[27]

　　随着法国重新陷入宗教内战，沃尔辛厄姆向女王阐明了需采取军事行动的理由。约翰·卡齐米尔的德意志新教军队急需资金。王室海军已整装待发，可以随时启程打击法国的商业活动。行动的急迫性催逼沃尔辛厄姆向女王直言不讳。他在 1575 年 1 月写道："看在上帝的份上，陛下，切勿再让您病态王国的治疗方案悬而不决了。当没有任何解决方式付诸实践时，病征不再能通过咨商的手段治愈，如同不健全和患病的身体仅与医生会面，却未接受他们开立的医嘱处方。"

伊丽莎白女王的回应是向约翰·卡齐米尔的父亲腓特烈三世提供15 万泰勒的贷款，唯一条件是将加莱归还给她。但是，当核拨这笔贷款时，却莫名其妙地缩水到仅剩 5 万泰勒或 1.5 万英镑；腓特烈三世抗议称，这实在是杯水车薪，少到无法发挥任何实际用途。9 月，阿朗松逃离文森堡，自立门户，宣布自己成为全民的保护者。自此，阿朗松公爵成为法国政治的独立代理人。次年，当胡格诺派签署了阿朗松主导的博略诏令时，伊丽莎白女王勃然大怒，但她作为不可靠赞助人的"黑历史"，已经让胡格诺派别无选择。[28]

随着 1578 年低地国家战火再起，当阿朗松与伊丽莎白女王的联姻计划重新提上议事日程时，已然时移势易。前安茹公爵，即现任法王亨利三世，坦承他将无法拥有后嗣，这意味着他的幼弟阿朗松离法国王位又更近一步。尽管阿朗松在此期间曾指挥一支军队对抗昔日盟友胡格诺派，从而玷污了自身声誉，但如今他已察觉到率领荷兰新教叛乱对抗西班牙的政治优势。尼德兰的加尔文教派城邦已被伊丽莎白女王抛弃，面临随时可能被歼灭的威胁；他们已走投无路。正如苏塞克斯伯爵在 1578 年 8 月黯然地对沃尔辛厄姆所说："如果法国占据低地国家，或者西班牙在此处施行暴政，形势对女王或英格兰而言，都将非常严峻。"迄今为止，尼德兰叛乱与阿朗松公爵的政治活动在很大程度上仍是分离的，但已逐渐交织在一起。面对欧洲局势的诡谲变色，伊丽莎白女王仍迟迟不愿加入战局，试图在她的主要优势仍有一定价值时，竭力兑现它。[29]

当弗朗西斯·沃尔辛厄姆在驻法期间首次提出英法联姻同盟时，

116

枢密院和议会普遍赞同，而女王则多次表示反对。令人诧异的是，当阿朗松联姻谈判重启时，情势丕变。伊丽莎白女王急切地传达了想被求婚的期待。1579 年 1 月，当阿朗松的私人特使让·德·西米耶（Jean de Simier）带着珠宝礼物抵达英格兰时，这位代表突然被卷入一个充满宫廷爱情的奇幻世界。伊丽莎白女王在假面舞会和马上竞技赛上与他嬉戏调情，并主持近距离的亲密会面，用赠予他主人的爱情信物向他施压。德·西米耶变成了她的"猴子"（Ape），这一昵称显然是他名字的拉丁文双关语，尽管可能也暗示其他意涵：在文艺复兴时期的艺术中，猴子象征感官享受。

伊丽莎白的咨议重臣瞠目结舌地看着他们的女王卖弄风情地撒娇表演，感到越来越惊慌。沃尔特·迈尔德梅爵士公开反对这场联姻，并向枢密院同僚提出个人呼吁：他们当中哪一位愿看到自己的女儿嫁给一位天主教徒？伯利的观点更难以解读。根据他手上的工作备忘录，显然是为了促成这场联姻，但也可根据当时的修辞习惯，解读成对抗它的一个备案。当他明确对这场婚姻提出个人判断时，最初是对着伊丽莎白，然后是对着枢密院其他成员，表示自身持反对立场。唯有苏塞克斯伯爵对这桩婚姻表示欢迎，理由是阿朗松的随从保证他们的主人满足于成为伊丽莎白女王的"仆人和捍卫者"，并主张这是转移公爵在尼德兰之野心的最佳方式。[30]

阿朗松公爵从文森堡的软禁中逃脱后，沃尔辛厄姆对他的态度开始冷却。当伊丽莎白要求枢密大臣对该联姻计划撰写个人评估报告时，沃尔辛厄姆曾以一篇名为《王国的病态与治疗方法》的评论作为响应。疾病和药物的隐喻被他用来慷慨激昂地批评女王未能承担起欧洲的新教事业。作为对伊丽莎白政权内忧外患的诊断，这篇评论一针见血。女王迟迟不愿结婚，让王位继承人选悬而未决，从而使她的臣民陷入焦虑。她的王国也未有统一的宗教。民众的忠诚正转向苏格兰玛丽，"出于宗教因素，也预期她将拥有这顶王冠"。法国和西班牙的统治者皆与伊丽莎白为敌，当他们各自的内乱平定之后，随时可能对她采取行动。另外，苏格兰国王詹姆斯六世可能很快会建立自己的外国联姻同盟，这无疑使英格兰被敌对国家彻底包围。

当环顾审视英格兰的安全处境后，沃尔辛厄姆具体转向讨论阿朗松的婚姻。首先，需要考虑对女王的个人影响。当公爵尚处壮年时，伊丽莎白女王的身体就会开始衰老；正如沃尔辛厄姆所指出的那样，这是不幸婚姻的常见原因。假如女王无意拥有一位丈夫，任何催婚的压力都可能会加速她的死亡。但这种反对意见在 1579 年不太令人信服，当时的伊丽莎白如同她的求婚者一样，正积极热情地为这场联姻奔波着。另一个反对意见则切身相关："与女王陛下同龄的女性，最常因为生育而遭受生命危险。"伊丽莎白女王时年 46 岁，依照都铎王朝的标准，她不太可能诞育第一个孩子了。对于沃尔辛厄姆和其他新教枢密大臣而言，尽管解决继承问题足以抵消他们对天主教王夫人选的反对，但现在必须权衡继承人的诞生和伊丽莎白女王可能因妊娠而亡的风险，这甚至可能会导致将英格兰的未来交到法国公爵和苏格兰玛丽手上。这场联姻远远不足以治愈政治身体所遭受的损伤，反而更容易"在英格兰滋生一些火气"。

沃尔辛厄姆最大的恐惧是阿朗松引发的"宗教差异性"。对他来说，这正是问题症结所在，"是基督教众臣向一位基督教君主提供建言时所必须权衡的主要议题"。一个王国的繁荣完全取决于上帝的良善。人们必须相信天意，而不是"被人为政策所牵引"。历史已经证明，当强大的统治者违逆上帝旨意时，必受束缚。沃尔辛厄姆的思绪再度返回巴黎大屠杀："那些未获神允，而是建立在人为政策上的婚姻，会有怎样的结果，纳瓦尔国王联姻的失败足以让我们吸取教训。"唯有"坚定不移"的信仰，才足以获得上帝的保护；这个指示是 16 世纪改革者通过回溯圣奥古斯丁和圣保罗使徒书所竭力强调的。[31]

119   上述是沃尔辛厄姆向女王和枢密院所宣扬的论点。墨水渍、潦草的书写与空白边栏附注的论证，加上狂热的笔迹，无一不在述说着他写作时的笔走龙蛇和内心澎湃。沃尔辛厄姆的这篇文章，与国家和宫廷中众多新教徒的情绪不谋而合。一场女王亲临的四旬期布道让人们联想起血腥玛丽统治时期的殉教者们。政府禁止展示任何可能被解释为与联姻相关的经文，但事实证明，庶民文化不太容易受到审查。一首关于这场婚姻的民谣开始流传，是女王为阿朗松所取之宠物昵称的讽刺文。数世纪后，它仍然作为一首儿歌流传：

> 青蛙先生想要求婚去。嗨嘀，罗利说！
> 青蛙先生想要求婚去，
> 无论他妈妈是否同意，
> 带上布丁卷、火腿和菠菜。

7 月，一颗子弹擦过伊丽莎白女王和西米耶特使搭乘的游艇。女王选择将此事定调为一场意外，而非失败的暗杀，并宽恕了那位不慎走火的枪手，他显然被吓坏了。尽管如此，在宫廷周围地区仍谨慎地缩紧了枪支管制法令。

1579 年 8 月，阿朗松的亲自来访点燃了新一波反法情绪。由于公爵进入女王的内廷且消失长达两个星期，各种小册子和布道结合在一起，共同发出了爱国主义的怒吼。一首匿名诗被钉在伦敦市长的门上，宣誓只要女王不畏"外国的枷锁"，必将誓死效忠她，更公开威胁公爵：

　　因此，善良的弗朗西斯，请在自己的国家统治就好，切
勿抗拒我们的请求；因为这里对您来说，没有任何东西，唯
有剑和火。[32]

最大胆的批评者是伦敦律师兼新教辩论家约翰·斯塔布斯（John
Stubbs）。他所撰写的《发现一个犹如吞噬英格兰的裂开深渊》
（*Discoverie of a Gaping Gulf whereinto England is Like to be Swallowed*）
是对阿朗松联姻的激烈控诉，"这是从罗马彻底毁灭我们教会的最直
线（距离）"。与天主教徒结婚是一种罪恶，将招致上帝的怒火与
报复，使女王和国家沦为法国人的俘虏。公爵本人也遭到雷鸣般的
攻击。阿朗松是一条蛇，前来"引诱我们的夏娃，使她和我们可能
会失去英格兰这座天堂"。伊丽莎白女王显然"被蒙蔽了双眼，宛
如一只可怜的羔羊，即将任人宰割"；因此，其他人有责任将她从
蛊惑中唤醒。最后，斯塔布斯呼吁英格兰人务必留心他的警告：首
先，是"身为共同体导师"的贵族和枢密院；其次，是主教和王室大
臣，他们可能对女王具有影响力；最后，是普通民众，尽管他们的
角色仅限于祈祷这场瘟疫从"基督教的以色列"（意指英格兰）赶紧
消散。

　　伊丽莎白女王深知如何在教堂和议会中回避新教的煽动。但是，
斯塔布斯显然比她在下议院最严厉的批判者更为激进。他精准地指出
了一个政治危机的时刻，但他的解决方式似乎危险地贴近共和主义。
更无法挽回的难堪局面是，这项意见已经通过 1 000 份印刷品向各郡
传播开来。当女王第一次听闻斯塔布斯关于裂开深渊的表述时，直接
指示要处死他。虽然她之后被说服施予一项比叛国罪更轻的指控，但
这一惩罚显然更加具有恐怖色彩：威斯敏斯特刑场肃然无声，在众人
注视下，斯塔布斯执笔的手被砍剁三下。受刑者勉强完成强制性宣誓

120

的"天佑女王"后，就陷入昏厥，而他在行刑台上的演讲尖锐地指出当局对他毫无怜悯之情。斯塔布斯根据一项被重新恢复的玛丽一世时期的律法起诉，该法当时旨在使新教写作和传教保持缄默，但现下照此起诉对伊丽莎白政府并无任何益处。[33]

英格兰宫廷内也开始针对沃尔辛厄姆与《发现一个犹如吞噬英格兰的裂开深渊》的关联性而议论纷纷。斯塔布斯在审讯中宣称，一位枢密大臣事先知道这本小册子的存在，但并未采取任何措施阻止出版。沃尔辛厄姆被推测是这位未具名的赞助人，尽管也可能是莱斯特、哈顿或迈尔德梅。沃尔辛厄姆可能会对斯塔布斯抱有一些同情，但不会认同后者的每一项论点。沃尔辛厄姆对女王安全的关注，使他对清教徒在下议院和其他地方的请愿始终保持谨慎态度；而且伊丽莎白女王化身为沉浸于爱情相思的少女，带领她的国家步向毁灭的模样，绝不符合沃尔辛厄姆希望公开宣传的形象。但不可否认的是，约翰·斯塔布斯是一位与他观点契合的律师和政治家。[34]

毫无疑问，沃尔辛厄姆与阿朗松联姻计划中一位更杰出的评论者关系密切。菲利普·悉尼的《致伊丽莎白女王书，关于她与那位殿下的婚姻》，可能撰写于斯塔布斯创作《发现一个犹如吞噬英格兰的裂开深渊》的前几周。悉尼曾避祸于沃尔辛厄姆位于巴黎圣马索区的居所，在令人战栗的不安中目睹了圣巴托洛缪大屠杀，由此两人成为患难之交。在 1575 年任职王室斟酒员之前，悉尼已大量学习了文艺复兴时期的文学和艺术。在巴黎，他与胡格诺派政治思想家菲利普·迪普莱西-穆尔奈（Philippe Duplessis-Mornay）相遇；在威尼斯，韦罗内塞（Veronese）为他亲自绘像。相较之下，他在英格兰宫廷的仕途却迟迟未能起步。对于爱尔兰总督之子而言，这种待业状态令人沮丧。诗歌成为他个人情绪释放的出口，也成为影响伊丽莎白政权的一种方式。这就是《阿尔卡迪亚》（*Arcadia*）创作的时代背景；悉尼声称是为了取悦他的妹妹，但它的意图远不止于此。然而，在创作《阿尔卡迪亚》寓言之前，悉尼已用更直接的方式力劝伊丽莎白女王切勿下嫁阿朗松。

悉尼的欧陆游学让他学习了身为一位文艺复兴时期廷臣所需的勇敢，使他了解应如何巧妙地向伊丽莎白女王提出恳求。他的建言源自"至深的忠诚泉源"，而它们被呈献给一位拥有绝对权力的女王。他的恳求纯粹只是为了女王的"仁慈之眼"。悉尼以委婉含蓄的修辞形式进言；且正如他所希望的那样，这篇《致伊丽莎白女王书》以手稿的方式有限流传。不过，悉尼文雅的散文和斯塔布斯的公开宣传之间，存在天壤之别。这封"书"运用了一种古老的国家隐喻进行号召，英格兰如同一艘行驶在平静水域的船只，或为一具健康的人体；但因为阿朗松的宗教信仰，这种平衡受到了威胁。根据悉尼的说法，英格兰的天主教派系正在寻找一位傀儡。从未有任何君主比伊丽莎白女王更受人尊敬，但人民的忠诚是如何被挥霍浪费的，都铎王朝的叛乱历史早已提供了发人深省的教训。悉尼虽然润饰了自己的演说，但他对于形势的谴责性评估不亚于其舅父莱斯特伯爵："（除了这件事之外），几乎没有任何世俗之事可以对您的国家构成更明显的威胁。"[35]

1579 年 10 月，枢密院在格林威治宫召开了长达 5 天的会议，以寻找解开这个僵局的办法。不同以往，伯利多次表态支持这桩婚姻；但这一改变是出于信念的转变，还是基于对女王本人的责任感，我们不得而知。沃尔辛厄姆未出席辩论，更在接下来的 3 个月使自身远离宫廷的纷纷扰扰。根据散布在巴黎的流言蜚语，伊丽莎白女王斥责他为一位"异端的保护者"，并将他驱逐出宫。女王当然对他有所怨言，但同一时间，他的慢性病似乎也复发了，所以他的缺席或许不仅仅是策略上的抽身撤退。无论如何，沃尔辛厄姆并未目睹伊丽莎白女王面

122

对多数枢密大臣坚决反对阿朗松联姻计划时充盈在眼眶中的愤怒泪水。当她回绝他们的建议，并命令一群忠于她的大臣草拟一份可供西米耶带回法国的条约时，这位首席国务大臣并未参与其中。

123　伊丽莎白女王谴责她的枢密大臣如同筛子一般，当被迫面对他们的君王时，勇气就都流失殆尽了。或许，这只是巧合，但在阿朗松访问当年，女王筛子系列肖像画的第一幅完成了，伊丽莎白手持筛子，宛如维斯塔贞女图西亚（Vestal Virgin Tuccia）。传说中的她是如此纯洁，可以用筛子从台伯河盛水带往她的神殿，途中不会漏掉一滴。其中一幅是受对约翰·斯塔布斯判刑的法官克里斯托弗·雷爵士的委托绘制；另一幅则是由克里斯托弗·哈顿爵士委托绘制。一个刻有相同筛子图案的浮雕胸针，可能是由反对阿朗松联姻运动的支持者所佩戴。在统治的最后数年，伊丽莎白女王接受了童贞女王的身份，以作为维持权力控制的一种手段。但在此时阿朗松联姻的敏感背景下，处女身份的象征既是赞美，也是规劝。女王经常利用艺术与她的政治国家进行沟通；而筛子肖像系列证明这个沟通渠道是双向的。[36]

枢密院是君主制在议会的代言人。若失去枢密院的鼎力支持，女王毫无希望说服一个好争吵的新教下议院接受一位天主教徒作为他们的共同统治者。上议院的主教中，多人曾在玛丽一世时期选择自我流放，由此也可能进行猛烈抗争。另一个因素是近期天主教传教士渗透侵入英格兰国土，已经在议会和教堂布道坛上燃起反天主教的激烈情绪。当沃尔辛厄姆返回宫廷时，伊丽莎白女王和阿朗松的婚姻谈判已经暂时达成纸上协议。但这张条约只是幻影，一项允许公爵私下自由行使宗教信仰的条款，被有效地保证永远不会获准。另外，也没有理由相信，自从伊丽莎白女王拒绝批准安茹公爵的弥撒条件后，她的信念就此动摇。

　　示爱的戏码又歹戏拖棚了 18 个月。1581 年春天，伊丽莎白女王 124
热烈欢迎一队庞大的法国代表团前来英格兰宫廷，希望一劳永逸地解
决这个悬之已久的婚姻问题。法国众臣和阿朗松的私人幕僚目睹了伊
丽莎白女王崇拜巅峰时期的所有壮观盛况。法国人策划了一场梦幻婚
礼，计划由天主教和新教双方主教在威斯敏斯特教堂所搭建的临时剧
场中共同主持。但在一个极为迟钝的曲解上，婚礼流程将以玛格丽
特·德·瓦卢瓦与纳瓦尔国王亨利的婚礼为蓝本。

　　负责相关职务的英格兰众臣，包括沃尔辛厄姆，庄重地同意了
所有要求。但在白厅，特地为来访特使演出的"胜利"，则述说了
一个截然不同的故事。女王藏品的鉴定员托马斯·格雷夫（Thomas
Grave）在一小群艺术家和工匠的协助下，花费数周时间，在亨利八
世骑士比武场的一侧，建造了一座宴会厅。这个成果让人联想起亨利
八世和弗朗西斯一世在金帛盛会中预先搭建的宫殿。由帆布搭设起的
天花板绘制着云彩和阳光，柳橙和石榴仿佛从墙上生长出来了。经编
年史家拉斐尔·霍林斯赫德统计，它的窗户共有多达 292 块玻璃。伊
丽莎白女王的出场，顿时让这座建筑变身为一座完美城堡，在此的两
天赛事里，层层拥挤的观众欣赏了一场模拟战争的表演。4 名骑士和
他们的随从在要塞上架起梯子，不断以吟咏诗歌和扔掷玫瑰相互攻
防。但欲望之子被迫退出，被不允许它们进入的美德彻底击溃。它们
攻击的城堡属于"全世界的眼睛"。这场寓言式表演对于在其中扮演
一位身着蓝色和镀金盔甲骑士角色的菲利普·悉尼来说，必定让他特
别满意。

　　不久之后，法国代表团带着一份已签署但毫无作用的条约启程返
国了。一个月后，当沃尔辛厄姆回访法国时，他们倾向于建立一个与
联姻脱钩的政治同盟。伊丽莎白女王特地为这位出使的国务大臣送上 125
一种特殊祝福："她深知她的摩尔人无法改变他的肤色，如同她也不

会改变她的旧习惯，即她总是为她的好忠仆竖起耳朵并睁大眼睛。"
沃尔辛厄姆凭借获赐一个新昵称，重拾王室青睐。也许，这是对他总
是习惯身着黑衣的双关语，但也是为最亲近女王之人所保留的特殊
荣耀。[37]

第四章

英格兰传教团

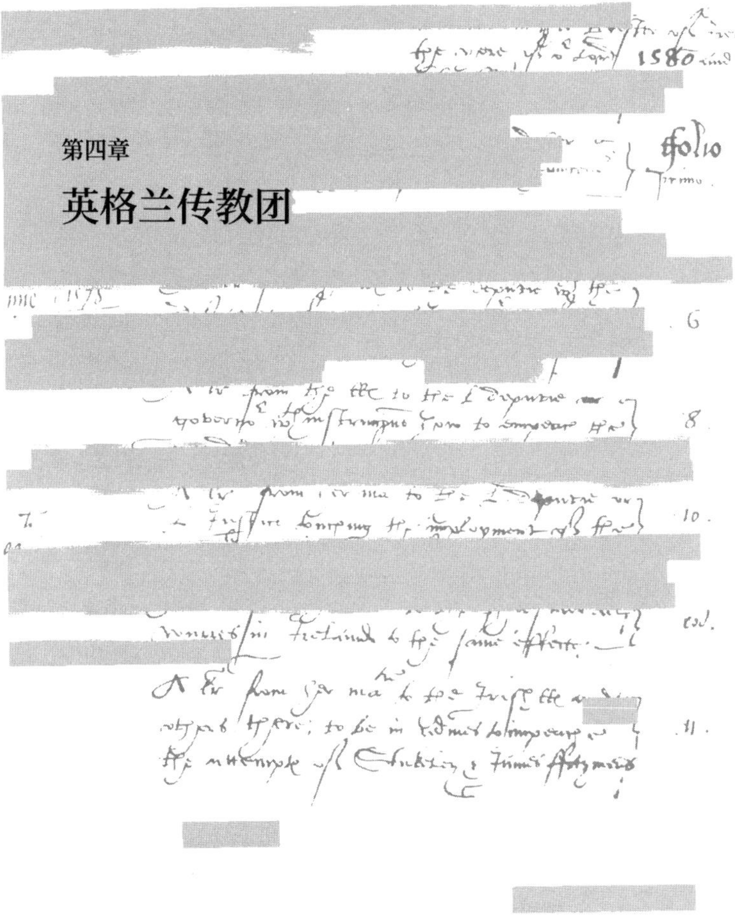

1577 年 11 月 30 日，在一处位于康沃尔郡的小镇上，集市日的
人声鼎沸乍然停歇，众人纷纷驻足围观一场死刑。对于聚集在朗塞斯
顿绞刑台周围的牧羊人和小贩而言，公开处决早已司空见惯。重罪犯
定期被绞死于废弃的诺曼城堡院落。不同的是，这一次的受刑犯并
未牵涉谋杀，也不曾发动战争反抗王室。这位名为卡思伯特·梅恩
（Cuthbert Mayne）的天主教士，是尼德兰杜埃神学院最先授予圣职的
英格兰人之一。在这人生最后的道路上，他经历了漫长的凌迟后痛苦
死去。当梅恩还有呼吸时，绞绳先被割断，任凭他重重摔在刑台上，
他猛然睁开眼睛，看到刽子手步步逼近，手持着刀将他的心脏生生剖
出，并展现给民众观赏。随后，他的尸身被四等分切割，在康沃尔郡
和他的故乡德文郡巡回展示。这是一个精心设计的残酷警示，告诫任
何试图庇护天主教传教士的当地家庭切勿轻举妄动。

在此之前，弗朗西斯·沃尔辛厄姆的公职生涯主要聚焦于国际事
务、伊丽莎白女王的婚姻问题以及尼德兰新教信仰所面临的威胁。卡
思伯特·梅恩案件的侦破让他警觉地回头扫视潜伏在王国内部的危险
敌人。梅恩在特鲁罗附近的黄金庄园落网，此处是士绅阶层出身之廷

臣弗朗西斯·特里根（Francis Tregian）的家宅。这次突袭由康沃尔郡守理查德·格雷维尔爵士（Sir Richard Grenville）指挥，他曾在伊丽莎白女王驻爱尔兰军队中担任上尉，自芒斯特省归来后，坚信天主教必须从英格兰社会内部连根拔起。他的行政风格仍延续军事思维，这也呈现在对卡思伯特·梅恩的处置方式上。这位教士的真实信仰被他戴在脖子上的圣羔羊蜡片所暴露，这是一个绘制基督作为上帝羔羊的圆形蜡片，曾受教宗的祝祷。梅恩的住所还被搜出"其他纪念教宗之物"，这些"邪恶的废物"违背了英格兰法律。

梅恩被捕后，被铐上锁链，移送至朗塞斯顿监狱接受讯问。考虑到特里根爵士较高的政治地位，故将其移监至伦敦的马歇尔西监狱，以待沃尔辛厄姆和枢密院传唤。梅恩的最终审讯由一位书记官记录下来，现存于英国国家档案馆的国家档案类。他工整的斜体签名，确认了这是攸关他答辩的公正抄本。梅恩解释，他在两年前抵达英格兰，当时监控港口的政府特务并未怀疑其真正使命。他渴望返回英格兰西南部家乡，并获得伦敦天主教地下组织的帮助，为他觅得特里根的宅邸管家一职。这份职业掩护让梅恩得以畅行无阻地在他的保护者特里根散置各地的产业之间穿梭漫游，庆祝弥撒，并以基督名义赦免康沃尔民众的罪行。[1]

如果梅恩仅仅作为中世纪世界的遗民，缄默地从事他心之所向的传教事业，犹如宗教改革未曾发生过，那么沃尔辛厄姆可能就不会这样担心了。亨利八世或玛丽一世统治时期任命的大批天主教神职人员只是一个暂时性问题，终将随着时间的推移而烟消云散。但梅恩属于另一个更危险的类型，即天主教的新皈依者。16世纪60年代初期，他就读于牛津大学，在1573年逃亡杜埃神学院之前，曾担任圣约翰学院附属礼拜堂的国教会牧师。梅恩抛弃大有可为的国教牧师生涯，自甘沦为一位面临追捕命运的天主教传教士。他已然放弃对英格兰教会至尊管理者伊丽莎白女王的忠诚宣誓。沃尔辛厄姆警觉到越来越多像他这样的年轻人正在低地国家接受训练，或早已潜伏于英格兰。　128

　　梅恩对英格兰国教持毫无妥协余地的抵制立场。若非真正虔诚的天主教徒，无法参与其教区教堂，而执行伊丽莎白治下的新圣餐仪式更绝无可能。这是1564年意大利特伦托大公会议决议之欧陆反宗教改革的口号。更令人担忧的是，梅恩暗示了英格兰天主教传教团的政治意图。倘若一位外国君主入侵一个王国，并将其归还教宗（康沃尔郡书记官的记录中称为"罗马主教"）的统辖之下，那么天主教徒必会"竭尽所能"响应并提供帮助。梅恩的讲述极为抽象，但言外之意令人不寒而栗。法国或西班牙舰队将参与圣战，为罗马教廷收复英格兰，而康沃尔郡和德文郡均处于抵御前线。梅恩曾获得朗赫尔内的约翰·阿伦德尔爵士（Sir John Arundell of Lanherne）的庇护，后者为弗朗西斯·特里根的亲戚，也是英格兰西南部的显贵。早在爱德华六世时期，阿伦德尔前一代的族人曾在康沃尔郡和德文郡领导一场反对新教改革的大规模叛乱。梅恩的活动无疑敲响了警钟，令人震耳欲聋：伊丽莎白女王登基已近20年，但在英格兰曝险于外的西南半岛，天主教势力依然强大，且正蠢蠢欲动。[2]

　　卡思伯特·梅恩是英格兰天主教传教团的最初殉教者，即1603年詹姆斯一世继位前，200名为信仰而死的天主教士和信徒中的第一位殉教者。当亨利八世和爱德华六世面临外国入侵威胁时，多通过投资沿海堡垒要塞、枪支铸造厂和王室造船厂以作应对。然而，在16世纪70年代，突然之间，危险转而来自内部，令人措手不及。天主教英格兰传教团的上岸顿时将沃尔辛厄姆推入了充满叛变与陷阱、告密者与变节教士乃至密码与酷刑等的阴暗世界。在传统上，情报搜集　129和监控活动一般聚焦于外国宫廷；如今，这个国家的鹰眼必须转向紧盯自己的领土。

　　以卡思伯特·梅恩为典型的天主教士纷至沓来，给英格兰的政治带来了严峻的新思考。原本深陷宗教分歧的众臣双方阵营，开始异口同声地谴责往昔的妥协态度，愈趋严格定义忠诚。面对天主教信仰渐被英人淡忘的危机，部分天主教徒考虑使用玛丽一世时期激进新教徒被迫采取的激烈抵抗手段。这一连串的谋划在 16 世纪 80 年代被沃尔辛厄姆逐一侦破，新教祈祷和布道欢庆着与罗马反基督者的最后一场战斗。简言之，成为一位天主教徒，无异于放弃身为臣民对君主的自然义务。

　　以下即将展开之沃尔辛厄姆指挥特务与那些试图推翻伊丽莎白政权者缠斗的故事，在往后的历史中备受争议。关于天主教在某种程度上抵触英格兰精神的虚构迷思，长期腐蚀了不列颠群岛的国家记忆。若我们仅狭隘聚焦于弗朗西斯·沃尔辛厄姆的角色，将不可避免地冒着以胜利者视角看待过去的风险。自维多利亚时代以来，天主教辩护者持续诉诸各种请求或反击，希望创造自身在伊丽莎白一朝的历史传统。1850 年，天主教会圣统制度恢复，迫切需要为英国天主教群体重塑一个受人景仰的身份。在此氛围下，一个足以媲美新教创建的新历史出现了：一个攸关天主教英雄与殉道者的悲壮传说，使人们联想起罗马帝国对最早一批基督徒的迫害。梵蒂冈委托历史学者研究伊丽莎白一世的统治，并据此在 1886 年向英格兰宗教改革期间被处决的众多教士和救济他们的一些信徒授予宣福礼。该行动一直持续到现代。1970 年，数名 16 世纪的殉教者，包括卡思伯特·梅恩在内，被追封为圣徒。一生鞠躬尽瘁的沃尔辛厄姆从未拥有公共纪念馆，而梅恩则被赋予以其命名的一座教堂和数所学校。每年 11 月 30 日，他都在朗塞斯顿的朝圣之行中被追思缅怀。[3]

尽管其中的参与者早已逝去，但英格兰天主教传教团的戏剧性事件仍颇具现实意义，16 世纪鲜有其他事件能与之相提并论。评论仍然在忏悔路线上两极分化。曾挑战英格兰国教会的天主教士和耶稣会教士，在不同程度上被塑造成叛徒或殉教烈士。沃尔辛厄姆也因此被赞为伊丽莎白女王的救星，或被贬抑为残暴的都铎特务头子。然而，政治的现实鲜少如此简单。效忠可能隐藏，忠诚可能转向，真正的皈依永远存在可能性。我们无法假设参与英格兰传教团的每个人均依循崇高的原则行事：秉持强烈的信仰，或具备坚如磐石的政治意识。正如我们将看到的，一些间谍，以及一些神职人员，踏入这个镜厅，要么为了自身利益，要么出于玩弄双面游戏的纯粹兴奋快感。

当我们判断沃尔辛厄姆个人、他身为政治家的谋略成效以及他的政治道德时，均取决于一个问题：英格兰天主教徒是否密谋颠覆伊丽莎白的政权，企图弑君？沃尔辛厄姆声称曾多次挫败意图谋害伊丽莎白女王的阴谋。最著名者，莫过于由颇具声望的士绅家族思罗克莫家族与巴宾顿家族领导的反叛，其意图将苏格兰玛丽从囚禁中解救出来。倘若沃尔辛厄姆松懈一丝警觉，倘若他的情报部门未能如此干练或敏锐反应，英格兰极可能如同近邻法国一般陷入瘫痪的宗教内战。他抨击伊丽莎白的天主教臣民，认为他们即使不忠于她的国教会，也应当忠于女王本人。教宗可能密谋摧毁她，杜埃和兰斯的神学院教士执行着一项精神性颠覆使命；其他解释则散发了新教宣传的气息。现代耶稣会教士对沃尔辛厄姆最引人注目的指控是，他以马基雅维利式的谋划，捏造了巴宾顿阴谋，企图从英格兰地图上彻底清除天主教的痕迹。[4]

  对沃尔辛厄姆与他同时代的新教徒而言，巴黎大屠杀是一个启示性的时刻，使在玛丽一世统治烈火中形塑的新教世界观再度韧炼。至16世纪70年代后期，对真正宗教的战斗已从欧洲蔓延至英格兰。从杜埃和兰斯渡海而来的天主教传教团鞭策着沃尔辛厄姆蜕变成一个全新的陌生角色，从专司政务的大使和行政官僚，变身为周旋于尔虞我诈的政治家和特务头子。17世纪的传记作家罗伯特·农顿爵士（Sir Robert Naunton）在总结沃尔辛厄姆的成就时，将其比拟为伊丽莎白时代的国家"机械"（engine）。对于农顿的读者而言，"机械"一词具有双重含义：战争机器，以及酷刑刑具。[5]

  英格兰天主教的激进化赋予了沃尔辛厄姆提升权力和地位的良机。在伊丽莎白时代，家世的重要性绝不亚于教育和能力，而在贵族环绕的宫廷里，沃尔辛厄姆充其量只是一介平民。尽管他高居伊丽莎白政权的核心，但根据当时人的定义，他几乎不能称得上是一位廷臣。沃尔辛厄姆身处一个痴迷于文艺复兴之美的宫廷，却永远身着一身黑衣，也无暇欣赏君主制的浮华壮丽，甚至不时用他那种悲怆的清教主义激怒女王。但女王深知他的绝对忠诚，故继续信任他的判断。1577年8月，托马斯·史密斯爵士逝世，沃尔辛厄姆继任为首席国务大臣，他安排了一整天的狩猎聊以自娱，庆祝晋升。12月，他受封爵士，得以与一众士绅平起平坐。来年，他进一步兼任嘉德骑士事务大臣，此为英格兰最尊荣的骑士勋章，在爱德华六世时期以新教形式重新调整。[6]

  根据伊丽莎白时期的英文，"秘书"（secretary）一词意味着"守密者"。而沃尔辛厄姆作为首席国务大臣负有拱卫女王安全的特殊责任。原则上，政府对天主教问题的处置属集体责任，但沃尔辛厄姆的枢密院同僚很快将此议题委托给他单独处理。在卡思伯特·梅恩落网后数日，伦敦主教抱怨道："教宗党人数惊人地增加，且顽固地从教会和上帝的服务中退离。"天主教徒正转型成拒绝国教者，拒绝与各自所在的教区教会产生任何关系，而这一点正是梅恩持续灌输给他的康沃尔羊群们的理念。[7]

正如伦敦主教所发现的那样，这是英格兰天主教文化中的一场宁静革命。1559 年议会重建的国教会推进相符的彻底改革。仿照爱德华六世变革，礼拜仪式语言从拉丁文改译成英文。弥撒变成象征性圣餐，教义也开始隐约加入加尔文主义语言。神职人员必须宣誓相信预定论，即"在世界的基础建立之前"，上帝已拣选了将被救赎之人。但伊丽莎白的新宗教体制让许多民众深感困惑，甚至产生被剥夺感，尤其在王国偏远地区。50 岁以上的人，应该依稀记得亨利八世脱离罗马教会前充满锦缎祭袍和游行横幅的丰饶宗教世界。年轻一代则见证了玛丽一世重建的天主教体制，当时原本空荡荡的壁龛重新填满了图像，基督圣体节与祈祷节的盛大庆典重新流行，连圣物也重出江湖。天主教作家尼古拉斯·罗斯卡洛克（Nicholas Roscarrock）回顾他在玛丽女王统治下的童年时光时，还记得曾见证圣皮兰的棺椁在康沃尔郡乡间游行。[8]

尽管传统主义者对于 1559 年后以伊丽莎白女王之名强行拆除祭坛的行动颇感痛惜，但大多数人在早期就与该政权妥协。教区记录和主教的访视证实，中世纪或玛丽一世时期的教堂结构经常逃脱伊丽莎白时期反对圣像崇拜者的最初一波攻击。幸存的祭坛和圣水钵维持着对往昔旧教仪式的念想。许多教堂仍保留圣坛屏风，用以区隔牧师的祭坛区和教堂中殿的信徒，甚至保存了原本的基督和圣徒雕刻肖像。神职人员，即使秉持明显非新教观点者，依然可以在伊丽莎白时期的

133

教会中任职。在大学训练出足够的新教神职人员之前，英格兰教会不得不仰赖这批在宗教改革之前或玛丽一世统治时期任命的神父。1520年，当亨利八世仍笃信天主教时，一位神父来到达特穆尔一处牧羊社区莫巴斯村。50 年后，他仍留驻此地，通过酿售啤酒以筹措教堂资金。[9]

天主教顺从主义的另一层解释可从英格兰教区找到。圣餐庆典强化了社区团体，根据《公祷书》所提供的神圣服务，总是聊胜于无。抵抗国教者将面临被驱逐出教会的风险，这种绝罚在一个恐惧被教会及邻居隔绝的集体社会中，无疑是令人不寒而栗的制裁。被逐出教会者将严禁参加教会提供的基本人生仪式：婚礼，洗礼，甚至包含在教堂墓地的葬礼。1584 年 12 月，利兹天主教徒理查德·伦拜（Richard Lumbye）的家人试图将他埋葬在教堂墓地，却在教堂的停柩门前遭到助理牧师和教区执事的阻挡，后者指称伦拜在生前选择疏离邻居，故没有权利在死后同葬于此。时间和教区团契成为英格兰国教的强大盟友。[10]

第三项因素取决于女王本人。伊丽莎白自身的信仰是一种奇特的混合体，结合了路德教派的思想以及对传统旧教体制和仪式性庄严的尊重。她不愿授予阿朗松公爵举行天主教弥撒仪式的自由，这一行径与她固执地在王室礼拜堂祭坛上摆放耶稣受难像十字架和蜡烛的举动，无疑形成强烈反差。伊丽莎白的床头柜上也始终摆放着一本拉丁文祈祷书，这是她亲自抄写赠予父亲的礼物，且她对威廉·伯德（William Byrd）的恩惠赞助也确保了英格兰宗教音乐的存续。教宗庇护四世甚至提议，若伊丽莎白承认教廷在英格兰的权限，与之交换，他将认可她的宗教政策。16 世纪 60 年代避难鲁汶的第一代天主教知识分子从不认为他们自身的神学立场与对女王的忠诚之间存在任何协调共存的困难。托马斯·多尔曼（Thomas Dorman）肯定伊丽莎白女

王为"世上所有公民和政治政府的上帝形象";托马斯·斯特普尔顿
(Thomas Stapleton) 则声明,天主教徒除了顺服上帝的良心之外,始
终是她"最忠诚和顺从的臣民"。直到 16 世纪 80 年代早期,天主教
的政治思想始终由不抵抗理论主导。[11]

　　倘若英格兰政府的政策已趋向于压制天主教徒,早期宗教改革的
兴衰史仍留予天主教徒一线希望。时间,以及上帝的旨意,可能再次
重振他们的命运。因此,部分天主教徒选择遁入教堂,聆听英文的
短祷文与圣诗,并为女王的平安祝祷。一个新的英文词汇就此形成:
"教会天主教徒"(Church papist),意指参加英格兰国教会仪式的天主
教徒,尽管此举有违自身的传统信仰。但在礼拜仪式中,最勇敢的教
会天主教徒或选择阅读自己的宗教书籍,或在冒犯性布道时捂住自己
的耳朵,借以宣扬对新教体制的蔑视。不识字的女性则使用被严禁的
玫瑰念珠祈祷。不过,大多数天主教徒倾向于不引起公众注意。他们
借由声称不对邻居施舍,巧妙规避每年两次或三次的圣餐要求。在家
里,他们仍遵循旧天主教周期,即每逢周五、斋戒日及四旬期进行安
静的禁食仪式,这一方式从而也保存了宗教改革前的旧历记忆。[12]

　　究竟是什么扰乱了这种互有默契的平衡,迫使沃尔辛厄姆以及伊
丽莎白女王主持下的国家权力将英格兰天主教徒重新定义为叛徒,将
他们的教士视同罪犯,穷追猛打?伊丽莎白女王登基 10 年后,一种
锥心刺骨的生存焦虑开始折磨天主教群体,警觉到除非他们采取更积
极的行动,否则天主教信仰可能将不复存在。往昔高悬着昂贵天主教
织品的教区,如今正在处置因过时而被废弃的圣餐杯和祭袍。1569
年北方伯爵的天主教叛乱失败,让莫巴斯教区执事笃信,座堂助理牧

师在古老拉丁礼拜仪式中所穿的丝质短祭袍已然成为累赘。出于经济考虑，这些衣物被回收重制，成为铺设在取代旧日祭坛之木制圣餐台上的桌布。如同其他教区作出的众多类似决定那样，这是对永不再吟诵天主教弥撒的缄默确认。[13]

在伊丽莎白统治早期，诸多秘密天主教集会幸存了下来，由因对抗 1559 年确立之新国教体制而辞职的教士主持。然而，至 16 世纪 70 年代中期，随着宗教改革前一世代的人渐趋凋零，服务该类秘密集会的解职神职人员越来越少。随着拉丁文识字祈祷书和一年一度的圣徒戏剧被剥夺，英格兰人也开始淡忘昔日的天主教祈祷式和圣歌游行。与此同时，教区生活也逐渐适应英格兰教会改革后的节奏。季节的更替不再根据圣徒日和宗教戏剧，改为依据《公祷书》的短祷文作为区分。自 16 世纪 60 年代后期起，女王登基日的鸣钟和篝火庆典取代了中世纪的圣烛节与基督圣体节。枢密院对改革成效颇具信心，故在 1574 年从马歇尔西监狱释放了一批重要的天主教囚犯，包含威斯敏斯特大教堂的最后一任修道院院长约翰·费克纳姆。此时空气中正弥漫着一股崭新的英格兰爱国主义氛围。"我们的英格兰"，温切斯特主教罗伯特·霍恩（Robert Horne）呼喊着，"正在扬帆启航，并受吉风照拂"。[14]

无论在英格兰国教会的墙内，还是墙外，天主教文化都面临失血的严峻形势。流亡的兰开夏士绅与牛津学者威廉·艾伦（William Allen）及时提供了止血带。沃尔辛厄姆与艾伦身处相同的时代，两人的性格皆由 16 世纪中期的政治与宗教剧变锻造而成，但选择走上了截然不同的道路，艾伦注定要成为枢机主教以及英格兰天主教群体的精神领袖。1568 年，艾伦在尼德兰的杜埃建立学院，教育来自英格兰大学的天主教流亡者。最初，他满足于等待机会，盼望上帝选择打击伊丽莎白异端政权的那一刻降临，而他将为英格兰部署新的教会领导层。但是，当北方伯爵起事与 1571 年里多尔菲谋反皆未能如愿恢复英格兰的天主教政权时，艾伦开始从这些失败中悟出不同门道。对于当前正涌向杜埃的英格兰学生，上帝必有其特殊用意。回顾早期基督教会的迫害，艾伦试图从这些"使徒时代的旧榜样"中寻找新的传教士模式：传教士应积极入世，活跃在私人住宅而非教区教堂，在教众之间穿梭流动。

137

艾伦训练出的传教士团体汲取了反宗教改革的强烈虔诚精神。个人纪律最为重要，故他们遵循耶稣会创始的精神锻炼。当研习《圣经》时，采用新的英译版，而非拉丁文通俗译本；从这个意义上来说，显然他们已从新教敌方那汲取教训。1574 年，也就是艾伦创立神学院 6 年后，最初训练完成的 3 位教士启程赴英格兰传教。1576 年，再次派遣 16 位神父，当时杜埃神学院拥有 236 名学生，其中许多人刚从牛津大学和剑桥大学毕业，是英格兰国教会不可流失的热血毕业生。

1577 年对卡思伯特·梅恩开膛破肚的酷刑，并未吓阻天主教圣职候选人持续涌入英格兰。来年，英格兰学院被迫搬离杜埃，移至兰斯继续蓬勃发展。1579 年，罗马的英格兰收容所改建为第二座神学院，位于西班牙的学院也随之建立。至 1580 年，即英格兰耶稣会教士埃德蒙·坎皮恩（Edmund Campion）和罗伯特·帕森斯（Robert Persons）加入传教团的同一年，艾伦已派遣 100 名教士进入英格兰。到伊丽莎白统治结束时，派遣总人数达到 471 人；与宗教改革前英格兰高达 5 万名神父的惊人数量相比，这批人数虽少，但对伊丽莎白时代国教会建制坚决要求的信仰垄断，足以形成严重挑衅。[15]

年轻时的弗朗西斯·沃尔辛厄姆选择流亡巴塞尔和帕多瓦，而非与玛丽一世的天主教政权妥协。这种性格奠基于他的剑桥求学经历，再加上爱德华六世统治时期大学之间涌动的福音能量共同形塑而

138　　成。后一代流亡杜埃的天主教学生和导师也同样如此。在伊丽莎白女
王登基之际，英格兰大学的方庭和公共休息室依然弥漫着一股精神性
的亢奋；只是此时换成天主教阵营。玛丽一世成立牛津大学的三一学
院和圣约翰学院，并且重建了剑桥大学的凯斯学院。在枢机主教雷金
纳德·波尔的指导下，大学遂成为英格兰天主教复兴的温床。尽管波
尔的任期短暂，但牛津人努力破坏伊丽莎白时期教堂的所作所为证明
了他不可磨灭的影响力。玛丽一世时期的牛津大学孵育了将近 30 名
于 1559 年之后被授予神职的神学院神父，以及至少 7 位耶稣会教士。
直到伊丽莎白一世时期，天主教在牛津的影响力依旧强劲。在伊丽莎
白统治初期，卡思伯特·梅恩、埃德蒙·坎皮恩和格雷戈里·马丁
（Gregory Martin，翻译了杜埃神职候选人研读的《新约圣经》）皆在
圣约翰学院求学。以天主教人文主义闻名的牛津大学新学院在 16 世
纪 60 年代流失大量学者；多达 38 名研究员被伊丽莎白女王免职，或
选择逃离牛津。他们在尼德兰找到庇护所，先是在鲁汶大学，后奔赴
杜埃神学院。[16]

　　对沃尔辛厄姆而言，这批流亡教士的神学理论令人反感，且政治
理念具有危险的颠覆性。但不可否认，这位首席国务大臣和神学院教
士之间的共同点，比他们任何一方会承认的还要更多。两者理念都由
大学教育和宗教（信仰）流亡的共同经验所塑造；两者亦是通过宗教
意识形态的视角理解过去和当前。换言之，在某种程度上，他们实处
于同一个精神世界。

　　如果说英格兰天主教在 16 世纪 70 年代初期如风中残烛，那么来
自杜埃的传教团无疑带来了莫大鼓舞。传教团教士乔装潜行，使用化

名，更换服装和马匹，设法摆脱间谍的追踪猎捕。当他们渗入王国各 139
角落传道和主持圣礼时，天主教的抵抗国教者开始取得进展。前往
英格兰的神学院教士迥异于 17 世纪前往日本的耶稣会传教士，也与
在 19 世纪维多利亚时期将《圣经》引入非洲的浸信会不同。英格兰
并非信仰的处女地；它已了解基督教义，且拒绝了真正的使徒信仰。
威廉·艾伦区分了可重新皈依的"天主教徒"和无法劝返的"异端"。
自 1580 年抵达英格兰的耶稣会教士也有类似指示。他们回避新教群
体，向皈依者秘密传教，阻止任何信念不坚者参与他们的教区教会。
最关键的是，他们将精力投注在动摇士绅阶层上。

对伊丽莎白政权而言，耶稣会对天主教徒和异端之间的区分并无
太大意义；政府已将杜埃神学院传教团的入侵视同对国教会和国家的
全面性攻击。随着传教团稳步发展并重振英格兰国内的天主教群体，
也进一步促使政府推行更严密的监控和更血腥的迫害。1577 年 6 月，
当卡思伯特·梅恩被捕与拒绝国教者人数增加的报告呈送枢密院时，
沃尔辛厄姆迅速作出反应。在一次枢密院会议上，列席的枢密大臣和
主教商讨如何将那些在宗教上"落后"和"腐败"的人重新引导回英
格兰教会。获取最新情报成为当务之急。主教们奉命调查拒绝参与教
区教堂活动的民众，更令人不安的是，还要清查这群人的地产与财物
价值。修道院院长约翰·费克纳姆与其他天主教领袖再次被捕。对年
轻人的教育问题被认定为重中之重。学校将清除任何可疑的教师，这
导致德比郡的尼古拉斯·加尔利克（Nicholas Garlick）在加入神职之
前，急忙将 3 个儿子送至杜埃神学院。[17]

1577 年 10 月起，针对拒绝国教者的普查行动开始推进。每个主 140
教辖区仓促编制了拒绝参加教会者的名单，总计 1562 人。16 世纪 70
年代的英格兰人口约为 350 万人，相较之下，拒绝国教者的数量看似
微不足道。近代福音派教会定期在每周日对这样规模的教众进行审

查。但统计数据的确存在一个令人担忧的趋势：在 1577 年被归类为拒绝国教者的人中，整整三分之一是士绅。亨利七世时期封建权贵的衰微，以及亨利八世时期解散修道院，均抬举士绅的庄园宅邸成为英格兰乡村的主导机构。士绅绝非单独或孤立存在的个体，他身为家宅的主人，支配着辖下门客和佃户的行为。正如卡思伯特·梅恩的案例所证实，一位天主教乡绅足以策动诸多事宜，从而确保这个古老的宗教得以在他的"辖区"中幸存下来。英格兰政府也担忧拒绝国教行为中影射的社会失序危机。一位士绅理所应当现身他的教区教堂，被公众目睹参与仪式，因为这是等级制度和良好秩序的显著典范。然而，通过疏离行径，他漠视或藐视身为一位臣民对都铎共同体的责任。简而言之，拒绝国教是对煽动叛乱的一种鼓励。[18]

　　1577 年 7 月，枢密院会议制定一项策略，试图引导天主教徒重新顺服英格兰教会。最初，他们被鼓励重新加入所属教区教堂的团契。若沟通谈判失败，建议处以递增的惩罚性刑责：罚款，宣誓效忠，最终锒铛入狱。由于待关押的天主教徒人数远远超过监狱的容纳量，沃尔辛厄姆和伯利甚至突发奇想，欲利用城堡隔离"地位较高的拒绝国教者"。政府天真地认为，只要剥夺了天主教地区的社会领袖，"卑鄙"的信仰就将自行萎缩。然而，这项计划窒碍难行，主要是因为王室必须仰仗士绅来维持有效的地方施政。一旦天主教士绅被剔除出地方体系，惩罚犯罪、确保贫者能获得廉价面包以及维护沿海炮台等诸如此类的基层服务将大受影响。

　　基于都铎的社会阶层制度，杜埃神学院的传教士同样关注这一地位优越群体也就不足为奇。威廉·艾伦视他的教士为当今使徒，挨家挨户宣扬福音；实际上，这也意味着教士必须要在贵族的屋檐下寻求庇护。一个宏伟的天主教家庭，以及它日常的忏悔与弥撒惯例，足以让神学院学生维持昔日在牛津和杜埃养成的精神生活。即使当地显赫世家已堕入异端也无关紧要，他们只需跺下脚上的尘土已示见证，便可继续前行。至关重要的是，当新教异端在英格兰土崩瓦解的那一日来临时，天主教徒必须准备妥当，以治安法官、郡尉与议会议员等地方领袖的身份来响应号召。无论如何，正如艾伦所观察的那样，诸多英格兰天主教传教士出身名门。他们的教育、谈吐举止，甚至使用的语言，都有利于他们游刃有余地周旋于士绅之间而不被察觉。

　　存在乡宅天主教的情况多集中于英格兰南部。沃尔辛厄姆下令多佛港和莱伊港监控抵达英格兰的神学院教士，但发送给地方政府的人物描述却往往含糊不清，甚至不大准确。大部分逃脱的传教士选择就地成为南部各郡士绅的家庭教士。1580 年，在英格兰展开传教任务 6 年后，多达半数的传教士聚集在伦敦、泰晤士河谷和埃塞克斯。同一年，耶稣会教士罗伯特·帕森斯抵达多佛港，震惊地发现威尔士和英格兰北方偏远地区竟未有传教士进入服务，而这些地区仍残留对天主教的同情，因此积极的讲道和福音传道可能会在此打开崭新的局面。帕森斯可能夸大其词，或者他并未看到事情的全貌。1585 年，一名特务禀告沃尔辛厄姆，传教士正利用从法国驶往英格兰北部纽卡斯尔的运煤船进行偷渡。但在很多地方，秘密天主教集会于 16 世纪 60 年代播下的信仰之种，正被政府公权力的荆棘缠绕，惨遭扼杀。[19]

　　即使不幸早夭，天主教传教团仍在英格兰社会景观中烙下了永恒的标记。在往后 3 个世纪里，英格兰的天主教文化将保持着贵族性与封闭内向的特质，力图隐身于乡间别墅，而非教区教堂，竭力呵护自身存续的火种。直到 19 世纪维多利亚时期与爱尔兰劳工阶层大规模移民的到来，才迎来根本性改变。然而，伊夫林·沃（Evelyn Waugh）在小说中哀悼与颂扬的天主教，依旧是属于拒绝国教之士绅阶层的天主教。在皈依罗马天主教后，沃撰写了一本伊丽莎白时代耶稣会教士埃德蒙·坎皮恩的传记，作为他虔诚信仰的代表作。在

142

《官员与绅士》(*Officers and Gentlemen*) 一书中，慈祥的克鲁奇贝克 (Crouchback) 老先生被征召到一所战时学校任教，他总会陷入漫长的回忆，追忆起都铎王朝迫害天主教徒时期，真福者杰维斯·克鲁奇贝克为天主教信仰而殉教的事迹。

在沃尔辛厄姆时代的英格兰，天主教徒如何体验他们的宗教？尽管英格兰国教体系日趋稳固，传统主义者在初期仍得以为这一新宗教装扮上旧宗教的外衣。但都铎政权如此强势，王室和主教施加的压力何其冷酷无情，圣坛一个接着一个被击碎，圣像被亵渎，圣井被塞满各种垃圾与秽物。1567 年，这场宗教改革对文斯利代尔地区的艾斯加斯村带来了意料之中的苦果。该村庄在解散修道院运动后，为耶尔瓦克斯修道院的圣坛屏风提供了一个安身之所。但在一次公开羞辱的仪式中，教区居民被控以藏匿"偶像"和"旧教书籍"，被迫焚烧这些所藏之物，更赤足站立在白色床单中。[20]

面对信仰空间被剥夺，天主教的信仰实践被迫超越了传统意义上的神圣性处所。传教士藏匿在安全屋、谷仓和农家庭院中欢庆弥撒。在西南部地区，十字路口的灌木树篱上覆盖着床单，隐讳地指引聚会时间和地点。这一时期的乡村宅邸通常附设小礼拜堂，但政府无所不在的监控目光使这些显眼场所无法供天主教徒使用。更隐蔽的阁楼和上方夹层房间反而成为上选。对于缅怀昔日华丽仪式的老一辈人而言，拒绝国教者的礼拜仪式想必是一种黯淡无光的模仿。相较于亨利八世时期的弥撒丝绸十字褡和银质镀金圣杯，此时的祭袍和圣器只能勉强维持非常基本的样式。圣歌亦是宗教改革前英格兰教会的一个显著特征，如今只能由教众自己吟咏了。在 16 世纪 90 年代，威廉·伯德创作了三声部、四声部及五声部的弥撒曲，以满足秘密集会的个别需求。他的赞助人诺福克郡的帕斯顿家族虽能安全地在家宅花园周边公开游行吟唱圣歌，但极少有其他家族能如此胆大妄为。基督教初创之时，信徒聚集在私人住宅进行秘密礼拜，这段历史大大鼓舞了都铎后期备受压抑的天主教徒。[21]

在英格兰的传教任务是一场严峻的消耗战。1586 年前抵达英格兰的 300 多名神学院教士中，33 人被处决，50 人锒铛入狱，另外 60 人则遭到逮捕或被流放。这是一个绝不可持续的耗损率。在都铎治下的英格兰，任何欠缺合理缘由的旅行皆被质疑，且各教区严密监控着流民和吉普赛人。天主教士需要良好的伪装和充分的不在场证明，以避免被乡镇警察和治安法官逮捕。乡间私宅附属的礼拜堂神父职务提供了另一种可能的庇护，但天主教家庭也越来越容易被政府当局突袭查抄，自身难保。沃尔辛厄姆的随从或"教士猎人"可以翻箱倒柜地搜索房产长达数小时，甚至数天之久，并不惜恫吓仆人、妇女和儿童，以期破获各种隐匿的秘密。

144

天主教家庭开始被迫学习如何打造更隐秘的藏身之处，以保证在被突击搜捕时，传教士可以及时携带圣杯和祭袍在此躲藏。我们所知的第一个教士洞（priest hole）在 1574 年建于约克；同年，英格兰天主教传教团也展开行动。早期的教士洞通常很粗糙。郡守只需探查屋檐和阁楼，或在衣柜和厕所下方搜索死角，就能逼迫教士出洞现身。有时，他们会携带测量杖，用以探明墙壁和壁炉后方隐藏的凹洞。此外，他们也会摇动铃音以引发回声，力求探查出任何空洞。

至 16 世纪 80 年代后期，隐秘的藏身之处已愈加精密，这需归功于尼古拉斯·欧文（Nicholas Owen），一位被朋友昵称为"小约翰"（Little John）的牛津木匠。他的两位兄弟被任命为天主教士，第三位兄弟则成为大学出版社的学徒，后在伦敦的克林克监狱成立了一家秘密出版社。尼古拉斯极具工匠天赋，能够将自己的工艺作品以三维立体的形式呈现。他接受上级耶稣会教士亨利·加尼特（Henry Garnet）的招募，成为一位隐蔽建筑的能手。他熟悉透视图法，擅长设想搜索队审视建筑线条的方式。他善用层次变化，选择在山墙和塔楼的交会处建造从外观上几乎无法察觉的教士洞。耶稣会教士约翰·杰勒德（John Gerard）称，尼古拉斯·欧文设计了"英格兰各郡所有主要天主教家庭"的藏身所。躲匿者可通过活板门或是可滴入汤汁的空心羽毛管来获取饮食。欧文的藏身洞作品之一在诺福克郡的奥克斯伯格大厅中保存下来，这处可通过旋转地板进入，并配备喂食通道。1606年，欧文本人在伍斯特郡辛德利普一个藏匿点中躲避了长达 4 天的搜捕，最终因食物断绝而被迫现身。在同一栋房屋里，还发现了 10 个"秘密角落和运输工具"。正如杰勒德所指出的，欧文比英格兰其他人更能用来突破并瓦解天主教事业，但他选择在伦敦塔受尽折磨而死，未曾吐露只字片语。如此壮烈殉身的他在 1970 年被追封为殉教烈士。[22]

145

　　然而，多数天主教徒很少或根本没有机会参加弥撒。天主教士集聚英格兰南部，导致这个王国大部分地区的信众难以获得精神抚慰。我们也无法假设隐匿于显贵宅邸的天主教仪式总是欢迎周边乡村来共同参与。易遭背叛的风险性，意味着圣礼通常仅限于直系亲属参加。在正式宗教服务只能偶尔为之或无法存在的区域，天主教选择撤退到家庭炉边：在家中阅读信仰手册，或在婴儿摇篮旁朗诵祈祷文。当伊丽莎白政府明令禁止圣烛节盛宴将锥形细蜡烛神圣化时，威尔士北部的天主教徒遂将这一仪式转移到自己家中，于每年 2 月 2 日在家宅窗户上放置蜡烛。妇女尤其积极支持这种壁炉天主教的形式。丈夫借参加教区教堂以规避政府惩处，而妻子则留守在自己的家庭领域内照看旧信仰的余烬，对于这类信仰分工行为，国家通常默许，甚至颇感满意。[23]

　　在沃尔辛厄姆所处的英格兰，教会天主教、乡宅天主教以及女性和壁炉性信仰，无疑是传统宗教的三种体验方式，且每一种都具有个人性与隐秘性。然而，在监狱和绞刑架上，天主教寻觅到一个更公开的舞台。在伊丽莎白统治时期进入英格兰的传教士中，超过半数在被驱逐出境或处决之前均在监狱中度过了一段时间。天主教士在此时的牢狱生活中，可能会遭受一系列异乎寻常的残忍暴行，也可能有相对自由的活动空间。残害身心的酷刑司空见惯，但黑死病和监狱热病才是挥之不去的梦魇。

　　对于有钱或有关系的人而言，很容易安排亲友探监，甚至连仆人和支持者都被允许进出，监管是如此松懈，以至于天主教弥撒竟成为伊丽莎白时期监狱的普遍性特征。1583 年，沃尔辛厄姆从一份伦敦纽盖特监狱的报告中得知，弥撒竟得以在普通监狱公然举行，甚至可在典狱长家宅私下举办。3 年后，他的一名特务在纽盖特发现两位教士受到数名天主教贵族女性的关照。"阁下，如果您想阻止溪流，就请扼住春天吧：请相信我，英格兰监狱俨然成为教宗党人的舒适温床了。"约翰·杰勒德的自传描述了马歇尔西监狱中的天主教士如何走私书籍和宗教仪式器具。监狱当局在一次搜查中，竟发现了一整车的天主教相关仪式设备。随后，杰勒德被囚禁在伦敦河滨的克林克监狱，却发现自己仍可自由执行"耶稣会教士的所有任务"，这需归功于协助伪造牢房钥匙的天主教狱友。各郡县的情况也同样令人匪夷所思。1582 年，勇敢的神学院教士托马斯·贝尔（Thomas Bell）闯入约克城堡，在座堂助理牧师和音乐的陪伴下，举行了一场咏唱式大弥撒；但出乎意料的是，贝尔之后皈依成为新教辩护者。1586 年 10 月，约翰·霍西爵士（Sir John Horsey）和乔治·特伦查德（George Trenchard）向沃尔辛厄姆抱怨多切斯特监狱的安全状况颇令人沮丧。

监狱系统由"没有信誉的人"以营利为目的进行管理，结果"所有的正义皆被颠覆，教宗党人安居乐业，肆无忌惮地举行秘密宗教集会，任意实践我们所能做的一切"。[24]

监禁并非天主教士的任务终点；自相矛盾的是，它反而缔造了传播福音的真正机会。忏悔被聆听了，圣坛上的圣餐被分派了，甚至得以在狱中举行隆重的婚礼，且不需要担心会被发现或罪及提供庇护的家庭。教士若向共囚一室的重罪犯传教，通常可取得惊人的成功。监禁不仅提升了教士任务的达成率，还同时意味着对其天主教身份的肯定，这双重优点或许可以解释为何鲜有教士试图越狱。也有少数教士会寻求殉道式悲壮死亡，并美化他们的被捕与囚禁过程，但这类行为遭到杜埃和罗马的反对。更普遍的是，天主教士在监禁中享有弹性的活动空间，即使狱外生活似乎也不具备如此的精神性成效。正如英格兰传教团以使徒旅途为蓝本，教士囚徒也通过阅读《圣经》中关于圣彼得、圣保罗和施洗者约翰的监禁情节，从而找到一丝慰藉。

英格兰天主教传教团在监狱中公开声明已在绞刑架上寻觅到自身的完美典范。至1592年前，已有多达96名天主教士和36名平信徒被公开处决。其中多人在伦敦大理石拱门附近的泰伯尔尼刑场赴死，如今，他们被一个圣本笃会修女机构尊称为殉教烈士。其他人则分散至远离伦敦的各郡公开处死，以儆效尤。例如，1588年，大败西班牙无敌舰队之年，14名教士被押解离开伦敦进行处决。在此两年前，一位肉贩之妻玛格丽特·克利瑟罗（Margaret Clitherow）在约克肉铺街为流亡教士经营一处安全屋，因拒绝作证，被押解至乌斯河一座征收通行费的桥上，公然碾压致死。2008年，人们在此遗址处竖起一座纪念碑。

这一时期的公开处决通常伴随着狂欢的氛围，尤其当著名的罪犯垂死挣扎之际。但民众围观教士死亡的反应通常五味杂陈，即使在新

教气息浓厚的伦敦也是如此。或许，我们可以利用当时伦敦南岸迅速
涌现的剧场语言来想象死刑。这个恐怖剧场的参与者，包含观众、刽
子手以及牺牲者本人，均扮演着符合当时期望的角色。政府当局希望
公开行刑可成为惩戒性示范，提供可视性证据以证实天主教和叛国罪
实为一体两面。受刑的教士借由为伊丽莎白女王祈祷来否定这种同等
性的比拟联想，并力求在精神平静的状态下死去，以实践勃兴的天主
教殉教史。即使身处刑台，教士们也始终铭记基督在十字架上的举
止，并为共同处决的罪犯提供了赦免与救赎仪式。

　　对美好死亡的追求可能会创造出如同伊丽莎白时代刑台上那
般令人毛骨悚然的场景。1581 年 12 月，当拉尔夫·舍温（Ralph
Sherwin）在泰伯尔尼刑场被绞死、拖行并分尸之前，他先是为女王
虔诚祈祷，然后亲吻了刽子手的手，那双手上还滴淌着埃德蒙·坎皮
恩的鲜血。而约翰·纳尔逊（John Nelson）在被肢解的过程中，仍有
意识地持续为伊丽莎白女王祝祷着。监刑的政府当局开始惊恐地注意
到，围观群众似乎对受刑教士这种诡异的从容赴死产生深刻印象。沃
尔辛厄姆本人也对这种展示性处决持怀疑立场，但这绝非出于同情
[他对以少数人的死亡"作为（惩戒）的范例"感到甚是满意]，而是
因为意识到迫害成就殉道者的政治事实。他在 1586 年写道，被处决
之天主教士和耶稣会教士的"坚决或固执"，"使人们的同情油然而
生，极富吸引力，甚至影响了一些人的宗教信仰，因为他们笃信这种
对死亡的非凡蔑视唯有来自上帝"。教士在刑台上表现出的坚忍，足
以让人们怀疑上帝是否站在天主教一方。

　　对于部分天主教士而言，即使他们死去，使命仍永不间断。被国
家屠戮的尸体被寻回，或安葬，或成为遗物。阿伦德尔家族从康沃尔
郡韦德布里奇的一根长矛上取下了卡思伯特·梅恩的头骨，安葬在
隐身于朗赫尔内地区阿伦德尔家族旧宅内的女修道院里。教士罗伯

特·萨顿（Robert Sutton）在斯塔福德被处决一年后，当地天主教徒从遗体上取下一只手臂作为遗物供奉。他们惊讶地发现，用于弥撒祝福的食指和拇指竟未腐坏，从而以此宣称萨顿的圣洁。在刑场上，群众经常争先恐后地将手帕浸入死亡教士的鲜血中，这与新教叛乱者托马斯·怀亚特因反叛玛丽一世而被绞死时围观群众的行径如出一辙。当查理一世在 1649 年被处决时，相同的群众行为将再次重现。[25]

　　在伊丽莎白时期绞刑台上见证的论点交锋——政府声称依叛国罪处决天主教徒，而受刑者辩称他们的受难牺牲只因宗教信仰——也在另一场激烈的文宣战中重复上演。1583 年，伯利勋爵紧急撰写并出版一份名为《正义的执行》(*The Execution of Justice in England*) 的小册，直言不讳地为伊丽莎白政权的天主教政策进行辩护。伊丽莎白女王未曾考验那些在宗教信仰上与英格兰国教会背道而驰之人的良心。但是，既然教宗试图"将女王陛下从她的王国中铲除，撤除她的臣民对她的忠诚，更在她的王国内部煽动叛乱"，那么，援引叛国法来遏制便成为唯一的正当之举。伯利掌握传教团教士的阴谋策略、伪装和假名，足以证明他们是"在这个王国中效命于教宗的密探和侦查者"，意图在英格兰燃起"叛乱火焰"。[26]

　　《正义的执行》被翻译成法文、荷兰文和拉丁文，以最大范围地向欧陆传播。远在杜埃的威廉·艾伦随即出书反驳伯利的"诽谤"。这本《英格兰天主教徒之真实、真诚与谦虚的辩护》(*A True, Sincere and Modest Defence of English Catholics*) 断然否认艾伦的神学院教士所背负的叛国污名。英格兰天主教徒"纯粹因宗教问题"而遭受为此议题特别制定之法规的迫害。该书反驳了伯利主张伊丽莎白治下的国

家只是在执行古代叛国法的论点，指出卡思伯特·梅恩仅仅因拥有一 150
个圣羔羊蜡片，就在新立法下殉道牺牲了。但艾伦也是选择性陈述事
实。如果艾伦教育教士宣传天主教福音，甚至鼓吹以精神性愉悦面对
殉教牺牲，那么他只有一个目的：复兴玛丽一世时期的英格兰天主教
会。这一切希望，若没有罢黜伊丽莎白一世，几乎无法实现。艾伦将
大部分心力投入游说教宗、法国国王，尤其是西班牙菲利普二世，希
求他们可以提供全面入侵英格兰的军事援助。倘若这些计划中的任何
一项成功，他将获得达勒姆主教职位。[27]

　　历史学者往往不愿对过去进行道德性评论。关于竞争救赎途径的
正确性议题，最好交由神学家和哲学家辩论。但是，如果我们想要理
解英格兰传教团的使命，所需的就不只是简单地背诵法规和统计数
据。欲对弗朗西斯·沃尔辛厄姆与其特务们，以及艾伦枢机主教和他
的教士们，这两方的行为进行评判，有以下两个令人信服的理由。首
先，数百名伊丽莎白时期的民众死于这场冲突，或被囚禁在不见天日
的监狱，抑或在刑台上遭受折磨。而更多的人则丧失了财产、职位和
社会地位。其次，是关于这些事件的解释方式。这些年来，无论新教
还是天主教，皆创造了诸多故事和神话，对不列颠文化烙下深刻印
记。对英格兰传教团的多方记忆塑造了身份认同以及偏见，我们必须
判断它们是否有据可依。

　　伯利《正义的执行》的论点基础是 1570 年 4 月庇护五世颁
布之反对伊丽莎白女王的教宗诏书《在至高处统治》(Regnans in
Excelsis)。后者举证伊丽莎白女王的"不敬上帝和叠加罪行"，从而 151
免除英格兰臣民对伊丽莎白女王的效忠，更命令他们违逆她的法律，
而违者将处以除籍教会的绝罚。这足够清楚了：任何一位真正的天
主教徒都不可能接受伊丽莎白为女王。次年，英格兰议会作出回应，
宣布持有该教宗诏书或称伊丽莎白女王为异端者，皆处以严重叛国

罪。《在至高处统治》的影响有待商榷，尤其是因为它从未在英格兰广泛传播。多数英格兰天主教徒从未见过印刷本，但约翰·费尔顿（John Felton）成功将一册钉在伦敦主教的宫殿，而他随即以叛国罪被处死。绝大多数的天主教臣民对这份诏书深感不安，因为它猛烈攻击"假的英格兰女王、罪恶的仆人"。《在至高处统治》不但无法推进在英格兰的传教事业，反而成为传教团欲与爱国天主教徒和解的一大阻碍。[28]

曾经庇护卡思伯特·梅恩的康沃尔郡士绅约翰·阿伦德尔爵士的一生提醒我们，英格兰天主教徒的身份相比当时宣传所述，实际上更为弹性，也更易妥协。阿伦德尔家族已连续三代人成为都铎王朝的士兵和郡守，约翰爵士也不例外。他被伊丽莎白女王册封为骑士，并担任治安法官，于1574年为都铎王室调查康沃尔郡的海岸防御。但他始终拒绝承认英格兰君主对教会的至尊地位，并支持神学院教士约翰·科尼利厄斯（John Cornelius）与卡思伯特·梅恩。梅恩被处决后，阿伦德尔余生的大部分时间都在监狱或家宅软禁中度过。1581年，议会将拒绝参加国教会礼拜的罚金从每次缺席处以1先令罚款，大幅提高到每月处以20英镑罚款，这一巨额惩处意味着必须抵押和出售产业才能缴纳。在这种惩罚性的政权统治下，曾是英格兰西部最大家族之一的阿伦德尔家族逐渐消亡。但是，为何约翰爵士在他的生命尽头，还是宣示将他的忠诚优先献予君主伊丽莎白女王，而非罗马教宗？[29]

152   事实上，大多数英格兰天主教徒都热衷于为自己塑造一个独特的身份，即同时结合对旧信仰的忠诚和对女王的效忠。若没有来自杜埃和兰斯的传教团，英格兰官方对天主教的态度就不会如此强硬。但是，数百名神学院教士也未被放逐、监禁和处决等严刑峻法所吓阻，仍前仆后继地抵达英格兰，这无疑被视为破坏了国家的稳定。依伯利所言，天主教士被培育成"在他们耕地上植入叛乱的播种者"，被派遣至英格兰，维护教宗以"反基督和叛国罪名"罢黜英格兰女王的诏书。伯利是一位老练的宣传家，但他在《正义的执行》中所传达的恐惧，即英格兰正面临"迫在眉睫的恐怖骚乱"和"大规模基督徒的血腥灭绝"，也确真无误。正如沃尔辛厄姆亲眼所见，随着宗教战争席卷肆虐英吉利海峡的对岸，英格兰秩序的崩溃风险已近在咫尺。[30]

许多天主教徒挣扎着力求在教会和国家之间取得平衡，却面临另一种威胁，这种威胁同样来自他们自己的流亡同胞。16 世纪 80 年代初期，巴黎俨然成为以士绅阶层为主体之数百名英格兰天主教流亡者的避难所，他们拒绝与伊丽莎白的教会体制妥协。当时的巴黎是欧洲书籍贸易的重要枢纽之一，流亡至此的英格兰人积极与当地印刷商合作，动员反对伊丽莎白政权。1583 年，沃尔辛厄姆收到一系列关于法国首都近况的报告，深感不安。7 月，他从即将离任的英格兰驻法大使亨利·科巴姆爵士处听闻，巴黎的印刷厂正向英格兰市场供应非法的天主教文宣。11 月，新任大使爱德华·斯塔福德爵士（Sir Edward Stafford）传来信息，称伊丽莎白女王为阿朗松公爵撩起裙子的猥亵图像贴满了巴黎的大街小巷，强烈怀疑英格兰流亡者也涉入了这个可憎的宣传。与此同时，英格兰辩论家理查德·费斯特根（Richard Verstegan）绘制了一张法语宣传画，描绘了天主教徒在英格兰所遭受的折磨。这种伤风败俗的宣传对法国和英格兰的王室权威皆诱发了令人不安的影响；最终，斯塔福德成功说服当局逮捕了费斯特根。但 4 年后，当英格兰天主教殉教者在圣塞韦兰教堂墓地遭受酷刑，吸引民众聚集并导致骚乱时，费斯特根将这一景象刊印出版，并予以抨击。而刚刚被沃尔辛厄姆处决的苏格兰玛丽之死刑场景也被刊印。[31]

正是在此内外交困的背景下，沃尔辛厄姆和伯利合力拧紧了国家的螺丝。英格兰流亡者的宣传鼓励国内天主教徒应当仿效圣保罗告诫哥林多人避免与"不信神者"为伍，从而自我隔离于他们的新教邻居。尽管在伊丽莎白统治前半期，大多数天主教作家将拒绝国教和政治不抵抗相结合，但更激进的声音依然存在。尼古拉斯·桑德尔（Nicholas Sander）撰写的《论教会中可见的圣统》(*De Visibili Monarchia*) 于 1571 年出版，教宗诏书《在至高处统治》也再版了，力图合理化对异端女王伊丽莎白的废黜之举。对桑德尔而言，1569年北方伯爵起义是一个奇迹；事后被处决之人成为因信仰而牺牲的殉道者。他认为，此次起义之所以失败，是因为伊丽莎白被废黜的诏书仍不为英格兰天主教徒所周知，故无法获得广泛响应；此解释被沃尔辛厄姆和伯利认定是天主教固有背叛的明确证据。桑德尔花费数年时间请求菲利普二世和教宗资助推翻伊丽莎白政权，他也写信给枢机主教艾伦，称"基督教世界的状态，取决于对英格兰的猛烈攻击程度"。1581 年，他死于爱尔兰，生前始终致力于反抗这位"女暴君"。[32]

154　　　　在 16 世纪 70 年代初期，桑德尔的政治观点仍相对极端。但 10年后，英格兰天主教流亡者开始激进化，竭力维护教宗罢黜伊丽莎白女王的绝对权力，威廉·艾伦的《英格兰天主教徒之真实、真诚与谦虚的辩护》一书代表了天主教政治思想的一个转折点。类似言论节节升高，这是对英格兰日趋严峻之宗教迫害的一种回应，但也展示了意识形态跨越国界的力量。随着阿朗松公爵的逝世，法国王位的继承权就此落入新教徒之手，面对这一困局，法国天主教徒发展出一种合法抵抗更高权力的理论，遂引发英格兰流亡者的共鸣。至关重要的是，类似于桑德尔和艾伦等人的积极抵抗思想在对入英教士的审讯中意外出现。卡思伯特·梅恩曾表示，如果教宗批准，天主教徒应当奋起反抗国家。兰开夏教士詹姆斯·贝尔赞同此观点，并明确告知法官，若外国举兵入侵以期恢复天主教，他将支持教宗对抗女王。他甚至要求切除他的嘴唇和手指，以惩罚他早期对英格兰国教的归顺。[33]

尼古拉斯·罗斯卡洛克的一生可以解释这种信仰和政治的复杂融合对个人的影响。我们对罗斯卡洛克的最初印象，始于他幼年时期在家乡康沃尔目睹圣皮兰遗物的游行。16 世纪 70 年代初期，他求学于内殿律师学院，收集中世纪手稿，并与历史学者威廉·卡姆登和理查德·卡鲁结交为友。卡鲁与卡姆登皆为新教徒，但并不妨碍他们与天主教徒罗斯卡洛克结交为学识知己。然而，到 70 年代后期，罗斯卡洛克的身份和言行举止已逐渐被信仰所定型。由于拒绝参加教区教堂，他被朗塞斯顿巡回法庭指控为拒绝国教者，其地产也被估价以充作罚款。

迫害进一步激化了尼古拉斯·罗斯卡洛克的宗教信仰。早在 1580 年前，他就已加入伦敦一个天主教绅士组织，宣誓支持英格兰传教团。随后，他前往杜埃和罗马朝圣。诸如此类活动引起弗朗西斯·沃尔辛厄姆的关注，并命令两位特务去"查明"。当罗斯卡洛克的宅邸遭突袭搜查时，他正主持着传教士拉尔夫·舍温的布道。这两人先被羁押至马歇尔西监狱，后移监伦敦塔。罗斯卡洛克被指控为"危险的教宗党人"和"配合外国的实践者"，更被迫聆听舍温遭到刑求拷问的哀嚎，随后，他同样被施以酷刑，以逼问情报。

1581 年，舍温被处决。他的死亡在罗马英格兰神学院内的一系列壁画中得到悼念，这些壁画同样描绘了埃德蒙·坎皮恩和新近罹难的殉教者们；特别是，这些壁画通过把这群伊丽莎白时期天主教士与殉道者和早先的圣奥尔本与圣托马斯·贝克特相联系，从而将英格兰传教团归入可追溯至不列颠最早天主教会的同一个连续体中。尼古拉斯·罗斯卡洛克幸存下来，但在监狱煎熬了长达 5 年多。"兰代尔念珠"（Langdale rosary）见证了他与威廉·霍华德勋爵（Lord William Howard）在伦敦塔患难与共的友情，迄今保存在伦敦的维多利亚与

155

艾尔伯特博物馆。之后，罗斯卡洛克在 17 世纪 10 年代和 20 年代编撰了不列颠和爱尔兰圣徒的传记性目录，从这一编纂工程中试图获得一定程度的自我疗愈。[34]

在伊丽莎白一世统治初期，英格兰天主教徒普遍存在一种双重思想。无论《在至高处统治》如何指示或论述，只要在精神上效忠罗马教会，服从君主制就可正当化。但至 16 世纪 80 年代初，这种二元论早已变得无以为继，因为无论是英格兰王室还是罗马教会，均要求垄断或独占个人忠诚。伊丽莎白统治后期的天主教徒遂陷入一边是信仰而另一边是国家的两难处境。直到伊丽莎白统治结束，大多数平信徒始终在这种双重身份中载浮载沉，挣扎斗争，他们尽可能参加弥撒，但也尽可能静悄悄地无视那些从欧陆漂洋过海来质问攻击他们的尖锐宣传。有些人，如尼古拉斯·罗斯卡洛克，则选择更冒险地前进一步，为了他们的信仰，庇护传教团教士，或遭受监禁和酷刑。另外，还有少数人逾越了界线，走向公开叛国。

第五章
安全服务

时至今日，弗朗西斯·思罗克莫顿的生平面貌仍朦胧不清，这位
年轻的英格兰天主教绅士被指控密谋拥戴苏格兰女王玛丽登上英格兰
王位，从而在 1584 年被处以极刑。未曾有任何独立的见证人或证据
描绘过他的性格特征；关于他为何与当时天主教主流倡导的缄默式忠
诚分道扬镳，也几无蛛丝马迹。思罗克莫顿的故事只能通过他的审判
记录和后续的官方宣传文本方可重建。在本章，我们将在众多喋喋不
休的杂音中，试图挖掘并听取他的声音。思罗克莫顿叛乱早已为史家
反复研究，但弗朗西斯·思罗克莫顿本人始终沦为一位配角，而该出
戏剧的真正导演隐身幕后，远在巴黎和马德里。

原本，思罗克莫顿的家世渊源不太可能让他蜕变成一位革命分
子。其先祖通过研习法律和猎寻利益联姻踏上服务王室的台阶，这
种崛起路径与弗朗西斯·沃尔辛厄姆的家族如出一辙。他的父亲约
翰官至威尔士边界委员会的副主席，于 1565 年在伊丽莎白女王治下
获封骑士爵位。约翰·思罗克莫顿爵士得以身居如此敏感的政府要
职，想必服膺英格兰国教会；但随着他将 3 个儿子弗朗西斯、托马斯
和乔治教养成天主教徒，其真实面目终于暴露。信仰牵引着弗朗西

斯·思罗克莫顿奔赴法国驻英大使米歇尔·德·卡斯泰尔诺在伦敦的居所索尔兹伯里宫，在觥筹交错间共织梦想，并参与弥撒。1581年圣诞节前，思罗克莫顿已投效法国大使馆官员克洛德·德·库塞尔（Claude de Courcelles），协助处理玛丽·斯图亚特和其英格兰支持者之间的秘密联系，同时加入了极端天主教徒西班牙驻英大使唐·伯纳迪诺·德·门多萨的阵营。

158　　　　索尔兹伯里宫邻近泰晤士河，依此地利之便推测，苏格兰玛丽的密函可能通过邻近保罗码头的思罗克莫顿家宅随船偷运而来。在法国外交文书邮包的掩护下，玛丽终于联系上流亡巴黎的追随者。1582年5月，她的驻法特使格拉斯哥大主教詹姆斯·比顿（James Beaton）面见吉斯公爵和苏格兰耶稣会教士威廉·克赖顿（William Crichton），商讨以武力征服不列颠、使之回归天主教的可行性。罗伯特·帕森斯曾偕同埃德蒙·坎皮恩参与首次耶稣会赴英传教团，如今负责争取西班牙菲利普二世的支持。最初，该计划欲利用苏格兰詹姆斯六世与其在法国出生的堂兄伦诺克斯伯爵埃斯米·斯图尔特（Esmé Stewart）的情谊，派遣一支军队至苏格兰；不料，在1582年8月的拉斯文突袭中，这位年仅15岁的国王被掳，苏格兰政府重新落入新教权贵之手。1583年6月，枢机主教艾伦在攻英会议桌上占据一席之地，引导着入侵炮口重新朝南瞄准英格兰。查尔斯·佩吉特身为流亡巴黎的英格兰领袖，亦是吉斯家族的幕僚，故被派遣偷渡回伦敦与门多萨大使磋商，顺道侦查英格兰南部海岸的防御工事。

　　上述故事在思罗克莫顿被处决后不久出版的官方宣传小册中被一一披露。这本题为《弗朗西斯·思罗克莫顿叛国的揭发》（*A Discoverie of the Treasons Practised by Francis Throckmorton*，以下简称为《叛国的揭发》）的小册子应是由与沃尔辛厄姆关系密切之人执笔，推测是外交官托马斯·威尔克斯（Thomas Wilkes），意图创作关于这场叛乱始末的官方记录。1583 年 11 月初，当王室官员闯入位于保罗码头的家宅时，诧异地发现思罗克莫顿正奋笔疾书予苏格兰玛丽，且查出由他抄录的更多犯罪文件，包含一份"外国军队登陆"的安全港口清单，附有可仰赖的支持入侵之天主教贵族名单。还有一份解析苏格兰玛丽在英格兰王位继承序列中排位的族谱。毋庸置疑，这些文件坐实了他的谋逆。思罗克莫顿随即被押入伦敦塔，在刑架上"煎熬地遭受夹刑"，无尽的酷刑拷问迫使他吐露了更多细节。英格兰天主教贵族即将起兵，与菲利普二世资助且由吉斯公爵亲自率领的海军分进合击。多年来，沃尔辛厄姆始终对天主教计划的进展感到忐忑不安，但这起思罗克莫顿叛乱在规模上实在远远超乎他的预期。[1]

弗朗西斯·思罗克莫顿沦为叛国犯的下场，颇令当时人感到困惑。《叛国的揭发》引发众人关注这位叛国绅士在社交圈表现出的"令人愉悦的幽默感"。古物收藏家兼历史学者威廉·卡姆登描述他是"一位具备良好教养并机智风趣的绅士"。这位家境优渥且广受欢迎的年轻人为何转趋如此激进？在牛津赫特学院和伦敦内殿律师学院的求学经历，将思罗克莫顿与其他年轻的天主教理想主义者聚拢在一起。早在 16 世纪 70 年代晚期前，他的家人就开始反抗国教，参加由传教团教士主持的家庭弥撒。但真正的转折似乎发生于他与英格兰流亡者、颇具经验的谋反者弗朗西斯·恩格尔菲尔德爵士（Sir Francis Englefield）在低地国家的一场会面上。在这场相见欢中，关于"改变王国状态"的讨论始终萦绕在思罗克莫顿的脑海中。返英后，他改用一种更激烈的政治语言阐述这一理念。不久后，他的父亲被剥夺了切斯特首席法官一职，表面缘由为腐败，但很可能是出于宗教因素。由此，弗朗西斯·思罗克莫顿在原本对英格兰国教的一连串旧恨中，又新添了恢复家族荣誉的动机。

英格兰王室的宣传将 1583—1584 年发生的事件归入天主教抗逆

君主和国家的阴谋，通过《叛国的揭发》映照出思罗克莫顿的"自命不凡"，他自我标榜恢复英格兰天主教徒的良心自由，却"图谋不轨"，意在废黜伊丽莎白女王。小册子也详述了他的认罪和翻供过程，以捍卫审判的公平性，证明酷刑实为对抗阴谋的必备武器。这本官方宣传册被翻译成拉丁文和荷兰文，以告诫欧陆各国切勿支持任何反英阴谋。与此同时，一首民谣通过印刷向英格兰各地民众吟诵着相同的故事。女王被比喻为 3 位拒绝向圣像鞠躬的以色列孩子，奇迹般在古巴比伦王尼布甲尼撒二世的炽热火炉中幸存下来。思罗克莫顿则被描述为因背叛苏格兰女王而陷入崩溃，"她是我在这世上最尊敬之人……我却泯灭了对她的信念，因此已不在乎是否会被绞死"。[2]

对英格兰政府而言，一举破获思罗克莫顿叛乱，验证了弗朗西斯·沃尔辛厄姆特务和线人网络的杰出效率。根据《叛国的揭发》所述，最初关于思罗克莫顿担任苏格兰玛丽信使的"机密情报"并未发挥作用，"故可能需要更确凿的证据来指控他"。感谢史家约翰·博西（John Bossy）的抽丝剥茧，如今，我们终于知晓是何人提供了这些铁证：一位出生于伦敦的法国驻英使馆书记官劳伦特·费龙（Laurent Feron），隐秘地向沃尔辛厄姆提供了法国大使卡斯泰尔诺的外交邮包。最终，他们对法国大使的文件展开了一场惊人的"水门案"式突袭，费龙将长达数月的犯罪文件传予沃尔辛厄姆的特务沃尔特·威廉姆斯（Walter Williams），这场内线行动承载着"不仅仅是耻辱，更是死亡"的风险。

机密任务总是热衷于宣传关于自身能力的神话。恐惧是一种强大的震慑力，经常超越任何可被察觉的客观性危险。事实上，沃尔辛厄姆曾企图部署卧底于法国大使的宅邸，但徒劳无功，直到一位居于该处、化名为亨利·法戈（Henri Fagot）的教士主动提出替他秘密收买卡斯泰尔诺大使的秘书。这个从天而降的巨大好运帮助沃尔辛厄姆顺利监控苏格兰玛丽、卡斯泰尔诺和法王亨利三世之间的机密通信。最初预测的首要危机（沃尔辛厄姆也如此假定），是亲天主教势力自苏格兰的入侵。但随着弗朗西斯·思罗克莫顿这个名字开始偶然出现，沃尔辛厄姆赫然惊觉他的信息已经过时了。1583 年的真正威胁实为西班牙资助并由法国吉斯家族率领，将在苏塞克斯与坎布里亚海岸登陆的军队。[3]

161

根据现存的档案分量显示，弗朗西斯·沃尔辛厄姆的影响力首要来自他担任外交官与掌管外交事务之国务大臣的职责。伊丽莎白一世时期的国家档案将他刻画成英格兰外交政策的代理人，竭力调和其坚持的新教国际主义和女王的孤立主义之间的矛盾。然而，档案披露的是筛选性信息，可以折射往昔历史，也反映一种人生。沃尔辛厄姆逝世后，当认识他的人开始撰写其生平时，首先浮现在回忆中的身影，是一名运筹帷幄的特务头子，也是一位鞠躬尽瘁的公仆。

威廉·卡姆登是首位评价弗朗西斯·沃尔辛厄姆性格和成就的历史学者。他撰写的《年鉴》(Annals)，或称《伊丽莎白一世的历史》(History of Elizabeth)，在 1615 年至 1625 年期间以拉丁文出版。此时正值斯图亚特王朝的"个人统治"时期，政治环境十分黯淡。詹姆斯一世专横独裁的语言屡屡让王室和政经统治精英之间的关系陷入剑拔弩张，激起臣民愈发缅怀前任君主——已故的伊丽莎白女王，从而怀旧式地重振她的声誉。但当论及女王忠心耿耿的国务大臣沃尔辛厄姆宛如猎犬般追杀着詹姆斯国王的母亲苏格兰玛丽，至死方休时，卡姆登不得不谨慎行事。他一方面赞扬沃尔辛厄姆是一名新教徒，更是一位"最纯粹宗教的最敏锐捍卫者"，这确实是一个足够安全的论点；

另一方面，他始终牢记沃尔辛厄姆也是"一位最严谨的机密搜集者"，清晰标记他在击溃拥戴苏格兰玛丽为王的天主教阴谋事件中所扮演的掌舵角色。

1634 年，罗伯特·农顿爵士在他颂扬伊丽莎白朝廷的专著《女王朝政琐记》（*Fragmenta Regalia*）中，也加入了沃尔辛厄姆的政治绘像。农顿不满于失去国务大臣的职位，和卡姆登一样，他将自己身处的斯图亚特时代与伊丽莎白治下的黄金盛世进行对照。沃尔辛厄姆被描绘为女王的忠仆，始终对她的安危保持高度警觉，更具备"优于常人的好奇心和情报渠道"。农顿是一位颇具说服力的见证人，他不仅在 1589 年见过沃尔辛厄姆，而且了解卧底工作，因他曾在 16 世纪 90 年代担任过埃塞克斯伯爵的"情报员"。"情报员"（intelligencer）是一个新创造的名词，是一种对充斥叛乱与阴谋侦破之新世界秩序的语言反应。沃尔辛厄姆作为情报头子所取得的成功，仍深刻烙在刚刚见证 1605 年天主教火药阴谋这一代人的记忆里。卡姆登与农顿等新教徒将主谋者之一盖伊·福克斯（Guy Fawkes）归入可追溯至伊丽莎白时期一系列天主教反叛的新一代成员。他们的屡战屡败印证了天意：英格兰君主制始终在上帝的特殊庇佑之下。[4]

自 19 世纪后期学术潮流复苏后，沃尔辛厄姆作为特务头子的职业生涯再度备受关注。初版《牛津国家人物传记大辞典》的编辑悉尼·李（Sidney Lee）赞誉沃尔辛厄姆筹组了一个足以挫败英格兰劲敌"狡猾计谋"的秘密机构。传记编写者习惯于从研究主题反映自身所处的时代氛围。悉尼·李的文章发表于 1899 年，正值当时人对德国特务和秘密海军扩张的担忧与日俱增。厄斯金·奇尔德斯（Erskine Childers）在惊悚片《沙岸之谜》（*The Riddle of the Sands*）中捕捉了这种焦虑惶恐的情绪，想象德军从弗里斯兰群岛入侵英格兰。英国秘密勤务局（Secret Service Bureau）成立于 1909 年，随后改组为军情五处（MI5，英国国家安全局）与军情六处（MI6，英国秘密情报局）。随着第二次世界大战爆发，美国学者与实业家科尼尔斯·里德将自身对于沃尔辛厄姆的大量研究付诸实践。身为一位亲英者和反纳粹主义者，里德将伊丽莎白政权的治国之术，与当时美国战略情报局（Office of Strategic Services，中情局 CIA 的前身）关于大英帝国的情报业务相互结合。[5]

有志一同，与悉尼·李同时期的学者也热切地从都铎治下的英格兰探查近现代国家的起源：法治、枢密院领导的政府体制以及议会民主制的萌芽。对此历史的穿凿附会，现代史家倾向于持怀疑态度。严格来说，弗朗西斯·沃尔辛厄姆并非军情五处和军情六处的创始人。伊丽莎白一世统治时期的情报组织，与其说是一个正式机构，不如说是一个关系网络。跟随亨利八世首席大臣托马斯·克伦威尔的行政习惯，沃尔辛厄姆同样将自己的家宅转型成政府的行政空间之一。他的私人随从和门客化身为专属特务，效力于沃尔辛厄姆私人性的情报活动，而非作为国家部门机器的齿轮运转。尽管情报搜集的运行需挹注大量恩惠与利益，所费不赀，但正是缺乏官僚主义的制式僵化，才缔造了沃尔辛厄姆的卓越成就。情报反恐的成功与否取决于他能否保持高度警惕，从海量信息中敏锐地挖掘出关联性，同时让他的团队保持绝对忠诚等诸多出众的能力。卡姆登称沃尔辛厄姆"相当洞悉如何赢取人心，让他们为其所用"。在他对沃尔辛厄姆的描述中，有一个词汇反复出现："狡猾"（subtiltie），这是伊丽莎白时期《圣经》译本中形容诱惑夏娃之蛇的特质。[6]

面对虎视眈眈的海外入侵势力，以及潜伏国内伺机颠覆的天主教团体，这山雨欲来的乌云密布终于惊醒了伊丽莎白政权，就此开启全新的监控格局。监控效率取决于民众的合作意愿。英格兰社会始终密切关注自身内部是否存在异样或偏差，尽管在一般运作形式下，这更多是出于维持体面而非政治目的，如泼妇被捆绑浸泡在村庄池塘里所谓浸水刑凳的木制跷跷板上，通奸者会目睹自己的肖像被游街示众。随着亨利八世的婚姻"大事"走调成一场新教宗教改革，国家愈发严密监控一般民众的行为和信仰。议会扩大了叛国罪的定义，延伸涵盖思想、言论与举止等方面的罪行。无论是私人房间内的窃窃私语，还是酒馆里的醉言争论，都开始泛政治化，这些声音被捕捉并及时密报给克伦威尔。强制性的忠诚誓词将每位臣民牢牢束缚，促使他们跪伏在君主面前。

16 世纪 30 年代和 80 年代的英格兰政局存在部分雷同之处。克伦威尔和沃尔辛厄姆先后承担同一要职：国务大臣。在政务上，鉴于公众对改革的态度变幻莫测，偶尔热情响应，却时常焦虑不安，甚至间或敌对抵制，故两人均身负监督与维持改革之责，以确保体制运行无碍。克伦威尔的信息业务也为 50 年后沃尔辛厄姆的同质职务提供了对照组。与沃尔辛厄姆一样，克伦威尔也在 20 世纪初被相信曾创建了"谍报系统"，并编织了一个由间谍和线民构成的绵密信息网络。实际上，当时的信息多通过王室和各郡之间的常规沟通渠道涌入。克伦威尔的一些眼线或告密者希冀借由信息牟利，甚至飞黄腾达，例如获取一块利润丰厚的修道院地产，获准与国王监护下的显贵寡妇或后嗣联姻等。还有部分人则是出于对福音教派的承诺，或是趁机挟怨报复，上报检举乡邻。但多数人只是将捐输信息视为臣民当尽的义务。亨利八世和伊丽莎白一世统治时期的政府也大力宣传这一理念，鼓励人民捐输情报来报效新教国家，以示忠诚。[7]

1571 年，议会通过克伦威尔先前提案之保护王室尊严免受诽谤的修法版本。任何否定伊丽莎白女王的继位权，毁谤她为异端或暴君者，将视同叛徒。该附加法条也明令禁用卡思伯特·梅恩配戴的圣羔羊圆形蜡牌。10 年后，天主教的威胁与日俱增。1581 年 1 月，英格兰司库大臣沃尔特·迈尔德梅爵士（也是沃尔辛厄姆的姐夫）在下议院滔滔不绝地抨击了英格兰天主教传教团的集结。耶稣会教士，"这一群由流浪修士组成的乌合之众"，正悄无声息地蔓延渗入士绅家庭，"不仅用荒谬教义腐蚀了这个国家，更以此为借口肆意挑唆煽动叛乱"。他大声疾呼，对教宗党人待之以仁慈丝毫无益于英格兰，是时候"让我们更加严密地监控他们了"。8

　　同为枢密大臣的沃尔辛厄姆与迈尔德梅联手敦促议会通过立法。1581 年议会期间的激进新教言论落实成一项新法《忠诚维护法》，"以期维持女王陛下的臣民应当具备的服从"。该法保留了英格兰传教团精神性与政治性之间的特质差异，以利于英格兰政府的宣传。依规定，私自举行弥撒的教士将面临 1 年监禁和 200 马克的罚款。若拒绝缴款，则可将其逮捕入狱。其信众连带处以 1 年监禁与 100 马克的罚款。积极支持天主教者则将判处更严厉的惩戒。任何人图谋使女王的臣民"悖逆对女王陛下的自然顺从"，或"为此意图"教唆臣民背弃英格兰国教会，一律视同叛徒。"为此意图"这一法律惯用语彰显了官方的关键论点：天主教信仰视同叛国，除非它向政治妥协。在现实中，天主教士的职业亦容易被贴上叛徒标签。1581 年的同一法规也将拒绝参加教区教堂的罚款提高到每月 20 英镑。9

　　耶稣会的赴英任务使得公众对在英活动之 10 多位教士及平信徒产生了一定程度的厌恶。为便于传教行动，耶稣会打破一贯严谨的宗教秩序，免除了成员的着装规定，也允许他们隐瞒身份。约翰·杰勒德乔装为士绅，并自学猎鹰和狩猎用以准备符合其身份的谈话议题。1580 年 6 月，埃德蒙·坎皮恩在多佛登陆，伪装成前来旅行的都柏林珠宝商人。尽管英格兰政府已经发布了关于坎皮恩及其耶稣会同僚罗伯特·帕森斯的木刻肖像画和特征描述，但坎皮恩却在落网后随即被释放。更令人忌惮的是耶稣会的国际主义。耶稣会于爱尔兰、苏格兰和英格兰的活动，由罗马的耶稣会总会长统筹指挥，有足够能力在整个不列颠群岛对改革后的新教信仰发动协同攻击。[10]

耶稣会教士也巧妙运作印刷文宣。罗伯特·帕森斯志在废黜伊丽莎白女王，他抵英不久后，在伦敦郊区成立了秘密的格林斯特里特屋出版社。当沃尔辛厄姆察觉并探查此处时，它被立即拆除，并转移至邻近泰晤士河畔亨利镇的斯通诺公园。1581 年 8 月，出版社被查抄出已印刷但尚未装订的书册，包含坎皮恩的《十个理由》（*Decem Rationes*），该书对新教主义的知识虚无展开了猛烈的学术性攻击。牛津一位名为威廉·哈特利（William Hartley）的年轻神学院教士，设法将此书夹带进圣玛丽教堂，这着实让大学学监不寒而栗。这一波如同野火燎原般的文宣攻势，迫使英格兰议会在反天主教的立法围堵中嵌入最后一块拼图。1585 年，耶稣会教士和神学院教士被下了最后通牒：在《圣经》授予的 40 天考虑期内，他们必须作出选择，或服从女王，抑或离开这个王国，违者将被处以严重叛国罪。[11]

167   现代英国情报与安全机构占据了泰晤士大厦和沃克斯豪尔桥旁"金字塔形建筑"两处独树一帜的办公空间，成为从泰晤士河渡船上拍摄之百万张旅游照片的醒目地标。这两栋独特的建筑仿佛在向公众炫耀着内部机构的地位，刻意引起人们关注。都铎王朝未曾拥有过如此聚集性或官僚性的政府建筑。倘若伊丽莎白时代的情报部门真有一个总部的话，它无疑位于古伦敦城墙内的伦敦塔区，落脚在斯林巷的沃尔辛厄姆私宅。

　　都铎时期的地形学者约翰·斯托曾注意到这座"方正壮观"的宅邸，但如今早已不复存在。维多利亚时期兴建的办公楼占据了这处位置，而它的名字——沃尔辛厄姆府（Walsingham House）——以及蚀刻于入口处上方玻璃的肖像，成为暗示谁曾立足此地的唯一线索。一份幸存的档案清册，或称《沃尔辛厄姆 1588 年档案清册》，提供了另一扇窗口，让我们得以一窥沃尔辛厄姆斯林巷私宅书房在 1588 年左右的场景。造访此处书房的客人将一睹伊丽莎白政府的各类政务文书，从条约副本、驻外使节的通信到关于女王宫邸的描述和嘉德勋章规章，无一不包。海军补给和征召军队的计划文件，必须与打击海盗的战争报告竞争着有限的档案储存空间。成捆的手稿依类归置，塞入一系列相关议题的文件箱。"海军、避风港与海洋事业文件箱"存有多佛港防御工事的汇报，以及汉弗莱·吉尔伯特爵士与马丁·弗罗比舍关于"未知国家的发现"的报告。一个"宗教与教会事务箱"中收存着拒绝国教的天主教徒名单，以及在威尔士推动宗教改革的相关文件。还有一个教宗党人与教士的"审讯文件箱"，其中的内容想必令人毛骨悚然。这处书房内陈设了一张黑色书桌，有一个装着沃尔辛厄姆遗嘱的"秘匣"，还可见收藏着的一本《英格兰地图册》，内文可能涉及克里斯托弗·萨克斯顿（Christopher Saxton）的郡县调查，诸类报告同样受到伯利勋爵的重视。调查员亚瑟·格雷戈里（Arthur Gregorye）曾向沃尔辛厄姆提供了攸关多佛防务与爱尔兰殖民的文件，或许也放在这个书房里。[12]

168

　　沃尔辛厄姆不只将政务文书和书籍放置于斯林巷私宅，还在此募集了一群虔诚的幕僚，通过新教信仰和奉献国家的双重热忱，牢牢凝聚着这个骨干团队。担任沃尔辛厄姆秘书长达 15 年之久的劳伦斯·汤姆森（Laurence Tomson），特地将日内瓦版本的《新约圣经》

译为英文，敬献给沃尔辛厄姆；他同时也英译了加尔文布道版本。同样笃信新教的尼古拉斯·方特身兼沃尔辛厄姆的情报员与秘书，负责与英格兰海外特务的联系工作，也亲自参与情报的搜集。升任枢密院书记官的罗伯特·比尔仍与斯林巷往来密切。当沃尔辛厄姆出使或病休之际，往往由他暂掌首席国务大臣一职。另外，对这一群盘踞伊丽莎白政务与情报中枢的精英而言，对圣巴托洛缪日屠戮的共同创伤记忆也成为团结他们的强韧纽带之一。

　　科尼尔斯·里德将沃尔辛厄姆的家宅描述为"清教主义的完美温床"。在这群激进的新教幕僚中，有一位人物脱颖而出。沃尔特·威廉姆斯是最资深的幕僚之一，早在沃尔辛厄姆首次驻法大使任期（1571—1573 年）就开始穿梭于英格兰和欧陆之间传递信件，充分证明了自己的价值。他在 1582 年前被调回，专司监控国内。早前在里多尔菲阴谋滋生之时，威廉·塞西尔曾将间谍威廉·赫尔勒以海盗罪名投入监狱，安插作为自己的耳目，自内部挑唆谋反，同时从马歇尔西监狱的天主教囚犯处收集有用信息。如今，1582 年 8—12 月的一系列"秘密宣传"显示威廉姆斯也复制着相同的监狱卧底角色，以窃听被羁押在莱伊之天主教徒的动静。他向沃尔辛厄姆报告，身处囹圄的他只能睡卧在冷硬的地板上，周围尽是"小偷与流浪者"之流，而他正努力游说一位狱友向他吐露心声。但遗憾的是，这一次无功而返。除了一些关于苏格兰的含糊谈话，威廉姆斯无法搜集到任何反抗女王的证据。沃尔辛厄姆拦截到的一封信件暗示着这位匿名的"教宗党人"已看穿了威廉姆斯的伪装，或许因后者曾要求提供一份"所有海外叛乱分子及其住所"的名单，这一唐突之举触发了警觉之心。12 月 15 日，应威廉姆斯的出狱请求，沃尔辛厄姆转调其入职斯林巷的情报总部。1583 年 8 月前，他俨然成为沃尔辛厄姆与其收买的法国大使馆眼线劳伦特·费龙之间的联络人。占地利之便的是，费龙位于民辛巷的住宅距离斯林巷仅有两条街之遥。[13]

日复一日，沃尔辛厄姆与其秘书处几乎淹没在蜂拥而入的海量信息中。如何从诸多繁杂的国际新闻、谣言、宣传与八卦的喧嚣声中筛选出有用情报，无疑是从事间谍活动者需长期面对的难题。但对于一个小型团队而言，光拆阅和归档外交使节、特务和投机告密者的各类报告已是一项艰巨的任务。如今，还必须从特立独行之耶稣会教士众多遥不可及的梦想蓝图中，抑或从孤立流亡者的装腔作势中，萃取出貌似可行的阴谋计划，这真是难以想象的艰巨。

有时，工作已然超载，令人难以负荷。沃尔辛厄姆的通信显示，长久以来他始终被自己力图强撑之大厦的病态衰颓所困扰。16 世纪的人们在思考国家时，经常将其比拟为人体。在 1575 年 3 月的一封信中，沃尔辛厄姆用医学图像来比喻他与伊丽莎白女王的关系。当时，他察觉到玛丽·斯图亚特在一位伦敦文具商的协助下，与外界重启秘密交流。在沃尔辛厄姆看来，这是彻底摆脱这条"（躺卧在英格兰）胸口上的蛇"的绝佳机会。但事与愿违，伊丽莎白女王竟拖延调查，甚至宽恕她明显涉案的表亲亨利·霍华德勋爵。"阁下，毋庸置疑"，沃尔辛厄姆写信向莱斯特抱怨，"女王陛下在这个案件中表现出的奇怪行为，将让她所有的忠臣感到沮丧失落，他们始终关切她的人身安全，竭力治疗这个生病国家的溃伤，却眼睁睁看着女王陛下宁愿掩盖这些毒瘤，也不肯彻底治愈它们"。这种疾病譬喻的政治语言，终其一生，反复出现。1586 年 12 月，沃尔辛厄姆在针对"宗教的衰败和消逝"议题的笔记中，剑指神学院神父和耶稣会教士犹如"这个国家的毒药"。

另一层面，沃尔辛厄姆选择以国家健康为隐喻也颇令人心酸，因为与此同时，他自己的身体也逐渐被一种泌尿系统感染所侵袭，足以使他长达数周甚至数月无法投入工作。固然，在一定程度上，虔诚的

170

宗教信仰可以安抚这种生理上的折磨：加尔文主义者预期自已一生都将遭受苦难磨炼。但一种精神疑虑可能始终深埋于他的内心，挥之不去：这一切困局究竟意味着什么？ 1584 年奥兰治的威廉遇刺身亡的噩耗，昭示着上帝开始考验宗教改革后的新教事业，并从中发现缺陷。当沃尔辛厄姆揭露思罗克莫顿阴谋的消息传开，这颗成功的果实顿时被各阶层的新教徒们欣喜若狂地吞咽下，解读成英格兰被验证为一个神选之国。[14]

涌入斯林巷的情报来自四面八方。在我们急着重塑弗朗西斯·沃尔辛厄姆为特务首脑的过程中，有时会遗忘伊丽莎白统治时期的常规外交渠道。正如常驻英格兰宫廷之外国使节所肩负的职责，伊丽莎白女王派遣至兄弟友邦的特使们，同样奉命对任何牵涉政治或军事利益的信息保持高度警觉。自从驻西班牙大使在 1568 年被召回后，英格兰仅余两处常驻使馆，分别位于爱丁堡与巴黎，唯有在紧急必要时，才会再选派临时特使团。平衡预算始终对都铎王朝构成无形压力，然而王室财政在沃尔辛厄姆主政时期早已严重透支，在外国领土上维持着国家门面的富丽堂皇，无疑是一种难以承受的奢侈。尽管这些外交使节团精简袖珍，但丝毫无碍他们守卫伊丽莎白政权的效率，在巴黎尤其如此。

对于无意妥协的天主教显贵而言，巴黎是一个远离伊丽莎白统治的理想避难所。16 世纪 80 年代，约有 400 名英格兰流亡者旅居于此，其中许多人举家（连同仆从）迁移。巴黎城慷慨地提供了免于被捕的安全感与浓厚的天主教虔诚氛围。对部分激进流亡者来说，这座城市更酝酿了废黜统治祖国之异端女王的遐想空间。英格兰天主教流亡者在巴黎日渐集结壮大，迫使沃尔辛厄姆一再将注意力聚焦于法国。正如驻法大使亨利·科巴姆爵士在1582年所报告的那样，流亡者仍与国内的亲友保持联系，这种内外勾结的险峻形势着实令人沮丧。法国宗教内战的持续动荡或许预示该国新教君主制的诞生维持乐观前景，但同样催生了天主教通过英吉利海峡港口入侵英格兰的威胁，且查尔斯·佩吉特等一众流亡贵族早已磨刀霍霍，预备随时支援。

事实上，法王亨利三世并不热衷于资助这群流连在他领土上的英格兰天主教徒。但驻法大使爱德华·斯塔福德爵士在1583年圣诞节告知沃尔辛厄姆，这群英格兰天主教徒时而会在法国宫廷招摇而行，引人侧目。此外，法王的谨慎态度使主动权落入狂热的天主教徒吉斯公爵之手。1572年，吉斯参与谋杀海军大臣科利尼，触发了一场针对胡格诺派的暴力狂欢。早在16世纪80年代初期前，吉斯就向同属强硬派的西班牙菲利普二世寻求资助他所主导的天主教联盟。如同思罗克莫顿阴谋所惊悚地证实，吉斯渴望将战火带往英格兰，即使这绝非亨利三世所愿。[15]

巴黎并非流亡者在法国的唯一聚集地。1585年，一位名为托马斯·贝克诺（Thomas Becknor）的线民向沃尔辛厄姆示警，越来越多的英格兰流亡者正向鲁昂聚集。理论上，英格兰议会已立法切断那些未经王室许可而出国旅行者的经济来源，但当地商人提供了基本的银行系统，即类似于玛丽统治期间新教流亡者采用的替代形式。查尔斯·佩吉特支付中介费给鲁昂商人巴泰勒米·马丁（Barthelemy Martin），运送资金给伦敦的另一名商人进行地下汇兑。就这样，天主教流亡者另辟蹊径，从他们的国内产业中挪用收益以维系海外流亡生活，甚至阴谋运作，这着实让伊丽莎白政府感到气馁。[16]

至近代早期，传统外交渠道的局限日趋明显。首先，语言可能阻碍情报的搜集。沃尔辛厄姆精通法语和意大利语，但西班牙语则

172

有待强化。显然并非所有使节均如沃尔辛厄姆般拥有语言天赋，这迫使他们只能通过翻译推动工作，这自然严重减弱了察觉敏感信息的机会。另一个问题是，文艺复兴宫廷精心设计的仪式，始终包围着外国使节，将他们拖离政治舞台。伊丽莎白女王本人就是这种仪式游戏的高级玩家。郊外狩猎和访视诸郡的王室巡游皆可用来巧妙躲避寻求觐见的各国大使们。伊丽莎白女王不公布巡游路线，甚至还会在途中任意更改行程，这足以让外国代表团迷失在英格兰乡村之中。[17]

恩惠体系在管理伊丽莎白政权运作的同时，也可能会阻碍其应对来自国外的威胁。沃尔辛厄姆将外交事务视作自己的专责领域，希望大使们径自向他汇报，却从未实现他渴望的垄断局面。一位男士尤其敢于挑战他的权威，不仅摒弃沃尔辛厄姆主动伸出的友谊之手，更蓄意将外交机密文件转交给另一位赞助人伯利勋爵。这位男士就是爱德华·斯塔福德爵士，自1583年至沃尔辛厄姆于1590年逝世为止，他一直执掌着英格兰驻欧陆之外交与情报枢纽：驻巴黎使馆。在被派驻法国后，斯塔福德与沃尔辛厄姆渐趋自行其是。每当从巴黎向英格兰政府汇报时，他总是刻意回避沃尔辛厄姆，且时而擅自侵扰劫掠后者对当地天主教流亡者的情报活动。他甚至公然宣布支持苏格兰玛丽为伊丽莎白女王的继承人。最令人难以置信的是，自1587年起，他被收买成为西班牙政府的间谍。

最初，斯塔福德与沃尔辛厄姆仍维持相对良好的关系。斯塔福德的母亲多萝西·斯塔福德（Dorothy Stafford）是伊丽莎白女王宠信的司袍女官。而他自己依循着英格兰绅士的传统教育途径，自剑桥大学毕业后，进入下议院，身兼宫廷次级职位，并加入王室近卫队。至16世纪70年代，他成为一位活跃于法国事务的信使，且成功结交阿朗松公爵，曾于1579年在家中款待过公爵。然而，当派驻巴黎的态

173

势底定，斯塔福德开始摒弃与沃尔辛厄姆的往昔合作，转向表明效忠伯利，自此引发驻外使节与其上司国务大臣之间的争斗。这一转变部分出于个人原因，也涉及意识形态的分歧：斯塔福德难以认同沃尔辛厄姆发自内心对法国胡格诺派的支持。作为报复，沃尔辛厄姆命令搜查员在斯塔福德的家书抵达莱伊港时，立刻扣押，并启封阅读。面对斯塔福德的严正抗议，沃尔辛厄姆只是冷漠地建议他最好将家书私信"放入一个直接寄给我的邮包中"，以防类似情况再次发生。与此同时，这位浮躁的大使在巴黎积欠了沉重赌债。或许是为了偿债，他铤而走险接受了吉斯公爵预付的 6 000 克朗，后又自西班牙驻法大使唐·伯纳迪诺·德·门多萨处收取 2 000 克朗的贿赂，代价是分享他外交邮包中的机密文件。而居中促成第二笔情报交易之人正是英格兰天主教流亡者和叛乱者约翰·阿伦德尔。

　　斯塔福德的叛国与否始终是一桩悬案。1586 年春，一位特务自巴黎返回英格兰，密报了斯塔福德、吉斯与阿伦德尔的情报交易。沃尔辛厄姆却隐忍未发，部分归因于伯利对斯塔福德信任依旧，也或许是为了保护自己的眼线，但还有一个可能的有趣原因：沃尔辛厄姆欲利用斯塔福德，向西班牙投放虚假或令人费解的信息。1587 年，当门多萨拉拢斯塔福德时，英格兰与西班牙的海战近乎一触即发，故海军情报对两国皆至关重要。同年 4 月，斯塔福德向门多萨转寄了刚从沃尔辛厄姆处收到的新信息，称女王将推迟派遣弗朗西斯·德雷克（Francis Drake）的舰队骚扰西班牙船只。但这与事实恰恰相反，德雷克早已启航远征，在加的斯一举"烧掉了西班牙国王的胡子"。

　　当察觉德雷克已经出航时，斯塔福德紧急向加的斯示警，但缓不济急，这一警讯直至该镇被烧毁后一天才姗姗来迟。显然，除了沃尔辛厄姆，他在英格兰宫廷还有其他信息渠道，例如他的妻兄海军大臣埃芬厄姆男爵威廉·霍华德曾不经意间提供了英格兰舰队火力的统计

174

数据。沃尔辛厄姆可能一直戏耍着爱德华·斯塔福德爵士，却无法控制他。斯塔福德对西班牙资助者兜售的信息，无疑危及英格兰防御海上攻击的准备。但他从未因此被追究问责，甚至在 1605 年被体面地安葬于威斯敏斯特大教堂的圣玛格丽特教堂。[18]

斯塔福德在 16 世纪 80 年代的驻法任上，直接挑战了弗朗西斯·沃尔辛厄姆在伊丽莎白时期外交中的主政地位。沃尔辛厄姆曾亲自为前任大使亨利·科巴姆爵士挑选了一位秘书弗朗西斯·尼达姆（Francis Needham），以便于监查大使的通信往来。而斯塔福德的任命颠覆了这一切，擅自转移了来自巴黎的信息渠道。随着昔日供给外国情报的惯常外交通道渐趋枯竭，沃尔辛厄姆被迫转向一种新型的治国之术。伊丽莎白政权的安全愈发依赖沃尔辛厄姆私人豢养的特务和线民网络，而这个情报团队直接向他，而非向女王，进行密报。[19]

1592 年，罗伯特·比尔回顾了沃尔辛厄姆耗尽他生命最后 10 年所维护的"外国间谍和情报"。这位首席国务大臣把注其私人资源及王室津贴以维持他的泛欧情报网。一份"国务大臣沃尔辛厄姆先生的外国信息来源"清单，标示着信息搜集站横跨法国、低地国家与德意志，深入西班牙、意大利，远达奥斯曼帝国，涵盖从君士坦丁堡到阿尔及尔，总计 46 处。其中多数信息只是普通新闻，相当于现在每日报纸的外交版面信息。这种"间谍"任务当下已成为记者的工作范畴。但这数千封邮件中的确存在一些颇具价值的信息，使沃尔辛厄姆得以追踪潜逃至马德里和巴黎的流亡者，窃听兰斯和罗马的英格兰神学院之谈话，从而拼凑出反对英格兰王室的阴谋拼图。[20]

伊丽莎白治下的英格兰或许缺乏一个庞大的外交组织，但作为一个新兴贸易国家的潜在力量已不容小觑。沃尔辛厄姆利用大贸易公司的商人和代理人，以正当经商理由出国并在海外逗留，多方搜集情报。克里斯托弗·霍兹登正是一个极佳范例。他在莫斯科和波罗的海成功地做了数年贸易后，执掌了汉堡的英格兰商业冒险家公司，且跃居伊丽莎白一世的金融代理人。他源源不断地向沃尔辛厄姆和伯利寄信汇报欧洲的突发新闻：神圣罗马帝国的皇室婚姻、土耳其围攻匈牙利、汇率以及航运活动。当此类新闻抵达时，往往附带更具体的情报消息。1578 年 2 月，霍兹登转寄了来自其罗马特务的一份报告，里面描述了托马斯·斯塔克利（Thomas Stucley）船长企图率领一艘配备 4 门火炮与一群参与叛乱之船员的排水船，从奇维塔韦基亚出航，发动对爱尔兰的入侵。沃尔辛厄姆也通过与其线民的家庭进行联姻以巩固他的情报业务。霍兹登迎娶了沃尔辛厄姆的继女艾丽斯，且将自己的儿子托付给沃尔辛厄姆抚养，以防"如果上帝在我回来之前，将我带走"。自从霍兹登赠给沃尔辛厄姆一只苍鹰后，两人可能对放鹰狩猎产生了共同兴趣。16 世纪 80 年代初期，他继续寄送关于埃姆登与安特卫普的报告。[21]

对于霍兹登这种财富与地位取决于贸易自由流动的人而言，沃尔辛厄姆无疑是强大的庇护者。在近代早期的欧洲，馈赠礼物的质量展示了人际关系的价值。1584 年，沃尔辛厄姆从君士坦丁堡收到一份独特的昂贵礼物：一张仿制托普卡帕（Topkapi）苏丹宫殿套间或后宫风格的皮革地毯。馈赠者是伦敦商人威廉·哈博恩（William Harborne），他自 1578 年以来一直居住在奥斯曼帝国首都。在当时土耳其对波斯的战争中，英格兰人成为颇受欢迎的军火供货商，而哈博恩通过与苏丹穆拉德三世（Murad III）谈判，获取了英格兰商人的经商特许状。伊丽莎白女王鲜少错失节省开支的机会，遂于 1582 年任命哈博恩为新成立之土耳其公司的"发言人和代理人"，由公司承担其费用。

沃尔辛厄姆也发现了与土耳其结盟的优势。对于一位具有清教倾

177　　向的英格兰国务大臣而言，与一个被视为基督教欧洲祸患的伊斯兰帝国结盟，似乎是一个诡异的合作场景。然而，若可劝诱地中海强权奥斯曼帝国向西班牙开战，菲利普二世将被迫重新部署原来用于对付英格兰的船舰。1585 年，沃尔辛厄姆以密码写信给哈博恩，以"您的挚友"的身份，指示他向奥斯曼帝国的大臣解释西班牙的崛起会如何威胁到苏丹的尊严。沃尔辛厄姆拟定的应对之策是展开军事攻击，选择从奥斯曼控制的非洲海岸直接向西班牙本土进攻，或发动海军对哈布斯堡家族在意大利的领土进行袭击。在往后 3 年里，哈博恩尽责地请求苏丹挪用部分军队来抵抗西班牙，但事实证明苏丹更倾向于对抗波斯，难以另辟一条对抗天主教世界的战线。1588 年，哈博恩从君士坦丁堡调职返抵诺福克，开始撰写一篇关于他在土耳其经历的记述，后被刊印在理查德·哈克卢特（Richard Hakluyt）的《英格兰民族的主要航行》（*Principal Navigations of the English Nation*）上。合理推断，这本书被敬献给他们的共同赞助人沃尔辛厄姆。[22]

　　在宫廷世界，正式驻外使节以及如同威廉·哈博恩之流的半官方特使需依照——至少在表面上——骑士精神与亲善和睦的准则形式，通过夸张的礼仪来展示国力，代表君王。女王的国外形象关乎政府形象，她极为重视这一点，因为她政权实力的衡量取决于她自身的声誉。按照欧陆标准，英格兰人口相对稀少，军事资源匮乏，女王更应展现权力和尊荣以振国威。故当官方外交转入地下间谍部署时，自然不被允许连累英格兰君主制的公共形象，这就限制了国家官方渠道的情报活动。

178　　然而，在王室的辉煌假象下，伊丽莎白时期的特务组织还有另一面貌：雇用半专业的情报人员来搜集、解密和判读敌方的信息。沃尔辛厄姆情报部门的特征之一是其社会包容性，上至年轻的士绅，下至伊丽莎白时期的囚犯与轻罪犯，都参与其中。人们很容易将此系统与20世纪40年代初期布莱切利园等现代谍报机构进行比较；后者犹如大熔炉，吸纳了文法学校的男孩、大学教师和初进社交界的上流年轻女性等。而在伊丽莎白时期，在这个即使着装都须严格遵循议会依据阶层所设之规定的时代，沃尔辛厄姆敢于突破阶层条框，不拘一格招募人才。

位居伊丽莎白时代情报组织的最高层者，通常是曾受教于大学或律师学院，并精通古典语言与英格兰普通法的知识分子。罗伯特·比尔即为其中一员。几乎可以肯定，诗人克里斯托弗·马洛也位列其中。关于马洛曾在16世纪80年代中期为沃尔辛厄姆效力的猜测，为他的传记增添了趣味性，否则在关键细节上将缺少可圈可点之处。这似乎为《浮士德博士的悲剧》和《爱德华二世》等戏剧的颠覆性提供了背景，也可解释他在德特福德的寄宿房中被刀刺中眼睛而死的悲惨下场。然而，马洛骇人的无神论，以及他含糊不清但充满激情的性取向，与沃尔辛厄姆其他幕僚和特务所持的坚定清教主义形成鲜明对比。

不幸的是，这幅马洛绘像立足于狭隘且被污染的证据：欠缺他16世纪80年代中期在剑桥大学就读时的档案，且深受他逝世后大量诽谤的影响。马洛生前始终被流言蜚语所缠绕，但他本人也追捧这些谣言，而且他的神话正是，也仅是，在这些讲述中建构。但有一个地名在这些信息来源中反复出现：法国兰斯；这暗示着马洛曾以某种方式涉足该地。枢机主教艾伦在兰斯为传教团教士设立了学院，故此市成为弗朗西斯·沃尔辛厄姆反恐行动的持续监控目标之一。

就我们目前所知，马洛从事间谍工作的时间很短暂：仅在

1584—1585 年于剑桥大学基督圣体学院攻读硕士学位期间的数月兼职特务，后直到 1592 年方于荷兰弗拉辛港重操旧业。根据基督圣体学院的黄油账册（bouteillerie，意为瓶子储藏处，后成为记录餐饮消耗的账册），他在 1584 年米迦勒学期（Michaelmas term，秋季学期）曾暂离学院，后于 1585 年 4—6 月再次消失，并在返校后愈发挥霍。之后，相关档案皆陷入沉寂，直到 1587 年 6 月枢密院指示剑桥大学授予他硕士学位，并下令平息一起关于马洛企图叛逃兰斯的谣言。这些看似不寻常的突兀命令着实合乎常理，因为马洛受雇于"涉及国家利益的事务"。

马洛究竟为谁效力？尽管他偶尔向伯利勋爵汇报工作，但间接证据推测弗朗西斯·沃尔辛厄姆实为主要赞助者。马洛身为剧作家的生涯与弗朗西斯·沃尔辛厄姆爵士的堂侄托马斯·沃尔辛厄姆纠缠在一起，后者在 16 世纪 80 年代早期自我标榜为文学赞助者，穿梭于英格兰和巴黎之间，暗中协助传递政府信件。若托马斯以此渊源招募马洛，那他可能是后者在斯林巷的联系人。1593 年 5 月，英格兰政府赴托马斯·沃尔辛厄姆位于肯特的卡德伯里庄园搜捕马洛。不到一个月，托马斯成为马洛葬礼的送行者之一。马洛《海洛和利安德》（*Hero and Leander*）一书的 1598 年版本被编辑特别题献给托马斯·沃尔辛厄姆。关于马洛的情报服务，由于其社会辨识度太高，故而难以成为密探潜入枢机主教艾伦的神学院。但他也无需亲自离开英格兰搜集情报：他已转而监控那些正考虑远赴兰斯的剑桥人。[23]

克里斯托弗·马洛的双重身份——无神论者和间谍——使他得以和一位与兰斯神学院相关的剑桥硕士理查德·贝恩斯（Richard Baines）产生交集。早在 1581 年，当贝恩斯在兰斯被任命为天主教士时，就开始为沃尔辛厄姆效力。他始终是一位得力的神学院卧底，直到这一"潜伏间谍"的身份曝光，即威廉·艾伦拉丁文词汇中所谓的"*explorator*"。当马洛认识贝恩斯时，后者的职业生涯已接近尾声，他的身份暴露后被羁押于兰斯镇监狱，在酷刑之下，身心受到严重摧残。沃尔辛厄姆的情报员们对于近距离工作的要求反应殊异。在某些层面上，这种合作方式的确培养了一种立足于爱国主义或信仰的团队精神，但对于某些人而言，却感到窒息。贝恩斯极其厌恶马洛，曾记录下他挑衅性的谈话，指出马洛关于无神论的漫谈及"对上帝之言的藐视"，足以在这位诗人周围营造出一种氛围，引导他人认为可借谋杀他而获利。[24]

　　或许，投资马洛为沃尔辛厄姆带来了另一种红利。伦敦剧场是为数不多可以公开议论政治的场所之一，故王室始终对演出剧目投以关注。对沃尔辛厄姆而言，马洛可能代表一位身处文学界的内应，如同理查德·贝恩斯在兰斯神学院当卧底一般。此并行策略为参与者提供身份庇护。1583 年，沃尔辛厄姆指示王室祝典长埃德蒙·蒂尔尼（Edmund Tilney）组建女王剧团。无论动机为何，沃尔辛厄姆对戏剧和演员的赞助，值得让我们重新推敲这位在传统上被公认为冷酷无情的清教徒形象。

　　马洛深受同性恋与隐秘天主教信仰等流言蜚语的困扰，始终处于沃尔辛厄姆聘雇之特务光谱的一端。处于另一端的则是马里韦利·卡蒂利（Maliverny Catlyn），他曾于 1586 年 4 月从鲁昂来信，承诺"这份工作将见证我致力于维护上帝信仰、女王陛下以及国家的真诚责任"。根据卡蒂利的说法，他曾在低地国家从军，后潜入法国的英格兰天主教流亡者群体。在对沃尔辛厄姆的布道演说中，当论及"舞台剧的日常滥用"议题时，他阐述了自身信仰的真实基调："这是对虔诚信仰的亵渎"，更"无疑是对福音传播的巨大障碍，因为教宗党人确实对这个污点欣喜万分"。当 200 名演员身着绸缎华服招摇过市时，却有多达 500 名饥民流落伦敦街头。对此，卡蒂利主张每家剧院应每周向穷人支付抚慰金。

尽管卡蒂利鄙视伊丽莎白时期的剧场，但他必然是一位令人信服的杰出演员。沃尔辛厄姆将他先后安插进朴茨茅斯与马歇尔西监狱实施监控，他顺利取信于一名囚犯，后者向他吹嘘：法国与西班牙帝国的入侵，连同国内纷起响应的天主教起义，将在收获季节前使他们重获自由。卡蒂利将该信息以"最快速度"转呈沃尔辛厄姆。正如沃尔特·威廉姆斯先前的深刻领悟，监狱卧底生活向来不易。卡蒂利需费尽心思取得纸张和墨水，还得试图打消狱卒的疑虑，"事实上，他将我视为严重叛国罪的重犯，因此我不得不以女王陛下的名义，命令他将这封信传递给阁下您（沃尔辛厄姆）"。待沃尔辛厄姆尽可能搜集到所有狱中情报后，转派卡蒂利调查英格兰北方天主教势力。

卡蒂利对舞台剧的强烈抨击，暗示着是宗教热情驱动他投效沃尔辛厄姆的情报系统。他将英格兰民族定义为《旧约》中的上帝子民，也将自身列入选民之列："如果人们的罪恶依然激怒他，上帝必然放弃居住在以色列的帐篷之中。"在其他方面，我们赫然发现卡蒂利不只侍奉上帝，还同时追随财神。他从鲁昂寄来的信件企图唤起沃尔辛厄姆关注"我的贫穷生活，这种困窘有时使我不知所措；作为家族次子的幼子，我只能屈居第七继承顺位，被迫四处谋生"。几个月后，他再次写信恳求金援，否则"我与家人将煎熬度过我们有史以来最寒冷的圣诞"。沃尔辛厄姆赠予他 5 英镑，倘若卡蒂利的家庭渴望任何一种体面生活，这种赠予绝对算不上慷慨。[25]

这俨然成为伊丽莎白时期间谍的奖励形式，专案性针对不同任务和执行绩效给予酬庸，截然迥异于现代国家的情报体制。但这种弹性奖励也成为沃尔辛厄姆情报系统的特殊优势，吸引他的人马争相效力，并对他个人忠心耿耿。这甚至达到控制成本的效果，考虑到伊丽莎白女王众所周知的吝啬，这一点至关重要。我们很难从档案中追踪到伊丽莎白时期情报业务的资金来源。部分资金通过御玺签发的授权状拨付，既非通过议会表决，也非通过官方正式的财政与审计部门支付。这种弹性更利于沃尔辛厄姆工作，因他早在 16 世纪 70 年代中期就已实际执掌御玺处，但 1619 年伦敦大火焚毁了许多御玺授权状记录，导致历史学家的研究陷入困境。迄今幸存的档案，辅以私玺处书记官托马斯·莱克（Thomas Lake，因高效的行政作风而获得"Swiftsure"的昵称）编制的"秘密服务"拨款清单，揭示了沃尔辛厄姆每年获得的情报资金。1582 年获得 750 英镑，至 16 世纪 80 年代中期上升至约 2 000 英镑，随西班牙无敌舰队危机缓解后降至 1 200 英镑。一般而言，王室每年预算约 30 万英镑，意味着伊丽莎白时期情报业务支出约只占政府支出 1% 中的三分之二。但这种估算可能会产生误导，原因有二。首先，情报员通常不是以现金，而是以实物作为奖励，例如负责管理一个获利丰厚的王室庄园。其次，沃尔辛厄姆逝世时积欠的巨额债务显示，当国家补助不足时，他自掏腰包来支付情报费用。[26]

183

　　沃尔辛厄姆对情报的收购积极性大幅扩充了他的个人情报系统，但同时引发同僚的不安。罗伯特·比尔曾指出："他利用金钱腐蚀了教士、耶稣会教士与叛徒，诱使他们泄漏对这个国家的背叛行径。"比尔身为沃尔辛厄姆的同僚和连襟，也是一位期待前往新教应许之地的朝圣知己。但他殷殷告诫未来的国务大臣切勿过度效仿沃尔辛厄姆，当"目睹了他的慷慨大方被厌恶，我认为您不应该参考这种先例"。威廉·卡姆登也暗喻沃尔辛厄姆已然越界，陷入圈套："教宗党人谴责他是一位狡猾的技工，汲汲谋划着自己的工作，并引诱人们陷入危险之中。"卡姆登的语气充满防御性，但他的墓志铭和比尔的《枢密大臣与国务大臣工作条例》均提供了一些新教视角的证据，显示沃尔辛厄姆将新教信念置于对法律的尊重之上，这正是天主教徒所宣称的。[27]

　　姑且不论道德规范，沃尔辛厄姆收买并策反英格兰的敌人为己效力的策略，确实带来一些惊人成果。通过贿赂、威胁和促使皈依新教等方式多管齐下，沃尔辛厄姆渗透进国内外的英格兰天主教群体，策反了部分平信徒和神职人员。1581 年，一位富有的萨福克士绅乔治·吉尔伯特（George Gilbert）在两年前赴欧陆游学时皈依天主教，如今流亡兰斯和罗马。其仆人托马斯·罗杰斯（Thomas Rogers）随侍同行，却频繁以化名尼古拉斯·贝登（Nicholas Berden）现身于国家档案。无论基于何种原因，贝登最终选择了双面生活。1583 年，他从罗马写信向沃尔辛厄姆禀告"关于苏格兰女王在该地的活动"。

184　　贝登的情报搜集行动开始启人疑窦，从而锒铛入狱，并于获释后返回英格兰。

　　对沃尔辛厄姆而言，贝登的利用价值在于他自流亡罗马以来在天主教群体内部积累的信誉。在 1585 年春天前，他几乎每隔数天就寄递报告，汇报他和一位天主教士共进晚餐，以及与枢机主教艾伦之代表的交谈内容。他深入天主教地下组织，收集了丰富的情报。贝登汇报了天主教徒位于伦敦的安全屋和监狱活动；指出一艘藏匿了天主教士和书籍的法国商船正开往纽卡斯尔，但当地执掌海关的英格兰官员实为一位"虔诚的教宗党人"；以及揭开了一张支持神学院教士和耶稣会教士的英格兰网络。沃尔辛厄姆也由此得知，威廉·艾伦会向教士提供 6 英镑或 7 英镑的现金，"以及一套新衣服"供执行任务时穿着。当年夏天，贝登被调派至法国，他迅速在流亡者群体中巩固了自身地位，从而为沃尔辛厄姆提供了一个情报搜集的替代方案，用以取代爱德华·斯塔福德大使掌控下的驻巴黎使馆系统。

　　为沃尔辛厄姆工作不久后，贝登就确定了背叛抚育他之天主教文化的缘由。他的表述如此慷慨激昂，在情报档案中极为罕见，值得在此直接引述他的原话：

> 每当我有机会执行一些少见的危险任务时，可能部分是
> 为了我的国家，也是为了我自身的信誉，您将会发现我始终
> 以最坚决的态度待命行动……我唯一的渴望是，我承认我是
> 一个间谍（这是一种令人厌恶却必要的职业），但我履行职
> 责绝非仅为图谋私利，而是为了捍卫我的祖国之安全。

若身处当时语境下阅读这封信，其表述貌似十分有理。伊丽莎白时代
通常赞扬那些为了追逐名利而甘冒风险者。贝登的间谍工作无疑是高
风险的，且依照新教标准，堪称英雄式奉献。他上述的政治语言是对
于 16 世纪 80 年代前深植于英格兰文化之民族主义的合理反应。

奉献国族，貌似合理，但也不全然如此。因为尼古拉斯·贝登和
马里韦利·卡蒂利一样，也服务于金钱。在天主教圈子里，为了掩饰
变节，他伪装成一位可以通过英格兰宫廷人脉影响沃尔辛厄姆审核减
刑的人，但前提是支付足够高的价码。凭借天主教绅士的竞相贿赂，
他累积了财富，在天主教群体中的声誉也水涨船高。贝登确实手握
生杀大权，得以在沃尔辛厄姆的囚禁教士名单上标注何人应被放逐、
何人应被监禁以及何人应被绞死。他设法取信于各方。1588 年 4 月，
当贝登的间谍身份终于在巴黎曝光，他向沃尔辛厄姆写下最后一封
信，感激主人协助他获取了向王室厨房供应家禽的特许合同。《牛津
国家人物传记大辞典》迄今尚未编写他的条目，但这位间谍确实应当
拥有一席之地。[28]

或许，这并不足为奇，都铎王朝宗教和政治的严酷考验竟培养出
尼古拉斯·贝登之流，操弄荣耀和爱国主义的语言以捍卫自己的血腥
晋升之路。更令人惊讶的是，沃尔辛厄姆竟得以从正在缉捕的天主教

185

士中吸纳双重间谍。最臭名昭著的变节者莫过于吉尔伯特·吉福德
(Gilbert Gifford)，他将在巴宾顿阴谋事件中扮演核心角色。吉福德
绝非一位安分之人。他是斯塔福德郡一位拒绝国教者之子，1577 年，
年仅 17 岁的他进入艾伦的杜埃神学院学习。在与另一位学生决斗后，
他转学进入罗马的英格兰神学院，随即又被开除。1583 年，艾伦接
回吉福德，任命其为执事。他随后赴巴黎会见了流亡天主教反抗群体
的两位领导者托马斯·摩根 (Thomas Morgan) 与查尔斯·佩吉特。

摩根迫切想与当时软禁在吉福德家乡查特利的苏格兰玛丽建立秘密联
系。但吉福德过于引人注目，且性情暴躁，难以胜任为一名可用的信
使。1585 年 12 月，他在渡过英吉利海峡、抵达莱伊港后迅速被捕，
并押送给沃尔辛厄姆审问。

当吉福德在莱伊港被带走时，是否就已投诚英格兰情报系统？一
位耶稣会作家声称沃尔辛厄姆早在两年前就策反了他，但吉福德生平
的最新传记作者则倾向于双面假设。倘若对他的变节指控无误，那么
他在巴黎与摩根和佩吉特的交易就成为如同卡姆登所称之与沃尔辛厄
姆"共谋"的典型例子：诱发英格兰流亡者叛国的马基雅维利式谋
略。自此，沃尔辛厄姆和伯利主导之谋害苏格兰玛丽的阴谋，轻易开
启了第一步。毫无疑问，吉福德成为诱使玛丽与安东尼·巴宾顿进行
最后一次叛国通信的网络中的关键一环。沉浸在胜利喜悦中的沃尔辛
厄姆给予他 100 英镑的津贴，相较于支付给其他特务的酬金，这无疑
是一笔巨款。但吉福德的后续行为愈趋古怪，始终令人费解。他并
未选择在英格兰安度余生，反而回到巴黎。不知何故，1587 年 3 月，
苏格兰玛丽被处决后不到一个月，他被任命为教士，同时谈及重返罗
马。吉福德对神职的投入程度启人疑窦，因为他之后在巴黎一家妓院
落网，并死于大主教监狱。爱德华·斯塔福德爵士谴责他是"有史以
来最恶名昭彰的多重恶棍，因为他玩弄了世界上所有的人"。[29]

其他一些天主教士也遭策反或皈依新教。安东尼·蒂勒尔 (Anthony Tyrell) 自幼流亡海外，后在罗马的英格兰神学院获授圣职，于 1581 年赴英格兰。如他所言，无论在兰斯追随威廉·艾伦，或在巴黎与查尔斯·佩吉特共事，抑或在罗马服务教宗和耶稣会总会长，他的传教事业始终和政治煽动交织在一起。但 1586 年，蒂勒尔最终在英格兰落网时，却已准备好献上关于教士同僚行踪和联系方式的大量情报。他被迅速秘密押解至伦敦的克林克监狱，尝试从羁押在该监狱的天主教徒处套取更多信息。蒂勒尔被允许参加听闻告解和弥撒，用以探查情报。当他的一切利用价值——不只是情报渠道，还包括在伦敦圣十字保罗举行新教布道——被英格兰政府耗尽后，他被聘为埃塞克斯湿地地区的英格兰国教会牧师。之后，他又赴伦敦妓院，意味着再一次奉命轮替入狱进行监控。最终，他在那不勒斯结束了自己的生命；显然，他选择再一次皈依天主教。[30]

187

我们很难理解吉尔伯特·吉福德和安东尼·蒂勒尔这类变色龙如何形成。马洛的劲敌理查德·贝恩斯自始就是一位阴谋家，他寻求教士任命只为顺利卧底兰斯神学院。而蒂勒尔和吉福德则单独形成一个特殊类别，有别于历史学者欲将伊丽莎白时期的天主教区分为信徒和叛教者的整齐分类。整体情况显然更复杂，但在心理层面也趋向合理：隐藏的忠诚、部分的皈依以及对教会和国家重叠的忠诚。狂热的安东尼·蒂勒尔在 20 年间反复改变信仰多达 6 次，他曾在一次驱魔时被魔鬼附身，这种恐惧感始终折磨着他。吉尔伯特·吉福德在摧毁苏格兰玛丽后又重返天主教会的决定，也同样反常。然而，无论如何转变，这些双面间谍足以使沃尔辛厄姆在英格兰天主教群体内部制造一种永久性恐慌。藏匿在谷仓和阁楼里的信众，有充分理由担心被四处搜捕的治安法官或王室属官发现。但是，背叛也可能来自内部的犹大；面对这种威胁，立于高窗处的监控者是无从防备的。

188

　　研究弗朗西斯·沃尔辛厄姆建构的情报网运作，使我们得以拼凑出伊丽莎白时期英格兰的国家博弈图景。这个故事讲述了一位合法继位的都铎女王，尽管面临天主教狂热分子的暗杀和欧洲列强对其王国的入侵恫吓，但何其有幸，始终获得精明干练的能臣的辅佐与人民的爱戴。为击溃这种威吓，沃尔辛厄姆设计出一种秘密服务，用悉尼·李的话来说，"无论在国内还是国外，皆颇具马基雅维利式精明算计"。间谍活动可能是一项晦暗业务，但沃尔辛厄姆竭力维护了他个人的诚信与其辅佐之国家的安全："在任何情况下，都没有确凿证据表明其对特务监控下的对象滥施任何法律或司法压力。"对于悉尼·李这一代人而言，沃尔辛厄姆似乎充分体现了忠诚、爱国和公平竞争的价值观。科尼尔斯·里德在其潜心档案的多年研究中，也深感认同。

　　在《牛津国家人物传记大辞典》初版中，沃尔辛厄姆拥有一个幽灵分身，这由维多利亚时代的天主教士发掘出，当时他们正力图建构英格兰宗教改革的另类叙事模式。对他们而言，童贞女王伊丽莎白无疑是一位私生女和异教徒，而玛丽·斯图亚特则是一位从一而终渴望信奉天主教的英格兰王国合法继承人。沃尔辛厄姆的告密者与叛徒网络在这个故事中占据大量篇幅，作为国家权力的执行机构，意图彻底扑灭英格兰天主教的火焰。近年来，耶稣会历史学者弗朗西斯·爱德华兹（Francis Edwards）将思罗克莫顿阴谋描述为一场"将激进主战派与和平主义者团团围住，集体歼灭"的诡计；换言之，是沃尔辛厄姆与其团队操弄一位有勇无谋的空想家来谴责并定罪整个天主教群体。弗朗西斯·思罗克莫顿本人是受害者，而非犯罪者；胆小怯懦的他不愿犯下叛国罪，但在沃尔辛厄姆的酷刑下被迫提供了"虚假且伪造"的供词。出于显而易见的原因，弗朗西斯·沃尔辛厄姆的这种形象，吸引了现代电影制作人。[31]

总体而言，思罗克莫顿阴谋代表着沃尔辛厄姆情报网络一次令人印象深刻的胜利，这归功于担任内线的法国驻伦敦使馆书记官劳伦特·费龙。1583 年 11 月，这场阴谋原已近乎成功。吉斯公爵成功说服西班牙菲利普二世资助入侵坎布里亚与苏塞克斯，而思罗克莫顿将在此处加入军队。而且，这批军队已经开始在诺曼底集结。倘若我们承认伊丽莎白为英格兰的合法统治者，那么就可合理地将沃尔辛厄姆塑造成一位英雄。一个颠覆国家的明确威胁已然被斩断，玛丽·斯图亚特的支持者也陷入混乱中。然而，在内心深处，沃尔辛厄姆非常清楚，处决一位宗教激进分子并不能阻止其他人继续挺身而出，接替他的举事旗手位置。反对伊丽莎白的叛乱者所需的，仅仅是一次运气，而沃尔辛厄姆必须每次皆如此幸运。

第六章

盟约与密码

1583 年 10 月某日清晨，一名枪手孤身从沃里克郡启程，身负刺杀伊丽莎白女王的任务。作为一位暗杀者本该低调行事，但约翰·萨默维尔（John Somerville）的言行举止却引人侧目。他显然出身名门，但旅行时却无仆从随侍左右。他随身携挂重型枪支，这对一位绅士而言，无疑是一种诡异的武器选择。任何在路上与其相遇之人，皆会被他的弑君骚动所惊骇。萨默维尔入住一家小旅馆过夜，狂热地高声叫嚣要射杀女王，立下誓言要"亲眼看见她的头颅被插在一根杆子上，因为她是一条蛇，而且是一条毒蛇"。在他被逮捕押入伦敦塔后，他的妻子、妹妹和家人也很快锒铛入狱。

　　萨默维尔被控以严重叛国罪而遭受讯问。11 月 7 日，枢密院书记官托马斯·威尔克斯向弗朗西斯·沃尔辛厄姆报告，"除了萨默维尔与其家人的供词外，我们无法获知任何其他信息"，这句话暗示着施以酷刑的必要恫吓。在传统上，英格兰律法回避采用酷刑，但随着宗教改革撕裂社会，规则手册重新改写了。1575 年，在关于苏格兰玛丽向外界传递信息的调查中，沃尔辛厄姆向伯利坦承："若无酷刑，我们难以制胜。"尽管伊丽莎白女王对刑求依然力求谨慎，但施加酷刑以逼供的做法已愈趋普遍。1583 年，耶稣会教士威廉·霍尔特（William Holt）因涉嫌（后被证实无误）召集一个天主教联盟对英格兰发动圣战，在利斯落网被捕，沃尔辛厄姆催促英格兰驻苏格兰特使"将他绳之以法，施以酷刑，逼迫他坦承所知的一切"。这意味着霍尔特的双足将遭到反复碾压，直到他招供或昏厥为止。在萨默维尔于伦敦塔饱受折磨的数天内，沃尔辛厄姆也去信威尔克斯授权他拷问弗朗西斯·思罗克莫顿。

审讯官希望借拘留萨默维尔，连带揭露其他叛徒。他们大声讯问，谁是他的同谋？谁在他的内心种下了如此大逆不道的思想？他与伪装成园丁寄住在他岳父爱德华·阿登（Edward Arden）家中的天主教士休·霍尔（Hugh Hall）又有什么关系？鉴于当时压抑的政治氛围，萨默维尔的弑君叛国未承受太多质疑。刑事听审委员会判定他有罪；这是一种快速的法律程序，无须经过冗长的传统式审判。不料，他在从伦敦塔移监至纽盖特监狱等待女王恩赦的两个小时内死去；据传，他亲手勒毙自己。隔日，其岳父阿登在史密斯菲尔德以叛国罪被处决。他们被砍落的头颅均高悬在伦敦桥上，以震慑民众。

历史学者在事后看来，约翰·萨默维尔仿佛是叮咬大象的一只小虫。身为一名天主教徒和众所周知的苏格兰女王支持者，他早已置身于严密的监控之下。新旧教双方阵营的宣传者伯利勋爵和枢机主教艾伦，均认为萨默维尔有"暴怒"倾向或患有精神疾病。且他孤狼式的弑君意图在规模上与弗朗西斯·思罗克莫顿阴谋完全不在同一级别，后者是由西班牙金援、法国军队以及潜伏或渗入英格兰内部的天主教徒与教士间谍协力合作的高威胁性联盟。

然而，在某些方面，"萨默维尔阴谋"可以解释为何对暴政指控极其敏感的英格兰王室，选择对他的处置毫不留情。我们可以为约翰·萨默维尔绘制一张令人熟悉的英格兰绅士肖像。他年轻，享受着阶层特权，且在 24 岁生日时继承了散置在 3 个郡县的众多地产。
1576 年，他进入牛津大学赫特学院；同年，弗朗西斯·思罗克莫顿
离开这一学院。萨默维尔与爱德华·阿登之女玛格丽特的婚姻，巩固
了沃里克郡和伍斯特郡两个天主教家族的土地所有权。阿登在所属群
体中是一位备受尊敬的人物，曾于 1575 年担任沃里克郡守。他也是
莎士比亚之母玛丽·阿登的远房亲戚。更关键的是，或许令沃尔辛厄
姆犹豫不决的，是爱德华·阿登迎娶了罗伯特·思罗克莫顿爵士的
女儿。

　　萨默维尔、阿登与思罗克莫顿三个家族均在沃里克郡和伍斯特郡
置有庄园，这可能仅仅是巧合。玛格丽特·萨默维尔的母亲出身思罗
克莫顿家族；因此，当沃尔辛厄姆察觉到思罗克莫顿阴谋的那一刻，
约翰·萨默维尔选择了自杀。或许，约翰·萨默维尔和弗朗西斯·思
罗克莫顿未曾在赫特学院相遇。但在斯林巷的谍报狂热时期，似乎每
天都会冒出新的阴谋和联系；沃尔辛厄姆和他的幕僚不能承担有一丝
疏漏的风险。国家档案显示，思罗克莫顿和萨默维尔的阴谋同时摊开
在沃尔辛厄姆的办公桌上。11 月 5 日，枢密院审查了对萨默维尔亲
人和家属的审讯，并派遣委员会对他本人进行讯问。当晚，沃尔辛厄
姆下令在保罗码头逮捕思罗克莫顿。在沃尔辛厄姆的《工作备忘录》
或日记中，关于萨默维尔与阿登两家族的注记之下，紧随其后的就是
他"指示对思罗克莫顿进行新审讯"的备忘录；这是一场崭新的审
讯，因为女王现已批准动用拷问刑架。[1]

　　相较于弗朗西斯·思罗克莫顿，约翰·萨默维尔似乎不是足以服
众的天主教殉道者，且很快为世人所淡忘。但即使按照都铎监狱的标
准，他的暴毙也启人疑窦。一份关于 1584 年 2 月天主教活动的报告
提及萨默维尔被绞死在狱中，"以避免更大的邪恶"。威廉·卡姆登在
专著《年鉴》中记载，萨默维尔"除了对新教徒喷吐鲜血，未曾吐

露只字片语"，甚至挥舞出一把利剑；卡姆登听闻一些流言蜚语，影射萨默维尔之勒毙与莱斯特伯爵有关。爱德华·阿登一直将自身与莱斯特划清界线视为一种美德，他拒绝向后者出售财产，并含沙射影地嘲讽其诡异波折的婚姻史。16 世纪 80 年代初期前，天主教圈子里广泛谣传着莱斯特谋杀发妻埃米·罗布萨特（Amy Robsart），隐瞒将她推下楼梯致死的罪责，以便更亲近伊丽莎白女王。阿登早已触发英格兰当权者的嫌恶情绪；当萨默维尔作出反抗伊丽莎白政权的疯狂姿态时，让这对翁婿连坐毫无掩饰地暴露在敌人的面前，从而被一网打尽。[2]

　　一举侦破思罗克莫顿与萨默维尔的双重阴谋后，沃尔辛厄姆开始利用这一成就来促成民族团结。弗朗西斯·思罗克莫顿的生平与死亡被英格兰政府宣传以作忠诚训诫。文艺复兴时期的思想多试图在历史中寻找阐释当代事件的模式。一连串无法成功谋刺女王的叛乱者名单，包含罗伯托·迪·里多尔菲、弗朗西斯·思罗克莫顿以及约翰·萨默维尔，恰恰呼应了官方的宣传，即伊丽莎白女王与其忠诚的臣民无疑是上帝选民。新叛徒们陆续登场，但被神圣的正义逐一击溃，他们的名字也随之嵌入祈祷书中，进一步将对神选女王伊丽莎白的崇拜带入各地郡县。这些名字包括：威廉·帕里（William Parry），这位难以捉摸的下议院议员在 1585 年因意图谋刺女王而遭绞杀；安东尼·巴宾顿（Anthony Babington），1586 年因弑君阴谋东窗事发而死；爱德华·斯夸尔（Edward Squire），一位王室马夫，据称发明了一种涂抹在女王马鞍上的毒药，于 1598 年被处决。直到 17 世纪 80 年代，亨利·福尔斯（Henry Foulis）的《罗马教会的叛国与篡夺史》（*History of Romish Treasons and Usurpations*）一书，仍旧向新一代英格兰新教徒宣讲着同样的故事。[3]

194　　反抗伊丽莎白女王的阴谋催生了另一项强化人民服从的倡议，且规模和范围更为大胆。1584 年 10 月，枢密院欲将英格兰王国团结为一个联盟，协力捍卫女王的人身安全。英格兰新教徒始终密切关注着尼德兰的消息，当地的战况正急转直下。1584 年 7 月，奥兰治的威廉被一位狂热的天主教徒谋害身亡，沦为一种逐渐将暗杀统治者视为合法策略之政治文化的受害者。少了奥兰治的威廉的阻碍，菲利普二世的军事指挥官帕尔马公爵迅速征服根特和佛兰德斯。真正宗教的事业俨然风雨飘摇。如今，当务之急是建构一个新的国家性盟约，提醒英格兰人民关于伊丽莎白女王统治的福泽庇荫，以及任何反抗势必面对的痛苦命运。

　　沃尔辛厄姆和伯利共同起草了一份《保卫女王陛下的联盟公约》，简称《联盟公约》。要求所有臣民"在任何时候应竭尽全力抵制、追捕和镇压以任何方式意图危害其君主的荣誉、财产或人身的行径"。抵制、追捕和镇压，这组都铎王朝的三词一体标语，意在深深烙印于民众的记忆之中，如同信众被要求牢记"阅读、标记并领悟贯通"《圣经》条文一般。那些记忆良好的人可能回想起 1534 年，当时亨利八世的臣民宣誓尊崇他们的国王为英格兰教会至尊元首。伊丽莎白时期的誓言进一步加强了人民的神圣职责，手按在福音书上公开宣誓：时刻保持警惕，随时准备告发他人而无需顾及友谊或群体，且个人必须承诺拿起武器保卫君主。

　　1584 年《联盟公约》为英格兰政府宣传的神来之笔。大多数英格兰民众，尤其是那些位处王室夏季巡游范围之外的民众，对于君主最模糊的概念可能仅止于血肉之躯。他们对女王的印象和接触仅限于硬币上经年累月磨损的肖像，或《圣经》扉页上伊丽莎白女王的刻印图像。《联盟公约》旨在跨越统治者和被统治者之间的鸿沟，培养对政权效忠的崇拜，并要求对任何威胁政权者进行"最彻底的报复"。这个忠诚誓约与王室宫廷的艺术性辉煌形成了迷人的对照；在宫廷中，肖像和诗歌颂扬了女王如同神一般的全知全能，回避了她的人性弱点。《联盟公约》在庄严的剧场式氛围中签署。在威根一座教堂里，自愿者按照社会地位陆续上前，脱下帽子，端正跪着，宛如庄重地请领圣餐。最初，这只针对士绅阶层，但随后，成千上万的市民也踊跃排队等候在盟约上签署他们的名字。在约克郡，亨廷登伯爵收集到的联名足以"装满一个大箱"。而那些不会签名者被允许留下他们的专属印记，文盲无碍于忠诚。

　　然而，这项联署活动并非如表面所见的那般属于自动自发。沃尔辛厄姆监督了这场风靡英格兰各郡的行动，深知这一联署活动若是自愿性的国家效忠行为，将更具价值。伯利亲自起草了一封信，在担任女王各郡县主要代表的郡尉之间传阅，沃尔辛厄姆也添加了一些他的指示。他写道："阁下您无需知晓是从我这里收到该副本，而是来自这些地区的其他友人。"更重要的是，这个盟约被视为根源于"她忠心耿耿之臣民的特殊关怀"。这是对 1584 年危机时刻所精心设计的回应，展现了伯利和沃尔辛厄姆操纵公众舆论的熟练。在精神层面上，盟约代表着基督和世俗改革教会之间的契约，为加尔文主义神学的核心精神。对于两位起草人而言，它还具有更残酷的吸引力，将大众目光投射锁定在苏格兰女王玛丽的身上。机警的玛丽以政治手腕还治英格兰的政治算计，自发签署盟约，彰显她未曾背叛英格兰王室。这一盟约符合她为自己创造的人设，即尽管被违法软禁，但她始终忠于伊丽莎白女王。而英格兰政府在此博弈中更胜一筹的是，玛丽的联署让沃尔辛厄姆手握一份无价的筹码：这是苏格兰玛丽亲自宣布的效忠誓言，若违背此誓，即可援引这份文件来处置她。沃尔辛厄姆对此保持缄默，预备守株待兔。[4]

　　1585 年，《联盟公约》终于获得议会批准，立为《女王安全法》，以确保女王的人身安全。这部全面性的新法基于"近来在国内外策划和安排的各种邪恶阴谋"，从而建构起正当性。它全面授予女王的臣民处死任何意图反抗女王之人侵者或谋反者的权利。事实上，这部新法将民众的私刑正义予以合法化，这在 16 世纪 80 年代初期前简直是不可思议的荒谬。当议会正式通过这项法案时，伊丽莎白女王发表演说，表达了对这种自发性国家忠诚的欣慰之情："在此，我承认，没有任何君主能比我更稳固或更紧密地与你们的善意结合在一起。"

保护女王人身安全的说辞背后，似乎隐藏着一些更激进的想法。倘若伊丽莎白女王惨遭谋害，由谁执政？议会几近要授权一个由枢密院、部分经择选的贵族以及王室法律官员共同组成的临时行政机构，认可其具有选择王位继承者的权力。这绝非是一个世纪之后光荣革命的提前试验，主权的转移只是暂时的，但这一权宜之计仍比议会先前的任何尝试都走得更远。当想象着一个紧急的共和政体时，沃尔辛厄姆回忆起他早年在剑桥和帕多瓦学习的古典历史，而伯利则回顾了他在爱德华六世统治时期的行政经验。这两人都熟悉司法判解记录者埃德蒙·普洛登（Edmund Plowden）近期重申的中世纪"国王双体"（king's two bodies）学说。他在 1571 年的报告中，对比了政治形体（body politic）与自然形体（body natural）。前者"由政策与政府组成，用于指挥人民，管理公共福祉"；后者则为君主的血肉之躯，将如同凡人般衰老死去。这个理论最初为了解释王室继承而逐渐发展；也可用以证明在没有君主的情况下，政府行使王权的正当性。结果，伊丽莎白女王警觉到她的王室特权受到威胁，故这一临时执政体最终未获授权，世袭君主制原则未被撼动。这成为女王个人的胜利，直到她驾崩的那一刻，她的大臣还在揣测王位继承人。[5]

当 1584—1585 年议会正激动沸腾之际，一名间谍，同时身兼肯特郡昆伯勒下议院议员的威廉·帕里被迫亮相。帕里的生平，即使依据伊丽莎白时期情报组织中变节者和卖国者的标准来衡量，也令人颇为费解。他与一群威尔士乡绅共同生活，这群人的土地收入仅能勉强维持他们的社会地位。与日俱增的债务、入室盗窃的死刑改判减刑以及虐待与其结婚之伦敦富媪的女儿等谣言甚嚣尘上，迫于无奈，他前往巴黎，希望通过为政府服务而获得特赦。他先为罗马天主教会所接纳，积极融入法国的天主教流亡群体，同时在法国取得法学博士学位，甚至曾与耶稣会教士威廉·克赖顿讨论弑君神学理论。1584 年夏天，他回到英格兰，并通过某种方式在 11 月重返下议院。短短一个月内，他在下议院激烈抨击针对神学院教士和耶稣会教士的新立法充斥着"血腥、危险、恐怖与绝望"，却随即下跪道歉。1585 年 2 月，一位名为埃德蒙·内维尔（Edmund Neville）的间谍指控帕里曾与其讨论谋刺伊丽莎白女王，后在威斯敏斯特宫以叛国罪受审。最初，他供认不讳，但随后以遭受酷刑威胁为由撤回供词。

帕里曾亮出作为政府特务的身份，从事"防止和发现罗马教会与西班牙对抗我们国家的所有行径"。这种身份落差让我们难以判断他的真实底色究竟是卧底兰斯英格兰神学院的策反者，还是从事令人震惊之虚实诈骗的天主教叛徒。或许，连他都不认识自己了；他假定的多重人格可能使自身忠诚陷入无可挽回的混乱和妥协。连同时代的人也无法确定他的倾向，尽管罗伯特·帕森斯总结认定帕里确实与友人密谋杀害女王。拉斐尔·霍林斯赫德则认为沃尔辛厄姆逼迫帕里尽可能吐露先前谈论过的任何细节，尽管这是为了诱捕天主教的目标对象，但仍可能让帕里深陷叛国罪的嫌疑。帕里似乎引颈期盼着王室恩赦，却在伦敦塔的最后几天中，字迹潦草地上书伊丽莎白女王，建议"珍惜"苏格兰女王玛丽作为她"毋庸置疑的继承人"。显然，这是一个严重错判，反映着他与现实如此脱节。

和弗朗西斯·思罗克莫顿一样，帕里最终以反叛者的身份被处以极刑。大英图书馆收藏着一份手写的《帕里死刑的报告》（*Report of Parry's Execution*），戏剧化了他的受刑临终演说。他忠告天主教同胞：

> 我在此地，并非为了讲道，也无意对你们进行任何演讲，我在此地，唯求一死。而且，我在此向你们所有人声明，尽管被宣判死刑，但我确实清白无辜：我从未企图对最神圣的女王陛下行凶，而是持续虔诚地祈求上帝护佑她免于遭受所有敌人的侵害。在此，我将以我的死亡和鲜血保证。
>
> 与我持有相同宗教信仰的同胞们，请注意，永远不要对她施以残暴之手，她是上帝的受膏者；在我临死前，请记住我这番肺腑之言。

199

随后，在死刑台周围观刑的人们，目睹帕里先是被击倒在地，然后听到他被剖腹取肠时的呻吟哀嚎。这场"帕里阴谋"确保了牵涉女王人身安全的法案，在没有进一步反对或异议的情况下，顺利通过成为法律。何其讽刺，或许，这也是英格兰政府一以贯之的企图。[6]

"我从在法国的托马斯·摩根处取得了密码。"弗朗西斯·思罗克莫顿向审讯官描述他如何联系囚禁中的玛丽·斯图亚特及其远在巴黎的英格兰支持者。威廉·帕里在旅居法国期间与摩根结交。根据拉斐尔·霍林斯赫德的《编年史》，帕里承认曾向摩根吹嘘他决心为天主教会执行一些重要任务，甚至不惜杀害英格兰最重要的臣民。摩根直言不讳地回应：为何不杀害女王本人？我们在前文曾瞥见摩根，他受到劲敌沃尔辛厄姆与斯塔福德大使的巴黎监视系统的紧密追踪；很快，我们将再次见到他，他将成为 1586 年安东尼·巴宾顿叛国阴谋中的一枚齿轮。摩根招募了杜埃神学院的学生与双面间谍吉尔伯特·吉福德作为苏格兰女王的信差。值得注意的是，尽管在帕里阴谋曝光后，法王应伊丽莎白女王的监禁要求，将摩根扣押于巴士底监狱，但身陷囹圄的他依旧得以参与巴宾顿阴谋。无论在法国还是在英格兰，监狱俨然成为有抱负之革命者的总部。

托马斯·摩根是 16 世纪 80 年代流亡天主教抵抗活动的幕后策划者。和帕里一样，他也是威尔士人，出身于小士绅家庭，因经济拮据而不得不自谋生路。在伊丽莎白统治早期，他曾担任埃克塞特主教威廉·阿利（William Alley）的书记员，后成为约克大主教托马斯·扬（Thomas Young）的秘书。对于一位自称父母是天主教徒的人而言，这些经历颇不寻常，因为阿利与扬皆是新教建制的模范。更诡异的是，托马斯·摩根的生活与其兄弟罗兰（Rowland）大相径庭，罗兰的职业生涯以天主教神学院教士开始，以回归英格兰国教会告终。对于托马斯来说，醒悟始于他在 1568 年进入施鲁斯伯里伯爵家服务，与软禁中的苏格兰女王玛丽会面时。他积极协助玛丽，当她房间被搜查之际，往往提前秘密告知，并帮忙隐藏可疑文件。当英格兰政府侦查里多尔菲阴谋之时，察觉摩根涉案其中，导致他 1572 年的大部分时间被囚禁在伦敦塔。获释后，高达 1 万英镑的保释金仍无法阻挡他重返苏格兰女王的阵营。1575 年，伦敦文具商兼书商亨利·科金（Henry Cockyn）被揭发利用他的商店作为苏格兰玛丽的信件联系站，而摩根正列名于其联系单上，遂遭沃尔辛厄姆再次下令逮捕。但这一次，他更加机敏了，及时遁逃至巴黎。1581 年，玛丽开始支付津贴给他，且在她的驻法代表格拉斯哥大主教詹姆斯·比顿家中为他谋得职位。[7]

比顿指派托马斯·摩根担任密码员。苏格兰玛丽利用这位巴黎代

（左侧页边：200）

表向同情她的国外各方势力请愿，而这些信件多经摩根之手。鉴于玛丽在英格兰监管之下的处境堪忧，通信的安全性至关重要。但通信始终存在显著风险，信使随时可能遭到逮捕并被押入伦敦塔，经严刑逼供吐露出其所知细节。监控南部海港的王室侦查员清楚应到哪里去寻找隐藏在进口布匹包裹、酒瓶里或装订在书籍中的文件。一旦被拦截，经解密判读后，这些犯罪文件多被继续传递至原定目的地，以诱使密谋者出洞现形。沃尔辛厄姆的助理之一亚瑟·格雷戈里擅长伪造，更专于修复信件的蜡封，"无人可以判断它们是否被打开过"。

　　搜查早在预料之中，因此双方特务设计出传递机密信息的隐藏方式。在 16 世纪中叶的一篇文章中，那不勒斯科学家兼术士乔瓦尼·巴蒂斯塔·德尔·波尔塔（Giovanni Battista della Porta）解释如何调配 1 盎司的明矾和 1 品脱的醋，使之混成一种溶液，可用以在鸡蛋内部留下隐形信息，只有当蛋壳被打破后才会显现。明矾为布料贸易中常见的一种化合物，一般用作媒染剂或染料固定剂，大量进口以因应英格兰羊毛业的需求。监禁中的苏格兰玛丽就曾选用明矾传递信息，她兴奋地转发了一份隐形墨水的配方给法国驻伦敦大使："将纸浸入一盆水中，然后置于火上烘干，密文将呈现白色，在纸张干之前可以轻松阅读。"我们之所以知晓这一机密，是因为卡斯泰尔诺大使宅邸的内线将玛丽的信件转交了沃尔辛厄姆，且迄今仍保存在他的档案中。1586 年 2 月，亚瑟·格雷戈里从"我幽暗的破房子"里写信向沃尔辛厄姆报告关于秘密书写的化学研究。他主张明矾的确可通过火和水"现形"，但最佳媒介莫过于煤粉。在这封信的底端，格雷戈里为他的主人提供了一项练习。"如果阁下您在黑色框线内涂抹这种粉末"，他提醒，"这些字母将呈现为白色"。沃尔辛厄姆确实按照他的指引操作了：即使在现代紫外线照射下也无法清晰判读的四行拉

201

丁文，却在一片煤灰中朦胧现形了。[8]

　　其他间谍则利用碎洋葱或柠檬酸进行实验。1582 年，沃尔特·威廉姆斯从莱伊监狱报告关于"叛徒用橙汁写成密文传递情报的计划"。一旦没有其余材料可供使用，他们就会用上自己的尿液。与此同时，沃尔辛厄姆仍与自身的陈年痼疾奋战不休，这意味着他需要聘请医生和药剂师，而这群人可为他讲解秘密写作的化学原理。其中，可能的人选为罗德里戈·洛佩斯（Roderigo Lopez），他是一位葡萄牙马拉诺人（marrano）或被强制基督教化的犹太人之子，曾于 1571 年在巴黎治疗过沃尔辛厄姆的肾结石，后来成为伊丽莎白女王的御医。洛佩斯通过隶属马拉诺商人群体的表亲来套取情报，再将之传递给沃尔辛厄姆，但他也因擅长投毒而声名狼藉。另一个情报来源是炼金术士约翰·迪伊，当讨论格里高利历法与通往中国的西北航道时，他被沃尔辛厄姆称为"我非常亲爱的朋友"[9]。

　　由于隐形墨水的标准配方已广为流传，故防止泄密的效果有限。相较之下，采用代码或密码加密的秘密通信更加有效。近代早期意大利在密码加密技术方面居于领先地位，这需归功于其竞争激烈的早熟城邦外交。威尼斯共和国在 16 世纪 40 年代设有 3 位密码秘书，且密码办公室正位于总督府，同时还成立了一所专门学校训练加密技能。教宗自 1555 年起专门任命了一名密码秘书，而佛罗伦萨和米兰公国也各自聘雇密码专家。尽管弗朗西斯·沃尔辛厄姆于 16 世纪 50 年代在帕多瓦的活动鲜少留下记载，但意大利的流亡生活很可能为他提供了情报与民法等方面的训练。在此期间，西班牙菲利普二世可能借由与玛丽·都铎 1544 年的婚姻，将繁复的西班牙密码系统引入英格兰。但总体而言，在沃尔辛厄姆挖掘出加密通信的潜力之前，英格兰对该技术的发展似乎落后于意大利、法国和哈布斯堡王朝。[10]

　　16 世纪 70 年代中期，英格兰天主教传教士的陆续抵达推动了加

密通信日新月异的创新。如果教士和反抗伊丽莎白政权的阴谋者借由
密码联系，那么当务之急必须迅速破解这些密码。有时，欧洲诸国的
新教势力彼此分享情报。1577 年夏，奥兰治的威廉向英格兰外交官
丹尼尔·罗杰斯通报了奥地利的唐·约翰的进攻计划，后者设计以躲
避风暴为由，使西班牙军队借机登陆英格兰。该情报被一位胡格诺
派将领拦截，由奥兰治的威廉的顾问圣阿尔德贡德男爵破译。罗杰
斯迅速将这一谍报转告沃尔辛厄姆，后者曾在 1576 年圣阿尔德贡德
男爵出使英格兰期间与其密切合作。1578 年 3 月，沃尔辛厄姆再度
求助圣阿尔德贡德男爵，希望其可以协助破解葡萄牙大使的一封信
件。这是一篇冗长且充满似是而非的抱怨的文书，控诉伊丽莎白女王
佯装生病以回避会见。然而，对于沃尔辛厄姆来说，总是仰赖富有同
情心的外国大臣协助解密绝非长久之计。因此，他积极寻觅值得栽
培的英格兰情报人才。最终，他发掘了托马斯·菲利普斯（Thomas
Phelippes）。[11]

　　相较于沃尔辛厄姆部分间谍的模糊生平，我们可为托马斯·菲利
普斯建立相对完整的人物传记，部分原因在于他拥有较高的社会地
位，故而得以在历史记录中留下更多痕迹。身为伦敦布商之子，菲利
普斯可能在 16 世纪 70 年代初期就读于剑桥大学三一学院，同时维持
运营着其父在海关的经济利益。他继承了位于利德霍尔街的一处房
产，并在奇斯威克与霍尔本等地拥有其他产业。菲利普斯出身城市富
裕阶层，而非地主士绅阶层。宫廷自然而然成为他的求职场所。在阶
层方面，他更贴近克里斯托弗·马洛，而非沃尔辛厄姆的战地特务如
曾经从军的马里韦利·卡蒂利和担任流亡天主教士绅之仆的尼古拉
斯·贝登。在 1584 年与 1586 年的议会中，一位拥有相似姓名的托马
斯·菲利普斯（Thomas Phillips）任黑斯廷斯的下议院议员，推测可
能就是这位沃尔辛厄姆秘书处的解码员。颇不寻常的是，我们竟拥有

当时人对菲利普斯性情（伊丽莎白时期的人称为"humour"）和外表的描述。第一种说法来自他的父亲，评论他拥有"稳重而隐秘的本性"。第二种表述出自苏格兰玛丽，她曾在查特利偶遇菲利普斯，并试图贿赂他。据玛丽描述，他身材瘦小，拥有金色的头发和胡须，近视，以及长着满脸的天花疤痕。或许，为了弥补长相的缺憾，他自学成为一位熟练的摹写者。

菲利普斯对于古代和当代语言均颇具天赋。类似 20 世纪 40 年代布莱切利园的纵横字谜破解者，这种对文字的高度敏锐必然成为解密技巧的基础。1578 年 6 月，副国务大臣托马斯·威尔逊写信给沃尔辛厄姆，随附一封加密件，建议若圣阿尔德贡德男爵无法破解，应将之转交给"您的仆人小菲利普斯，他正与我们的驻法大使共事"。当时英格兰驻法大使是埃米亚斯·波利特爵士（Sir Amyas Paulet），其清教徒倾向和对苏格兰女王的深度怀疑，绝对与沃尔辛厄姆不遑多让。1579 年，波利特从巴黎被召回，菲利普斯留下辅佐继任大使亨利·科巴姆爵士。1582 年 7 月，他自法国中部的布尔日大学城写信给沃尔辛厄姆。当时他正尝试处理一封与耶稣会相关的加密信件，涉及"反抗上帝保卫我们的方式"。信中的密码显然给他造成一定困扰。"这些不完美的字句是从坚硬的岩石中，筋疲力尽地琢磨出来的。如您所知，我必须处理诸多密码，但我从未发现比此信更棘手的物件，也从未遇到比此信更令我感到挫败的任务。"菲利普斯承认，他仅可凭臆测推断此信，故而只能建议沃尔辛厄姆强迫该信信差"更直白地说明信中含意"[12]。

当解释为何这项任务如此具有挑战性时，菲利普斯阐述了他的解译方法。这封耶稣会信件以拉丁文写成，但不构成障碍，因为菲利普斯可流利地读写拉丁文。对他而言，关键症结点在于原始版本，而非加密版本。这份信件的撰写者对于拉丁文的掌握并不熟练，而且错误之多足以使菲利普斯迷失。或许，撰写者甚为狡猾，故意拼错单词以挫败拦截这封信件的敌人；这确实是一种常见的策略。

菲利普斯如此缜密的"观察力"意味着什么？答案是，这种洞若观火的敏锐或许使他成为英格兰首位密码解译专家，且迥异于密码学家的是，他既具有数学思考力，又兼备语言灵活性，能够将频率分析应用于文本解密。计算单个字母或符号出现频率的译码技术，早在10世纪就为阿拉伯语世界所知，但在500年后才传入欧洲。直到菲利普斯为沃尔辛厄姆服务，而托马斯·摩根投效苏格兰玛丽之时，密码破译法才成熟为一门独立学科，且代数与语言学进一步促成其蓬勃发展。密码设计者意识到需定期更替密码，例如摩根为苏格兰玛丽设计了多达40份不同的字母表，而旧密码可暂时归档，待必要时再重新取用。[13]

菲利普斯向剑桥三一学院的同窗蒂莫西·布赖特医生分享了他对语言形式的迷恋。1572年圣巴托洛缪大屠杀期间，沃尔辛厄姆曾在巴黎大使馆庇护包括布赖特在内的一众新教徒，布赖特则将其删节版的约翰·福克斯的《殉道者书》献予他。1585年，沃尔辛厄姆推荐布赖特在伦敦圣巴托洛缪医院获得一个收入丰厚的职位，生活得到保障的安全感促使他不懈地潜心研究字母表和密码。在照顾病人之余，布赖特设计出一套巧妙的速记系统，由18个符号组成，与一系列钩、环、线组合，可以呈现出不同含意，还有一份包含500多个需要背熟的"特征"单词的列表。1587年，根据沃尔辛厄姆的副手副国务大臣威廉·戴维森（William Davison）的指示，他翻译了乔瓦尼·巴蒂斯塔·德尔·波尔塔的密码学专著《书写中的隐蔽字符》（*De Furtivis Literarum Notis*）的部分内容。布赖特可能曾经担任过沃尔辛厄姆的私人医生，葡萄牙犹太情报员罗德里戈·洛佩斯也是如此。[14]

长期游走在这般险峻的刀口上，秘密书写研究渐趋神秘。德尔·波尔塔发现他的密码研究受到宗教裁判所的严格审查。约 70 年前，圣本笃会修道院院长约翰尼斯·特里特米乌斯（Johannes Trithemius）似乎设计出一种通过辅助灵进行远距离通信的系统。在他逝世后，1518 年出版的遗作《测谎术》（*Polygraphia*）阐述了密码学议题。相较之下，他早年的著作《隐写术》（*Steganographia*）更受哲学家和术士的热捧，书中阐述了可以在睡梦中通过灵传递信息。特里特米乌斯认识浮士德博士的原型，并致力于撰写关于炼金术和巫术的论文。当约翰·迪伊在安特卫普找到《隐写术》的原稿时，他一掷千金，在疯狂的 10 天里，于寄宿处拼命抄写这无止境的表格和令人眼花缭乱的密码名单。对迪伊而言，秘密书写意味着天使和恶魔的领域。他的水晶球占卜师或灵媒爱德华·凯利（Edward Kelley）会适时为他提供上帝传授给亚当的一种语言之片段。在 20 世纪 90 年代特里特米乌斯的密码最终被破解之前，从未有人意识到《隐写术》传授的神秘咒语事实上只是代码和全字母句。换言之，这仅是一种文字游戏，而非魔法。[15]

苏格兰女王玛丽的最终垮台，就是一个加密文件被拦截与解译的故事。玛丽与其追随者安东尼·巴宾顿通信所用的密码字母表，乍看之下，十分令人佩服：这是拥有 23 个符号的奇特组合，有些像希腊字母或阿拉伯数字，有些则让人联想到乐谱。此外，还有 35 个符号代表介词和其他常用词：信件和信使，寄送和接收，陛下以及祈祷。4 个"零"或空格意味着无。还有另一个符号暗示阅读者重复随后的字母，这将使频率分析产生更多问题，如同二战时期德国用于加密和解密文件的恩尼格玛密码机的一个额外转轮。在技术层面上，这是一个由密码和代码混组的词汇手册。密码表究竟是由谁设计的？很可能不是密码助理摩根所为，因为苏格兰玛丽已经长达数月无法与其通信。或许出自她的一位秘书，也可能是玛丽本人所做。众所周知，玛丽喜爱纹章，且常将颠覆性图像融入刺绣，这项手工艺填补了她漫长的闲散时光。

事实证明，菲利普斯的足智多谋深不可测。面对从天而降的走私信件之良机，谨慎的苏格兰玛丽显然采取了预防措施，变更了她的密码，并向新任法国驻英大使沙托纳夫男爵纪尧姆·德·洛贝潘（Guillaume de L'Aubespine）和其他的通信员送出一组密码字母表。但是，这一看似机敏的变通，实则成为顺手向敌人送上门的礼物。事实上，玛丽与支持者的新联系渠道是由沃尔辛厄姆和菲利普斯刻意提供的，如今他们已然掌握揭开她最深层秘密的关键钥匙。[16]

1585 年平安夜，当玛丽和她的侍从被移监至斯塔福德郡的查特利时，她的命运似乎正在好转。早先，玛丽要求从附近的塔特伯里搬离，因为她已经在新监管官埃米亚斯·波利特爵士的犀利目光下，于此简陋处所忍耐数月之久。塔特伯里城堡潮湿且疏于照管，狭隘破旧的房间里空无一物，玛丽庞大的随从队伍也导致城堡中的厕所不敷使用。新软禁所查特利是一座木结构庄园，坐落在一处荒废城堡的土地上，四周环绕着宽阔的护城河。或许，正是这种明显放松的监禁，让玛丽相信自己可以在不被察觉的情况下与支持者取得联系。或是因为轻敌而放松戒心，抑或是出于对致命囚禁与日俱增的恐惧感，不论基于哪种心态而冒进，她都可悲地被欺骗了。[17]

自从 1568 年 5 月潜逃至英格兰以来，玛丽·斯图亚特始终处于一种地位待定的边缘状态，她在某些方面享受外国君主般的礼遇，在其他方面则饱受冷漠的蔑视。15 年来，当她在监管者施鲁斯伯里伯爵的乡间别墅间穿梭旅行时，尾随她的一直是仅次于王室规格的随员。如此的生活方式是在滑稽模仿她表亲伊丽莎白女王的巡游仪式。她最接近正常生活的时刻是在巴克斯顿进行温泉水疗以恢复健康，施鲁斯伯里伯爵特地在那里建造了一座僻静小屋以方便她取水使用，但这种体贴入微激起了他的妻子哈德威克的贝丝（Bess of Hardwick）的讥讽，贝丝指控他和玛丽必有私情。当伯爵在噩梦般的1584年被枢密院召回伦敦时，德高望重的拉尔夫·萨德勒爵士（Sir Ralph Sadler）暂代监管之职。早年在担任亨利八世的苏格兰特使期间，萨德勒曾将尚在襁褓中的玛丽抱在膝上；如今，他带着她在塔特伯里河边放鹰狩猎。这种宽厚之举让他被迅速撤换，改由埃米亚斯·波利特爵士取而代之。[18]

波利特是一位意志坚定的狱吏。他出身专业政务官，在派驻巴黎使馆之前，曾任伊丽莎白女王在泽西岛的总管，且他对苏格兰玛丽自命不凡的王室尊贵毫无耐心。从波利特选择法国加尔文主义者让·霍特曼（Jean Hotman）担任儿子的家庭教师可明显反映出他的政治和宗教态度。霍特曼的父亲弗朗索瓦是著名的胡格诺派法律理论家，曾参与一个由学者和律师组成之主张反抗专制君主的"反抗暴君者"（monarchomachs）或弑君者团体。和沃尔辛厄姆一样，波利特通过加尔文主义诠释王室权力，主张有制约的条件式王权，尽管他对伊丽莎白女王的效忠毋庸置疑。

很难想象这么一位对苏格兰女王更不具有同情心的监管者会如何执行任务。昔日，玛丽在国事帷幔下接待来访者，用瑰丽的锦绣华盖将她的椅子改造成王座，将她的房间也装潢成王室谒见厅；如今，波利特将这些外物尽数拆除。对于玛丽所拥有的专门为她进行烹饪和更换床单的侍从，波利特予以隔离，甚至强迫他们进出房屋时必须脱光衣服，以免夹带信件。1585年9月，他奉沃尔辛厄姆之令，通知玛丽无法再通过法国大使馆的外交邮袋转发信件，从而切断了她与巴黎及其他地区追随者的联系。长达 4 个月的信息封锁让玛丽备感受挫，愈趋心烦气躁。在此坐困愁城之际，突然出现一位年轻的天主教神职人员吉尔伯特·吉福德，告知她可以将信件藏匿在啤酒桶里，从而将信息秘密送出查特利时，自然让玛丽雀跃不已：她终于可以重新掌控自己的部分生活了。

不难理解为何吉福德对苏格兰女王而言是一个貌似可信的信差。他拥有无懈可击的天主教家世：一位拥有家族殉教史的斯塔福德郡拒绝国教者，也是一位曾在兰斯和罗马求学的流亡者。他孩子气的外表让人难以怀疑他的真实身份。托马斯·摩根也曾向玛丽担保吉福德的品行十分端正。当 1585 年 12 月从巴黎前往英格兰时，也许吉福德的确有意为玛丽服务，而非背叛她。此外，沃尔辛厄姆正与他渴望归国的流亡亲属威廉·吉福德博士（Dr. William Gifford）秘密谈判，前者恰巧拥有签发旅行许可证的权限。当抵达莱伊港时，吉尔伯特·吉福德立即被押解至沃尔辛厄姆处，这意味着他的抵英之行早在意料之中，逮捕也顺势上演。假如此时的他尚未效力英格兰政府，事实证明他很容易被策反。摩根为吉福德所提供的推荐信不仅为沃尔辛厄姆开拓了监视玛丽信件的途径，而且足以诱捕玛丽本人。随后的事态发展将迎来沃尔辛厄姆职业生涯的最大胜利：玛丽企图反叛她刚宣誓保护的英格兰女王，最终被捕。[19]

210

玛丽早已清楚警觉，即使她被允许通过法国驻伦敦使馆收发信件，波利特和沃尔辛厄姆仍会先行启封阅览。这一引君入瓮新计划的诀窍在于让她笃信已经找到接触外界的新方法。玛丽对信息的极度渴望无疑是她的阿喀琉斯之踵，成为沃尔辛厄姆可以攻击的致命伤。玛丽希望信息隐藏在她仍被允许订购的鞋子与丝绸的盒子内，但这显然不切实际，因为所有物件在被允许转交给她之前，必须先经过严格检查。1586 年 1 月 16 日，吉福德向她提出一个更大胆但更简单的联系计划，即利用平凡不起眼的家庭日常做文章。都铎王朝的显贵家庭习惯大量饮用啤酒，当时的啤酒比现代口味更清淡，且他们宁愿喝啤酒而非不干净的水。查特利的啤酒并非自酿，而是由邻近的伯顿供应，遂成为他们传递情报的机会。进出的信件藏匿在一个细长而足以穿过啤酒桶塞口的防水容器中，再由吉福德收买的伯顿酿酒商传递。这一看似巧妙的计划是将秘密隐藏在众目睽睽之下的经典例子。但实际上，这是沃尔辛厄姆与吉福德联手托马斯·菲利普斯共同设计的圈套。后者于 1586 年新年亲赴查特利，与昔日旧主埃米亚斯·波利特一同展开行动。[20]

　　玛丽仿佛溺水者般紧抓这根救命绳索。吉福德在莱伊港的落网被捕增强了其在天主教圈内活动所需的信誉，故玛丽将写予摩根、比顿大主教和吉斯公爵的第一批信件委托给他。作为交换，沙托纳夫男爵将思罗克莫顿阴谋以来寄给玛丽但暂存于法国大使馆的所有信件复本交付吉福德。这批多达 21 包的邮袋由吉福德先交予菲利普斯立即解译，后由其他信使携往查特利。精心设计的保护措施使这位尚不知其名的信使和伯顿酿酒商未能察觉出他们其实都为英格兰政府工作。

　　数月以来，信件的传递和转达运行无碍，显然证明了啤酒桶渠道安全无虞，玛丽逐渐在信中更加坦白地表达了她对篡位者伊丽莎白女王的真实态度。1586 年 5 月，沃尔辛厄姆发现她已陷入叛国泥沼。她位于巴黎的特务查尔斯·佩吉特从一位传教团教士约翰·巴拉德处听闻，重新征服的时间即将来临。英格兰天主教徒准备揭竿起义，而伊丽莎白女王的军队此时困在低地国家的混战中动弹不得。玛丽强烈赞同入侵的想法，且希望动员她的独子苏格兰的詹姆斯六世参与此次作战。她同时与前西班牙驻英大使、现驻巴黎大使门多萨取得了联系。

　　在安东尼·巴宾顿登上舞台之前，沃尔辛厄姆所搜集的关于玛丽参与谋反的证据，已足以将这位前任苏格兰女王定罪。那么，他为何延宕不前？沃尔辛厄姆绝非不愿动手；将这条"毒蛇"自伊丽莎白女王和英格兰的胸口上除去，始终是他自服务王室以来的目标。但他察觉出巴拉德的高谈阔论中充斥着空话，而且他的故事也非完全合理。沃尔辛厄姆预料外国入侵将会来临，但他在西班牙的特务告知，菲利普二世尚未准备派出他那令人望之生畏的海军进击英格兰。与此同时，对苏格兰女王通信的持续监控和窃读不仅得以追踪及验证诸多线索，更可能让其他叛徒无所遁形，从而将之一网打尽。

　　安东尼·巴宾顿粉墨登场了。这场以他名字命名的阴谋，是自英格兰北方伯爵叛乱以来对伊丽莎白统治的最大挑战，但巴宾顿绝非是阴谋者中最激进之人，也无意担任他们的领袖。如同思罗克莫顿阴谋，巴宾顿阴谋意图将外国军事支持与英格兰天主教的举事紧密结合。但该计划的安全性从一开始就出现了破口，不止一位反叛者与弗朗西斯·沃尔辛厄姆暗通款曲。我们可以合理怀疑他们利用玛丽·斯图亚特领导下的天主教政权取代伊丽莎白女王及其大臣的这项计划究竟离成功有多近。巴宾顿阴谋的重要性毋庸置疑，其直接搭建了苏格兰女王的死刑台，残忍地掐灭了她终有一天可能继承一个统一不列颠王国的最后一丝希望。另外，通过将天主教与叛国罪捆绑在一起，这场叛乱加速了英格兰民族认同与新教信仰之间的融合，沉淀为伊丽莎白时代的恒久遗产。212

　　安东尼·巴宾顿因密谋反抗女王和国家而被处决之时，尚未年满 25 岁。自从他的外曾祖父托马斯·达西男爵因支持求恩朝圣而被亨利八世斩首以来，这个德比郡的士绅家族始终笃信天主教。巴宾顿受过良好教育，具有文学涵养，且得到同侪高度评价，这些优质品行让我们联想起弗朗西斯·思罗克莫顿。卡姆登形容他"富有、幽默风趣且拥有超乎其年龄的渊博学识"。但他也对罗马教会"上瘾"，这个词俨然带有毒品的奴役感。从他 1586 年 8 月被捕后的一系列供词中，可试图重塑他在这场以其命名之阴谋中所扮演的角色。在后续审讯中，他只清楚回应审讯问题，但直到在克里斯托弗·哈顿爵士的伦敦宅邸中，巴宾顿才向哈顿和伯利勋爵首次和盘托出。巴宾顿似乎热衷于用自己语言讲述自己的故事，时而带着悲伤懊悔，又全然不似其他反抗都铎王朝的叛徒流露出的阿谀奉承与摇尾乞怜。[21]

　　1580 年对巴黎的访问开启了他的阴谋筹划，他在此地被摩根与比顿大主教招募为苏格兰玛丽服务。如果说巴宾顿早年于施鲁斯伯里伯爵家中担任侍从时就已认识玛丽，那么他对此只字未提。约一年后，他返回伦敦，法国大使卡斯泰尔诺的秘书说服他动用人际网络传递邮包给玛丽，"肯定这项服务非常值得赞许，充满荣誉和利益"。尽管如此，这无疑是一项危险的工作，巴宾顿开始对自己的所作所为焦虑不安。故他决定重返法国或意大利，进入修道院，但迟迟无法取得旅行通行证。此时，大约 1586 年 5 月，参与反叛的天主教士约翰·巴拉德联系上他，述说着一个类似他曾向流亡者查尔斯·佩吉特兜售过的故事。罗马教宗、法国国王和西班牙国王，连同吉斯公爵与帕尔马公爵，都在准备与英格兰背弃天主教者决一死战。巴拉德认为，在此毁灭性战争下，若英格兰天主教徒仅仅被动支持，是绝对不够的，因为外国军队"将依据征服权进入英格兰"。除非他们明确宣布支持入侵，否则无人得以幸免。对此说法，巴宾顿持怀疑态度。他回应道，"只要女王陛下还活着，国家将稳定地难以颠覆"，所以无能为力。巴拉德则辩称这不构成阻碍，因为他已找到对付伊丽莎白女王的方法。[22]

　　1585 年夏，英格兰流亡者约翰·萨维奇（John Savage）立下了要刺杀伊丽莎白女王的神圣誓言。萨维奇最初加入帕尔马公爵的军队，后赴兰斯的英格兰神学院，在此由吉尔伯特·吉福德见证他的弑君誓言，威廉·吉福德博士则给出了如何履行这一计划的建议。萨维奇可潜伏在女王礼拜堂的走廊里伺机进行刺杀，抑或在王室花园展开射杀，也可以当女王与内廷女官至户外散步时用剑刺穿她。萨维奇返回伦敦后，巴拉德遂成为其阴谋与安东尼·巴宾顿之间的联络者。诛杀暴君，从一开始就是巴宾顿阴谋的核心。[23]

对于委托给他的这一任务，巴宾顿既惊惧又着迷，故向他的朋友们求助。诗人奇迪奥克·蒂奇伯尔尼（Chidiock Tichborne）曾在法国与巴宾顿同行，并因带回"天主教纪念物"而备受质疑。托马斯·塞尔斯伯里（Thomas Salesbury）比巴宾顿更年轻，为登比郡士绅之子，在牛津大学三一学院求学期间虔诚信奉天主教。英国国家档案将他描述为巴宾顿的"同床之人"（bedfellow），意味着他们为共享住处的室友，而非亲密关系。正如巴宾顿日后向审讯官所坦言的那样，"我们似乎陷入两难"：必须在死于新教治安法官之手或任凭外国入侵并劫掠英格兰之间作出艰难抉择。

在他们商讨之际，其他年轻的天主教徒受到权力前景或殉教热情所鼓动，开始通过宫廷的中低层级部门相互串联密谋，追随这个计划。领受王室津贴的士绅查尔斯·蒂尔尼为掌管伦敦所有剧场的王室祝典长埃德蒙·蒂尔尼的堂亲。他刚皈依了天主教，而约翰·巴拉德为其告解神父。爱德华·阿宾顿（Edward Abington）是伊丽莎白女王的副财政大臣之子，而爱德华·琼斯（Edward Jones）则为锦衣库长之子。托马斯·塞尔斯伯里考虑到琼斯与亨利·都铎拥有相同血统而予以招募，这两人受命在威尔士挑唆反叛。沃尔辛厄姆的一位手下形容罗伯特·巴恩韦尔（Robert Barnewell）身材高大，长着一张充满痘疤的脸，蓄留淡黄色胡须，曾在宫廷随侍爱尔兰贵族基尔代尔伯爵，知道女王安保护卫有时存在缺陷。他的出现为巴宾顿阴谋增添了更多的不列颠色彩。伦敦人亨利·多恩（Henry Donne）是王室税

214

务局的书记官，也可能是诗人约翰·多恩（John Donne）的亲戚。该参与者名单遍布众多地点，包含南安普敦与萨福克，伍斯特郡和德比郡，威尔士和爱尔兰英属帕莱地区，拼凑出多达 14 个名字。这些人似乎意识到自己将在历史上占有一席之地，故而花时间绘制了肖像。卡姆登宣称这些画像被秘密地向女王展示，以便她在这群叛乱者现身宫廷时可及时辨认。[24]

215

　　弑君计划的严重性给这群阴谋者增添了沉重的心理压力。他们必须确认上帝不会因为受膏君主之死而谴责他们。巴宾顿的供词让我们得以一窥他们之间的紧急讨论。爱德华·阿宾顿倾向于只绑架伊丽莎白女王，并将她带往安全之处，改由天主教大臣辅佐她。巴宾顿被自己的疑虑折磨着，担忧母国就此陷入"苦难和悲惨的境地"，被竞争对手鲸吞蚕食殆尽；这可能意指玫瑰战争，那段内部倾轧的惨痛记忆仍然萦绕在伊丽莎白时代人们的脑海中。内心饱受煎熬的他再一次感受到修道院的召唤，渴望逃离"一切事务的实践"。但约翰·巴拉德的身影始终如同幽灵般纠缠，他散布了即将到来的入侵消息，给出了破坏英格兰海军火炮的建议，更为关键的是，他正催促巴宾顿尽快付诸实践。

　　巴拉德显然是一位名副其实的激进分子，不惜使用任何暴力形式来推动天主教复辟。几乎没有证据显示他游走于两方。沃尔辛厄姆在对苏格兰玛丽的审判中也指出，如果巴拉德一直以来为他工作，为何他不肯透露这个秘密以保全他的性命？但对于被安东尼·巴宾顿昵称为"甜蜜罗宾"（sweet Robin）的罗伯特·波莱（Robert Poley）而言，情况则截然不同。共谋者相信波莱是一位卧底于沃尔辛厄姆家宅的天主教特务，且他曾提议借由"毒杀或暴力"来铲除莱斯特、伯利和沃尔辛厄姆。然而，尽管波莱给出如此建议，但事实上他还同时效命于沃尔辛厄姆。1586 年 7 月初，巴宾顿通过波莱请求与沃尔辛厄姆在巴恩埃尔姆斯庄园密会。这两人，叛乱者与特务头子，猎物和猎人之间，究竟发生了什么？巴宾顿事后坦承"已提供一般性服务"，以换取出国旅行许可。巴宾顿早已怀疑自己受到监控，或许他孤注一掷地想供出共犯的罪证。沃尔辛厄姆礼貌性接待他，但拒绝签发旅行通行证。巴宾顿实为太宝贵的筹码，绝不能任他溜走；他的关键性并非基于他那一群诗人、教士和空想家果真有任何机会谋害英格兰女王，而是在于他与苏格兰玛丽的通信往来。[25]

　　正如我们所见，玛丽和巴宾顿两人的生活在 16 世纪 80 年代初期首次有了交集，当时巴宾顿为她转寄一些信件。如今，托马斯·摩根重新为这两位牵线，甚至在 1586 年 4 月建议玛丽亲笔写信致巴宾顿以示信任。重要的是，这封信被破译后，沃尔辛厄姆起初并未将之转交给玛丽。直到 6 月，当他从波莱处得知巴宾顿与塞尔斯伯里、蒂奇伯尔尼和巴恩韦尔就诛杀暴君的合法性进行讨论时，才将此信传递给玛丽。当收到摩根的信息时，玛丽依据建议照做了。她写信给巴宾顿，称他为"可靠的好友"，敦促他找到她尚未收到的邮包。监管官埃米亚斯·波利特将她的信交给沃尔辛厄姆，而后者确保它顺利抵达目的地。数月以来，巴宾顿始终挣扎于顺从与叛乱之间，正如他在供词中坦言，"对两方都不感兴趣，且对任何一方都虚情假意"。如今，面对玛丽的殷勤奉承，在波莱和巴拉德的催促下，他作出了抉择，就此决定了所有卷入阴谋之人的命运。[26]

　　巴宾顿给玛丽的加密回信由托马斯·菲利普斯亲自送至查特利。这封信是对玛丽女王的明确效忠誓言，"对您，我献上所有的忠诚和服从"。伊丽莎白在信中没有具名，仅被简单称为"篡位的竞争者"。巴宾顿以高傲的语言表明他自诩为咨议大臣，概述了一项激进的作战计划。来自欧洲天主教诸国的入侵将获得威尔士、英格兰西南部与北部地区诸多郡尉的协助。6 名出身贵族的绅士将负责"杀死篡位者

（伊丽莎白）"，而玛丽的营救将由巴宾顿亲自负责。宗教议题始终贯穿这一计划。伊丽莎白已被教宗开除教籍并罢黜，成为行动的合法依据之一，使得天主教臣民无须再效忠于她。玛丽则被巴宾顿赞扬为一位被上帝奇迹般守护的神圣统治者，"是恢复我们祖先信仰的最后希望，并将我们从这群异端强加的奴役和束缚中彻底拯救出来，（这场迫害）已让我们失去了成千上万的忠魂"。玛丽只需登高一呼，她的支持者就将在圣礼上宣示甘冒生命危险拯救她。[27]

在之后 9 天里，玛丽思考着如何回复。在这段时期，极少文件如同她最终在 7 月 17 日回复给巴宾顿的信件一般，受到如此巨细靡遗的审查。长达 18 年的幽禁岁月，伴随着 1569 年北方举事与思罗克莫顿计划频频失败的绝望，早已为苏格兰玛丽反复烙下悲痛的伤疤。尽管她孤注一掷地信任巴宾顿，但也需要确定他能否履行承诺。他究竟能调集多少兵马、弹药和盔甲？哪些港口最适合外国军队登陆？她甚至逼迫巴宾顿径直采纳解救自己的细节，倾向于在午夜时分突袭查特利，纵火焚烧马厩和谷仓，或在她骑马逃离时，翻倒马车阻挡门楼。她催促巴宾顿在爱尔兰筹划一场天主教起义，借以转移英格兰政府的注意力，同时在苏格兰采取行动，使她的独子詹姆斯国王重新回到她的掌控之中。至于对"现任女王"伊丽莎白的处置方式，玛丽并未明确支持弑君行动，仅简单提及"是时候让 6 位绅士展开行动了"。但她所写下的内容，已足以根据 1585 年《女王安全法》定罪。菲利普斯敏锐地捕捉到这一关键点，并在他寄给沃尔辛厄姆的解译信上画了一个绞刑架。

玛丽指示巴宾顿在阅读密信后立刻销毁，但他牢记信件内容，并向审讯官提供了清晰的摘要。这封信由玛丽先用第一语言法文向她的秘书克劳德·诺（Claude Nau）口述，再由后者的同事吉尔伯特·柯尔（Gilbert Curll）翻译成苏格兰英语；缺乏玛丽亲笔的原稿信件削弱了英格兰政府对她的指控。当啤酒空桶被打开时，菲利普斯取出这封信，利用先前拦截到的玛丽密码表的副本，添加了一个信末附注，要求巴宾顿说明即将谋刺伊丽莎白女王的 6 位绅士的姓名。这无疑是菲利普斯的一场豪赌：可能使在宫廷附近徘徊的不明叛乱者弃械投降，也可能破坏整个反恐行动。然而，随着情势急转直下，巴宾顿没有回复的机会了。[28]

虽然玛丽将谋害伊丽莎白的计划细节托付给执行者自行决定，但这封信显然对巴宾顿阴谋表示同意。巴宾顿本人冷酷且明确地描述了"那场悲剧性的处决"计划，而玛丽并未作出任何阻止或否决之意。相反，她以同样的方式回应他的言词，将自己的支持动机视同真正的宗教复兴行动。玛丽附和了巴宾顿的急迫性论点，即宗教迫害正猛扑啃食着英格兰天主教徒的生命，他们将很快"完全无法再站起来，也无法接受任何帮助"。机不可失，时不再来。这封信由"一位身着蓝色外套的家仆"送至伦敦给巴宾顿；实际上，这位信差由托马斯·菲利普斯的仆人乔装。倘若时间更充裕，巴宾顿可能会采纳玛丽的建议，招募一位天主教贵族作为名义上的领袖（玛丽极力推荐阿伦德尔伯爵和诺森伯兰伯爵），借此吸引更多人参与反叛计划。但沃尔辛厄姆 8 月 4 日拍板决定在波莱的住所逮捕巴拉德，顿时打乱了阴谋策划者的阵脚。

最终，巴宾顿受命负责行动。他在波莱家宅的花园里会见了流亡者约翰·萨维奇，催促其履行诺言，召集他们的友人。杀死伊丽莎白女王成为他们"最后的也是唯一的避难所"。当萨维奇抗议称他永远无法以这般寒酸的穿着接近宫廷时，巴宾顿给了他一些钱和自己手上的戒指，让他购买所需物品。尽管浑身似乎已被叛国谋逆浸透了，但巴宾顿还试图与沃尔辛厄姆讨价还价。7 月 31 日，他通过波莱向沃尔辛厄姆传话，称愿意吐露反抗国家的谋逆细节。当波莱（为保护自219

身伪装）连同巴拉德一起被捕时，巴宾顿在沃尔辛厄姆的另一名特务斯丘达默尔（Scudamore）的陪同下，前往一家小酒馆。为何他不向查特利奔驰而去，动员他曾向苏格兰女王吹嘘过的特务部队？根据他的供词，巴宾顿的目的是"以更好的服务为借口，实则为巴拉德争取自由"；换言之，尽可能利用他与沃尔辛厄姆的关系拖延足够的时间，以便反叛者逃离或尽快启动入侵计划。

　　卡姆登解释了这场阴谋如何迅速沦为一场闹剧。正值酒馆的晚餐时分，斯丘达默尔突然收到来自宫廷的消息。巴宾顿机敏地怀疑这是对他的逮捕令，因此佯装去吧台结账，随即仓皇逃离，并遗落了他的斗篷和剑。他藏匿在圣约翰伍德区，剪掉了头发，并用绿色胡桃壳弄脏他白皙的肤色。但对于一位伊丽莎白时代的年轻绅士而言，要躲避如此大规模的搜捕，乔装融入他昔日鄙视的学徒圈和底层社会绝非易事。在经历 10 天的逃亡后，尽管夜宿谷仓，佯装成农场工人，他最终还是在哈罗落网了。当巴宾顿和他的同伙被游街示众时，伦敦市燃起了庆祝篝火，敲响了教堂的钟声。[29]

220　　经过一个月的审讯，14 名叛乱者在威斯敏斯特接受了为期 3 天的听证会。萨维奇承认谋反和煽动叛乱两项罪名，否认赞成谋害伊丽莎白女王，但女王不接受这一说法。他坦言自己的认罪并非出于对刑求的恐惧。巴宾顿则给审判团留下了深刻印象，他"以温和的面容、冷静的姿态以及完美的优雅风度"，将自己如何走向叛国之路娓娓道来。他责怪巴拉德以伊丽莎白女王被开除教籍为由，说服他谋害女王实属合法。最有趣的交锋发生在最后一天，陪审团听取了爱德华·阿宾顿掷地有声的无罪抗辩。阿宾顿要求提供书面材料，以便记录对他的诸项指控，但遭到拒绝。他援引伊丽莎白时期的一项法规，即叛国案件需提供两名证人的证词，但被告知是根据爱德华三世的法规起诉。这引发一场猛烈的抗议，"在天地面前，我是一位真正的基督徒"，阿宾顿竭力辩称他全然不知巴宾顿意图使其成为谋杀女王的 6 位绅士之一，但 1 名霍尔本的军械士证实他正在为自己和其他人准备盔甲。这一证词彻底驳回了阿宾顿的辩解，最终让陪审团毫无悬念地判定他有罪。[30]

惩罚很快降临。9 月 20 日，7 名被定罪的谋反者被带往原野圣吉尔新建的绞刑台，原定的阴谋正是在此地教区开始筹划。他们中唯一一位教士巴拉德率先赴死。他被剥除衣服后，先阅读了一本借来的圣奥古斯丁默祷集，随后步向刑台的阶梯。一名旁观者记录下他与郡守和新教牧师的互动，后者在最后时刻进行了长篇大论的讲道。巴拉德被催促坦承叛国罪，并祈求宽恕。"你差点杀死女王陛下"，郡守高声大喊着，引发围观民众爆发一阵怒吼附和，"你差点洗劫伦敦，颠覆这个国家"。巴拉德回应道，他非常相信他在半小时内将与天使同在，绞刑台上的牧师则讥讽地指出他显然不相信炼狱的存在："请注意，切勿因为错误信仰而从这个世界堕落下去，否则你将会见到的是被定罪的天使。"巴拉德以背诵象征旧信仰的拉丁文版主祷文和信条结束了他们的争论。目击者证实，他被活活砍死，随后被阉割、剖腹并切分成四块。当他的头被钉上木桩时，民众高呼"天佑女王"。

在这第一天，还有 6 名阴谋者被一同处死。奇迪奥克·蒂奇伯尔尼，这位曾帮助破译玛丽信件并幻想在威斯敏斯特宫星室法庭暗杀枢密大臣的诗人，对自己的罪行供认不讳，指责巴宾顿将他卷入阴谋。蒂奇伯尔尼的演讲成功博取了群众对他的同情，但并没有改变他的命运。爱德华·阿宾顿曾提议俘虏伊丽莎白女王，强迫她"授予宗教宽容"，直到身处受刑台上，仍语带威胁地述说血腥的清算即将降临英格兰。曾经有机会成为修士的巴宾顿，在受刑临死前，高声哭喊着"我主耶稣，请宽恕我"，这些话改编自《约伯记》，用于为死者举行的中世纪弥撒。如此一场狂欢式的处决刑场，四处散落着头颅和尸块，刽子手身上和刑台周边更是血迹斑斑。女王与枢密院警觉到民众仍倾向宽容，故指示在第二日的处决中，谋反者应该先绞死再被碎尸。不久后，伦敦人可以买到一本写给这群受刑处决之阴谋者的示警纪念小册。

> 如今，你可以看到反基督者如何徒劳无功，以及教宗如何引领他的子民堕入可耻悲惨的绝境。

巴宾顿阴谋将为未来一代的民谣歌手和年鉴作者提供创作素材。[31]

👑

222　　弗朗西斯·沃尔辛厄姆似乎掌握了巴宾顿阴谋的所有线索，而关于都铎党争的历史书写有时也如此宣称。但这种说法过于夸大了他对人物和事件的掌控程度。约翰·巴拉德比任何人都更善于将潜在的不满转化为暴力行动，自 1584 年他前往罗马朝圣，请求教宗赐福护佑这项冒险计划以来，就一直在考虑弑君的可能。经常出没于兰斯英格兰神学院的退伍军人约翰·萨维奇自愿接受行刺的誓言。吉尔伯特·吉福德是一位难以捉摸的王室密探。由于受命追踪巴拉德，他竟选择在巴宾顿被捕前几天乔装溜出英格兰。当沃尔辛厄姆得知吉福德潜逃时，略显惊慌。尽管吉福德从巴黎写来一封致歉信，但可能对反抗伊丽莎白女王的阴谋仍存有一丝同情。当然，他主要是为了自身利益而交易情报。

关于伪造的附言，苏格兰玛丽的辩护者将此扩大解释为玛丽在 7月 17 日信件的其余部分，至于整个阴谋，全是沃尔辛厄姆和菲利普斯所捏造。玛丽的秘书克劳德·诺被捕后上书伊丽莎白女王，否认他的女主人曾对女王图谋不轨。但他随后重申了自己最初的证词，承认玛丽写给巴宾顿的回函确实无误，故获得解除监禁的奖励，得以在沃尔辛厄姆家宅的花园散步。伯利在克劳德·诺写给伊丽莎白女王的信上，批注它包含"无关紧要的事情"，而且他与沃尔辛厄姆早已有效控制伊丽莎白女王的书信渠道，故女王极有可能从未看过这封信。[32]

　　玛丽·斯图亚特是否腹背受敌，不仅被敌人陷害，更惨遭自己人背叛？托马斯·摩根以苏格兰女王的门客这一身份现身其中，他曾参与思罗克莫顿叛乱与帕里谋反，经验丰富，尽管曾被关入巴士底狱，但对玛丽这位自流亡抵达英格兰时就倾心景仰的女性依旧忠心耿耿。诸多线索都可以追溯到摩根：为玛丽设计密码表的密码助理，在巴黎招募巴宾顿为信使的流亡绅士，以及写信说服玛丽相信吉尔伯特·吉福德的教唆者。摩根甚至建议玛丽"亲笔写下三四行字"，以示对安东尼·巴宾顿的由衷信任。他知道巴宾顿充满热情却有些迟疑不决，但容易受奉承话的鼓舞而动摇：一封私人亲笔信最有可能说服他作出承诺。但另一方面，鼓励玛丽提供一份她与巴宾顿交流的亲笔记录，以纯粹文字而非密码写成，对于一位长期负责她通信安全之人而言，无疑是一项极其吊诡的建议。当他从巴士底狱获释后前往佛兰德斯时，摩根被天主教流亡者指控为英格兰从事谍报工作，再度下狱两年。也有谣言称，有人曾目睹他在巴黎与沃尔辛厄姆的特务谈话。

　　或许，摩根真如其所辩称的那样始终忠心于天主教事业，矢志不渝。他可能通过挑拨威尔士和英格兰不同天主教流亡群体之间以及世俗派与耶稣会之间的冲突关系，来寻觅一些政治优势。他对吉尔伯特·吉福德的信任或许可用他身陷囹圄的信息屏蔽作为开脱借口。然而，有一项凭据似乎罪证确凿。摩根认识托马斯·菲利普斯；他们曾是密友，这段关系被吉福德曝光，因为后者也曾与菲利普斯同住。他们的联系可追溯至菲利普斯在巴黎为英格兰驻法大使埃米亚斯·波利特和亨利·科巴姆工作时期。菲利普斯可"惟妙惟肖"地模仿摩根，且后者或许成为他密码知识的来源。但这段友谊不一定促成摩根转变为苏格兰女王的叛徒。吉福德是一位污点证人，他的真正忠诚（如果该概念在这一充满冲突的世界合适的话）无法被参透。但摩根与菲利普斯之间的联系显示，沃尔辛厄姆和他的特务显然深深渗入英格兰天主教流亡者群体。[33]

当我们质疑摩根的动机，揭露吉尔伯特·吉福德的背叛以及辨明巴拉德与萨维奇激进政治倾向的同时，也不应当掩盖苏格兰玛丽自寻死路的事实。在 1586 年对共谋者的审判中，伊丽莎白女王试图尽量减少她这位苏格兰表亲的涉案嫌疑，但徒劳无功。苏格兰女王被指控"蓄意允许这些叛国行为"，甚至写信给巴宾顿，"确实激励、安抚并煽动"他付诸实践。最初，玛丽仍佯装无辜，当被传唤到北安普敦郡的佛林盖城堡，在王室指定之审判委员会面前作证时，她始终将自己塑造成伊丽莎白女王的"好姊妹和朋友"。且她进一步强调任何君主都不可接受审判的原则："我是绝对君主，不在你们的法律范围之内……因为我与欧洲其他君主的地位无异。"40 多名审判委员中有6 人似乎同意这个说法，故未出席 10 月 14—15 日的听证会。在作为裁决者的女王缺席的情况下，代为主持审判的伯利勋爵以另一种方式严正告知她：必须回应叛国罪的指控，无论君主身份和其特权的主张为何。[34]

罗伯特·比尔的档案中保存着一组笔墨画素描，描绘了苏格兰玛丽在公开舞台上的最后两次露面：她在佛林盖城堡大厅的审判，以及4 个月后在同一房间的死刑执行。两张图画都标识出主要与会者。伯利精心设计了这个审讯厅的布局，反映出他对细节的重视。伊丽莎白女王的未出席表现为一个空荡荡覆盖着王徽锦布的王座。担任主持的伯利紧邻而坐，面对玛丽，周围则环绕着排列在大厅两侧的贵族。戴着四方帽的律师围在一张覆盖桌布的中央长方桌上，奋笔疾书。位列平民阶层的沃尔辛厄姆则坐在大厅第四边的长凳上，正对伊丽莎白女王的王座，同坐还有波利特、沃尔特·迈尔德梅爵士和克里斯托弗·哈顿爵士。其后方则拥挤地站满了当地士绅。

225

　　沃尔辛厄姆沉静地紧盯玛丽否认对安东尼·巴宾顿或约翰·巴拉德有任何知情。"对于所有反抗女王的罪行，我诚然清白无辜"，她朗诵道，"我从未煽动任何人反抗她，因此不可任意指控我，除非有我自己的言辞或亲笔文字为证，且任何对我不利的刻意仿制也属无效"。她要求在独立的全体议会面前进行审判，巧妙反击了审判委员会的程序。他们可以引用哪种判例将君主视同臣民予以审判？当获悉她的私人秘书曾指控其罪行，她驳斥这是在刑架上完成的恫吓逼供。

　　玛丽自知她的罪行。而伊丽莎白女王始终犹豫不决，因为在对玛丽位于查特利的居所进行的最彻底的搜查中，仍未发现她的任何亲笔罪证。部分审判委员对于如此强调玛丽两位秘书吉尔伯特·柯尔与克劳德·诺的证词也颇感不安。巴宾顿的供词引出另一个疑问。政府必须谨慎引用，唯恐菲利普斯仿冒的附言因伪造争议而动摇案件判决。玛丽曾指示巴宾顿烧毁她在 7 月 17 日的信件原稿；因此，如今在伯利手中挥舞，控诉她欺骗的纸本证据，必然只是副本。事情经过如下：伯利所持的是玛丽原始信件的摹写本，由托马斯·菲利普斯重新加密，代替已被巴宾顿销毁的原件。玛丽婉拒了律师的协助，深陷四面楚歌的她突然意识到，王室摊开在审判委员会面前的证据并不像表面看上去那样致命。但如果不承认自己曾谎称不认识巴宾顿，就很难利用这项证据的弱点。[35]

　　新一回合重启，玛丽再次向指控方提出挑战。她将目光从伯利转向静坐在大厅另一端的沃尔辛厄姆，向这位诱使她自投罗网之藏镜人进行喊话。她高声述说，伪造密码是一件轻而易举之事。沃尔辛厄姆

226

如此对付她，难道可以自称是一位诚实之人吗？这位首席国务大臣缓缓起身，迈步走到律师席前，让众人可以清楚听到他的回应。"女士"，他如此称呼这位昔日的苏格兰君主，伯利也曾使用这一冷淡的恭敬称呼：

> 我恳求上帝为我作证，作为普通人，我未曾背离诚信原则；身为公众人物，我也未曾做过任何与自身职位不相称之事。我承认，对于女王和王国的安全，我始终谨小慎微，自然好奇地调查过一些可能危及她们安全的实践计划。如果巴拉德向我提供帮助，我自然不会拒绝。是的，我当然会补偿他所付出的辛劳。如果我和他之间曾经有所谋划，为何他不全盘托出以求保全性命呢？

这一幕颇具戏剧性，这些死敌们首次，也是最后一次共处在同一空间里。这回冤家狭路相逢，迫使沃尔辛厄姆详述他的政治信念，既泰然自若，又直言不讳。近年来，伯利和苏格兰玛丽的传记作者认为他的话"极其难以捉摸"，这无疑是一个马基雅维利式回应。这是最佳的解释方式吗？伊丽莎白时期的"好奇"意味着留意，而"实践"等同欺骗或阴谋。沃尔辛厄姆以国家安全为由，正当化特务行动。他更自认在上帝眼中，自己实为清白正当。在沃尔辛厄姆所处的时代，马基雅维利之名俨然成为诡辩欺诈的代称，但这位佛罗伦萨政治家有着截然不同的哲学观。他对人类历史的分析立足于一个古典概念：命运，而非沃尔辛厄姆笃信的神圣天意。沃尔辛厄姆的态度在他第二天写给莱斯特的信中表现得更清楚："我目睹上帝任命这个邪恶的家伙，惩罚我们的罪恶与忘恩负义。"沃尔辛厄姆视玛丽·斯图亚特为神谴，正如玛丽·都铎治下的新教徒将自身的海外流亡诠释为对上帝更深层

227

次的悔悟和改革计划的一部分。沃尔辛厄姆对上帝的服务，如同对伊丽莎白女王的忠诚，落实在强烈要求处决苏格兰女王上。[36]

但判处玛丽死刑的真正障碍却是伊丽莎白女王本人。正如沃尔辛厄姆向莱斯特解释的那样，在审判委员会作出裁决前，女王突如其来的"撤销密令"打断了他们。她的拖延策略实在太似曾相识了。伊丽莎白女王反对审判，无疑引爆了激进的沃尔辛厄姆与温和的伯利之共同怒火："我愿上帝能让女王陛下如同其他君主一样，愿意将这些事情托付给能够作出最好判断的人来处理。"现在，一切取决于她是否会签署死刑状。

对付玛丽的情报行动由沃尔辛厄姆的私人团队完成。启人疑窦的是，伯利是否在设陷之前就已知情？但他的确负责事后讯问与审判。无论如何，这两位重臣不得不密切合作，协力说服女王接受巴宾顿阴谋的结果。10月25日，审判委员会在威斯敏斯特宫的星室法庭重新集结。倘若奇迪奥克·蒂奇伯尔尼的计划得逞，枢密大臣早就在这同一房间内被射杀。如今，他们终于判处玛丽死刑。伯利指挥的上议院，以及由哈顿鞭策的下议院，共组两院联合委员会，主张迅速执行死刑。不料，噩梦重演，伊丽莎白女王再度试图拖延，指示众臣寻求"更好的替代方案，既可保全苏格兰女王的性命，又可保障她自身的安全"。这场判决结果在伦敦以"能想象到的最庄严的方式"公开宣布，在震耳欲聋的号角声中，由身穿深红色长袍、佩戴金链的市长和市议员到场见证。面对这无形的施压，伊丽莎白女王予以反击，郑重接待前来为玛丽求情的法国使节和苏格兰使节。[37]

此时，沃尔辛厄姆已病入膏肓，精疲力尽了，不得不从宫廷暂时退居至巴恩埃尔姆斯庄园疗养。他所执掌之作为权力工具和象征的女王私玺与御玺，暂由新任副国务大臣威廉·戴维森保管。10月，噩耗传来，沃尔辛厄姆的女婿菲利普·悉尼在尼德兰战役中病逝，重创了沃尔辛厄姆的萎靡精神。雪上加霜的是，悉尼的骤逝让沃尔辛厄姆背负起其家庭高达 6 000 英镑的债务，而他向女王寻求帮助的请求惨遭断然回绝。身为情报头子，这无疑是他职业生涯的巅峰，但这种荣耀从未为他带来任何物质利益，反而让他与女王的恩宠渐行渐远。沃尔辛厄姆长达数周缠绵病榻，陷入生理疾病和心理悲愤交织的恶性循环。如其所言，这是一种由"我内心悲痛"引发的"危险疾病"。他呼应着伊丽莎白女王将君主制比拟为剧场的譬喻，以此举例向伯利述说，政府中最愉悦者，"与其说是演员，不如说是旁观者"。乡村的病休生活并未给他带来一丝安抚与平静，沃尔辛厄姆始终无法摆脱恐惧，因他的女主人正身处比任何时候都更加险峻的危局中。

　　沃尔辛厄姆对女王与国家未来的担忧清晰显现在他离开伦敦前所写的一份文件中，这是一份冗长的备忘录，假设苏格兰玛丽的死刑再被推迟，"英格兰和苏格兰的危险变局可能接踵而来"。她的苟延残喘将增加英格兰天主教徒的数量与反叛决心："她的朋友们将孤注一掷，铤而走险，而不愿让她在放弃的绝望中死去。"针对苏格兰，他甚至设想出一种恐怖的可能性，即易受影响的詹姆斯六世可能被说服舍弃新教信仰，转向对抗英格兰以解救他的母亲，并谋求他对英格兰王位的继承权。正如沃尔辛厄姆经常提到的那样，詹姆斯六世思想中的泛不列颠色彩也相当醒目。[38]

　　终于，1587 年 2 月 1 日，伊丽莎白女王签署了苏格兰玛丽的死刑状。这一刻距离审判委员会作出死刑裁决已过 3 个多月之久。签署后，伊丽莎白一时回忆起她父亲残酷的幽默感，讥讽道，这个消息像有助于恢复她首席国务大臣健康的一杯甜酒。此时，沃尔辛厄姆返抵伦敦，但仍十分虚弱，无法前往宫廷随侍值勤。故其副手威廉·戴维森承担起死刑状签署后的行政程序。因此，当女王发现这份死刑状未经她明确许可，却径自派送执行后，戴维森单独承受了女王的雷霆之怒。我们很难判定伊丽莎白女王是否考虑过继续拖延死刑的好处。或许，她只是改变了主意。但主张君主共和制的枢密大臣比她稍快一步。在签署死刑状后非同寻常的数天里，伯利、沃尔辛厄姆、戴维森和哈顿有效掌控了政府的主动权。伯利悄悄取得枢密院其他成员的支持，掌握死刑状，并准备大规模拘捕天主教拒绝国教者。罗伯特·比尔在半夜里被唤醒，奉命前往沃尔辛厄姆位于斯林巷的家中，后者告知他将被枢密院指派递送这份死刑状至佛林盖城堡。与此同时，沃尔辛厄姆着手聘雇行刑的刽子手佯装成仆人赶赴刑场，其斧头则放置在旅行箱内。

伊丽莎白女王对判处玛丽死刑的犹豫迟疑态度，早已众所周知，充斥着各种解释。对于一些人而言，它暴露了女王严重的优柔寡断惯性。另一些人则认定她的行为是刻意而为之，符合她欲使男性大臣居于下风的权谋之术，也呈现了一位女性统治者对另一位女性统治者的惺惺相惜。且允许法律有权惩戒受膏君主，无疑彻底颠覆了君主制理论，而伊丽莎白女王对这种挑战或颠覆可能导致的后果感到紧张，自然是合理的。

但沃尔辛厄姆的一封密信揭露了女王性格的阴暗面，她身为一位政治家，发现嘁声的暗杀比公开处决更具优势。2月1日，即她签署死刑状并用玺的同一天，伊丽莎白女王指示两位国务大臣共同写信给玛丽的监管官埃米亚斯·波利特爵士代为转达她的失望，因为迄今为止竟无人履行《联盟公约》，自发性地帮助她解决苏格兰女王。在公开的宫廷场合，伊丽莎白女王为玛丽悲泣落泪，哀悼一位姊妹君主的离世，但赤裸裸的事实是，伊丽莎白曾企图策划谋杀她。震惊的波利特严正拒绝让"我的良心如同沉船残骸般腐烂"，尽管自我保护的意识也起到一定作用：毕竟鲜少有人愿意暴露在如此政治风险之下。比尔携带死刑状到来，及时拯救了他，但伊丽莎白女王并不知情。讽

230

刺的是，沃尔辛厄姆隐身幕后进行了大量的情报工作，终于催促着玛丽·斯图亚特步向死刑台，他理应确保她在公开处决时的相对尊严。[39]

　　1587 年 2 月 8 日，苏格兰玛丽于佛林盖城堡的大厅中被斩首。罗伯特·比尔档案中的第二幅素描刻画了行刑顺序。玛丽出现了 3 次：首先，宛如参加节日庆典般地身穿长袍、头戴拖曳的亚麻面纱并携带玫瑰念珠，缓步进入刑场；随后，在大厅中央的刑台上，她的祈祷书和十字架放置于桌上，而一位身穿束藤裤装的男子笨拙地拿着她的礼服上衣；最终，她在半裸的刽子手面前跪下。和这个国家所有的重臣一样，沃尔辛厄姆远远避开行刑现场。监刑的任务则委托给北安普敦郡的郡守以及施鲁斯伯里伯爵和肯特伯爵。一小群人在一整排手持长戟的士兵身后围观着。彼得伯勒的座堂主任牧师正进行死前告解，但事实上玛丽婉拒了他的布道，而是偕同她的仆人跪下，共同背诵拉丁文版的圣母日课。一旁的壁炉正生着火，一位男士持剑搁在腿上。这是一幅熟悉的画面，却令人十分不安，它暗示着暴力即将发生：一把斧头高举着，画中众多的面孔或观看，或谈话，还有些人则转向另一边看着，仿佛对他们看到的景象感到心烦意乱或厌烦。这幅画并未描绘玛丽垂死之前的狂欢气氛，却以一种令人毛骨悚然的近距离，捕捉到旁观者的千姿百态。[40]

231

♛

　　在弗朗西斯·沃尔辛厄姆的设陷诱使下，一群朋友之间的自吹自擂与无尽梦想，落实成反对新教国家的阴谋行动。他为那些欲目睹玛丽·斯图亚特登上英格兰王位的人们，殷勤地提供了一条看似明显安全的途径，更校准了她对安东尼·巴宾顿最致命的回信时刻。我们很难判断这起反恐操作的道德伦理。沃尔辛厄姆诱使玛丽进行反叛，但实际上她已表明希望罢免表亲伊丽莎白女王的意愿。今日的刑事司法体系会权衡考虑诱捕程度与其揭露的犯罪规模。巴宾顿阴谋的成行，在很大程度上归功于沃尔辛厄姆与其特务团队；但归根结底这场阴谋其实起源于巴黎和兰斯的流亡者群体。世人也难以苛责玛丽对自由的渴望：她远赴英格兰寻求庇护，却陷入永无休止的监禁。伊丽莎白女王永远不会承认玛丽是她的继承人，因为她害怕再度引发一场宗教革命，这场革命已提前将玛丽从苏格兰王位上废黜。这一切导致的恶果是，玛丽·斯图亚特一只手签下《联盟公约》，但另一只手却伸向一队刺客施予祝福。

在写给玛丽的信中，巴宾顿把即将展开的处决伊丽莎白的行动描述为一场悲剧，讽刺至极，人们也使用类似措辞看待这群阴谋者的垮台。当叛乱首脑被传讯时，克里斯托弗·哈顿爵士发表了令人难忘的感慨："噢，巴拉德，巴拉德，你究竟做了什么啊？这一群勇敢的年轻人，在其他方面被赋予了良好天赋，却在你的诱惑下，走向彻底的毁灭和混乱。"当代对巴宾顿阴谋的叙述延续伊丽莎白时代道德戏剧的基调，创作成一位天才因骄傲自满而悲惨潦倒的故事。控方刻意提醒审判团关于巴拉德前往英格兰执行任务时的穿着，不是身穿上帝忠仆的谦卑服装，而是着以绅士阶层出身之军士的华丽服饰："外罩一件镶有金色蕾丝的灰色斗篷，穿着天鹅绒紧身裤袜，裹了一套缎面剪裁的紧身上衣，戴着一顶最新流行的精致帽子，帽带上还镶钉着银色纽扣；一个男人和一个男孩紧随其后，他的名字是福蒂斯丘上尉。"最后，哈顿谴责巴拉德和其他从事类似行动的天主教士，他们掠夺了具备"高尚心灵和雄心壮志之头脑"的英格兰年轻人，驱使他们轻率鲁莽地投入"所有邪恶之中"[41]。

骇人听闻的叛国和阴谋故事符合王室的宣传利益。然而，犯罪者似乎营造出共同的戏剧感。奇迪奥克·蒂奇伯尔尼向刽子手俯首之前，曾就他与巴宾顿的友谊发表了精彩演说。"在伦敦河岸街和舰队街等各处流传的谣言，除了关于巴宾顿和蒂奇伯尔尼，还涉及谁呢？我们平凡地生活，别无所求。上帝可鉴，在我脑海中，哪有半点染指国家事务的意图？"蒂奇伯尔尼将他的临死演说塑造成对其他年轻绅士的殷殷告诫，乞求女王的原谅，恳请补助他的妻子、姊妹和仆人的生活所需。最终，他为自己祈祷，"他坚定地希望，在这最后时刻，他的信仰不会陨落"。借由角色扮演，他和同伴为即将来临的行刑折磨做好了准备。蒂奇伯尔尼也通过诗歌寻求慰藉，在伦敦塔的最后岁月里写下一首令人心碎的挽歌：

> 我追寻死亡，它藏身于子宫，
> 我寻觅生命，只见一片阴霾；
> 我行走于世，此处即为我墓，
> 此刻我赴死，此刻重塑新生。
> 我沙漏盈满，顷刻却已流逝，
> 此刻我活着，然此生休矣。[42]

安东尼·巴宾顿死于自身对英格兰民族与国家的憧憬，笃信这个国家的天主教信仰依然根深蒂固，而北方地区将集结响应他的事业，因为天主教仍是当地居民的普遍性信仰，也为了报复该地区在1569年叛乱后遭受的伤害。他判断威尔士具有相同的政教倾向，而英格兰西南部也可能对其反抗抱以支持态度。巴宾顿欲从"王国的最边缘"地带向内推进，在外国军队的支持下，任命信仰天主教的治安法官管理已占领之郡县，他计划先迫使王国的南部屈服。

在此计划的很多方面，他显然被欺骗了。伊丽莎白时代的大多数天主教徒希望被认定忠于女王。巴宾顿的入侵计划未受到阿宾顿的认同，后者曾告诉他，"我宁愿紧随我的宗教信仰，前往（伦敦）泰伯尔尼刑场，也不愿让异邦人改革它"。罗马教宗也不似巴宾顿所相信的那般重视英格兰的困境。至于王国的边陲地带，北方委员会主席亨廷登伯爵向沃尔辛厄姆保证，"伊丽莎白女王在英格兰的任何地方，都没有比她在此地（北方）更受敬爱"。然而，巴宾顿的两则预言确实震惊了审讯者。一是英格兰人民在不公平的地租和赋税以及公地的圈占等沉重压力下忍耐劳作，终有一天会准备好割断地主的咽喉。二是固然他的阴谋功败垂成，但仍有其他人前仆后继仿效；下一次，阴谋者将知道该如何保密。[43]

第七章

西方拓殖

1577 年，学者兼占星学家约翰·迪伊博士出版了一本专著《关
于完美航海术的一般及罕见记录》(*General and Rare Memorials
Pertayning to the Perfect Arte of Navigation*)，宣布不列颠人掌控海洋
的时机已翩然降临。这本书被献予克里斯托弗·哈顿爵士；这位炙手
可热的当朝宠臣位居副宫务大臣，享有接近女王的特权。迪伊将该书
描述为"平面图"：字面意思为建筑物的设计，但暗示着一项涉及建
设或改革的行动计划。在当时的语境下，作者迪伊实则意指帝国的
构建。

迪伊的论点表面看似简明，实则不然。海盗劫掠日益困扰着不列
颠群岛周边，贸易利润锐减，更玷污了王室尊严。外国渔民也纷纷侵
入英格兰海域捕鱼。迪伊向女王进言的解决方案是组建一支"小型皇
家海军"，由 80 艘护卫舰组成，相较于停泊在朴茨茅斯与德普特福德
的重型军舰而言，船身线条更加流畅。这支轻巧的舰队将足以敏捷地
追缉海盗，保卫英格兰商人无后顾之忧地维持贸易。唯有如此，方可
确保食物供给稳定无虞，进而降低引发任何"国内骚乱"的风险，塑
造一个更加安宁的共同体。女王敌人的入侵将被竭力抵制，而位处御

敌前线的臣民须接受航海技术的教育：学习观测、瞄准与探测水深的应用数学，明晓潮汐的涨退与流动。

除了表达对国家安全的忧心，迪伊还意图向女王灌输一个宏图大业。其大作宣传将出版续卷，承诺阐述"伊丽莎白女王拥有广大国外领土的权力"，源于这些领土曾隶属她的祖先亚瑟王。航海图表的相关书籍将提供必要的证据，汇编成题为《不列颠君主制》(*The Brytish Monarchy*) 的系列合辑。在迪伊眼中，恢复古老的不列颠帝国，对伊丽莎白女王而言，不仅仅是权宜之计，更是她的神圣使命。一旦理当归属君主的海外领地被重新"恢复与使用"，诸多隐藏的美好事情将通过上帝的力量渐趋彰显。

《关于完美航海术的一般及罕见记录》是一份面对特定群体精心设计的文宣产品。这份文本最多只印刷了 100 份，意味着该论述只面向宫廷精英而非大众读者。别具巧思的封面强化了迪伊的不列颠帝国论述。各种古典和基督教符号混杂在这寓言式的构图里。雄伟的伊丽莎白女王正驾驶着国家之船航向海岸，她由大天使圣米迦勒与希伯来的四字神名守护（此在新教肖像学中代表上帝的力量）。船舵装饰着王室纹章；该纹章在封面顶端伴随着都铎玫瑰再次现形。代表耶稣基督的凯乐符号之组合图案位处两根桅杆的顶端，3 位枢密重臣——或许是哈顿、沃尔辛厄姆和伯利——伫立于甲板。四周以希腊文装点而成的边框将该图像总结为"不列颠的圣书体"。

对于这样一个刻意创造的复杂图像，迪伊提供了解释指引。跪在岸边的女人代表"不列颠国"(*Respublica Brytanica*)，正在"诚挚地恳求我们最杰出的伊丽莎白女王陛下，为这个帝国的君主制掌舵"。拉丁词汇"respublica"在文艺复兴时期具有数种不同含义，但考虑到迪伊渲染式赞颂君主制的威严，相较于"共和"(republic)，"国家"(state) 应是更合适的翻译。悬挂着英格兰军旗的船只停泊在河口，防卫着左侧的劫掠船只，这正是迪伊所期待的皇家海军的职责之一。右下方所绘的城镇洋溢着温馨的氛围，可以看见镇上的教堂和一些斜屋顶的民宅，防御性城墙和堡垒矗立在侧。或许，这意味着英格兰正承蒙上帝和女王的眷顾照拂。 236

　　然而，这并非唯一的可能解读。如同她的表亲苏格兰玛丽一样，伊丽莎白女王亦着迷于符号和象征标志。迪伊知晓她会自行寻找并破译隐藏的意义。机会女神立于城市的一座山丘之上，手捧月桂花冠递往女王的方向。当迪伊在 1576 年夏天完成《关于完美航海术的一般及罕见记录》时，恰逢私掠者马丁·弗罗比歇结束他首次远赴加拿大寻找传说中通往中国的西北航道后返回。尽管弗罗比歇未发现这条预想中的航道，但他设法勘查到一处尚不为人所知的海岸，并通过在巴芬岛附近掳获的一位因纽特人连同其独木舟获得证实。谣言随即散播开来，声称弗罗比歇偶然发现了更有利可图的物件，即一块黑色矿石，上面满布黄金痕迹。这两项纪念品遂在伦敦引发轰动。在这种氛围下，迪伊描绘之繁殖与丰饶的象征——两位绅士正在交换一个装满金钱、林木与玉米穗的袋子——暗喻着一项比建造新型国家海岸警备队更宏大的计划。他将伊丽莎白女王想象成一艘船舰的领航员，而希腊神话中美丽的欧罗巴公主则骑着一头公牛在其身旁畅游，这无疑是邀请旧世界利用新世界获利的象征。[1]

　　迪伊并非唯一一位对女王展现帝国形象之人。当伊丽莎白女王重新燃起对阿朗松公爵的爱意时，宫廷画师试图利用艺术引导她远离与法国的联盟。在乔治·高尔 1579 年创作的筛子肖像中，伊丽莎白女王右肩的后方绘有一个地球仪，显然与她左手所持的古典贞洁象征遥相呼应。另一个版本由小昆廷·梅蒂斯（Quentin Metsys the younger） 237大约于 1583 年绘制。迥异的是，高尔选择将地球仪留白，但梅蒂斯将之详细勾勒：不列颠群岛在阳光下闪耀，一望无际的海洋向西延

展，所有船只正扬帆启航。位于梅蒂斯所绘地球仪后方的是克里斯托
弗·哈顿爵士的身影，作为女王司礼大臣的他洋溢着自信。迥异于画
中的其他人，哈顿大胆直视观众的眼睛。约翰·迪伊在日记里记录
了1577年12月1日与哈顿的会面，时任副宫务大臣的哈顿刚获女王
册封为骑士。在同一仪式上，弗朗西斯·沃尔辛厄姆也一并受封为骑
士。[2]

筛子肖像与迪伊的《关于完美航海术的一般及罕见记录》融合了
对童贞女王的赞美以及在海外建立新英格兰的诉求。而沃尔辛厄姆成
为竞相赢取宫廷关注之各方探险家与理论家的支柱。早在为塞西尔与
伊丽莎白女王服务的数年前，沃尔辛厄姆与其家族就已致力于促使英
格兰贸易和影响力超越欧洲边界。作为私人投资者，沃尔辛厄姆最早
为人所知的贸易纽带立基于莫斯科公司，这是他发妻的父亲在玛丽一
世时期协助创建的。该司经营俄罗斯的毛皮和白海捕鲸贸易所获的商
品，用以交换英格兰的羊毛和布料。之后，晋升为国务大臣的沃尔辛
厄姆，其报酬部分来自外国商人极度重视之未加工布料的出口许可
证。与此同时，他开始关注打开东方贸易市场的商机。以君士坦丁堡
为中心的奥斯曼帝国被传教士斥责为基督教文明的祸端，但也是西班
牙在地中海地区的劲敌。沃尔辛厄姆支持黎凡特公司为博取奥斯曼苏
丹青睐而在政治和经济上所投入的努力。[3]

当伊丽莎白时代的商人进军东方时，他们赫然发现其他国家——
威尼斯、法国与葡萄牙早已插旗占领，各据山头。然而，在西边的新
世界，情势截然不同。佛罗里达以北的北美大陆几乎未曾遭受欧洲
殖民的入侵。身为伊丽莎白女王的国务大臣和最亲近的国策顾问之
一，沃尔辛厄姆无疑处在一个理想的位置上，得以哄诱女王推动向
西探险和殖民政策。创造"不列颠帝国"（British Empire）一词的约
翰·迪伊，以及通过积极书写来推动此帝国理想的英格兰国教牧师理

查德·哈克卢特，皆渴望沃尔辛厄姆成为他们的赞助人。且正如哈克
卢特所指出的那样，英格兰对美洲的追求实与沃尔辛厄姆的另一项职
责密切相关，即在爱尔兰谋求一个稳定的政府。爱尔兰与新发现土地
之间的贸易将有助于改变这群刁民。

　　沃尔辛厄姆致力于将英格兰王室在阿尔斯特与芒斯特两省推动的
种植园政策移至英格兰人为纪念女王而命名的弗吉尼亚地区。他通过
表弟爱德华·丹尼与继子克里斯托弗·卡莱尔介入该政策。前者曾从
军，继而成为爱尔兰种植园主；后者曾指挥科尔雷恩与卡里克弗格斯
两处英军，并随同弗朗西斯·德雷克（Francis Drake）劫掠西属西印
度群岛。伊丽莎白时期的爱尔兰和美洲之间还拥有更多的联系。当哈
克卢特与其他观察者讨论将爱尔兰与美洲"引导"进入文明政府状态
时，他们使用拉丁语"reducere"的动词，意为引导或恢复，而非通
过武力征服进行摧毁。但随着英格兰的海外移居举措渐趋血腥暴力，
这个词的释义越发冷酷：从"引导"转变成对原本社会的彻底毁灭与
重建。[4]

♛

　　1588 年，当托马斯·莱克编纂其主人沃尔辛厄姆拥有之中央政　　239
务文书的目录清册时，仅爱尔兰一项的手稿索引条目就多达 20 页。
寄给芒斯特省与康诺特省总督的各类指示，以及关于税收和在都柏林
兴建大学的文件，皆充斥在这类档案中。在沃尔辛厄姆位于斯林巷
的私宅书房中，存放着一个"爱尔兰箱"，内装有"一捆关于爱尔兰
阴谋与宗教改革建议的文书卷"，以及首任埃塞克斯伯爵沃尔特·德
弗罗（Walter Devereux）在阿尔斯特省的拓殖计划文件。这本《沃尔
辛厄姆 1588 年档案清册》中出现一处非莱克笔迹的边栏注记，标明

伯利次子罗伯特·塞西尔爵士在 1596 年调阅了一本《爱尔兰叛乱与协商册》，这意味即使在沃尔辛厄姆逝世多年后，其政务档案仍充作英格兰政府的爱尔兰信息依据。1619 年，当新王詹姆斯一世在国家档案室目睹相关的"不计其数的书册和文件袋"时，讽刺地评论道："我们与爱尔兰的纠葛，远比与世界其他国家要多得多。"[5]

早在许久以前，托马斯·莱克为沃尔辛厄姆档案草拟的目录规划就已面目全非，不复最初的分类设计，不计其数的档案也散佚无踪。但至少他记载的一份爱尔兰文件仍可被追溯。这份被莱克称为《埃德蒙·特里梅因先生关于爱尔兰的论述》（*Mr. Edmund Tremaines Discourse of Ireland*）的手稿，迄今保存在美国洛杉矶郊区的亨廷顿图书馆，为铁路大亨与慈善家亨利·E.亨廷顿收购之英国政府档案埃尔斯米尔收藏类的一部分。埃德蒙·特里梅因曾于 16 世纪 60 年代后期前往爱尔兰，担任英王室驻爱尔兰总督亨利·悉尼爵士的秘书，后回国担任英格兰枢密院的书记官。他这篇关于爱尔兰的论述试图解决伊丽莎白女王的咨议大臣们所面临的一个两难困境：是否建议女王"按照爱尔兰的统治惯例治理爱尔兰，或弱化其传统惯例，尽可能贴近英格兰政府的统治方式"。1573 年 12 月，特里梅因完成这份报告，这显然是应沃尔特·迈尔德梅爵士的要求所写。同月，沃尔辛厄姆宣誓就任国务大臣。来年 1 月上旬，在辩论爱尔兰问题的 6 天会议期间，几乎可以肯定，这篇爱尔兰论述成为争论的焦点，而这次会议也让沃尔辛厄姆首度体验代理女王执政的意义。

对特里梅因而言，传统盖尔爱尔兰领主实行的统治无异于暴政。

> 他随心所欲地奴役下层民众于服侍、照料犬马等劳役，剥削民脂民膏。他肆意驱策臣民及他们的妻儿，无人胆敢违抗或置喙。他不仅是专制君主，更似暴君或奴隶主。

爱尔兰的布雷亨法传统（brehon law，源自盖尔语 breitheamh，意指世袭法官）似乎允许领主按照他们所认定的合适方法任意进行赦免或惩处。争端往往通过以牙还牙的报复手段来解决，而非遵循女王的司法审判。即使名义上归属英格兰的部分爱尔兰地区，情况也无明显改善。自诩为"英格兰种族"的贵族依旧趾高气昂，仿佛是自己国家的绝对统治者，凭借一群游手好闲的乌合之众维持权力。特里梅因尖锐指出这种地方显贵割据对英格兰王室权威的负面影响，不仅会欠缴王室税收，连"理当成为君主之堡垒"的民心也丧失殆尽。简言之，"爱尔兰统治竟沦落至此，任凭强者欺凌弱者"。

借由评论奴隶制和武装私兵，特里梅因刻意让英格兰大臣联想起往昔目无法纪且暴力泛滥的中世纪世界，鼓舞着向来以将这种失序混沌状态驱逐出英格兰为豪的都铎王朝。他进一步呼吁枢密大臣沃尔辛厄姆与迈尔德梅说服女王"引导那个王国转型为一个更好的政府"。爱尔兰的当务之急是推动宗教和法律改革。但特里梅因也必须承认，诸类改革缓不济急；爱尔兰已经病入膏肓。唯有第三种药物——女王陛下的军队，才能使前两帖改革良药发挥作用。[6]

爱尔兰究竟为何沦落至如此困境？当伊丽莎白女王继位时，英格兰已尝试统治、殖民并了解这个西部邻国长达数世纪之久。盎格鲁-诺曼探险者，即所谓的老英格兰人（Old English），早在 12 世纪和 13 世纪就已经踏足东部和南部的大部分地区，建立起殖民地，并在戈尔韦和阿尔斯特兴建了诸多沿海小型飞地。迟至 1300 年前，已有约三分之二的爱尔兰土地在名义上处于英格兰王室的控制之下。但 1348—1349 年的黑死病浪潮席卷了新移民的集市城镇，疫后，英格兰政治陷入分裂动荡，因而无暇西顾。当 1541 年亨利八世获得爱尔兰国王的新头衔时，"英格兰人"的势力范围已至少缩减为不到岛屿面积的一半。即使在英势力区域内，老英格兰人也采用一种混合体制，即一方面依循英格兰贵族模式，将庄园产业传予长子继承；另一方面则殷勤款待盖尔诗人，并根据布雷亨法裁决本土租户的申诉案件。埃德蒙·特里梅因等新一代英格兰评论家抨击这群旧世代英裔移民的爱尔兰服饰以及他们未套马鞍的马匹，甚至嘲讽他们乔叟式的说话方式。盖尔文化俨然开始苏醒，且无孔不入地渗进人们的生活。丰裕田园中的村庄已被英裔农民遗弃。历史上曾被开垦的肥沃田地，如今已然荒芜。昔日清晰可辨的英格兰式田园景观，如今正逐渐恢复成爱尔兰的森林和灌木丛。这些变化隐喻着一种文化后退。

　　都柏林和威斯敏斯特双方的改革者均翘首以盼，希望通过将爱尔兰从封建领地纳入英王国的形式，扭转盖尔文化的入侵潮流。特里梅因将伊丽莎白女王描述为爱尔兰与英格兰"理应臣服的自然主君"，主张一视同仁地统治两国——只要爱尔兰符合英格兰的礼仪标准，理当平等相待。在沃尔辛厄姆以女王名义下发给行政官员和神职人员的指示中，明确提及"我们的英格兰与爱尔兰王国"，就仿佛两国之间全然平等一般。爱尔兰拥有自己的议会、枢密院、大法官和改革后的国家教会，具有平等管辖权。其正努力依循英格兰模式，重塑本土的贵族阶层。自 16 世纪 40 年代起，历任驻爱尔兰总督均劝说显要的盖尔家族自愿向英王室交付土地，作为交换，他们将重获英格兰式的贵族身份，从而得以进出英格兰宫廷并在爱尔兰上议院占有一席之地。这些交易通常以解散修道院的利益为担保而成交。[7]

　　数年来，这类交易仿佛成为英格兰统治的解决方案。1576 年 6 月，自爱德华六世统治以来就驻扎在爱尔兰的英格兰士兵兼官员弗朗西斯·阿加德（Francis Agarde）向沃尔辛厄姆写信阐述自己对未来的期盼。奥唐奈（O'Donnells）与奥凯利（O'Kellys）这两大盖尔家族同意向爱尔兰财政支付英镑租金，并宣誓成为女王的忠实臣民。这可能很快会吸引其他盖尔领主争相仿效。在他这么多年的服役生涯中，"（我指的是爱尔兰人）服从的可能性不会比现在更多了"。阿加德是新一代英格兰种植园主，而非老英格兰人一代。但是，他的论点，相较于那些自诩为爱尔兰改革者且向威斯敏斯特提交了请愿书的前几代人，并无太大差异。倘若英格兰王室愿为爱尔兰投入更多资源——阿加德恳请任命一些正直的官员，将合适的英格兰律法引入这个新拓殖的省份——如此，和平将尽在英格兰掌握之中。但是，捐赠土地和重新授爵实际上存在一个致命的缺陷。盖尔社会始终无法在封建基础上永久重建，其根本原因很简单，即爱尔兰法律规定土地属于氏族或宗族整体，而非单独属于领主个人。1595 年，英格兰和爱尔兰对土地所有权的定义分歧因一件事而暴露无遗，当时英王室在阿尔斯特省的强大盟友休·奥尼尔（Hugh O'Neill）选择放弃他的泰伦伯爵头衔，换取被拥戴端坐在塔勒霍格石椅上，成为奥尼尔族长。

阿加德的乐观主义难以掩盖爱尔兰政治和教派危机日渐恶化的事实。沃尔辛厄姆的一位通讯员威廉·杰勒德一度希望借鉴昔日将英格兰普通法体系引进威尔士边陲地区的经验，并将之施用于他自 1576 年起承担的爱尔兰大法官职务任上。但他备感受挫，发现爱尔兰司法体系中的王座法庭（King's Bench）和民事诉讼法庭（Common Pleas）已经沦为英语同义词汇的"表演和幻影"。当杰勒德尝试在米斯郡的特里姆召开巡回法庭时，出现在他面前的却是一个简陋如"英格兰牛圈"的所谓法庭处所，王室官员的穿着比英格兰国内的农民还寒酸。特里姆镇位于帕尔的沟渠和栅栏范围之内，情况尚且如此，倘若在此范围之外的偏远地带，情况更不堪设想。弗朗西斯·阿加德将盖尔语普及的区域称为"那些国外部分"。盖尔爱尔兰的农业以畜牧而非耕种为基础，这与英格兰低地井然有序的耕地形成鲜明对比。迁徙放牧的习俗使人们必须跟随所饲养的动物迁移至夏季高地牧场，而

243

这种季节性垂直移牧的生活在英格兰人眼中意味着不稳定和脆弱。且当地住宅用泥土、草皮和木材修建而成，并非石造房舍。本土爱尔兰人逐渐被鄙视为懒散怠惰的无能之辈，连对耕种自家土地都不感兴趣。不过，将黄油混合牛血和内脏在火上烹调的爱尔兰饮食却让英格兰作家深深着迷。[8]

英格兰人对爱尔兰人未能地尽其利的偏见遂成为并吞的借口。在一本附有版画插图的诗集里，约翰·德里克（John Derricke）将"王室土地与肥沃的爱尔兰土地"，和居住于该地之"森林野兵"与农兵的粗鲁行径进行对比。1581 年，他出版了《爱尔兰形象》（*Image of Ireland*）一书，描绘了盖尔文化迷失于叛乱之中，当地人自甘堕落地沉醉于威士忌，且不断受到天主教修士和吟游诗人的诗歌挑拨。16世纪 80 年代初期，爱尔兰枢密院的书记官洛多威克·布里斯基特（Lodowick Bryskett）向沃尔辛厄姆寄送了一系列报告，因受到所谓的"这个民族普遍的不服从倾向"的影响，得出一个攸关爱尔兰的严苛结论：

244

> 我认为，我可以将（爱尔兰）状态比拟为被频繁且仓促修补的旧钟或旧衣，因受创于暴力，形成如此巨大的撕裂伤口，现在除了再创造一个新的（爱尔兰），别无他法可以补救；重新拼凑修补只会徒劳无功。[9]

以伊丽莎白女王之名统治、改革并最终征服爱尔兰的尝试，催生出大量相关文书。沃尔辛厄姆和伯利在很大程度上共同肩负起这项工作，并根据实际情况分工领导相关政策的落实。伯利的财政大臣职务赋予他更多恩惠资源可供分配，且他与伊丽莎白女王的私人关系无人匹敌。而沃尔辛厄姆对王室信息的控制权同样赋予他相当优势。

他派往爱尔兰的主要门客——包括弃军从政的尼古拉斯·马尔比爵士（Sir Nicholas Malby）、副财政主管亨利·沃洛普爵士（Sir Henry Wallop）以及爱德华·沃特豪斯爵士（Sir Edward Waterhouse）——源源不断地送来各类报告、建议和金援请求。爱尔兰及其范围内的英属种植园的地图摊满了他的书桌，也悬挂在斯林巷书房的墙壁上。倘若伊丽莎白政权最终成功扩张为对整个爱尔兰的宰制，沃尔辛厄姆得以在这挫败英格兰数代官员的重大政策上取得显著进展，那他足以凭借这一功绩载入史册。但如果爱尔兰只是通过无差别的血腥暴力实现和平，如果胜利的取得是以比往昔任何时候更加根深蒂固的种族和宗教分歧为代价，那么，沃尔辛厄姆也必须为此承担责任。

　　对一位痴迷于自身绝对王权的女王而言，英格兰王权在爱尔兰的发展迟滞不前无疑十分难堪。伊丽莎白对她第二王国的态度颇为矛盾。有时，她倾向于保护爱尔兰臣民的利益，指示埃塞克斯伯爵确保阿尔斯特省种植园交界处的本地人获得"良好任用"。但其他各方声音也竞相博取女王的关注。战场上的英格兰将领大声疾呼全面开战，毫无疑问这将有助于她的统治真正获得落实，且战争将为他们赢得巨大的财富与荣耀。这群王室指挥官深知伊丽莎白女王如何哀痛其姐玛丽一世未能保障英格兰在法国的领土，故巧妙利用了她可能会痛失爱尔兰的潜在恐惧感。英王室驻爱尔兰总督悉尼爵士明确对比过爱尔兰与加莱的情况。1579年，即将上任的爱尔兰首席法官威廉·佩勒姆爵士（Sir William Pelham）警告沃尔辛厄姆，除非迅速采取补救措施，否则"女王陛下可能就得改说她曾经拥有过一个国家了"。[10]

　　肩负保护女王安全的职责迫使沃尔辛厄姆时刻关注爱尔兰，当地幸存的天主教正为英格兰的敌人创造出一个诱人的桥头堡。宗教改革未能给盖尔文化留下太多影响，主因在于它鄙视使用爱尔兰语传教。都铎时期的威尔士已拥有自己的《公祷书》和《圣经》，但爱尔兰遭

245

贬抑为英格兰文明的"污染物"而被广泛排挤。更令人担忧的是，自伊丽莎白统治中期起，老英格兰人开始集体拒绝新教。士绅家庭纷纷将儿子从牛津大学和剑桥大学召回，让他们转学至欧陆各神学院，和英格兰天主教徒作出了同样的选择。1576 年，芒斯特省总督告知沃尔辛厄姆，沃特福德郡多位商人之子正偷渡前往鲁汶，接受传教士任命。在英格兰，天主教的拒绝国教者仍属信仰少数，实际危险性通常较表面显现的更加轻微。然而在爱尔兰，这种情况却有可能在王室和统治精英之间滋生嫌隙。[11]

　　沃尔辛厄姆始终担心天主教联盟正暗中酝酿集结，而这一隐忧最终在托马斯·斯塔克利（Thomas Stucley）的身上浮现。16 世纪 70年代初期，这位在英格兰出生的投机者来回穿梭于马德里、罗马和巴黎之间，为入侵爱尔兰募集各方支持。斯塔克利的传记读起来仿佛是一部虚构作品，他不只是一位曾经为法国、萨伏依与英格兰征战的职业军人，还是一位兼职的私掠者，曾考虑加入法国在佛罗里达的殖民地，但最终抵达阿尔斯特省执行一项官方任务，旨在说服军阀沙恩·奥尼尔（Shane O'Neill）达成协议。斯塔克利曾试图在爱尔兰成为一位效忠女王的臣民，但他反复无常的忠诚和粗言秽语使伊丽莎白对他持怀疑态度。1568 年，他被指控曾口出秽言，称"不对"女王或她的政府"放屁"。之后，他的土地请求落空，其表亲兼竞争对手彼得·卡鲁爵士（Sir Peter Carew）赢取此份产业，从而引发双方激烈争执。斯塔克利对王室的不满情绪日益高涨，他肆意嘲弄着英格兰王室宫廷，讥讽如同塞西尔这般手持"笔与墨水瓶"的文臣之流，并奚落宛如苍蝇般令人作呕且沉溺于"嬉戏和跳舞"的女王。

　　斯塔克利曾渴望女王的青睐，但荣誉感和报复心激发他公然藐视王室权威。自 1570 年起，他转向投效西班牙，获得菲利普二世赏赐的津贴并被册封为爱尔兰公爵。作为报答，他在勒班陀战役中率领 3

艘桨帆船战胜土耳其。但爱尔兰始终不是菲利普二世的优先事项。斯塔克利被迫苦等至 1578 年，距离他职业生涯始于投效亨利八世以来，已历经失意的 30 年。终于，他迎来一艘 800 吨的军舰，船上满载着一群天主教流亡者，挂着一堆虚衔，带着教宗的祝福从意大利的奇维塔韦基亚启航。

商人线民紧急禀告沃尔辛厄姆关于斯塔克利即将入侵爱尔兰的情报。驻爱尔兰总督悉尼收到警戒指示，布里斯托尔政府也提高警觉。但一份面向爱尔兰贵族的公告则暂缓发布，因这无疑暗示着斯塔克利对"一位拥有女王陛下权力并以臣民善良为武装的君主"构成了真正威胁。巧合的是，斯塔克利的光芒刚在芒斯特海岸的远方初绽，就被扑灭了。当抵达里斯本进行补给时，斯塔克利被虔诚的天主教徒葡萄牙国王塞巴斯蒂安招募加入远征军，以对抗亲奥斯曼土耳其的摩洛哥苏丹政权。塞巴斯蒂安承诺，一旦摩尔人被击败，将立刻派遣舰队进攻爱尔兰；他希望借此换取斯塔克利的忠诚。但随后在摩洛哥凯比尔堡的基督徒溃败中，两人双双殒命，斯塔克利被一门葡萄牙大炮轰断双腿。

247

凭借一艘漏水船和数百名衣衫褴褛的追随者，斯塔克利企图在爱尔兰对抗伊丽莎白的军队无疑是痴人说梦。但是，他的故事与另一位英格兰王室更危险的反对者的故事交织在一起。詹姆斯·菲茨·莫里斯·菲茨杰拉德（James Fitz Maurice Fitzgerald）为德斯蒙德伯爵的表亲，也是一位流亡巴黎和罗马的反叛者，殷切期盼从英格兰手中解放爱尔兰。迥异于斯塔克利，他出生于爱尔兰，且自襁褓时期就受洗为天主教徒。1569 年，菲茨·莫里斯在芒斯特省领导了一场起义，解放了所占领之城镇的民众，并要求驱逐新教徒。他的反抗宣扬了爱尔兰的抵抗意识，主张英格兰在爱尔兰的统治权奠基于教宗对亨利二世的馈赠，但这项统治权的赠予早随着亨利八世与罗马的决裂而失效，故爱尔兰得以自由寻找新统治者。盟友们的逐一投降迫使菲茨·莫里斯流亡，但他仍持续向欧洲天主教诸国兜售自己的革命旗帜。1579 年 7 月，他登陆爱尔兰西南端的斯摩威克，率领的同伴包含斯塔克利冒险计划的幸存者和英格兰天主教抵抗理论家尼古拉斯·桑德尔。一个月后，菲茨·莫里斯死于一场争夺偷窃马匹的战斗，由德斯蒙德伯爵递补他的位置，继续领导新的举事，桑德尔希望借此煽动爱尔兰的整体响应。王室官员尼古拉斯·沃尔什（Nicholas Walshe）向沃尔辛厄姆解释这场反抗的威胁程度：

> 如今，（德斯蒙德）开始武装起来了……他不似其他反叛者的惯常行事作风，他们（无论动机多么邪恶）仍然为君主祈祷，却在小规模冲突中呼喊着教宗，据称上帝赐予教宗力量与胜利。[12]

德斯蒙德叛乱将反宗教改革的政治引入了英格兰后门。小规模的武装冲突和夺牛战斗是爱尔兰文化的特征。但新近的暴力规模显示，传统的盖尔战争形态因应来自英格兰的威胁而机动调整。菲茨·莫里斯和埃蒙德·巴特勒爵士（Sir Edmund Butler）在夏季集市期间袭击韦克斯福德郡的恩尼斯科西，当时常住人口数量因来访交易的农民和商人而增加。男人们在街道上被肆意砍倒，他们的妻女惨遭奸淫掳掠，惨死的尸体被随意抛入河中，最终，城镇被夷为平地。沃尔辛厄姆从亨利·沃洛普爵士的信中得知，约尔港在德斯蒙德叛乱的第二阶段也惨遭相同的蹂躏。德斯蒙德伯爵通过毁坏城镇法院之王室纹章的公开仪式来炫耀他的反抗成果。如今，约尔港的防御墙仅存断瓦残垣，玉米仓库被洗劫一空，建筑物全然被付之一炬，唯有两座石造房屋幸存下来。外来文化的所有痕迹尽数从这片土地上被抹去，消逝无踪。[13]

　　陷入狂暴的叛乱者正在报复自 16 世纪 40 年代以来历代英军所施加的残虐。被英军俘虏的战俘常遭冷血杀害，而非依循爱尔兰习俗赎回。1580 年 9 月，教宗派遣西班牙和意大利士兵再次登陆斯摩威克港，以支援德斯蒙德叛乱。数周后，当他们向英格兰驻爱尔兰总督格雷·德·威尔顿男爵（Lord Grey de Wilton）领导的更大规模的英军投降时，或许这支外国援军的指挥官一度期待能依循战争常规而受合理对待。曾在玛丽一世时期偕同西班牙人共抗法国的海军上尉理查德·宾厄姆（Richard Bingham）向沃尔辛厄姆描述了后续发展。格雷勋爵命令敌军军官"依照规则和仪式上缴他们的军旗"，后者毫无异议地遵行。然而，一旦英格兰士兵占领堡垒，随即"陷入狂欢、破坏与杀戮，只要一人尚存，这种（破坏行动）就永不停歇"。

　　宾厄姆估计有 400—500 名俘虏被杀，格雷勋爵则认为接近 600 人。随同远征军赴爱尔兰的天主教士，连同藏匿在堡垒中却不幸被发现的妇女与儿童，一律被绞死。而这一切血腥行为都发生在高举白旗之后。沃尔辛厄姆的表弟爱德华·丹尼在斯摩威克指挥一个连队，年轻的沃尔特·雷利（Walter Raleigh）也在指挥杀戮的军官之列。当时担任格雷勋爵秘书的诗人埃蒙德·斯宾塞（Edmund Spenser）可能是另一位见证人。而后，"格雷的信仰"（Grey's faith）作为背信弃义的代名词载入爱尔兰语。[14]

　　格雷·德·威尔顿的任命，标志着英格兰政府对爱尔兰的态度转趋强硬。亨利·悉尼爵士是一位与众不同的总督，他既是军人，亦是廷臣。他的初衷之一是将"都柏林古老荒废的城堡"改造为一处适合王室政府的总部，为法庭提供更佳的行政处所，也为爱尔兰枢密院提供适宜的会议厅。当他最后一次被召回英格兰述职时，曾向沃尔辛厄姆提交了一份为其爱尔兰政策辩护的叙述性报告，此报告显示出悉尼

249

的决策依据首重爱尔兰人民的行为，而非种族意识。

　　相较之下，格雷勋爵是一位彻头彻尾的暴力分子。赴爱尔兰就任前，格雷曾因一起猎鹿权纠纷埋伏于伦敦舰队街，用棍棒袭击邻居。悉尼对即将成为耶稣会教士的埃德蒙·坎皮恩仍释出部分善意，但格雷选择通过斯摩威克大屠杀来大肆宣示对异教的胜利。战败的西班牙和意大利指挥官被迫卑躬屈膝地聆听格雷反对教宗的激烈发言，"一位可憎的秃头，货真价实的反基督者，也是野心勃勃地欲凌驾于所有正当公国之上的暴君"。格雷在寄给女王的一封解释信中，狂热地赞扬了约翰·奇克（John Cheke）的新教告解；奇克是唯一一位在战斗中牺牲的英格兰军官。但格雷对大屠杀的描述泄露了这场胜利绝非表面那般风光。他的唯一遗憾是尚堪使用的弹药和食物在过程中毁损了，"在那种狂暴之下，无可避免"。他自信地将斯摩威克屠杀事件纳入神意的范畴："万军之主耶和华如此乐意地将敌人交到陛下（您）的手中。"格雷向伊丽莎白女王提交的这份报告随即刊印成一本民间宣传小册，欢呼着英格兰的神赐胜利，"战胜了我们罗马敌人的外国军队"。[15]

　　多达 7 000 名爱尔兰人死于德斯蒙德叛乱，可能丧于对英格兰和保王派军队的惨烈战斗，抑或在戒严令下被处决。1583 年 11 月，德斯蒙德伯爵遭敌对的爱尔兰氏族杀害，而非死于英格兰的子弹。他的兄弟约翰·德斯蒙德爵士也已死去，且头颅被递送到都柏林以呈献给格雷勋爵。芒斯特战争带来了一场人口浩劫。面对山区与森林的游击战，英格兰指挥官从罗马军事手册中汲取了坚壁清野的灵感，着手彻底摧毁乡村及作物。1579 年 10 月，尼古拉斯·马尔比爵士告知沃尔辛厄姆，已烧毁阿斯基顿镇，并毁坏了周边田地的庄稼。一年后，理查德·宾厄姆报告因凯里郡居民未能维持驻扎特拉利之英军的日常所需，故展开报复。乔治·鲍彻爵士（Sir George Bourchier）被授权

"焚毁他们的玉米，破坏他们的收成，宰杀并驱离他们的牛群"，从而防止这些物资落入德斯蒙德叛军之手。在一场如同屠杀囚犯的恐怖事件中，数以千计的牛被肆意宰杀，并任其腐烂于荒野。

对于依赖牛奶、肉类和皮革维持生计的爱尔兰社会而言，这种大规模毁坏荒芜的后果绝对是灾难性的。1582 年 2 月，法官约翰·米德（John Meade）写信给沃尔辛厄姆，描述芒斯特居民被迫忍受饥饿和疾病的情形，"每一次瘟疫都相当严重，足以摧毁整个王国"。燕麦和大麦的库存濒临耗尽，无法留下一谷一粒饲养动物或供来年播种。1583 年 9 月，奥蒙德伯爵通知伯利，当年的芒斯特省颗粒无收。爱尔兰对饥荒并不陌生，但自 14 世纪以来，如此大规模的饥荒和陆地逃亡前所未见。埃蒙德·斯宾塞在 1596 年出版之《论爱尔兰现况》（*A View of the Present State of Ireland*）一书中回忆，普通人以近似"形销骨立"的身体，效仿着他们已然失去的家畜，被迫趴地啃食野草果腹。据一份现代统计估算，死亡人数超过 48 000 人，接近该省饥荒前人口的三分之一。米德呈交沃尔辛厄姆的这份报告，其真正骇人之处在于，他坚信这一苦果是爱尔兰人咎由自取，活该遭受惩罚，"这对该国而言是公正的，因他们长期冒犯和悖逆上帝的法律和戒律，如今又反叛他们的君主女王陛下"。被锁链悬吊在科克市塔楼上的约翰·德斯蒙德爵士，似乎为米德带来了些许安慰，这具无头尸身倒立悬挂，"宛如一位杂耍戏子"，远在一英里外就可目睹，足以震慑反叛者。[16]

约翰·米德是一位狂热分子，但他对爱尔兰人叛逆天性的批判广获英人认同，这主要归结于双方的宗教分歧。基尔代尔人对亨利八世的反抗巩固了坚持天主教信仰和反抗英格兰统治之间的关联性。德斯蒙德叛乱、托马斯·斯塔克利的活动以及尼古拉斯·桑德尔参与菲茨·莫里斯在斯摩威克的举事等，皆可视为忠诚难以在罗马教宗与英

251

252　格兰女王之间达成两全的证据。英格兰则将天主教与足以将传教士送上断头台的叛国罪名画上等号，这种连结同样适用于爱尔兰。一些英格兰观察者深入爱尔兰社会，欲了解爱尔兰人可否视同基督徒。亨利·悉尼爵士怀疑爱尔兰孩童是否接受过洗礼，"因为我无法找到洗礼处所，也无人能指导他们遵守基督徒的规则"。对埃德蒙·特里梅因而言，爱尔兰人的"兽性"较他们的天主教信仰更为深沉强烈；不同于天主教至少还秉持着真正信仰的火花，"他们会发誓却背誓，会谋杀、抢劫、奸淫、纵火和搞破坏，随心所欲地与多位妻子结婚或离异，却丝毫不会良心不安或产生嫌隙"，这种"兽性"，足以震撼任何基督徒的心。再加上英格兰对爱尔兰根深蒂固的偏见，包含高压且暴虐的盖尔统治，任凭肥沃土地荒芜，以及爱尔兰的异端信仰等，最终汇成一个无情的结论：伊丽莎白女王的第二个王国必须彻底重建。受益于芒斯特战争中无情蔓延的饥荒与疾病，未来的种植园主将轻易相信这片土地原本就是无主荒野，可任其征用。[17]

　　拓殖并非一劳永逸解决爱尔兰治理问题的新方法。1557 年，莱伊什郡与奥法利郡更名为女王郡与国王郡，作为英格兰影响力向帕尔西部扩展的部分计划。同时，英格兰士兵将随忠诚的爱尔兰氏族一同定居。但事实证明，英格兰农场很难抵抗如同奥穆尔与奥康纳那般坐拥土地的传统氏族。1579 年，沃尔辛厄姆不得不指示总督延长驻扎在马里伯勒与菲利普镇堡垒，力求"让这些爱尔兰人保持敬畏与顺服"，更鼓励英格兰移居者就此"定居并耕种"分配给他们的土地。

　　阿尔斯特省的情况更具挑战性。16 世纪 70 年代初期，托马斯·史密斯爵士曾计划在阿兹半岛采取强硬路线，驱逐"野蛮的爱尔兰人"，将顺服者贬为下层农工阶级，禁止持有土地或穿着英格兰服饰。史密斯信心满满地让他的儿子执掌殖民地，却自食恶果——其子小托马斯惨遭爱尔兰仆人谋杀，尸体甚至被烹煮喂狗。首任埃塞克斯伯爵进一步恶化此紧张情势，全面屠杀拉斯林岛居民，激起爱尔兰对英军与移居者暴力相向。[18]

伊丽莎白时代对阿尔斯特省的拓殖活动，其实是一种私人投资事业，埃塞克斯伯爵将财产抵押给女王换取资金，而史密斯则由一家股份公司提供金援。然而，这两人在拓殖上高姿态的失败为英格兰王室提供了一个深刻的教训，故从一开始就牢牢掌控芒斯特省殖民地。1585 年 1 月，沃尔辛厄姆向亨利·沃洛普写信阐述枢密院的想法。吸引移民定居芒斯特的最佳方法，莫过于由女王重新分配已没收的反叛者土地，鼓励"有能力者从这里（英格兰）前往那里（芒斯特）定居，他们也许有能力承担首次开垦种植的费用，且足以在那安居乐业并等待数年，直到获利为止"。英格兰移居者需安然度过最初农业和工业产量较低的艰辛草创时期，坚守阵地，直到投资开始获利回本。沃尔辛厄姆也警告切勿招募投机客，如果招错了人，他们会将土地回租给爱尔兰本地人，后者"将不会给土地施肥，依旧沿用惯例的闲置休耕方式"。[19]

为了使芒斯特省再度有移民定居，重新丈量土地绘图成为当务之急。一小组英格兰专员从蒂珀雷里郡至利默里克郡，自凯里郡到科克郡与沃特福德郡，蜿蜒前进着，估算这片土地可能产生的收益。各地玉米与牲畜的库存、木材与矿产情况以及教会财产等被逐一记录在类似中世纪英格兰末日审判书的调查册上。亚瑟·罗宾斯（Arthur Robyns）声称已通过"绳线和仪器"评估了约 10 万英亩土地。若属实，这相当于议会批准没收后授予移居者土地面积的三分之一。从英格兰的视角来看，在国内土地与附加的社会资本逐渐短缺之际，爱尔兰这份慷慨的赠礼俨然是上帝的恩赐。自 1587 年起，英格兰政府从大量申请者中筛选出 35 名士绅种植园主或"承揽人"，移民定居潮就此启动。[20]

　　芒斯特省的拓殖象征着首席国务大臣沃尔辛厄姆的个人胜利。自菲茨·莫里斯登陆与德斯蒙德伯爵叛乱以来，沃尔辛厄姆一直致力于推动"爱尔兰改革"。他的门客爱德华·沃特豪斯爵士率先提出英格兰可能实现（对爱尔兰的）彻底改革……（前提是）将英格兰人安置进芒斯特省。沃特豪斯偏好一个"完全由天生英格兰人居住"的殖民地，认为必要时可从帕尔引入老英格兰人；而该省的"自然居民"只能位列第三入住顺位。爱德华·芬顿（Edward Fenton）在向沃尔辛厄姆描述该地区时，采用了理查德·哈克卢特对新世界的期盼，"一个接受太阳最佳照拂之丰饶宜人的国家"，倘若治理得当，"将抚育成千上万忠诚和尽责的臣民"，会极大地充裕女王的金库。

　　早在大饥荒最严峻之前，芬顿就提笔写下这段评论，尽管随后遭到饥荒袭击，但人们仍普遍认定爱尔兰为那些拥有一定资本且愿意移居者提供了一个难得的发迹途径。沃尔辛厄姆为这个移居社会设想了森严的等级制度：士绅跃居顶峰，三个阶层的农民（"族长""良民"与"其他"）位列中间，最底层为公簿农和卑微的佃农。早已在英格兰削弱殆尽的封建等级制，或可在爱尔兰重获新生，复制如采邑法庭、封臣法庭、封建领主的私人保留农地以及需应征召从军的佃户等诸多封建元素。在这宛如另一个中世纪的倒退里，土地被划分为"领主地"而非教区。跟随着第二波种植园浪潮的英格兰军官自罗马帝国的经验中汲取另类灵感，士兵开始驻扎务农，并将自己形塑为绅士。对于萨默塞特的约翰·库珀这类人而言（他出身女王仪仗队，后在科克获得地产），芒斯特省的拓殖无疑提供了一个加入殖民贵族阶层的绝佳良机。一份宣传小册子声称，爱尔兰地主年薪虽仅 50 英镑，但相较于在英格兰拥有 200 英镑年薪者，生活更为优渥。[21]

　　爱德华·丹尼是最早在芒斯特省获得领地的英格兰定居者之一，他成为凯里郡特拉利地区 6 000 亩土地的所有者。在一次公开支持拓殖的宣传中，沃尔辛厄姆成为这位表弟投资计划书的承揽人，这一决定或许受到亨利·沃洛普报告的影响，该报告描述邻近有一处利润丰厚的明矾矿。沃尔辛厄姆在英格兰拥有许多矿业利益，并利用特务在约尔港附近勘探铜矿和银矿。他还支持一项种植菘蓝和茜草的计划，旨在为爱尔兰新兴的纺织业提供染料。但沃尔辛厄姆作为爱尔兰拓殖者的尝试并未持续太久，可能由于他在女婿菲利普·悉尼爵士逝世后被迫承接庞大债务所致。此外，这笔投资意味着他自从流亡巴塞尔期间监护年轻的丹尼兄弟以来，在长达 30 年的岁月里，一直与母族保持紧密联系。[22]

在沃尔辛厄姆尾随悉尼走入坟墓之前，芒斯特省的重新驻扎工作已如火如荼展开。治安法官在英格兰各地争相走告好消息，鼓励技工携家带眷加入移民行列。木匠与造屋匠，屠夫和车轮修造工，皆是爱尔兰乌托邦急需的移民类型。男人率先前往爱尔兰，当基础房屋建成，可供容纳亲属后，随即接来妻儿家人。承揽人在 1589 年提交的报告中，粗略估计移居芒斯特省的英格兰人已接近三千之数。补给船驶离南安普敦，满载着制作英格兰犁的木材和马具，以及用于炼铁的熔炉和矿石。食物的供应也将维持到殖民地得以自给自足为止。

持有凯里郡多达 13 000 英亩土地的威廉·赫伯特爵士（Sir William Herbert）之账簿，展现了一个大家族迁往爱尔兰的后勤工作之靡费。赫伯特居住在德斯蒙德伯爵位于卡斯莱兰的旧居，且接管了他昔日的领地。这座宅邸被奢华地改建成伊丽莎白时期英格兰式的建筑风格。内部饰有挂毯、亚麻布与银盘。另外建有一座磨坊和一家酿酒厂，开辟了果园和草坪，甚至布置了正式的花园。新的马厩里圈养着主人从威尔士带来的马匹。还有一座储备充足的军械库，备有手枪、长矛和一对火炮，仿佛警示着赫伯特的爱尔兰庄园距离家乡英格兰极远，虽鞭长莫及，但有备无患。[23]

256

　　历经数代的冲突，英格兰的根似乎终于在爱尔兰的土地扎下了。沃尔辛厄姆的门客理查德·宾厄姆并非唯一一位对爱尔兰普通民众现状表达担忧的人，他称爱尔兰人正被贪婪的盖尔领主压迫，陷入贫困的泥沼。颠覆现有的社会秩序，被辩护成为普通民众带来正义和繁荣的正当理由。然而，很多时候这种同情的表达只不过是一种空洞的说辞。如同尼古拉斯·马尔比爵士这般的士兵从不虚伪地假装同情爱尔兰贫民。焦土政策是迫使叛乱者重新服从的有效手段，无关道德。一个蓄意残暴的政权，"用火和剑消灭他们，老少不留"，这种做法有其军事合理性。

257　　暴力不可避免地面临暴力，以牙还牙，以眼还眼，征服意识必将遭遇抵抗意识。詹姆斯·菲茨·莫里斯·菲茨杰拉德在暴力诉求中增添了爱国主义的元素，呼吁老英格兰人集体捍卫"这个高贵的爱尔兰"和"我们亲爱的国家"，使之免受伊丽莎白政权异端邪说的动摇。这种爱尔兰式的诉求语言被阿尔斯特省叛乱的领袖与雄心大志的爱尔兰国王休·奥尼尔所接受，后者更加明确地将信仰和祖国联系起来，试图最大限度地发挥他的号召力。1598年，奥尼尔的盟友仅用两周时间就摧毁了芒斯特省殖民地，英格兰根基之浅暴露无遗。双方都认为这场举事源于本地人与移居者之间的新仇旧恨。沃尔辛厄姆和伯利倡导的拓殖计划非但未能解决伊丽莎白第二王国的统治问题，反而埋下新爱尔兰建国的种子。[24]

　　1586年6月，沃尔辛厄姆的继子克里斯托弗·卡莱尔担任"老虎"号的船长，这艘重达160吨的王室船舰即将启程赶赴今日北卡罗来纳外滩群岛的罗阿诺克岛。私掠者马丁·弗罗比歇正率"普里姆罗斯"号巡航于附近，而舰队由弗朗西斯·德雷克爵士在"伊丽莎白·圣文德"号上统辖指挥。卡莱尔曾在爱尔兰担任科尔雷恩驻军指挥官，随后将返回阿尔斯特省，管理卡里克弗格斯庞大的诺曼要塞。目前，他的新命令是为美洲第一批试验性英格兰移民提供返国通道。这批从罗阿诺克岛上撤离的人员包括艺术家约翰·怀特（John White），其绘制的阿尔冈昆印第安人劳动和嬉戏之图画，迄今仍是研究该部落文化的珍贵原始记录。科学家托马斯·哈里奥特（Thomas Harriot）也在撤离之列；他自学了一些当地语言，并出版了一本题为《弗吉尼亚新发现土地之报告》（*Report of the New Found Land of Virginia*）的畅销书。

卡莱尔不仅是一名商人，也是一位海军指挥官和探险家。其家族与莫斯科公司之间的紧密联系使他顺理成章成为 1582 年护送英格兰商船前往俄罗斯的理想人选。但沙皇恐怖伊凡和丹麦腓特烈二世之间的战争导致莫斯科贸易处于亏损之中，迫使他转向其他选择。1583 年，卡莱尔发表《论美洲的最近处》（*Discourse upon the Hethermoste Partes of America*），评估东向通往俄罗斯、土耳其与意大利展开贸易的风险和费用，并与西向穿越大西洋的相对容易程度进行对比。位于北纬 40 度线（即现代的费城和纽约之间）的贸易殖民地将从世界贸易中获利最丰。北部地区盛产鲑鱼、鳕鱼、鲸鱼、浓密的兽皮和毛皮、沥青以及制造船只桅杆所需的木材。西部和南部则将供应目前仰赖南欧进口到英格兰的橄榄与葡萄酒；卡莱尔声称已经找到大量野生葡萄可供使用。通过与当地人交换"小玩意"，可换回蜡和蜂蜜。随着当地社会的进步，此处可能将成为英格兰的新布料市场。

卡莱尔偏爱新世界而非旧世界的另一项诱因是：以基督希冀的公开坦荡实践宗教的自由。《论美洲的最近处》承诺，笃信上帝的虔诚商人及其家人和雇员将不会"被迫承认崇拜圣像的宗教，相反，他们

258

应当享有良心的自由"。的确，卡莱尔主要重视商品的供应和获利潜力，而这绝非清教徒在山巅建城的初衷。尽管如此，在早期阶段，美洲拓殖与公开礼拜的信仰自由之间的联系仍非常显著，而卡莱尔的继父沃尔辛厄姆肯定也同意这一点。[25]

英国国家档案保存了卡莱尔美洲计划的手稿副本，这意味着他曾推动相关请愿，也诉诸刊印。拥有大片北美土地的汉弗莱·吉尔伯特爵士（Sir Humphrey Gilbert）是另一位受沃尔辛厄姆职权庇护的有抱负的拓殖者。自 1572 年赴尼德兰参战以来，吉尔伯特持续深陷失宠不得志的状态，但沃尔辛厄姆始终扶持着他。1578 年，在首次启航前往美洲前，吉尔伯特从家乡德文郡写信，向这位主人反省了他的债务累累：

> 阁下，我知道您也是我的主要赞助人，促使我获取女王陛下的青睐与许可，得以进行这次海上航行……若有机会，请适时为我向女王陛下美言，以更妥善地支持我在陛下面前的微薄信誉。

然而，在远征尚未开始前，吉尔伯特就和一位同队的指挥官爆发争执，促使他愤怒地为自己良好的管理方式而辩。伊丽莎白女王由此洞察出他并非一位"拥有海洋机运"之人。1583 年，他获准再次出海航行，这需归功于沃尔辛厄姆的支持，后者还在吉尔伯特关于在美洲建立英格兰殖民地的计划中认捐了 50 英镑。[26]

对于伊丽莎白女王而言，是否接受她雄心勃勃的大臣和探险家所提出的帝国命运抉择，是一项相当棘手的政治精算。她治下的英格兰王国是一个相对疲弱的国家，缺乏如同法国或西班牙那样庞大的军事资源，且深陷代价高昂的爱尔兰战争。倘若菲利普二世决心动员起来，捍卫他对新世界的控制权，英格兰无疑将面对灾难性苦果。但另一方面，在国内政局高度紧张之际，帝国形象遂成为伊丽莎白巩固君主制的崭新方式。她对海外领土的积极扩张，或许能使她不负其父亨利八世建构的君主制模式，而这正是她选择性崇敬的父亲记忆之一。

　　同时，这个帝国拓殖计划也可能会丰厚她的金库。来自美洲的诸多消息，无论是目击者的报告，抑或多方揣测和传闻，总是归结到同一主题：这片土地尚待开发的富饶。伊丽莎白女王喜爱打牌赌博，这个消遣或许促使她决定投资 1 000 英镑，以资助马丁·弗罗比歇于 1577 年返回沃里克伯爵夫人岛（今日的科德卢纳尔岛）挖掘黄金；当时英格兰矿工留下的沟渠迄今依然清晰可见。当弗罗比歇所找到的矿石样本被分解进行贵金属含量测试时，沃尔辛厄姆预付了 200 英镑充作投资。最终，尽管寻找黄金被证实徒劳无功，但英格兰王室依然从美洲货物的进口关税中获利。沃尔辛厄姆也分食利益，于 1585 年获赐英格兰西部和北部港口的关税收入，尽管每年需向王室缴纳固定规费，但贸易额的所有增幅利润尽归他所有。[27]

　　女王还有另一层良心顾虑。许可臣民以她的名义占领美洲，或许在战略上有先机，甚至在实质经济上有利可图，但这是否合法？为了获得超越爱国热情的解答，她转而求助约翰·迪伊。伊丽莎白女王对迪伊深具信心，其曾研究天象，为她的加冕典礼择选吉日，也为她讲授自然哲学的最新发展。不拘一格的学习方式和喜鹊般的活跃头脑，让迪伊对罗马法具备一定了解：查士丁尼皇帝在 6 世纪所编纂的罗马法，直到 16 世纪在理论上依然规范着欧洲国际秩序。据此，若英格兰人欲赴美洲定居，最关键的是，外国势力，尤其是西班牙菲利普二世，不能以此为由发动战争。

　　迪伊的解决方案是重新阐释罗马法以及唯有他才能想象出的亚瑟王神话，借由一系列论文阐述，同时以私人觐见的形式向伊丽莎白女

261　王、伯利与沃尔辛厄姆解释。当弗朗西斯·德雷克满载从南美洲掠夺的财物，完成环球航行归来时，引发了西班牙大使的严正抗议，而迪伊好整以暇地予以回应。伊丽莎白女王身为亚瑟王后裔，自然对北美[迪伊称为亚特兰蒂斯（Atlantis）]拥有优先权，这一特权早在哥伦布发现新航路的 1 000 年前就已存在。或许，迪伊意识到并非每个人皆认同他对亚瑟王伟业的信念（对此，伯利勋爵确实持怀疑态度），故也援引古代法律先例来支撑他的论点。西班牙可能已经宣示其对美洲北部地区的主权，但从未采取任何占领行动；而依据罗马法，实质占领行为才是确立合法所有权的基础。[28]

约翰·迪伊位于莫特莱克的私宅图书馆是当时英格兰最大的图书馆之一，其规模远远大于牛津和剑桥的大学或学院图书馆，收藏内容更是浩如烟海。据迪伊估算，他拥有多达 3 000 本书和 1 000 份手稿。该馆还收藏了各种勘探和发掘设备。航海罗盘、一块磁石、一座象限仪，以及两座附有迪伊亲自注释的墨卡托地球仪，皆在此处公开展示。另一间内室则专门为更神秘之物而设，如一面以阿兹特克黑曜石制成的镜子，迪伊用之与天使交谈。另外，馆内藏有一个装满"爱尔兰各处领土、省份和土地"相关文件的箱子；另一个箱子则装着迪伊的地图珍藏。因此，任何郑重考虑航行至新世界的人，早晚都会前来敲响迪伊的家门。马丁·弗罗比歇知道如何成为一位私掠者，但他欠缺在北大西洋的航行经验，于是在首次探索之旅出发前 6 周接受了迪伊的航海理论训练。1577 年 11 月，轮到汉弗莱·吉尔伯特前来参观图书馆。3 年后，伊丽莎白女王亲临莫特莱克，归还了迪伊试图说服

262　她有权占领亚特兰蒂斯的证据文卷。

迪伊习惯在自己的藏书中涂写做标记，经年累月汇集成一种边栏标注形式的日记。公共和私人事件，以及他对潮汐、星辰和气候的观察，诸多迥异类型的信息交缠在一起。迪伊与沃尔辛厄姆首次有

记录的会面发生在 1577 年 11 月,毋庸置疑,这与西北航道和《关于完美航海术的一般及罕见记录》的出版有关。迪伊甚至被要求解释一颗形似土耳其剑的彗星的现形,以及一桩在林肯律师学院所获之骇人事件——一个胸前插入钢针的伊丽莎白女王人偶在那里被发现。一年后,莱斯特和沃尔辛厄姆通知他将出使德意志参与某种政府服务。1579 年 9 月,迪伊记录下他做了一个关于沃尔辛厄姆的梦,但未附有详细内容。同晚,他还做了另一个梦,梦见自己赤身裸体,皮肤浮现宛如天鹅绒般的纹路。1582 年,这两人共同准备一份报告上呈伯利,内容是关于跳过 10 天转换成格列高利新历的可行性,这将使英格兰与欧洲天主教各国的历法同步。迪伊怀疑天主教的新历计算有误,故提出了自己的修正计划,但坎特伯雷大主教拒绝这一整套想法,认为除非各新教教会之间先达成共识,否则无法实现。最终,公历转化的决定在英国被推延至 1752 年才正式执行,届时将需要额外跳过 11 天。

首席国务大臣和帝国宣传者之间的联系网络持续扩张。1583 年 1 月 23 日,沃尔辛厄姆从巴恩埃尔姆斯庄园或里士满宫廷出发,造访莫特莱克;在此,他巧遇了汉弗莱·吉尔伯特爵士的兄弟阿德里安·吉尔伯特(Adrian Gilbert),两人"开始讨论西北航道的发现"。翌日,迪伊和吉尔伯特前往罗伯特·比尔在巴恩斯的宅邸,秘密会见沃尔辛厄姆,"我们让国务大臣先生知晓关于西北航道的情况,所有航海图与航海志基本上达成共识";航海志是船员了解海洋航线和潮汐的指南手册。2 月,沃尔辛厄姆夫人厄休拉"突然造访我家",其夫与诗人爱德华·戴尔陪同到访,他们与迪伊一样热衷于向西扩张和炼金术。1590 年 3 月,沃尔辛厄姆逝世前几周,厄休拉成为迪伊女儿玛蒂娜的教母。[29]

1583 年 1 月 24 日围坐在比尔家中桌边的第四人是约翰·戴维斯

(John Davis)，他自德文郡而来，为寻找一条穿越北极冰层抵达中国的航道请求官方支持。戴维斯和友人阿德里安·吉尔伯特曾在数年前与迪伊发生争执，但现已和解，正合作呼吁伦敦和埃克塞特的商业公会资助这项计划。此次聚会后，迪伊前往波兰，但他的家宅和图书馆却在此空置期间惨遭洗劫，疑犯可能是针对他魔法实践的抗议者，也包含他的伙伴和往昔的学生。而戴维斯竟也参与其中，借机窃取图书和设备。

在迪伊缺席的情况下，沃尔辛厄姆带头起草了一家西北航线公司的提案；这家公司在伦敦、达特茅斯与普利茅斯设有主要定点。汉弗莱·吉尔伯特随后将 1585—1587 年探险计划委托给约翰·戴维斯，巴芬岛和格陵兰岛之间的海域就此获得一个欧洲名字：戴维斯海峡（Davis Strait）。此海峡被勘探到拥有一处丰饶的鳕鱼渔场，吸引伯利勋爵加入这项探险事业。不同于沃尔辛厄姆，伯利较少投入新世界的项目，这的确符合他在总体上更倾向于和解的外交政策。但他酷爱收藏地图，保存着亚伯拉罕·奥特柳斯（Abraham Ortelius）于 1570 年绘制的世界地图集，甚至在地图上标注了马丁·弗罗比歇 1576 年航行的细节。他也殷切期盼着一支强大的英格兰渔船队，因为只要民众实现温饱，就不太可能参与抢劫和暴乱。当戴维斯带着保存在桶中的加拿大鳕鱼样本返回英格兰时，沃尔辛厄姆建议他将其中的一大块向伯利展示。想到一块咸鱼将被隆重献给尊贵的财政大臣，他可能不禁暗自偷笑。但这一策略果真奏效：伯利成为英格兰探险队的赞助人，后者前往圣劳伦斯河捕捞鳕鱼和鲸鱼，并刺杀海象以获取象牙和油脂，布里斯托尔的肥皂制造商可利用海象油取代西班牙橄榄油。

在第三次也是最后一次的探查行动中，约翰·戴维斯得以驶入巴芬湾，并竭力抵达北纬 73 度的浮冰区，但最终他惊险地耗尽所有补给，被迫返回德文郡。抵达如此遥远深入之地，且再次顺利返程，实为一项具有莫大勇气的航海壮举，在现代几乎相当于从月球返抵地球。不料，西班牙无敌舰队与赞助人沃尔辛厄姆的辞世，终结了戴维斯对通往印度群岛的向西路线的探索，但他始终深信这条路线切实存在。此外，他为未来的探险家留下一项珍贵遗产，即"戴维斯四分仪"，这座新型象限仪可更精准地测量太阳的高度。为纪念他的赞助人，他将北纬66度1分60秒之地命名为沃尔辛厄姆角（Cape Walsingham）；时至今日，除了伦敦斯林巷遗址上一栋匿名的维多利亚式办公楼之外，这是唯一一仍然纪念沃尔辛厄姆的地方。[30]

当约翰·戴维斯穿越大西洋的风暴和浮冰，颤颤巍巍地驾驶着60吨以下的轻艇在未知水域迷茫前进，且面对随时袭来的大雾之时，劝诱他克服这些恐惧的潜在奖励是通往东方财富的英格兰独家贸易航线。但对他人而言，新世界本身就是预定的目的地。拜访莫特莱克的另一位与众不同的访客是乔治·佩卡姆爵士（Sir George Peckham）。这位来自内地郡县的乡绅，对掌握美洲机遇有着自己的独到见解。佩卡姆是一位拒绝国教的天主教徒，曾任白金汉郡守，但在1580年因窝藏天主教传教士而锒铛入狱。他始终希冀兼顾政治忠诚与宗教信仰，不愿放弃其中一方，因此决意在美洲建立一个忠于女王的天主教殖民地。他的同伴之一为托马斯·杰勒德爵士，这位兰开夏的天主教徒曾在1577年赞助马丁·弗罗比歇的采矿远征，如今陪同佩卡姆一道寻觅可能的美洲探险指挥官人选。终于，他们在汉弗莱·吉尔伯特爵士身上找到了答案：他虽是爱尔兰天主教反叛者的冷酷敌人，但也是一位久经历练的行动派，曾受女王委托寻找"实际上没有被任何基督教君主或人民拥有的偏远、未开化和野蛮的土地"，用以殖民定居。沃尔辛厄姆双手赞成这项计划，因为该计划为倾向于政治效忠的天主教徒提供了一个替代奔赴巴黎和罗马等谋逆中心的另类选择：非政治流亡的移民。

　　最初，托马斯·杰勒德爵士属意的移民地是爱尔兰阿尔斯特省，而非美洲。他提议将他的佃户先遣送至奥尼尔家族和麦克唐纳家族之间地区以作缓冲，这一建议获得总督悉尼爵士的重视，但伊丽莎白女王无意资助。倘若传说一半属实，一个新世界的殖民地足以回收成本，这对女王而言，无疑才是更诱人的选项。1582 年 6 月，乔治·佩卡姆爵士成为拥有 200 万英亩土地的领主，这片区域日后成为罗德岛，被迪伊确认为最适宜定居的地方。获得 150 万英亩土地的杰勒德与其他主要持有人（并非皆为天主教徒，笃信新教的菲利普·悉尼也在其中）组成了一个以吉尔伯特为首的统治咨议会。如同在爱尔兰一样，移民者的封建等级制自他们以下开始延伸，并依据各自投资规模排序。

　　吉尔伯特和佩卡姆精心规划了他们的美洲殖民地建设。每位拥有 60 英亩土地的农民应配给一把长弓、若干箭矢和一个箭靶；拥有 2 000 英亩土地者需配备一匹战马，不过，吉尔伯特罕见地坦言，得"等到上帝派遣足够多的马匹到这些地方之后"，才能落实分配。每处乡村教区将不超过 3 平方英里，派设 1 名驻堂牧师，拥有 300 英亩教会属地。各位主教和大主教将拥有专属的大量领地。另外，将建起一个中央财库以资助学校，提供贷款，同时为在战争中受伤致残的士兵保留土地以作抚恤；这些设想意味着英格兰的占领不可能不遭遇抵抗。此外，将为一般定居者提供斧头、锯子、铁锹，以及足够的谷物和豆子，协助他们在这片土地上展开新生活。还将提供特殊机会"以鼓励女性参与航行"，但这是后来增添的想法，相关细节未留下任何记录。

　　当吉尔伯特着手为殖民地寻找合适地点时，佩卡姆则通过文本刊印来宣传这项事业。他的《关于新世界之新发现与占领的真实报告》(*True Reporte of the Late Discoveries and Possession of the New-Found*

Landes）于 1583 年献予沃尔辛厄姆。对于这个所谓的丰饶新世界，佩卡姆补充了自己的精彩阐述：淡水鱼和咸水鱼种类繁多，有硕大如人类拇指的葡萄、马铃薯块茎和"称为玉米的谷物"。金、银和宝石可用来与野蛮人进行易货贸易，物超所值；野蛮人则可从基督教福音（天主教与新教并无区别）和"机械工艺、艺术及博雅"教育中受益匪浅。佩卡姆语带诚意地询问道，他们还可能会有什么抱怨的理由？此外，在美洲发现了许多听似威尔士语的名字，佩卡姆借此佐证伊丽莎白女王的祖先马多克王子早在 12 世纪就曾定居佛罗里达。

　　《关于新世界之新发现与占领的真实报告》得到爱尔兰首席法官威廉·佩勒姆爵士写诗以示支持。对勇者而言，每一片土地皆是祖国的土地。而其他欧洲国家早已意识到相同问题：

> 近在咫尺的邻国，　　　　　　　　　　　　　　　267
>
> 发掘这真实，造福众民；
>
> 这片丰饶之土缔造了丰饶，
>
> 而我们却坐困家园，怠惰停滞。
>
> 尽管他们为满足私欲已攫取良多，
>
> 但仍有余裕可充盈我们的金库。

英格兰的事业全然出自善良道德，将获得上帝的赐福：

> 英格兰，当跻身其中，以谋共享，
>
> 唯有名正言顺，权利方能尽归其有。

理查德·宾厄姆殷殷规劝着向往探险的年轻爱国者：

> 高贵的年轻人们，启航驶向大陆吧，
>
> 这段路途并非危机四伏：
>
> 你们的辛勤将带来 3 倍收获，
>
> 未来，青史留名。
>
> 勇者们，徜徉横越 20 个大海吧：
>
> 追寻好运，当懒散之人躺卧在家时。[31]

如同克里斯托弗·卡莱尔一样，佩卡姆也煞费苦心地强调往返美洲的"航程既轻松又短暂"。但事实无比残酷，他也深知这一点。在《关于新世界之新发现与占领的真实报告》再版前，吉尔伯特已然殒身于北大西洋的风暴之中。唯一安全返抵港口的船长爱德华·海斯（Edward Hayes）向佩卡姆详述了事件发生始末。最初，吉尔伯特的4 艘船组队驶向纽芬兰，登陆圣约翰港，在一众欧洲水手的见证下宣读了伊丽莎白女王的委托书，并挖掘了一块草皮。通过象征性耕种土地，吉尔伯特正式将这片土地的拥有权呈献给伊丽莎白女王，宛如中世纪贵族进入其庄园。王室纹章在此竖立，"用铅铭刻在一根木柱上"，成为宣示英格兰主权的永久性标志。他的下一个目的地是新斯科舍半岛附近的塞布尔岛，后在前往罗德岛预定殖民地的途中，一艘船沉没了，而另一艘船则近乎哗变，这一连串事故迫使剩余人马转向踏上归途。时不我与，吉尔伯特在亚速尔群岛附近的一场暴风雨中丧生，当时他手持一本书，不自量力地直面恶劣天气。当船员们几近灭顶之际，在强风中挣扎的海斯依稀听到他的最终遗言："我们在海上，如同在陆地上，同样接近天堂。"吉尔伯特坚持作为旗舰的"松鼠"号，仅 8 吨重。[32]

　　佩卡姆希望说服吉尔伯特的遗嘱执行人承继其遗愿，否则就需另寻支持者。但是阿德里安·吉尔伯特与沃尔特·雷利有着自己的事业，而菲利普·悉尼的美洲拓殖梦想早在女王禁止他航行时就已破灭。忠君的天主教徒的移民计划迅速崩溃，筹划者也随之失势。短短一年内，佩卡姆再次入狱，罪名是重视弥撒更甚于圣餐礼。他非但无法成为美洲广阔无垠土地的拥有者，反而被迫放弃家族土地，用以支付拒绝国教的巨额罚款。对于一个原本冀望一举解决英格兰天主教徒忠诚困境且为各方接受的计划而言，相较于最初炙手可热的盛况，这无疑是一个十分晦暗的结局。聊以慰藉的是，他对新世界的颂扬通过理查德·哈克卢特的《英格兰民族的主要航行》广为流传，有助于塑造英格兰、北美和海洋之间的未来关系。

倘若约翰·迪伊是 16 世纪 70 年代不列颠帝国的宣传主力，那么在往后 10 年，哈克卢特也是如此。英格兰国教会牧师理查德·哈克卢特（惯称为"小哈克卢特"以区别他的堂亲，后者为一名律师，曾就英格兰对美洲的所有权向王室建言），利用牛津大学研究员的工作稳定性以及布里斯托尔大主教座堂与萨福克乡村教区的牧师薪俸，撰写了关于探测调查的传世书籍。与其将哈克卢特称为创作型作家，不如说是一名自由引用他人作品的编辑。1589 年《英格兰民族的主要航行》首版问世，以一种超越套话堆砌的热情，题献给沃尔辛厄姆：

269

> 我始终关注您的智慧，尤其您重视女王陛下的荣誉、我们国家的良好声誉以及航海活动的进步。正如神谕对雅典海上力量的评价，航海为我们这座岛屿的真正围墙：鉴于我已穷尽一切敬意，感谢您的来信和言辞鼓舞我此次和其他航程，我自认为有义务将这部作品献给您，作为您鼓励的成果，也以此表明我对君主及国家的真诚服务，以及对阁下您的特殊责任。[33]

英格兰王国，是一座高垒之岛。这个由哈克卢特塑造的令人难忘的形象，约一年后重现于莎士比亚的戏剧《理查二世》(*Richard II*)，冈特的约翰在演讲中赞美英格兰为"统于一尊的岛屿"，将之誉为"一个镶嵌在银色的海水之中的宝石（那海水就像是一堵围墙，或是一道沿屋的壕沟，杜绝了宵小的觊觎）"*（Ⅱ，Ⅰ，46—48）。这一隐喻或许也归功于《英格兰民族的主要航行》的谬思。哈克卢特可能一直联想起沃尔辛厄姆曾下令加固多佛海堤一事。

　　《英格兰民族的主要航行》的非凡成功显现在迄今存世的首版文本依然数量众多，现分散保存在伦敦的中殿律师学院、爱尔兰的圣施洗约翰主教座堂、哈佛大学和纽约公共图书馆；美国东岸的福尔杰·莎士比亚图书馆和西岸的亨廷顿图书馆各藏有 3 本，另有 10 本散置于牛津大学和剑桥大学各学院，还有更多存放在世界各地。《英格兰民族的主要航行》的序言讲述了哈克卢特第二次皈依，聚焦海外探险事业。当拜访在伦敦法庭任职的堂亲时，哈克卢特浏览了根据古代知识和近代探险家之发现所绘制的"地球板块"地图。面对眼前的地图，目瞪口呆的他联想到《诗篇》第 107 篇："在海上坐船，在大水中经理事务的，他们看见耶和华的作为，并他在深水中的奇事。"顿时，一种新的使命感在哈克卢特的内心油然而生，既呈现出他热情的基督教信仰，更反映了他由衷期望英格兰人能摆脱"迟钝的安全感"。当英格兰敌人在世界各地撒网设陷时，任何可能的迟钝都将使王室和国家陷入危机。仿佛特地为了提醒读者警觉一切可能的损失，哈克卢特在 11 月 17 日完成了《英格兰民族的主要航行》一书，而这天正值伊丽莎白女王的登基纪念日。

---

*　译文引自 [英] 威廉·莎士比亚：《莎士比亚全集（第 5 册）》，朱生豪译，民主与建设出版社 2021 年版，第 120 页。

哈克卢特通过《英格兰民族的主要航行》来表达对沃尔辛厄姆的奉献效忠，这似乎反映了一种特殊关系，此可追溯至前者在牛津大学基督堂学院任教时期。哈克卢特目前已知最早的著作为一本建议夺取南美洲麦哲伦海峡的小册子，或许是受沃尔辛厄姆的委托所写，抑或为了引起其关注而写。自1580年起，哈克卢特开始收集材料，逐一拜访水手，为北美拓殖做准备。1582年，《关于发现美洲的百变航程》(*Divers Voyages Touching the Discoverie of America*) 终于问世，这无疑激发了公众对乔治·佩卡姆和汉弗莱·吉尔伯特在新英格兰宣示主权的热烈气氛。沃尔辛厄姆赞许哈克卢特为宣传"探索尚不为人所知之西方"所付出的不懈努力，鼓励他再接再厉，这不仅有益于他自身——暗示即将授予的晋升——而且也是为了"这个王国的公共利益"。1583年春，他在布里斯托尔试图向市长和市议员兜售沃尔辛厄姆继子克里斯托弗·卡莱尔的航行计划。9月，沃尔辛厄姆调派哈克卢特至法国（这是哈克卢特唯一亲眼观察到的外国），担任英格兰驻法大使爱德华·斯塔福德爵士的牧师。如前所述，基于沃尔辛厄姆和斯塔福德相互厌恶猜忌，这项派令使哈克卢特成为首席国务大臣潜伏在英格兰驻巴黎大使馆的耳目。

以牧师身份为掩护，哈克卢特开始大量搜集关于法国和西班牙在北美利益的情报。1584年1月的一封信揭示了他在巴黎的情报搜集范围。他向沃尔辛厄姆允诺提供来自迪耶普和圣马洛的报告。他参观了王室毛皮商的加拿大毛皮仓库，并报告了法国计划派遣"众多修士和其他宗教人士"前往新世界传教的传言。但哈克卢特怀疑此为虚假信息："我认为他们并不急于这么做。"他也面见了葡萄牙王位觊觎者唐·安东尼奥，"以及他手下最好的五六位船长和领航员"，并希望会见一位曾远航至日本的萨伏依人。另外，他赴鲁昂调查了法国在缅因或新斯科舍半岛建立贸易站的计划，同时与沃尔辛厄姆派至邻近西

271

班牙边界巴斯克区的特务取得联系。不知通过何种方法，哈克卢特进入了圣马丁修道院的法国王室图书馆，查阅了 1534—1536 年间雅克·卡蒂埃前往圣劳伦斯湾的航行记录。与此同时，他密切监控英格兰流亡群体在巴黎的活动，向英格兰政府汇报天主教徒对伯利勋爵宣传文册《正义的执行》的反应。出于对斯塔福德大使进行双边情报交易的质疑，哈克卢特极可能隐秘监视着他。当沃尔辛厄姆生病之际，他转而直接联系其继子克里斯托弗·卡莱尔。综上所述，他无疑是一位难得的综合型人才。

为沃尔辛厄姆服务的特务通常是为金钱而效力，但不可否认，他们或多或少会带着新教主义色彩。而哈克卢特的动机则略为不同。他虽欣然接受赞助者赐予的利益，但更重视能否促进"我们向西拓殖和发现"的机会。哈克卢特曾写信述说自己已成功接近热那亚银行家霍雷肖·帕拉维西尼（Horatio Palavicini），希望借此"成为向西航行的冒险家"，更积极呼吁在牛津和伦敦举办数学与航海讲座；若能承蒙沃尔辛厄姆资助，这将成为"500 年来最有价值的 100 英镑馈赠"。哈克卢特甚至可能从目前的牧师职务中脱身，亲自参与向西航行。从他信中的语气来看，这才是他心之所向。他告诉沃尔辛厄姆，自己已经准备好"付诸实践"，"竭力为上帝和我的国家服务，穷尽我所有的观察、阅读和讨论"。然而，身为一位未具海外探险经验的牛津学者，哈克卢特待在巴黎更有利用价值。当 1588 年他终于得以离开巴黎之际，一切为时已晚，伊丽莎白时代的帝国实验实际上此时已然终止。[34]

哈克卢特的影响力评估需奠基在文字而非实际行动上。尽管未曾亲自投身于远洋探险，但身为一名忙碌的编辑和翻译，他也为英格兰的海外扩张注入了自己的独特贡献。1584 年夏，哈克卢特在伦敦整理其《西向拓殖论》(*Discourse of Western Planting*) 的文稿，共计 21

章，部分属于讲道，部分则是关于移居美洲的实用指南。遗憾的是，哈克卢特于当年 10 月 5 日敬献伊丽莎白女王的原始稿件已然散佚，但纽约公共图书馆保存了一份当时的副本，可能是哈克卢特聘雇代笔人誊抄转赠给沃尔辛厄姆的。哈克卢特可能参考了沃尔辛厄姆斯林巷私宅书房的藏书和地图，从而写成这本《西向拓殖论》。该书封面标识着此为应沃尔特·雷利的"请求和指示"而写，后者在当时刚刚派遣两艘船出海远航，以维护他在汉弗莱·吉尔伯特逝世后所获取的美洲权利。但沃尔辛厄姆逐渐怨愤雷利在觐见女王时的从容态度，尤其当伊丽莎白女王将属于叛国者安东尼·巴宾顿的土地赐予这位新贵宠臣时，两人的紧张关系愈趋恶化。但目前，这两人正协力将哈克卢特推上宫廷舞台，使他的西向拓殖建议得以被听取。

一直以来，《西向拓殖论》始终被忽略，其论述往往被更引人注目的《英格兰民族的主要航行》所掩盖。这份文本迟至 1877 年始被印刷出版，但若假设一个论点仅仅因刊印发表而显出重要性，这对于伊丽莎白时期的人而言似乎匪夷所思。约翰·迪伊对于其准许付印的文稿极其挑剔谨慎，认为文本提供了建议和辩论的适当论坛。通过作品发表自己的观点，哈克卢特挑动了伊丽莎白女王厌恶公开议论国家机密的那根敏感神经。《西向拓殖论》长篇引用乔治·佩卡姆爵士的《关于新世界之新发现与占领的真实报告》、巴托洛梅·德·拉斯·卡萨斯（Bartholomé de las Casas）的《西印度毁灭述略》（*Destruycion de las Indias*）以及约翰·里博（John Ribault）的《发现完整且真实的佛罗里达领地》（*Whole and True Discovery of Terra Florida*）。同样，原创性和影响力之间的现代等号可能会产生误导。哈克卢特巧妙拣选证据以验证其主题，并以牛津大学辩论训练出的全部谨慎态度总结他的结论。充足的举例、反复重申且严谨的权威引用，这些都是学术修辞常见的技巧。

当哈克卢特选择亲自发言时，他的声音充满信念和强烈的紧迫感。多国探险家已然发现美洲是"一个丰沃强大的美好之地"，此地人民天性温和，气候十分宜人，足以让农作物实现一年两收。在这个芬芳的伊甸园里，商品种类之丰富，足以提供一份满足所有感官的购物清单：柑橘和杏仁、丁香和胡椒、巨大的森林和丰富的渔获以及蚕和黄樟。南美洲的财富大幅巩固了西班牙和葡萄牙的君主制，他们统治着本土干旱坚硬的土地，却在异域成就了难以想象的权力和显赫荣景。尽管如此，佛罗里达北部尚余充足的定居空间，"如果我们的懈怠懒惰不至于让法国人或其他人阻止我们的话"。相较于已被西班牙人捷足先登的炎热的南美土地，北美洲最美好的地区仍在那里静待征服，且尤其适合英格兰人勤劳和虔诚的本性。哈克卢特也意识到王朝延续对女王的重要性，因此祈祷并鼓励她完成先祖的伟业：

274

> 上帝按时行事，掌管着所有君主的心，最终激发了女王陛下的斗志，帮助她最积极肯干且富有前途的臣民们，完成这项最虔诚也最有利可图的伟大事业，这项行动在她祖父亨利七世的主持下展开，随后由其父亨利八世接续，最终似乎将在她的手中完成。

这段呼吁，映衬着他以"传教士理查德·哈克卢特"的身份向沃尔辛厄姆署名，并非毫无缘由。[35]

上述美洲财富的获取关键在于哈克卢特所主张的"交易"，即以上帝欣然同意的合法交换方式获取这些丰富的资源。西进种植将为一个日渐艰困的王国提供原料和技能性的就业机会。哈克卢特乐于讨论殖民地，希冀众人知晓英格兰的殖民将远优于西班牙。当他描述新西班牙臣民遭受的各种侵犯时，字里行间充满着愤怒和厌恶。据他估计，超过"1 500 万个灵魂"死于西班牙暴虐统治之下。他选用"灵魂"一词称呼他们，发人深省。哈克卢特认定当地人如同孩童般天真单纯，绝非野蛮，他们愿意服从，并渴望学习。天主教势力声称要带领他们皈依基督教，但带来的唯有奴役和死亡。这正是为何美洲人"向我们大声疾呼，希望他们下一个邻居前来施以援手，并为他们带来福音的善意"。熟悉托马斯·莫尔的读者或许会因此联想起乌托邦的公民，他们总是热衷于吸收基督教的信息。

哈克卢特进一步阐述，但始终小心翼翼，生怕冒犯了敏感的女王。倘若英格兰武装起佛罗里达的本地人，"就像西班牙军队支持并武装起我们的爱尔兰叛军那样"，女王将获得一个强大的盟友，以对抗这个渴望称霸全球的政权。若再结合布雷顿角上筑有防御工事的种植园，整个西班牙帝国引以为傲的权力大厦或许随时可能会坍塌。正如《伊索寓言》中的乌鸦，其华丽的羽毛被孔雀、喜鹊和松鸦夺走，菲利普二世将沦为"全世界的笑柄"。[36]

沃尔辛厄姆将哈克卢特从巴黎召回恰逢其时。他于 1584 年 7 月下旬返抵英格兰，正值奥兰治的威廉遇刺身亡、新教欧洲陷入动荡的数天后。9 月，沃尔特·雷利的两艘帆船从外滩群岛探险归来，满载着他们在罗阿诺克岛收到的款待，还带回两位决定亲临伊丽莎白女王宫廷的印第安人。在哈克卢特觐见女王两周之后，沃尔辛厄姆和伯利领导枢密院签署《联盟公约》。11 月，议会批准公约，同时要求对天主教士和耶稣会教士采取更严厉的措施。沃尔辛厄姆、弗朗西斯·德雷克和菲利普·悉尼爵士被任命为下议院委员会成员，开会以确认雷利在新世界应得的权利；这是沃尔辛厄姆对议会程序产生积极兴趣的罕见实例。与此同时，哈克卢特于 1584 年献上的《西向拓殖论》解决了对殖民合法性的争议，结合神学、法律推理及鲜明的反天主教主义，反驳教宗在美洲的管辖权。

275

终于，伊丽莎白女王让步了，她一方面被雷利吟咏的诗歌吸引，另一方面则被哈克卢特的承诺所打动。1585 年圣诞节的第十二夜，雷利晋封骑士，且获准从伦敦塔弹药库征用 2 400 磅火药。如今，他的私人印信光荣地刻上"弗吉尼亚勋爵与总督"的头衔，但伊丽莎白女王不舍他再度离去。因此，1586 年 4 月启程的新航行改由他的康沃尔郡表亲理查德·格伦维尔爵士（Sir Richard Grenville）代为统领，后者率雷利的 5 艘船离开普利茅斯湾，前往"女王陛下的新弗吉尼亚王国"。沃尔辛厄姆的两名家族成员阿特金森和罗素同行，以汇报新殖民地的建设情况。之后，格伦维尔写信向沃尔辛厄姆告知，在安置拓殖者后，他扣押了一艘西班牙货船，将与沃尔辛厄姆共同瓜分该船载运之糖和生姜的份额；这一分红确认了沃尔辛厄姆在英格兰的首个美洲殖民地拥有个人股份。此外，应伊丽莎白女王的新教盟友和前求婚者丹麦腓特烈二世的个人请求，沃尔辛厄姆还安排了一位丹麦人马丁·劳伦森（Martin Laurentson）加入探险队，以学习"海战技能"。[37]

弗吉尼亚的气候比新斯科舍半岛及纽芬兰更加和煦，但罗阿诺克岛却远非理想定居地。外滩群岛在现代的北卡罗来纳海岸周围形成一个新月形，从南边的眺望角一直延伸至亨利角和切萨皮克湾的入口，长达 200 英里。罗阿诺克岛位于离岸 4 英里处，尽管受障壁岛之庇护，远离大西洋最恶劣的位置，但仍处于迎风面，天气变幻莫测。自 16 世纪以来，该岛的形状开始变化，逐渐流失了印第安村庄和英格兰人曾经建造码头的北方边缘地带。南部和东部的大部分地区则是沼泽地。遍布此地的红白相间之雪松、松树和香枫森林曾给首批定居者留下深刻印象，如今已然了无踪迹。同样消逝的还有塞科特人；这个印第安部落常以玉米和熏鱼盛宴款待新来者，乐于用玉蜀黍交换刀子、玻璃珠和洋娃娃，也允许约翰·怀特为他们绘画。事实证明，罗阿诺克岛人口稠密。对于那些笃信殖民地的未来取决于贸易的人而言，这一点无疑是绝佳的消息。然而，倘若英格兰人倾向于移民定居，在此从事农耕、伐木和采矿，将不可避免地引爆冲突。[38]

罗阿诺克岛被选为英格兰在美洲的首个根据地，很大程度上要归功于西蒙·费尔南德斯；这位亚速尔群岛的领航员在为西班牙工作并学习做买卖时，曾有幸目睹了北美海岸线。16世纪70年代初期，费尔南德斯改以英格兰为基地，掠夺从印度群岛返航之满载蔗糖和外国木材的船只。在一场外交抗议风暴中，一艘葡萄牙轻帆船被没收，费尔南德斯也连同银铅入狱，但随即受到沃尔辛厄姆的劝诱，以为他工作来换取保释。费尔南德斯几乎无异于海盗，但对西班牙海外领土和海军实力的了解足以提高他的身价。同时，他也是一位新教皈依者。他强烈仇视菲利普二世的另一项原因是丧国之痛，当枢机主教兼葡萄牙国王亨利于1580年逝世后，菲利普强行将葡萄牙并入了他的帝国版图。

1584年，费尔南德斯率领雷利的两艘帆船前往哈特拉斯角；次年，他带领殖民者通过以他命名的菲尔丁南德港，继而抵达罗阿诺克岛。他鼎力协助英格兰人最终在外滩群岛的礁石和浅滩之间登陆，主要动机在于劫掠西班牙的利益，因为此处正是一个监控从南美返航之运银船的绝佳位置。同样，对雷利而言，为英属美洲奠定永久性基础只是次要考虑；他们最在乎的荣耀与实质财富都押注在能否洗劫菲利普二世的运宝船上。沃尔辛厄姆自身对罗阿诺克岛的期待，则将战术与长期策略予以结合。1585年春，他说服伊丽莎白女王批准他拟定之"激怒西班牙国王的阴谋"。自此，德雷克、卡莱尔与弗罗比歇得以解开束缚，大展拳脚，在加利西亚与西印度群岛四处劫掠，而沃尔特·雷利爵士的兄弟卡鲁在纽芬兰附近掳获西班牙渔船。罗阿诺克岛则是这场未宣之战的另一个战区。然而，鉴于沃尔辛厄姆对英格兰在

277

爱尔兰拓殖计划的支持，表明美洲计划同时也是另一个故事的一部分，即在传统王室的地理边界之外，建立英格兰的新教势力范围。对哈克卢特的积极赞助以及与迪伊的友谊，表明沃尔辛厄姆是一位为殖民而殖民的信徒，这种前卫的想法比其真正落实为英格兰政府的传统观念整整提前了一个世代。[39]

　　无论是作为海军基地还是定居地，雷利船队的殖民者很快发现罗阿诺克岛的主要缺陷所在。沙洲贯穿岛上的两个入口，当涨潮时，任何超过 70 吨的船只均难以通行。当"老虎"号在沃可康搁浅且差点损毁船后部时，这一事件生动地说明船只航行地太靠近海岸的风险，而航海日志的撰写者将事故归咎于领航员费尔南德斯差劲的航海技术。在事急从权下，"老虎"号被迫上岸求援，但付出的惨痛代价是"我们的粮食储备被大量损坏"，殖民者难以承受那一袋袋浸湿的小麦和大米。另一大损失是食盐储量，这是用以腌制肉品过冬的必需品。

　　这艘"老虎"号是向伊丽莎白女王租赁而来，同样，罗阿诺克岛的首任管理者拉尔夫·莱恩（Ralph Lane）也是如此，曾投入爱尔兰战争的他乐于与治下的众多拓殖者分享这段战争经历。1585—1586 年在罗阿诺克岛过冬的 109 名男子中，有一半以上为雷利的雇佣兵。士绅阶层出身的冒险家则构成另一部分，科学家托马斯·哈里奥特严厉谴责他们的"养尊处优"和目无军纪。这支冒险队的其余部分则由工匠组成，包括面包师、酿酒师和厨师各一位。来自布拉格的犹太冶金学家约阿希姆·甘茨（Joachim Ganz）受雇测试西印度铜（对该地点的勘探发现了熔化的铜和坩埚的碎片，意味着罗阿诺克岛曾建有熔炉），并评估更多贵金属存在的可能性。托马斯·卢丁顿（Thomas Luddington）可能是牛津大学林肯学院的研究员，他担任该殖民地的牧师，主持圣餐礼仪式并为西印度群岛的皈依者施以洗礼；哈克卢特也许十分渴望能获取这一职位。但这支探险队的明显短板是缺乏任何精通农业之人。士兵宁愿狩猎也无意耕种，即使在英格兰农业的更替节奏足以适应不同土壤和季节的假设之下。可以种植的甘蔗和芭蕉已从伊斯帕尼奥拉岛（Hispaniola，即海地岛）运送过来，却因甲板上的盐雾而严重受损。[40]

罗阿诺克岛管理者拉尔夫·莱恩的手下开始挖掘土地，以作防御工事。在抵达后的一个月内，莱恩"从弗吉尼亚的新堡垒"寄了一封信给沃尔辛厄姆。关于新堡垒，现代考古学证实这是一座棱角分明的结构性建筑，建有堡垒和城墙，用以护卫附近由双层小屋组成的小型定居点。这座堡垒的兴建是如此迅速，表明雷利可能采纳了哈克卢特的建议，将预制炮台运往弗吉尼亚。这座雷利堡因现代重建而闻名，具有主权象征和军事重镇的双重意涵。英格兰人通过建造陆地防御工事的方式，正式宣告对土地的合法占领。莱恩原本最关注的是佛罗里达的西班牙劫掠者，不料，他的枪支和栅栏很快转向防御充满敌意的当地居民。在一次对大陆的勘探中，一只银杯丢失了，这可能是英格兰人为了阐释基督教信仰而向塞科特人展示的圣餐杯。这起可疑的盗窃挑起了英格兰探险队对印第安村落阿夸斯科戈克的蓄意报复："我们烧毁并破坏了他们的玉米和城镇，所有人仓皇逃离。"这句话实在令人作呕地熟悉，宛如一份爱尔兰报告的缩影。约翰·怀特，未来罗阿诺克岛殖民地的下一任总督，正是屠戮行动的一员。即使他公然反对破坏，也无人会理睬他的抗议。这起由少数士兵发起的仓促复仇将对罗阿诺克岛英属殖民地的未来种下惨痛的苦果。[41]

在殖民地进入冬季隔绝期之前，莱恩致信沃尔辛厄姆、菲利普·悉尼与老理查德·哈克卢特，顽固地坚持自己对新世界的先入之见，无视周围的现实情况。弗吉尼亚拥有"天底下最肥沃的土壤"，可提供从亚麻到乳香等各种商品，能产出谷物和糖的玉蜀黍，以及满

280

足任何药剂师需求的丰富药材。一旦在此获取马匹、牛群以及可供英格兰人居住的土地，"基督教世界的任何王国皆无法与之匹敌"。尽管爆发了灾难性的阿夸斯科戈克报复，但忠于职守的莱恩仍获取了丰厚的报酬。相较于宫廷赋予的奢华，他反而更喜欢"以鱼为日常食，以水为日常饮"，这种安于平凡的欢欣自信更准确地反映了罗阿诺克岛的生活日常。莱恩自豪于为女王的领土增添了一个新王国，且在新教信仰上找到了更多的寄托。尽管他和手下身处"广阔却无人耕种的土地"，但上帝会命令乌鸦喂食，使他们得以温饱。对基督的忠诚信仰将他们从西班牙的暴政中拯救出来，"成为对抗罗马反基督者与其教派的一把利剑"。每日黎明破晓时分，都将出现另一个等待着"由文明和基督教常驻"的新省份。[42]

　　拉尔夫·莱恩愿意继续留驻美洲。他在之后寄予雷利的报告中，描述了对弗吉尼亚本土的探索，切萨皮克湾阿尔冈昆人和易洛魁人的小规模冲突，以及在罗阿诺克河上游探寻金矿或铜矿的经历。莱恩如今准备承认，"一处好矿，或是一条通往南海域航道的发现，皆是出于上帝的仁慈，除此之外，没有任何能让此地具备吸引我们国人移居的必要性"。但是，最终说服他与德雷克一同离开的主因在于与当地印第安人的关系急遽恶化，而英人却重度仰赖他们的食物供给。补给船早该在 1586 年 4 月抵达，却迟迟未至，拓殖者深知若坚持留下，势必将更单薄地面对严峻的冬天。塞科特族族长已经对他们一再索取玉米感到愤怒，且对欧洲疾病给其族人所带来的毁灭性灾难深恶痛绝，转而反抗英格兰人，但在一次谈判中被杀身亡。莱恩手下以"我们基督的胜利"为暗号起事开火。这场屠杀发生在 6 月 1 日，正是德雷克船队现身于地平线的一周前。德雷克原本愿意为拓殖者提供一艘船和 4 个月的补给，但一场大风暴迫使他紧急切断缆绳，出海远航。莱恩将这一连串的事件解读为一种特殊信号："就如同上帝伸出手，

将我们从那里带走。"紧急之下，他们的大部分书籍和文件尽皆被水
手在划行越过礁石时抛扔下船。两周后，理查德·格伦维尔的救援队
终于姗姗来迟，但为时已晚，定居点早已被遗弃了。[43]

　　我们永远无法得知莱恩与德雷克从罗阿诺克岛仓促撤退的过程
中，究竟丢失了什么：乔万河与罗阿诺克河的地图，甘茨的冶金实验
记录，以及托马斯·哈里奥特手写的地方方言字典，皆是可能的珍贵
牺牲品。幸运的是，还有一些特别的物件保存下来了。越过波涛汹涌
的大海，冒着被鸡蛋大小般冰雹袭击的风险，艺术家约翰·怀特始
终紧紧抱住他所绘制的关于美洲动植物及可被英格兰文明化之印第
安文化的图册。根据特奥多尔·德·布里（Theodor de Bry）出版之
哈里奥特的《弗吉尼亚新发现土地之报告》，这正是女王派遣怀特远
赴美洲的原因："只是为了描绘这处地方，生动勾勒出当地居民的形
象、服饰、生活方式和时尚。"在缺乏更具体证据的情况下，怀特的
绘本为日后重返弗吉尼亚提供了令人信服的理由。回国后，他充分
发挥了这一绘本的潜在影响力，并将副本赠予哈克卢特、雷利和沃
尔辛厄姆。昆虫学家托马斯·佩尼（Thomas Penny）吸纳了画册中涉
及燕尾蝶和蝉的研究，约翰·杰勒德则在他多次再版的《药草简史》
（*Herball, or Generall Historie of Plantes*）中加入了怀特绘制的印第安
乳草。怀特还卖了一套书给德·布里，后者的版画进一步将此书推向
德文、法文、拉丁文和英文的读者群。杰勒德与布里均由哈克卢特
引荐。[44]

　　约翰·怀特的拓殖经验和承诺使他成为管理雷利第二个殖民地的
明确人选。1587 年 1 月，王室嘉德纹章传令官宣布怀特与他的 12 位
助手已获授权筹建"弗吉尼亚的雷利市"。怀特的康沃尔士绅出身十
分不显，但终究依靠自己的能力赢得了勋章。其他的授勋者中包含一
位伦敦的砖瓦匠与泥水匠阿纳尼亚斯·戴尔（Ananias Dare），他迎娶

282

了怀特之女埃莉诺；另外还有西蒙·费尔南德斯，他正享受着从葡萄牙海盗转型成英格兰绅士的最后阶段。尽管早在 1585 年"老虎"号搁浅事故中产生了对费尔南德斯不适任的指控，但他仍在 1587 年 5 月从普利茅斯出发的再次美洲探险中担任要职，这一重要事实可能表明他仍在沃尔辛厄姆的庇护之下。正如约翰·怀特所述，不久之后，费尔南德斯重操旧业。一天夜里，一艘拓殖者的船被遗留下，船长此前从未航行到弗吉尼亚；怀特声称这是蓄意破坏殖民的企图。看似在西印度群岛浪费宝贵的时间，实际上，费尔南德斯正虎视眈眈地等待着西班牙的奖赏。

　　当这支小型舰队于 7 月 22 日抵达外滩群岛时，情势进一步恶化。怀特计划带领男人、女人和孩童共 116 人登陆切萨皮克湾海岸，在那里（引用哈里奥特在 1585—1586 年的调查），"我们发现了更肥沃的领地、更高大坚挺的树木、更厚实坚硬的开阔地、更深厚的腐殖土、更多的战士以及更纤细的草皮，这比我们在英格兰所见的任何草皮都更好"。但当他们登陆罗阿诺克岛，寻找 1586 年格伦维尔探险队的幸存者时，费尔南德斯命令他的手下不要让拓殖者返回船上。他的理由是"夏天已经过去了"，换言之，他很快就会错过拦截西班牙运银船的绝佳机会。怀特别无选择，只能清除自去年离开后双层小屋里长出的藤蔓和南瓜，并着手修补首任管理者拉尔夫·莱恩遗留的堡垒。[45]

　　我们很难解释费尔南德斯的特立独行。在拒绝让定居者进一步登陆大陆后，他花了 4 周时间悠哉悠哉地清理他的床舱底，并在启航前砍伐了大量木材，准备在英格兰出售。第二个罗阿诺克岛殖民地的日常供给未如总督怀特预期般那么充分，这得再次感谢西蒙·费尔南德斯在远航前的行动。怀特曾预想在波多黎各找到一处产橙子和芭蕉的地方，以便重新移植到弗吉尼亚，"但我们的西蒙拒绝这一提议，称他将在伊斯帕尼奥拉岛下锚停泊"。当观测到伊斯帕尼奥拉岛时，领航员径直开航，甚至丢弃了拓殖者希望带上船的牛群。正如怀特所指控的那样，费尔南德斯明显蓄意破坏这项拓殖行动。

费尔南德斯与沃尔辛厄姆之间的关系，可能使一场阴谋故事得以衍生：沃尔辛厄姆放逐了 1587 年的殖民者，使其陷入孤立无援的绝境，这正是为了报复雷利抢夺巴宾顿叛乱的战利品。不可否认，费尔南德斯是为了自身利益出航。但在他的抗辩中，他的确花时间卸下了拓殖者的设备和补给品，也确实给他们留下了一艘能够返航英格兰的中型艇。相较于切萨皮克湾海岸边上的新建城镇，罗阿诺克岛得以更快强化加固。1585 年，身为军事指挥官的拉尔夫·莱恩对于费尔南德斯赞誉有加。最终，问题成为证据之一。约翰·怀特作为罗阿诺克岛第二处殖民地唯一已知的幸存者，在返回伦敦后，急于保护自己的声誉免受诽谤者和怀疑者的攻击。但除了他转交给理查德·哈克卢特的报告之外，历史学家无法找到其他可供研究的证据。例如，没有类似于莱恩在 1585 年写给沃尔辛厄姆的信件。诚然，沃尔辛厄姆并未与雷利交好，但他与英格兰西向拓殖计划的一众发起人，包括哈克卢特、迪伊、乔治·佩卡姆、吉尔伯特兄弟、约翰·戴维斯和克里斯托弗·卡莱尔，都保持密切交流，因此很难相信他会乐意葬送多达 3 艘船只的英格兰新教徒家庭，仅仅为了挟私报复。在期待已久的西班牙战争中，与雷利为友，远甚于与其为敌。[46]

284

怀特担任殖民地总督的愿景不是建造一处军事营地，而是成就一个市民社会，一个足以自给自足并繁衍有序的扎根型殖民地。遗憾的是，这一理想难以在罗阿诺克岛实现。悲剧发生在他们抵达的第一周，当时与怀特一同出航的 9 位助手之一乔治·豪（George Howe）在捕抓螃蟹时，被印第安人用箭射倒，后被殴打致死。随之，一场报复性的突袭犯下了灾难性的错误，英格兰人袭击了克洛坦岛南部的一处友好部落，遇难者包含当时正在田里捡拾麦穗的妇女和儿童。这些定居者一直期望能耕种肥沃的土地，但发现当年的播种时机已过。必须有一个人随同费尔南德斯返航，争取征用更多的物资而返，这一人选自然以最具话语权的总督为佳。根据怀特的说法，"全体探险团队"的助手和拓殖者恳请他亲自赶赴伦敦吁求补给。但实际上怀特并不太情愿走这一趟，这出于一个不光彩且奇怪的理由：他担心自己在伦敦"名誉扫地"，也害怕在前往大陆更佳据点的长途跋涉期间，其财产可能会"被破坏和偷走"。最终，他被说服了，因为拓殖者向他呈上了一份盖章的宣誓书，以证明对他的领导能力充满信心。这份文件以"您的朋友和同胞，弗吉尼亚的拓殖者"的名义，呈给"您，英格兰女王陛下的臣民"，这两者间的称谓差异足以瞥见首批英格兰殖民者的自我认知，展现出一种相互关联却截然不同的身份，仿佛美洲已让他们改头换面了。1587 年 8 月 27 日，怀特启程返回英格兰，在他外孙女弗吉尼亚·戴尔受洗 3 天后，戴尔是首位在美洲出生的具有英格兰血统的婴儿。这距离他带领第一批殖民者在罗阿诺克岛上岸还不到 5 周。此后，再也没有欧洲人见过这群拓殖者中的任何一位。[47]

♔

在 1589 年版《英格兰民族的主要航行》的序言里，理查德·哈克卢特得意洋洋地将他自在巴黎担任驻法使馆牧师、被迫听取法国人的冷嘲热讽以来所取得的一切成就，全部摊开在沃尔辛厄姆的面前。英格兰领事和贸易商如今散布在君士坦丁堡、的黎波里、波斯和果阿。英格兰船只无所畏惧地越过麦哲伦海峡与好望角，与摩鹿加群岛和爪哇展开贸易，然后"满载着最丰富的中国商品"返航。与菲律宾及日本的贸易，终有一天将带予当地人民"基督教真理这无与伦比的宝藏"。倘若说亨利八世是大卫王，为上帝的圣殿奠定了基础，那么伊丽莎白女王则通过建造这座圣殿，证明了自己是另一位所罗门。无人可以否认英格兰人的雄心和勇气：

> 他们是如此充满活力之人，是海外的活动者，是世界遥远地区的探索家；因此，在女王陛下这个最著名，也最无与伦比的政府里，她的臣民在上帝的特殊帮助和赐福下，探索着这个世界最遥远的角落和地区，坦白而言，他们已绕行这广阔的地球不止一次，超越了这世上所有的国家和人民。[48]

哈克卢特的布道是一次精明的宣传，捍卫英格兰免受国外毫无根据的嬉笑怒骂，同时鼓舞英人不懈地追求伟大。在克里斯托弗·卡莱尔的写作与拉尔夫·莱恩的信件中，同样可以捕捉到爱国主义和信仰的结合。如同沃尔辛厄姆的门客哈克卢特所深切期望的那样，英格兰王室和国家终于意识到他们"迟钝的安全感"危险至极，这一体认终于抚慰了始终居安思危的首席国务大臣。但是，在哈克卢特关于称霸海洋的连祷文中，却有一队令人魂牵梦萦的缺席者。随同约翰·怀特和西蒙·费尔南德斯一起远航并留在罗阿诺克岛的拓殖者究竟在何方？到《英格兰民族的主要航行》出版时，已经两年多没有任何关于他们的消息了。他们翘首以盼的补给从未抵达殖民地，尽管怀特疯狂地寻找一切方法，企图绕过英格兰枢密院于1587年10月为维护国家防御、抵抗西班牙舰队而实施的出海禁令。

直到1590年3月，通过协商，怀特终于得以在一艘横越大西洋的私掠船上争取到一个位子，又过了5个月，他才重新登陆罗阿诺克岛。搜索队发现了印第安人留下的火堆和新脚印，却无人响应他们的呼喊或号手演奏的英格兰曲调。当爬上沙丘时，他们寻觅到一个令人心跳加速的发现，就此成为一个谜团。此处的树上刻着罗马书写体的"CRO"，但没有随附马耳他十字，后者是怀特与留下之拓殖者默认的遇险暗号。当他们抵达英格兰村庄时，暗号的含义逐渐明晰。这个村庄最近被重新加固了，但清空了所有可带走的物品。入口处一根柱子的树皮被剥光了，"在离地 5 英尺处，用漂亮的大写字母刻着'CROATOAN'（克洛坦岛），但没有任何十字架或遇险的记号"。克洛坦岛是曾随行赴英的两位印第安人之一曼特奥的家乡，他在弗吉尼亚·戴尔受洗前数日也在罗阿诺克岛接受了洗礼。水手们的突然喊叫将怀特引至一处，发现拓殖者在离开时将怀特的航海储物箱埋在沟渠中。箱里的东西已被挖出，散落一地，"我多本藏书的封面全被撕扯下来，一些图片和地图的边框被雨水浸湿腐蚀了，我的盔甲几乎锈蚀殆尽"。4 门大炮和一些炮弹被"四处乱丢，掩于杂草中"，这些物品显然过重而无法运送到殖民者迁移的新区域。[49]

刻在树上的标记很清晰，但信息十分诡异。倘若英格兰人想在此定居开展农耕，克洛坦岛或现在所知的哈特拉斯岛甚至不如罗阿诺克岛合适。拓殖者与怀特已事先达成共识，将殖民地内移至陆上 50 英里处的更佳据点，总督将竭力从英格兰带回补给，而他们将给他留下一个刻在树上或门框上的"秘密标记"，以便知道前往何处寻找他们。克洛坦岛被选为下一个根据地并无任何意义，除非他们分成两组，大队人马先前往切萨皮克湾，剩余小股队伍则留在罗阿诺克岛等待怀特归来，若 1588 年或 1589 年救援船迟迟未到，再与曼特奥一同离开。这一证据显示定居者至少还活着，怀特对此感到"欣喜雀跃"，他说服船长将航向重新设定为克洛坦岛，但一场风暴折断了他们的锚索，将他们卷入大海。逆风来袭意味着原定在特立尼达过冬后再尝试搜寻的计划必须放弃，船只被迫返航。这是怀特与家人和其麾下拓殖者最后的团聚机会。

无论迷失的拓殖者在何处度过余生，都不可能在罗阿诺克岛上。也许他们的船在前往新伊甸园的途中失事，沉入大海。倘若果真设法在大陆上建立了他们的"雷利市"，也很容易被印第安人消灭，因为后者对于他们的食物需求和土地竞争深感不满。还有另一种可能性，但纯粹是猜测，除非考古学家发现伊丽莎白时期英格兰村庄的痕迹方可证明，但戴维·比尔斯·坎（David Beers Quinn）仍然假设这是最可能的情况，且他比其他人进行了更多的调查，以确保论述符合证据。他想象着移居者在弗吉尼亚诺福克郡某处找到了新家，坚持他们的语言和宗教信仰，同时从印第安人处学习到一种新的农业耕种方式，并在可能的情况下于殖民地结婚，但这得指望当地人为他们中的许多年轻人物色妻子。多年后，当詹姆斯敦的殖民地建立起来时，印第安部落领袖波瓦坦向约翰·史密斯上尉坦承，在英格兰定居者与他的族人通婚同住 20 年后，他杀死了他们，且展示了一把黄铜枪和一支火枪枪管以作证据。耐人寻味的是，克洛坦岛人的后代笃信他们拥有白种人祖先。1593 年，约翰·怀特在自科克郡雷利种植园寄给哈克卢特的最后一封信中，感叹将"令我始终忧心且无法忘怀的弗吉尼亚拓殖者"完全托付给全能上帝的仁慈帮助，"我最谦卑地祈求上帝，根据神意和他们的美好愿望，赐予他们任何的帮助与安慰"。[50]

第八章

最终时刻

迄今悬挂在伦敦国家肖像艺廊的弗朗西斯·沃尔辛厄姆肖像画，大胆且精准地捕捉到这位伊丽莎白一世时期首席国务大臣的长相特征。他的脸型长而消瘦，蓄留着修剪整齐的胡须。长年眉头深锁的纹路深深刻印在额头上。当沃尔辛厄姆为了这幅画的绘制而坐下时，已经 50 岁出头，但他并未刻意掩饰任何岁月侵蚀的痕迹。他的眼窝深深凹陷，黑发悄然从他的学者帽下缘后散。数道银色光芒自他的八字胡中若隐若现地闪烁。黑色长袍上的毛皮饰边暗示着这个男人已不复年轻力壮，而是开始感觉寒冷。像沃尔辛厄姆这般的男人，强行装饰上的硬挺襞襟和花哨袖口显然与他格格不入；这应该是绘像师的花招，但勉强说服他穿戴上后，不出所料，应迅速被嫌恶地弃之一旁。沃尔辛厄姆唯一的点缀是伊丽莎白女王的浮雕饰品，象征其权力，更时刻提醒着这位权倾朝野的廷臣关于他权力的最终来源。原本应当填入伊丽莎白时期廷臣画像中更传统的元素，如地球仪、枪支和盾形纹章等，却被刻意排除在这一画面之外。取而代之的是，观众的目光将不可阻挡地被吸引到沃尔辛厄姆的眼睛上，那是一双犀利的蓝色眼睛，总是充满警戒。

虽然肖像画未曾署名，但我们仍可十分确定画家的身份：约翰·德·克里茨。他是荷兰新教流亡者在英格兰诞生的首代后裔，出生于爱德华六世时期就定居伦敦的荷兰新教徒家庭，并皈依英格兰国教会。1571 年，约翰接受父母的安排，成为另一位荷兰流亡者、画家卢卡斯·德·希尔的学徒。在 16 世纪 60 年代因尼德兰对西班牙的反抗而流亡英格兰避难之前，德·希尔曾受西班牙菲利普二世和法国凯瑟琳·德·美第奇王太后的委托绘画。年轻的约翰必然观赏过他所绘制的英格兰都铎王室集体肖像《都铎王朝继承的寓言》，这是伊丽莎白女王为庆祝 1572 年《布卢瓦条约》的签订而特别赏赐给时任驻法大使沃尔辛厄姆的。或许，他也参与了该画部分背景细节的填补，这是当时艺术家学徒的惯常任务。

或许，正是通过这种联系，约翰·德·克里茨引起了沃尔辛厄姆的关注。一位身怀理想的艺术家自然憧憬欧洲文艺复兴时期的宫廷文化，而首席国务大臣恰好有权授予加盖御玺的旅行通行证。1582 年 4 月之前，他抵达巴黎，"听从阁下您对我工作的所有裁示"。他在家书中提及为沃尔辛厄姆所采购的艺术品，包含圣约翰的研究书册，以及一幅关于海神尼普顿强暴凯妮丝并将她变成男人的画作。对德·克里茨而言，将这个从罗马诗人奥维德《变形记》中摘录之充满性色彩的故事寄送给沃尔辛厄姆，似乎是一种冒险的选择。这幅画，相较于悬挂在沃尔辛厄姆巴恩埃尔姆斯庄园的墙壁上，更适合展示在神圣罗马帝国皇帝的布拉格宝物馆，游客可在那里观赏到佛兰德斯矫饰主义者巴托罗美奥·斯普朗格（Bartholomeus Spranger）的类似作品。可能的答案似乎有些诡异，却更符合我们对沃尔辛厄姆兴趣和友谊的了解。奥维德形塑的缠绕及雌雄同体之配偶形象，被同时代人从炼金哲学的角度进行解读：稳重的男性（以水银为代表）与反复无常的女性

（以硫磺为代表）的结合。当约翰·迪伊从莫特莱克来访时，他肯定以此为参考。德·克里茨也可能是沃尔辛厄姆收藏手工艺术品和珍奇古玩的代买人，用以匹配他图书馆的藏书和花园中的奇珍异草。

或许，这就是约翰·德·克里茨在法国所做的一切，参观"这个国家美轮美奂的房屋"，赞叹他们的卓越工艺，并为他的赞助人搜罗艺术品。值得思考的是，他的信件最终归入国家档案，而非沃尔辛厄姆早已散佚无踪的个人档案，这意味着中间可能发生了其他事情。画家这一职业为德·克里茨提供了非比寻常的自由度，他可穿梭于各国宫廷之间，却不会引发怀疑。巴黎，他所选择的旅行目的地，正是英格兰天主教流亡群体的据点之一。巴黎的大街小巷散布着各种阴谋故事，而这些皆可用金钱或王室恩赦的允诺来收买。德·克里茨提议从枫丹白露宫寄送"一件罕见作品"，或许藏有更深层的含意，委托信使亲自向沃尔辛厄姆解释。1582 年 10 月的一封信件谈及他前往意大利，但财政署的支付明细显示，德·克里茨在 1583—1588 年间为了某项公务，多次前往巴黎。在此期间，他有无接触另一位卧底法国宫廷的英格兰影子理查德·哈克卢特？德·克里茨无疑是一位政治幸存者，活着见证了都铎王朝的陨落，不仅曾在威斯敏斯特大教堂协助制作伊丽莎白一世的陵墓，而且最终晋升为斯图亚特王朝君主们的钦定侍从画家。[1]

沃尔辛厄姆可能委托德·克里茨为自己绘制肖像；但伊丽莎白女王更喜欢她的大臣们为围绕着她的崇拜仪式而买单。这一时机可能正值 1585 年《诺萨其条约》（Treaty of Nonsuch）的签署，英格兰正式承诺捍卫尼德兰的新教事业。终于走到这一步，这无疑是一条漫长而又疲惫的道路。自 1573 年返回英格兰进入中央政府工作以来，沃尔辛厄姆不断敦促政府积极介入尼德兰战争。向哈布斯堡王朝发动战争不仅是女王对上帝的明确职责，而且是对她自身安全所建立起的最佳屏障。1584 年 7 月，奥兰治的威廉遇刺身亡，促使沃尔辛厄姆起草了一份供枢密院辩论的议题清单：

292

　　　目前奥兰治亲王已被刺身亡，关于荷兰和西兰（Zealand），若获得强大君主的保护，能否坚持下去？

　　　拥有这些领地的西班牙国王是否会对女王陛下有不利的企图？

　　　有什么办法可以惹怒西班牙国王？

当伯利在 10 月提出一套类似的提案时，沃尔辛厄姆已经掌握菲利普二世意图打击伊丽莎白女王的确凿证据。对苏格兰耶稣会教士威廉·克雷顿搜身后所发现的密件显示，弗朗西斯·思罗克莫顿鼓吹的入侵计划未曾随着他的死刑一同消逝。这些计划只是被推迟执行，现正在等待西班牙国王"摆脱低地国家的羁绊"。在此之前，克雷顿频繁穿梭于罗马和巴黎之间，企图拉拢教宗、吉斯公爵和菲利普二世支持入侵英格兰并释放苏格兰女王的计划；令英格兰政府颇为恼怒的是，迟迟无法将克雷顿抓捕归案。终于，一条攸关他乘船赶赴苏格兰的线报，为沃尔辛厄姆提供了一个绝佳的机会。荷兰海军巡逻队及时拦截了克雷顿的船只，他情急之下撕毁了计划书，并试图将之抛入大海，但被吹回甲板的碎纸片多到足以重新拼凑出他的故事。随后，他被押解到斯林巷进行审讯，使沃尔辛厄姆得以进一步了解全盘计划。

　　1585 年春天，短短数日之内，英格兰宫廷又收到另外两则被披露的情报，且均与法国宗教内战的结果有关。3 月 6 日，枢密院获悉法王亨利三世拒绝尼德兰议会在奥兰治的威廉死后转授予他的统治权。如今，新教尼德兰的命运落入伊丽莎白女王之手。更令人震惊的是沃尔辛厄姆在 3 月 22 日写给英格兰驻巴黎大使爱德华·斯塔福德爵士的信中所透露的消息。教宗和西班牙国王已在茹安维尔达成一项秘密协议，"他们选择了吉斯公爵担任刽子手"。根据该协议，西班牙承诺为天主教联盟提供资金和士兵，以换取在尼德兰的军事援助和在法国铲除新教异端。尽管没有具体提及英格兰议题，但入侵的威胁突然更加逼近了。

当菲利普二世在 5 月针对外国船只施行禁运，并扣押停泊在港口的 91 艘英格兰船只时，对入侵计划的解读似乎获得证实。重达 150 吨的"普里姆罗斯"号在船上仍有 4 位西班牙官员的情况下冒死突围，舍命疾驶，奔向伦敦告知西班牙的暴行。根据汉弗莱·莫特（Humphrey Mote）出版的一本小册子所述，全体船员决心"宁可葬身大海，也不愿让自己落入施虐者的手中受苦"。6 月，沃尔辛厄姆收到王室驻怀特岛军队总督乔治·凯里爵士（Sir George Carey）的一封信，后者同样表达了爱国的反抗情绪。凯里听闻西班牙国王咄咄逼人的挑衅态度，欲了解沃尔辛厄姆对女王决策的看法。倘若战争爆发，他是拦截西班牙货船的最佳人选。据他推测，这些货船满载着付予佛兰德斯驻军的费用，钱就隐藏在装着柑橘的箱中。如果女王陛下希望她的臣民自己挽救损失，那么凯里请求离职去加入拓殖者团队，"因为他们要么将失去自己所拥有的一部分财产，要么将从西班牙国王那里获得更多家当"。既然菲利普二世公然挑战英格兰的荣誉，那势必需要"赔罪与赔偿"——无论是通过公开战争还是私人报复。[2]

《诺萨其条约》要求伊丽莎白女王向荷兰新教反抗阵营提供 5 000 名步兵和 1 000 名骑兵；作为回报，当敌方舰队抵达英吉利海峡时，荷兰新教联盟将提供海军支援。在赢得战争胜利并偿还伊丽莎白女王的贷款之前，布里尔和弗拉辛等"警戒城镇"将充当担保。伊丽莎白女王对加冕为尼德兰女王并无兴趣，沃尔辛厄姆似乎也认同这一点，遂在条约谈判中特地列出条款，讲明"女王陛下宁愿接受保护者（protector）头衔，而非君主（sovereign）头衔的原因"。鉴于伊丽莎白女王执着于收复加莱，她的婉拒似乎令人费解，但事实上，这一决定更符合她对君主制的广泛理解。加莱是英格兰王室世袭领地的一部分，而勃艮第本身就是古老领土，争议性低。然而，若将原属西班牙的低地国家纳入女王的统治，尽管是应荷兰议会的明确请求，但此举无疑与暴虐的哈布斯堡王朝之行径如出一辙，且同样危险。如沃尔辛厄姆所言，女王的良知早已摆脱"一切的野心和贪婪"。此外，投入战争将导致国库无止尽的枯竭。肩负起尼德兰的统治会引爆英格兰和西班牙两王室之间"无休止的争执"，"恐将成为长期血腥战争的根源"。支持新教和对西班牙先发制人的果断开战是一回事；但一场长久且消耗性的宗教战争又完全是另一回事。沃尔辛厄姆深知，从长远来看，英格兰的资源绝对无法与已知世界中最强大的君主制国家分庭抗礼。[3]

　　这一次，女王和她的首席国务大臣在外交政策议题上难得达成一致。纠结的是她派驻低地国家的指挥官莱斯特伯爵，莱斯特在统治权问题上采取了全然不同的立场。倘若当初伊丽莎白女王发给他一手截然不同的婚姻牌，莱斯特可能早已加冕成英王；如今，低地国家总督一职太过诱人，他难以抗拒。当听闻莱斯特接受低地国家的职位提议时，伊丽莎白女王对这位资深宠臣竟未事先征求她的意见而怒不可遏。更糟的是，针对女王声称代表尼德兰的古老自由权，而非她自身最大利益的说法，他嗤之以鼻。为挽救莱斯特免于被迫放弃新头衔，沃尔辛厄姆艰难地为其辩护，但也因此重创自己在女王心中的信誉。最终，伊丽莎白女王心软了，但这一插曲让她更不愿意拨款支持赴荷援军，尽管莱斯特不断哀求，但她始终不为所动。之后，当女王获悉竟未被告知敌方海军据称正在里斯本集结，震怒之下将一只便鞋扔到沃尔辛厄姆的脸上时，这对君臣的关系跌到新谷点。受此侮辱的沃尔辛厄姆在悲愤中回忆起曾于新教城市巴塞尔度过的快乐时光："指控我偏袒不公的流言蜚语，受到派系的煽动，始终挥之不去，这让我厌倦了所服务的地方，希冀能置身于真诚的瑞士人之中。"直到1586年11月莱斯特被召回之前，英格兰已耗费高达115 000英镑阻止帕尔马公爵的进逼，而这相当于英格兰王室正常岁入的一半。更令沃尔辛厄姆陷入悲痛的是，聚特芬一役夺走了菲利普·悉尼爵士年轻的生命，沃尔辛厄姆年仅19岁的爱女弗朗西丝成为寡妇。[4]

唯一的好消息来自弗朗西斯·德雷克，即便如此，结果仍是喜忧参半。女王决定派出她的水手们力抗西班牙帝国，虽远未达到完全公开宣战的程度，但这一决定无疑催动了菲利普二世的顾问主张入侵英格兰的确切理由。1585年9月，德雷克率领舰队驶离普利茅斯，最初前往西班牙维哥港，那里扣押了众多英格兰商船。"老虎"号船长兼远征队的军事总指挥克里斯托弗·卡莱尔向继父沃尔辛厄姆转发了一份关于德雷克派往上游区域的突击队的报告。一个装有大教堂祭袍和宝物的箱柜被发现，"其中一座十字架之重，须由一人尽全力才能搬动，为一做工精良的典雅银器"。卡莱尔的手下与一队西班牙火枪骑兵爆发了小规模冲突，一名被俘虏的英格兰劫掠者被斩首。巴约纳总督提议休战，德雷克则允许一些当地绅士"参观我们的船只"以表诚意。但这无疑是一次可怕的血腥冲突，教堂财产司空见惯地被洗劫一空。

296

德雷克显然享受着登陆西班牙领土所带来的象征意义，不过随后发现这个延迟可能让他错失了巴拿马的运银船。尽管之后陆续袭击背风群岛、伊斯帕尼奥拉岛及哥伦比亚的卡塔赫纳等地，但对拓殖航行导致的伤亡，仅提供了微不足道的弥补。女王和其他投资者在1585—1586年的航行中，平均每1英镑的投资仅收回15先令，这与德雷克环球航行的惊人回报形成鲜明对比。荣誉已然成就，与此同时，罗阿诺克岛上的拓殖者也从不确定的命运中解脱出来，但诸如此类的冒险完全无益于填补王室金库的亏空，也难以改善正惨遭外国市场崩溃之苦的英格兰布料工人的命运。当德雷克在 1586 年 7 月返抵普利茅斯前，粮食骚乱正席卷英格兰西部。原本用于预警外国入侵的烽火，差点转而警示一场国内民众反抗士绅的举事。[5]

1586 年 1 月，菲利普二世终于指示其海军统帅草拟入侵不列颠的计划。这是圣克鲁斯侯爵翘首以盼的时刻。一支拥有多达 150 艘战舰并随附补给舰的庞大舰队必须准备就绪，外加足以载运火炮、骑兵马匹和惊人数量之 5.5 万名步兵的运输船，将成就一支总计 510 艘船的巨型舰队。成本统计接近 400 万达克特金币，或约 100 万英镑，这相当于英格兰王室 3 年的总收入。菲利普欣然接受这个构想，但对所需支出的高昂军费感到捉襟见肘。之后，他的侄子帕尔马公爵提出一个替代方案，更简单，更省钱，也同样大胆：3 万名士兵将搭乘平底的佛兰德斯驳船漂流到英格兰，仅用一夜时间就能完成横跨英吉利海峡的闪电战。身为西班牙最具才能的将领，帕尔马愿意让海军充当配角。他也批评了圣克鲁斯侯爵拟对英属爱尔兰进行第一波登陆的战略。菲利普二世被这两种战略同时吸引，左右为难，最终导致 1588 年启航的无敌舰队成为这两个提议的综合体：一支比圣克鲁斯所期待的规模略小的海军，且缺乏帕尔马认为至关重要的奇袭元素，但这等体量的军力已足以对伊丽莎白政权构成致命威胁。

至 1586 年 4 月，圣克鲁斯的一份报告在被菲利普二世亲自批阅后，弗朗西斯·沃尔辛厄姆于数日内即迅速取得副本。这场非凡的情报拦截由安东尼·斯坦登（Antony Standen）成功完成；这位英格兰天主教流亡者曾驻留佛罗伦萨，改名为蓬佩奥·佩莱格里尼（Pompeo Pellegrini）。当情报价值极高时，沃尔辛厄姆有时会恩赦特务的家属，这或许可以解释为何斯坦登同意为他工作。此外，这可能也归因于爱国主义，斯坦登不愿目睹母国英格兰被西班牙以宗教为由强行占领。无论动机为何，毋庸置疑，他的确是一名能够轻易渗透进入敌营的一流间谍。身为托斯卡纳驻西班牙宫廷大使的朋友，斯坦登可以借此探知西班牙当前对英格兰问题的看法。他甚至招募了一位内线，即圣克鲁斯侯爵亲近侍从的兄弟，后者通过马德里的外交公文邮袋自里斯本寄信而来。1588 年春，斯坦登亲赴西班牙，从当地直接向沃尔辛厄姆汇报。最终，他被赐下的奖励是"重获女王陛下的恩宠"，以及 100 英镑津贴；这与吉尔伯特·吉福德揭露巴宾顿阴谋而得到的酬劳相同。[6]

298

　　30 年前，菲利普二世帮助妻子玛丽·都铎将英格兰人民带回真正信仰的怀抱。如今，让英格兰重新天主教化的良机着实使他跃跃欲试。然而，一些疑虑仍然存在，例如，在尼德兰最终恢复秩序之前，同时另辟一条战线的军事行动是否明智，以及一旦征服英格兰王国，应如何处置伊丽莎白等这类尖锐性问题。毕竟，伊丽莎白是他的妻妹，也是他曾经谈婚论嫁的对象。在官方层面上，菲利普和帕尔马继续呼吁和平，直到最后一刻，但沃尔辛厄姆认定这仅是一种佯攻，目的在于诱使尼德兰诸邦脱离英格兰联盟，并争取足够的时间以集结一支无敌舰队。英格兰舰队司令埃芬厄姆勋爵霍华德也表达了相同的怀疑态度："阁下，自英格兰立国以来，未曾见过这般利用计谋和伪装欺瞒英格兰的和平协议。"然而，1587 年 2 月苏格兰女王玛丽·斯图亚特的殉教身亡，彻底打消了菲利普二世先前秉持的任何保留态度，转而笃信上帝将赦免他对一位受膏君主的攻击行径。在为苏格兰玛丽流泪，并下令为她举行安魂弥撒后，菲利普命令舰队集结于里斯本。

依沃尔辛厄姆在西班牙宫廷之对手的话来说，是时候将英格兰"付之一炬了"。[7]

昔日面对可能触发战争的任何决定时，伊丽莎白女王通常本能性退却。但在1587年春天关键的数星期内，英格兰宫廷的权力平衡发生了天翻地覆的突变。在未得到女王明确命令的情况下，苏格兰玛丽竟被处决了，伊丽莎白在惊恐与震怒的情绪驱使之下，前所未有地下令将伯利勋爵驱离她的面前。这段意外插曲使沃尔辛厄姆和莱斯特有机可乘，得以不受财政大臣伯利的干扰，向女王陈述他们的开战理由。自葡萄牙和西班牙搜集而来的情报发挥了预期效果，引导女王正式授权德雷克"控告西班牙国王舰队的联合行动"。这个束缚的解放无疑让德雷克欣喜若狂。1587年4月2日，他自普利茅斯出发，行前向沃尔辛厄姆致敬告别，这是传记作者梦寐以求的一封信：

> 感谢上帝，让我发现唯有作为共同体的一员，才能捍卫我们仁慈的女王和国家，对抗反基督者和其爪牙……这场风命令我启航。我们的船正扬帆航行。愿上帝保佑我们活在对他的敬畏与恐惧之中，像敌人所论述的那样，如此上帝将在国内外皆为女王陛下而战，并赐予她长寿和幸福的生活，永远战胜上帝和女王陛下的敌人。

在与敌人交战的仓促过程中，德雷克预料女王的撤军令将很快递送到他手上，故他敏捷的行动比那张命令还快，使后者难以追赶上。他无视里斯本加固的港口，继续向南再向东航行到加的斯港。这场果敢的行动成功扰乱西班牙无敌舰队的筹备，加的斯突袭从未被历史遗忘。当沃尔辛厄姆读到德雷克对现场的描述时，必然心潮澎湃：5艘商船和1艘圣克鲁斯侯爵的大型帆船被洗劫一空，随后被击沉；4艘货船遭到挟持，另外还有 24 艘船被拆卸，在停锚处被烧毁殆尽，菲利普的一支桨帆船分遣中队惨遭羞辱性击退，所有舰队和军队尽皆暴露于岸边的火炮攻击下。随后，英格兰舰队驶向葡萄牙阿尔加维的萨格里什，该地城堡在持续炮轰下最终举旗投降，一座修道院在遭洗劫后被付之一炬。德雷克选用《旧约》的语言讲述了这个故事，将信奉天主教的西班牙描述为"恶魔巴尔或大衮形象的支持者，这些形象轰然倒卧在我们上帝的方舟面前，手、胳膊和头尽被砍除了"。他还向沃尔辛厄姆如实报告，重达 1 600 吨的木桶，连同西班牙海军赖以供应咸鱼的渔网，一并"化为灰烬"。德雷克的船只和士兵未在萨格里什逗留太久，但此行成功阻止菲利普的地中海舰队加入在里斯本集结的部队。倘若伊丽莎白女王的撤军令及时送抵德雷克，西班牙无敌舰队可能会提前一年启航。[8]

300

对于筹备英格兰本土防御的人而言，无敌舰队启航的推迟被证明是上帝的赐福。早在 16 世纪 30 年代，为了应对法国入侵的威胁，英格兰启用解散修道院的收益，兴建了一系列沿海堡垒和最新设计的炮台。但是，一旦亨利八世宗教改革的意外之财耗尽，维持堡垒要塞的负担就全部落到王室一般岁入上。后果可想而知。当伊丽莎白时期的军事工程师筹备击退西班牙进攻的设施时，无奈发现曾经引以为傲的碉堡已被两代人的疏忽怠惰所削弱，甚至废弃一旁。16 世纪 80 年代早期针对多塞特郡炮兵堡垒的调查显示，木制平台腐烂不堪，火炮业已拆除，连墙壁都快崩塌入海，可谓险象环生。选择在康沃尔郡或德文郡登陆的西班牙军队将面对自亨利八世时代以来年久失修的防御设备。长期以来，人们一直计划在普利茅斯高地建造一座新堡垒，但直到无敌舰队启航与撤退后数年，依然一事无成，沦为空谈。位于法尔茅斯港的潘丹尼斯城堡，以及锡利群岛的星堡等巨型碉堡的建造，只能追溯到 16 世纪 90 年代，而非更早。

朴茨茅斯的皇家码头情况略为好些。1584年2月，沃尔辛厄姆授权聘雇数百名轻工兵前来进行修复，并扩建了城镇周围的防御工事。但直到无敌舰队启航之际，该处的土木工程仍远未完成，部分原因竟是女王下令删减劳工到仅余百人。在索伦特海峡的对岸，维护卡里斯布鲁克城堡预算中的最大份额，实际上流向了乔治·凯里爵士的新豪宅。乌普诺城堡是伊丽莎白时期新建城堡的罕见例子，为梅德韦和查塔姆的重要锚地提供了一定程度的保护，却无法抵御来自陆地一侧的攻击；这是众多都铎时期防御工事的共同缺点。埃塞克斯郡的哈威奇港只在1588年获得1 000英镑拨款作为防御预算，而伊普斯威奇则不得不雇用沃尔辛厄姆的调查员和伪造专家亚瑟·格雷戈里前来量身打造一座炮台，用以自我防卫。[9]

枢密院曾向黑斯廷斯全体市民宣布："女王陛下海军的力量是他们乃至整个王国最可靠的防御。"鉴于王室财政长期超负荷运转，故而实行重军舰而轻海岸防御的战略无疑是一个妥善选择。自16世纪70年代初期开始，直到1587年前，通过建造和采购，伊丽莎白舰队增添了34艘船舰，尽管其中12艘载重不到250吨，且只有10艘的设计着重炮击而非近距离战斗。再加上从贸易中获取或由伦敦同业公会提供的船只，英格兰舰队的总数不到60艘。他们寄望于顺风和上帝的赐福，从而即使无法彻底摧毁入侵舰队，但仍有希望迫其转向返航并予以击溃。不过，哪怕是最新的竞速型舰艇，也需要避难和补给的港口，但朴茨茅斯的东海岸线地理位置着实让政府头痛不已。至16世纪后期，温切尔西、莱伊港与桑威奇等古老港口皆已淤塞，对王室海军的大型帆船而言已不堪使用。唯一剩余的可能港口是位于海峡最窄处的多佛，夹处两座悬崖之间的窄境使其只能提供免受猛烈潮汐和盛行风影响的有限保护。直到弗朗西斯·沃尔辛厄姆主政时期，才启动了伊丽莎白时代最令人印象深刻的土木工程之一。

1576 年，当沃尔辛厄姆命令航海家威廉·伯勒（William Borough）针对为英格兰海军兴建更好避风港的可能性进行报告时，他显然已经察觉到多佛的潜力。一项新计划开始付诸实施，即利用自都铎早期试验遗址漂流堆积下的大量鹅卵石来建造一个港口。历经数度失败的开头后，沃尔辛厄姆终于寻觅到数学家兼下议院议员托马斯·迪格斯作为合适的监工者。身为约翰·迪伊的学生及其认可的"数学继承人"，迪格斯曾在 1578 年沃尔辛厄姆和科巴姆赴低地国家出使期间随行调查荷兰防御工事，从而证明了自己的实务价值。他也是一位坚定的新教徒，曾是 1584 年《联盟公约》的主要推动者，主张立法针对伊丽莎白女王被暗杀崩殂后授权成立临时政府。同时，他大声疾呼英格兰应干预尼德兰新教战争。面对多佛工程的艰巨挑战，迪格斯提出的理论性概念获得了同样曾在低地国家服役之军事工程师保罗·伊夫（Paul Ive）的实务经验印证互补。1589 年，后者将他的专著《防御工事的实践》（*The Practise of Fortification*）献予沃尔辛厄姆和科巴姆。

沃尔辛厄姆事必躬亲地经手处理了多佛工程的所有文书工作。雷金纳德·斯科特（Reginald Scot）在评论该项目的历史时，称赞"若无他主持，将一事无成，他始终亲自指挥，密切关注国家的状态"。《1583—1585 年沃尔辛厄姆工作备忘录》中 1583—1584 年的记录让我们得以窥探他在斯林巷私宅如何开展业务，发送指令，并对相关人员与建筑材料授权付款。他远从佛兰德斯聘请水利专家，以改善迪格斯和伊夫所设计的复杂防波堤与水闸系统。但正是来自罗姆尼湿地的当地专业知识巩固了多佛港。此加固工程得以成功的关键在于建造墙壁的白垩岩和"泥浆"（或淤泥）的混合物。迪格斯承认罗姆尼湿地的工人是完成这项任务"唯一且最合适的工匠"，前提是他们在适当的监督下进行工作。在整个 1583 年夏天，数百辆肯特推车将建筑材料运往多佛。编年史家拉斐尔·霍林斯赫德记录下车夫将材料倾倒在

303

水中时的歌声和笑声。正如当地绅士托马斯·斯科特爵士得意洋洋地向沃尔辛厄姆所汇报的那样，原本预计需花费两年时间的工程仅用两个月就完成了，且只花费一小部分木材和石料的成本。这是英格兰海军第一次在距离欧陆最近的海峡沿岸具备了可用之港。[10]

♔

1587 年，弗朗西斯·德雷克袭击加的斯，这场震撼的颤栗传遍欧洲，连沃尔辛厄姆的情报员都感受到了。安东尼·斯坦登从他所在的佛罗伦萨观察了西班牙人的反应，描述了德文郡的海盗（在斯坦登的密码表上拥有自己的特殊代号：22）如何"将当地人陷于极度恐惧之中"。根据驻法大使爱德华·斯塔福德的说法，教宗如今嘲笑西班牙国王是"一个懦夫，竟在低地国家被女人牵着鼻子走"。菲利普二世再度在自己的领土上被区区一位水手羞辱了。参加突袭的托马斯·芬纳船长高度评价此次行动，称其为一场奇迹，"如此伟大的成就，竟然以这样微不足道的损失就达成了"。德雷克尽管沉浸在诮媚奉承之中，但未被冲昏头脑，对于西班牙的恢复能力并不抱乐观幻想。他在寄给沃尔辛厄姆和莱斯特的急件中述说着同样的紧急警告："从未听闻或知晓类似的准备工作，因为西班牙国王早已枕戈待旦，夜以继日地骚扰英格兰。"菲利普拥有强大的盟友，其粮食储备之充足得以让一支 4 万人大军在战场上维持整整一年之久。在加的斯烧了西班牙的胡子，只是稍微推迟了不可避免的军事入侵。德雷克对沃尔辛厄姆的呼吁，正如在莎士比亚戏剧中那般清晰地敲响了警钟："在英格兰全力备战，尤其注重海战。现在就阻止敌人，并且永绝后患。请密切注意苏塞克斯海岸……愿上帝赐予胜利。"[11]

沃尔辛厄姆和枢密院所面对的挑战，与其说是知晓无敌舰队呼之欲出的存在感，不如说是该如何理解菲利普二世究竟打算利用它做什么。蜂拥而至的各方报告之间经常自相矛盾，尤其是因西班牙的计划本身就极不稳定。直到 1587 年冬天，在舰队尚未准备就绪之时，菲利普二世催促帕尔马公爵在没有舰队支持的情况下横跨海峡，发动袭击；这一命令让帕尔马十分震惊。西班牙最高指挥部的改组进一步恶化原本就十分混乱的局势。1588 年 2 月，圣克鲁斯侯爵去世，意味着掌舵权将转移给梅迪纳·西多尼亚公爵（Duke of Medina Sidonia），这位和蔼可亲的显贵坦承自己"既没有航海阅历，更无实战经验"，甚至饱受晕船之苦。圣克鲁斯侯爵的作战计划和文件多由他的秘书严格保管，迫使他的继任者不得不向国王发出慷慨激昂的请求，希望可以获准调阅这些文件。梅迪纳·西多尼亚公爵竭力整顿里斯本港的混乱局面，但他对君主无条件遵从，相较于圣克鲁斯侯爵的杀伐决断，这只能让他沦为差劲的替补者。

德雷克推测无敌舰队可能选择在苏塞克斯海岸下锚停泊，此处正是 1583 年思罗克莫顿叛乱者希冀迎接西班牙人的登陆之地。事实上，预定的登陆地点不断改变。直到登陆当日的稍晚时分，爱尔兰依旧是一个貌似合理的目标，因为在那里，菲利普二世可能会获得天主教叛乱分子的支持。怀特岛也被列入可能的桥头堡选项之一，而这个计划很快将暴露乔治·凯里爵士在强化卡里斯布鲁克防御工事之前挪用预算兴建一座豪华宅邸的愚蠢行径。然而，倘若无敌舰队因未确认目的地而迟迟不出航，西班牙王室将每月损失 70 万达克特金币，且这样的拖延势必考验着坐困港口的士兵和水手之纪律，甚至会削弱士气。最终，萨尼特岛被选为登陆地，这是肯特郡东端一处未设防御工事的小岛。帕尔马公爵驻扎在佛兰德斯多达 17 000 人的军队，将与从西班牙出航的相同人数的军队会合，而无敌舰队中的快艇将在通往梅德韦与泰晤士河的航道上巡逻侦察。萨尼特岛也具有重要象征意义，坎

305

特伯雷的圣奥古斯丁正是从此处开始他的传教使命，使盎格鲁-撒克逊民族皈依基督天主教。拍板登陆此地，菲利普二世打算将他的入侵美化成协助英格兰人民第二次从异端中解放，而距离首次解放已近1 000年了。

对于入侵英格兰后的新政权统治形式，西班牙似乎尚未进行通盘考虑。菲利普不太可能想要亲自统治英格兰，然而苏格兰女王的死刑处决早已使玛丽与帕尔马公爵联合领导的傀儡政府之构想付诸东流。梅迪纳·西多尼亚公爵打算交给帕尔马的密封命令策划了不止一种可能的战略。除非被迫参战，否则无敌舰队将尽可能避免入局，其首要任务是保护火炮和舰队，并使大军在格拉沃利讷会合。一旦运兵船被护送穿越海峡，一切形势发展将取决于英格兰的抵抗规模。若登陆行动陷入泥沼或失败，帕尔马将被授权与伊丽莎白女王进行谈判。西班牙的条件是：首先，天主教在英格兰享有信仰自由，宗教流亡者将获得返回家国的许可；其次，将投降的警戒城镇连同英格兰控制下的尼德兰其他地区，一并转交菲利普国王；最后，支付损害西班牙利益之海盗行为的赔偿金。关于对女王众臣的处置，伯利勋爵可能获赦，毕竟他曾与西班牙和谈过，但沃尔辛厄姆的死刑没有转圜余地。[12]

西班牙无敌舰队应被视为一种炮舰外交，其试图实行天主教宽容，而非彻底消灭英格兰的自由和宗教；但这一观点与4个多世纪以来的英格兰民族神话创作背道而驰。持平而论，帕尔马所持的密封命令唯有当陆战受挫时才发挥作用；征服是首要目标，至少指挥官是如此认定的。但从军事实力的立场所考虑的并行谈判策略，使菲利普二世旷日持久的和平谈判在某种程度上合理可行。不过，沃尔辛厄姆认定这是一种诡计，并不予理会。但这的确符合一个曾担任英格兰国王之人的态度，菲利普二世对二度统治毫无兴趣。

战争首日，德雷克俘虏了"玫瑰圣母"号，这场旗开得胜促使英格兰人有机会向该西班牙船舰的军官和船员审问无敌舰队的真正意图。但贵族唐·佩德罗·德·巴尔德斯（Don Pedro de Valdés）态度倨傲，拒绝配合，坚持认为身为臣民不应当"判断君王行为"，但羁押在伦敦布莱德韦尔的其他战俘则爽快地和盘托出。他们的供词显示，正如许多大型军队那般，无敌舰队内部的士兵和水手普遍陷入臆测。"玫瑰圣母"号的船长声称不知道军队将在何处上岸，却清楚最终目的是"征服土地，建立弥撒"，而非征服英格兰人民，且预测诸多英格兰人将奋起支持西班牙解放者。随船军医不确定菲利普二世的侄子、现任葡萄牙总督是否会被任命为英格兰总督，而"玫瑰圣母"号的船长则假定帕尔马是更可能的候选人。"这是他们之间的一个疑问"，他向讯问官坦言，"若帕尔马公爵征服这片土地，那么谁应当享有？是国王，还是公爵？人们难免会怀疑这将在他们之间滋生一场新的战争"。关于战术，大家有志一同：无论将官还是士兵，都决定"对所有的抵抗者斩尽杀绝"。[13]

在最后时刻，沃尔辛厄姆突然接获一份报告，宣称无敌舰队绝不可能启航。英格兰驻法大使爱德华·斯塔福德爵士先行通知他的妻兄埃芬厄姆勋爵霍华德，告知原本预备入侵英格兰的西班牙军队已解除戒备状态。霍华德不知如何判断这份情报。"倘若这是真的"，他写信给沃尔辛厄姆，"我不希望女王陛下承担她目前所担负的沉重责任；但如果这只是一个手段，意图用一件小事来让我们放松戒备，那么我不知道接下来究竟结果如何"。现代历史学家确认沃尔辛厄姆当时仅持怀疑态度，因斯塔福德早就被收买，其自 1587 年以来一直接受菲利普二世的贿赂。斯塔福德向西班牙方面的联系人坦言欲报复沃尔辛厄姆和莱斯特施加在他身上的敌意。他也宣称，若他不先警告西班牙人，那么任何英格兰军舰都无法适航，但这一点不太可信。门多萨和菲利普二世双双上钩了，斯塔福德遂成为西班牙极为重视的情报人物，被各方称为"胡里奥"和"新联络人"，从而换取大量现金酬庸。

特务胡里奥言出必行。门多萨大使如约获得伊丽莎白女王舰队的名单和统计数据，但必须指出，这份情报在很大程度上夸大了英格兰的火力。这一情况表明，斯塔福德可能依然是英格兰王室的忠仆，蓄意形塑女王的海军比实际更强大的假象；抑或他的情报兜售已被沃尔辛厄姆察觉，后者将计就计向斯塔福德投喂虚假信息，力求通过他的传递来误导情报买方。这一时期英格兰驻法大使文件的遗失，使我们很难确认斯塔福德究竟选择了这两条道路中的哪一条。至于写给埃芬厄姆勋爵霍华德的神秘信件，斯塔福德早在 1583 年就曾向女王预先示警，他的信息传递中可能包含用以欺骗任何截获他通信之人的文句，以一个仅限于寄信者和收信者知道的标记作为指示。鉴于寄给霍华德的原始信件已不复存在，我们无法确认这究竟应作为事实还是虚构来进行解读。或许，斯塔福德精心策划了虚实诈骗，一方面劝说伊丽莎白女王放松警惕，借此获取西班牙门多萨大使的赞助，另一方面则向英格兰枢密院泄漏消息。这种上下交相贼，正如沃尔辛厄姆和意大利银行家罗伯托·迪·里多尔菲的谍对谍，很难说最终是谁愚弄了谁。但任何支持斯塔福德忠诚的论点都必须慎重考虑他职业生涯中一些令人不安的举动，特别是无敌舰队启航后，他继续向沃尔辛厄姆寄送一连串错误信息：突发的瘟疫迫使舰队匆忙返航西班牙，这与西班牙船舰抵达海峡的投注赔率在巴黎达到 6:1；最令人吃惊的是，他传达了这样一条荒谬的信息：一支由 160 艘土耳其桨帆船组成的舰队正在向西属意大利进军。[14]

斯塔福德提供之菲利普二世放弃无敌舰队远征的报告，与霍华德自己的情报来源大相径庭。1588 年 2 月，霍华德转寄了"关于西班牙惊人筹备的最新信息"给沃尔辛厄姆，期待后者能否证实此事，"今年胜败攸关，让部分人哭泣总比让全英格兰同悲更好"。海军财务总管兼"胜利"号指挥官约翰·霍金斯（John Hawkins），在一众围绕着沃尔辛厄姆和女王的异口同声中，也加入了自己的应和声音。英格兰正在面临可以想象到的最严峻抉择：或倒向不光荣与不确定的和平，抑或果断发动战争。霍金斯激动地呐喊："倘若我们在如此时刻仍踌躇不决，毫无作为，那么，我们的国家将会彻底腐烂！"进一步的拖延只会让敌人有利可图，促使菲利普在蚕食英格兰王冠之有限资源的同时，得以从容不迫地继续准备。公然开战将为每一位热爱上帝和女王的臣民赋予机会，"为自己的自由，为国家的自由，尽一份心力"，并迫使耶稣会教士表明自己的立场。怠惰与不作为只会导致"屈服、贫困与奴役"。身为穿梭于塞拉利昂与西属美洲之间的贩奴者，霍金斯的纹章上刻画了一个脖子被绳索捆住的摩尔人，毋庸置疑，他非常清楚沦为奴隶意味着何种下场。

　　当霍金斯向皈依国教者进行爱国布道时，沃尔辛厄姆也坚信教宗制和暴政实为一体两面。但他心头始终萦绕着不祥的预感，尤其是随着健康情况恶化，这一沮丧感日渐加深。1587 年夏天，因严重的泌尿系统疾病复发，沃尔辛厄姆病危长达数月。1588 年 1 月，他再度卧床不起，且有一只眼睛不断渗出液体，这让他饱受折磨。与此同时，他的情绪也因和平谈判的推进而愈发低落；在此过程中，女王始终怀有一种毫无根据的信念，沃尔辛厄姆将之称作千钧一发之际"我们冷漠而又漫不经心的作为"。在身心双重煎熬下，他的思绪飘向了先前经常联想到的天意，但缺乏德雷克和霍金斯那般笃信英格兰民族将证明自身价值的乐观。"除非上帝以奇迹般的仁慈保护我们"，他向莱斯特伯爵哀叹，"否则我们无法长久坚持"。[15]

　　唯一值得庆幸的是，始终抓紧荷包的伊丽莎白女王已经意识到优质的情报是值得投资的。英国国家档案中有一份由私玺书记官托马斯·莱克会签的备忘录，记载了 16 世纪 80 年代后期拨予沃尔辛厄姆的资金将用以"支付给女王陛下任命之人"，换言之，专供特务和情报提供者。与都铎王朝财务部门的缓慢程序相比，王室私玺很少会受
310 到审计的查账，故成为可授权现金支付而无须遭质询太多问题的高效方式。1585 年，拨予 500 英镑给沃尔辛厄姆；来年，这笔款项跃升至 2 100 英镑，这显然是对巴宾顿阴谋和西班牙威胁日益迫近的回应。此外，另有 2 800 英镑在无敌舰队启航之前付出，并将大量的恩惠赞助权授予首席国务大臣沃尔辛厄姆。根据威廉·卡姆登的说法，沃尔辛厄姆不惜动用自己的私人收入来补贴官方情报业务；他的私人收入来自关税津贴以及包括兰开斯特公国领事务大臣在内各项官职的职位津贴。这些天价开支，再加上他从已逝的女婿菲利普·悉尼处承接下的巨额债务，得以解释沃尔辛厄姆晚年所面临的财务困窘。尽管同样权倾朝野，但沃尔辛厄姆的下场与伯利勋爵形成惨烈对比，后者从对都铎王室的服务中获利颇丰，甚至在此基础上建立了自己的政治王朝。[16]

迟至 1588 年 4 月，沃尔辛厄姆才收到第一份关于无敌舰队的真实报告，而距离它驶出里斯本港、勇敢面对袭击海岸的反常风暴，仅仅只剩两个月。但先前对西班牙实力的各种评估差异颇大。托马斯·芬纳在 3 月就听闻一个噩梦般的谣言，称这支舰队配备多达 400 艘帆船和 50 艘桨帆船，且载运包括培根、鱼、大米和奶酪在内的大量补给。尼古拉斯·欧斯里（Nicholas Oseley）提供了更为准确的评估，这位英格兰商人滞留西班牙，为英格兰枢密院猎取情报。他在 1588 年 7 月从女王的"复仇"号上写给沃尔辛厄姆的一封信中补充了其卧底细节，当时他已获准加入德雷克船队以作为对他忠诚服务的奖励。据欧斯里描述，他花了 3 个月时间骑马从一个港口到另一个西班牙港口，搜集消息并寄予沃尔辛厄姆。他还提醒他的赞助人，"我曾因间谍身份而遭囚禁许久"，并为换取释放被迫献出了大量金帛。

早在 1587 年 7 月，门多萨就已知晓欧斯里的情报搜集活动，并向菲利普二世报告称，沃尔辛厄姆认定此人是其所认识的人中最聪明者之一。基于这个事实，欧斯里被允许通过花钱贿赂以保释出狱似乎很诡异。一种可能是，西班牙人选择让安东尼·斯坦登和欧斯里等特务毫发无损，是因他们认为这些间谍的急件信息将增加英格兰人的恐惧感。此外，由于无敌舰队的存在几乎不可能掩盖，故反其道而行，将之转变为一种宣传形式。各种臆测终于在 1588 年 5 月停止了，当时关于梅迪纳·西多尼亚公爵 130 艘船的详细报告——包含配备 16 000 支长矛和 10 000 件盔甲，拉动火炮的骡子，甚至为战胜而祈祷的修士等——正式在里斯本和马德里付印出版。为沃尔辛厄姆誊抄这本册子的特务指出，"这支舰队中有许多英格兰人，其中有些是自愿的，有些则是为了获取报酬"。3 位英格兰舵手将单独搭乘梅迪纳·西多尼亚的船只航行。[17]

在超过一定限度后，无敌舰队的规模就如同纸上谈兵了：就算号召再多的英格兰船只和水手，也很难抵御它的进攻。但更迫在眉睫的问题是，它究竟计划在何处登陆，以及该派遣何人在登陆点迎击它。面对女王下令在英格兰和爱尔兰任何一条可能被入侵的路线上来回穿梭巡逻的决策，海军大臣埃芬厄姆勋爵霍华德予以抨击，认为这是"不可能的事"，并直接向沃尔辛厄姆发泄怒火："愿上帝护佑女王陛下能了解他们的阴谋，这是用钱就能轻而易举完成的事。"一份官方备忘录罗列出西班牙可能选择怀特岛登陆的原因：容易攻占，且是对不列颠主岛发动袭击的理想基地。汉普郡尉担忧他的郡县即将沦为入侵前线。但沃尔辛厄姆斩钉截铁地回复："整体阴谋与设计皆是直扑伦敦而来，他们势必将所有军力集中在那个方向。"这是事实，而非判断，因为"非常肯定地发现了（这一战略）"，但沃尔辛厄姆没有解释他是如何取得这条情报的。同样，枢密院向苏塞克斯郡尉寄发了一封类似的说明信，解释"他们不认为西班牙海军将会，或胆敢尝试在该处海岸登陆"。沃尔辛厄姆的情报来源充分可靠，足以说服伊丽莎白女王将军队押注集结在泰晤士河北岸的斯特拉福与蒂尔伯里，西班牙人宁愿选择如此一条路线（不出伊丽莎白女王的战略委员会所料），也不愿穿过肯特杀出一条血路。[18]

帕尔马公爵宣称之将夹道欢迎的英格兰天主教徒们，压根没有出现。拒绝国教者被迫缴械，部分绅士则被软禁或送入监狱，但在沃尔辛厄姆的指示下，这次对待天主教徒的方式有了一定克制，甚至赋予他们一定程度的尊严。雷丁市长和市政府因查获一批"天主教书籍"和教士祭袍而受到表扬与感谢，并奉命将书籍焚毁，祭袍则先予以污损，再分发给教区穷人。不过，枢密院也收到了许多天主教士绅的效忠宣誓。一些人暂且搁置与英格兰国教会的分歧，在国难当头之际参加了"神圣的祈祷与布道"；另一些人则表示愿应召入伍成为普通士兵，以证明对女王和国家的忠诚。[19]

自7月19日烽火点燃，警示着无敌舰队现身于利泽德角的海面上，枢密院开始在里士满宫与圣詹姆斯宫密集开会。沃尔辛厄姆亲自出席每一场会议，部署军队和武器配给，并积极与各郡郡尉沟通。海军火药和弹药的供应很快成为一个棘手问题。"看在上帝和我们国家的份上"，霍华德在7月21日告知沃尔辛厄姆关于他与敌人首次交战的信中，恳求"请加速配送一些大炮给我们，并附上一些火药"。伦敦市所有的私人火药铺均被搜查，以获得任何可能的火药库存，乌普诺城堡总督也奉命将火药和枪手调往驻扎在埃塞克斯的莱斯特伯爵的军队。枢密院通常先作出决策，再下达给下属各军事指挥体系。军械中尉罗伯特·康斯特布尔爵士（Sir Robert Constable）奉命尽可能找到更多的独轮手推车，以及"20多打或更多的篮子"，用以加固亨利八世在格雷夫森德修建的碉堡。多佛港和五港同盟的酿酒商携手合作，准备"以最快速度"为海军配给啤酒。爱尔兰的王室军械铁匠更被授权制造长矛和火枪，只要"爱尔兰人不被允许购买这些东西来武装自己"。

相较于无敌舰队令人望而生畏的规模，更让人心惊胆战的是将它团结整合的严谨纪律。当首次接触敌人时，英格兰人敬畏地看着西班牙舰队的队形顺畅地重组成防御性的新月阵型，这种复杂战术已在地中海对抗土耳其军队及在大西洋执行护航等任务中精进完善。且这一阵型极难攻破，英格兰火炮手以惊人的射速频繁开火，却始终无法对船只或水手造成决定性的损毁影响。一艘桨帆战舰"圣洛伦索"号尽管曾在波特兰半岛附近与马丁·弗罗比歇爆发冲突，随后在加莱港搁浅，但被发现时船体完好无损。直到 7 月 25 日，一阵清新之风从西南吹拂而来，终结了僵局，推动无敌舰队向与帕尔马公爵会合的预定地点航进。沃尔辛厄姆迅速反应，重新部署英吉利海峡的分遣舰队，赶赴侦察敦刻尔克周边海域。7 月 27 日，当梅迪纳·西多尼亚公爵在加莱附近下锚停泊时，惊觉距离佛兰德斯的驻军登船还有 6 天之久。与此同时，面对弹药和火药的严重短缺，霍华德被说服采取"地狱火炉"之策，突袭西班牙军队。7 月 28—29 日晚上，8 艘满载沥青的英格兰火船悄然向无敌舰队漂流而去。一旁虎视眈眈的英军将军械尽数上膛，准备引爆。面对接踵而至的火海，众多西班牙船舰在恐慌中四散逃逸，结果使得它们更加容易受到德雷克与弗罗比歇的掠夺。之后一段时间，整个西班牙舰队险些在西兰岛附近的浅滩失事，至最后一刻，风向转变，从而助其顺势漂入北海。8 月 2 日，无敌舰队失联了。[20]

引人注目的是，枢密院在这场混战中临危不乱，照常执行承平时期的事务，包括调查伍斯特郡的一起入室盗窃案，并通过拱顶教会法庭追查了一起欺诈案。在一次讨论泰晤士河最佳防御策略的会议中，

314

还同时处理了科克郡和利默里克郡的土地纠纷。百忙之中，枢密院还抽出时间监督国家的精神福祉。坎特伯雷大主教被要求带领主教和神职人员，"向全能的上帝，也是胜利的赐予者，公开祈祷，帮助我们抵御敌人的恶意"。一本针对无敌舰队之战的祈祷书匆忙付印，以供教区教堂使用，书中缅怀了上帝往昔的慈悲，"保护我们最仁慈的女王，您的侍女，如此奇迹般面对诸多阴谋、险情和危机"。伊丽莎白女王被誉为英勇杀死非利士巨人歌利亚的大卫王。在为作战军队祝祷时，则祈求上帝"以勇气和男子气概增强他们的实力，充分压制反基督者的蔑视"。[21]

8 月 8—9 日，当伊丽莎白女王赴蒂尔伯里劳军时，爱国主义宣传的浪潮达到顶峰。因应无敌舰队瞄准伦敦进攻的最新情报，重兵被集中部署在埃塞克斯，但为时已晚。伯利在 7 月 19 日写给沃尔辛厄姆的一封信中，提到 5 000 名步兵和 1 000 名骑兵将被"用于防御在埃塞克斯登陆的敌人"，4 天后，莱斯特伯爵被任命为统帅。来自无敌舰队已通过之沿海城镇的军队陆续增援蒂尔伯里，当伊丽莎白女王抵达时，在"王室营地"列队欢迎的军队已膨胀至 16 500 人；这与从西班牙启程的军队规模旗鼓相当。船只的缆绳和下锚的驳船挤满了泰晤士河。莱斯特向沃尔辛厄姆介绍，这群士兵均是"前锋，他们愿意无反顾地正面迎敌"，但这批临时征召的士兵应如何与身为沙场老手的西班牙方阵军团及雇佣兵相抗衡，始终是一个无法回答的问题。[22]

作为伊丽莎白女王多次国内巡游的筹办人，莱斯特早已亲眼见证了女王对她的臣民所能产生的振奋人心的影响力。他在邀请伊丽莎白女王赴蒂尔伯里检阅部队的信里写道："我相信您会对您卑微的郡尉的小屋感到满意。"女王决定接受邀请，这真是勇气可嘉。王室驳船自白厅启航，伦敦民众成群结队在沿岸高声欢呼，尽管他们无法预测在席卷北海的恶劣天气下，究竟哪一方形势更佳。帕尔马公爵始终是一个未知数。当女王在莱斯特伯爵的帅帐里享用晚餐时，一份战报突然传来，称帕尔马已经启航，"可能将以最快速度抵达此处"。数日后，沃尔辛厄姆也听到了同样的谣言，不过他根据德雷克的建议将之予以酌情折扣，即如今的小潮（neap tides）将阻止任何运兵船驶离敦刻尔克。

事实上，沃尔辛厄姆并不乐见女王离开伦敦。但正如他向莱斯特所解释的那样，他决定"在女王陛下抵达时，也悄悄前往营地"，从而亲眼见证军队的集结。年轻的诗人詹姆斯·阿斯克（James Aske）记录下伊丽莎白女王到访蒂尔伯里时的阅军盛况，并迅速写成诗歌出版。这本《伊丽莎白的凯旋》（*Elizabetha Triumphans*）将西班牙无敌舰队描述为"自从女王陛下登上王位以来，邪恶的罗马教宗持续运作的一系列恶毒作为"中的最新行动。谋逆的北方伯爵，爱尔兰的德斯蒙德家族，弗朗西斯·思罗克莫顿和"傲慢的巴宾顿与他那群乌合之众"，宛如飞蛾扑火，最终可悲地灰飞烟灭；然而，教宗依旧不懈地密谋消灭基督的羊群。如今，他面对的劲敌是伊丽莎白一世，这位童贞女王，哺育英格兰民族的保姆。阿斯克描述当"这位王室土地上的神圣女神"驾临蒂尔伯里碉堡时，礼炮齐鸣向她致敬；饰有珠宝的王室马车经过，士兵纷纷下跪迎接，并放下军旗。第二天，伊丽莎白女王骑马巡视营地，她手持统帅指挥棒，逐一检阅部队。

316

> 宛如古亚马逊女王，
> 她击败了血腥的希腊人，
> 与强壮的阿喀琉斯格斗，
> 即使在特洛伊被围困的艰难时刻。

根据阿斯克的说法，女王在返回王室驳船的途中，曾驻足向军队表达离别之意，这一临别赠言从她的马车上传达给军士长尼古拉斯·道特里（Nicholas Dawtry）。倘若如后人所笃信的那样，她宣称拥有"王者之心（雄心）与胃（气魄）"，那么阿斯克对此只字未提。他所描述的是当时女王发表的一场激励人心的演说：提出亲自领军参战，行进于"他们队伍之中，以及他们的心中"，绝不躲藏在城堡或碉堡后面。我们没有任何理由怀疑她的发言。30多年前，她的姐姐玛丽一世也曾亲披盔甲，集结力量对抗怀亚特叛乱；如今，伊丽莎白女王证明了她在一场正义圣战中的领导地位。正如沃尔辛厄姆懊悔地向伯利报告的那样："阁下您将看到这个地方孕育了勇气。"[23]

317 当伊丽莎白女王发表演说之际，无敌舰队的危局正悄然缓解。西班牙舰队决定孤注一掷，开启了绕行苏格兰和爱尔兰海岸的返航之旅，对此，英格兰临时征召的士兵被转调前去收割成熟的农作物。原本渴求拯救的祈祷，转变为感恩圣礼。被缴获的西班牙国旗高悬在圣保罗大教堂和伦敦桥上进行展示。女王在11月的登基纪念日改为双重庆祝活动，即战胜敌人与30周年统治。这本该是沃尔辛厄姆个人的胜利时刻，他的特务们源源不断地提供了关于无敌舰队规模和战略的关键性情报。正如分遣舰队指挥官亨利·西摩勋爵（Lord Henry Seymour）在8月18日的信中所述："我绝不是谄媚奉承您，但您用笔征战的次数远远超过我们英格兰海军中的许多人。"

然而，沃尔辛厄姆对于战后伊丽莎白女王所受到的神化崇拜并无半分欣喜。在女王前往蒂尔伯里期间，他写信给伯利表达羞愧之情："我们的半途而废是为耻辱，使疾病未能完全疗愈。"无敌舰队只是被驱散，并非被击败，而且撤离不全然因英格兰海军，还有恶劣天气的影响。正如东安格利亚的清教徒奥利弗·皮格（Oliver Pigge）所忧虑的那样，沃尔辛厄姆担心西班牙人的仇恨"尚未平息，且我们可以确认的是，怨怼势必与日俱增，他们将静待机会，伺机卷土重来"。

上帝允许无敌舰队出海必然有其深意，但理应唤起的全国性忏悔毫无动静。枢密院和各地郡尉已经有效应对入侵的挑战。但是，英格兰的国家结构也浮现出令人担忧的裂痕，包括其是否得以随时维持防御能力，以及部分指挥官拒绝跨郡县的地域间合作等问题。沃尔辛厄姆始终被这些无法解决的问题纠缠困扰，更因持续性高压工作而精疲力竭。终于，他被旧疾彻底压垮，再难康复。[24]

318

在战胜西班牙和教宗统治的欢庆氛围煽动下，伊丽莎白一世的赞美与个人崇拜达到前所未有的高峰。在乔治·高尔所绘的无敌舰队肖像中，女王头戴帝国皇冠，手触地球仪，她的平静沉着与背后西班牙舰队的受挫混乱局面形成鲜明对比。沃尔辛厄姆在 1589 年献给伊丽莎白女王的新年礼中包含了一件内衬银布的天鹅绒斗篷，以及一件镶有威尼斯金饰的白色缎面紧身上衣。其夫人厄休拉也献上了礼物：一双镶有象征贞洁之珍珠的香熏手套，以及一个绣有金色鸟兽和树木的"暖手筒"。自苏格兰玛丽的死刑危机以来，沃尔辛厄姆与他王室女主人的关系终于开始回温缓解。无敌舰队之役后，女王更是频频垂问他的健康状况，尽管她的"许多体恤的舒服话语"是被私玺书记官托马斯·温德班克爵士（Sir Thomas Windebank）所劝说出来的。但女王恩宠的回温显现在巴恩埃尔姆斯庄园有幸于 1589 年 5 月接驾为期两天的王室巡幸，或许作为回报，温德班克获准可以分担一些随侍伊丽莎白女王的职责。[25]

　　尽管沃尔辛厄姆经常期望自己能够摆脱王室服务的束缚，但似乎从未想过真正退休。当时宫廷政局波诡云谲。菲利普·悉尼于 1586 年骤然去世，这一意外对于那些笃信英格兰必须完成国际新教使命的人而言，无疑是沉重打击。如今，莱斯特伯爵也随着他的外甥走入坟墓，他在蒂尔伯里接待女王后的一个月内因感染疟疾而离世。对于弗朗西斯·沃尔辛厄姆而言，生命的有限性可能不足为惧。加尔文主义者通常将自己列为上帝选民，而炼狱的涤罪折磨仅是修士的虚伪言词。但莱斯特的骤逝无疑让他既丧失了一个强大的盟友，又少了一位朋友。此外，还带来一个尖锐的提醒，与莱斯特同处一个世代的女王不可能万寿无疆。年龄的增长，生命的消逝，将不可避免地实现外国入侵和刺客枪弹迄今为止无法实现的目标，但王室继承问题仍悬而未决。与此同时，尼德兰代理人战争升级为与西班牙的全面冲突，加剧了英格兰宫廷政治的紧张局势。一位观察者评论称，他从未见过"如同此时此刻般的倾轧、忌妒和背后诽谤"。

都铎王朝即将绝嗣，这使英格兰王位拥有了数名可能的竞争者。比彻姆勋爵身为凯瑟琳·格雷和赫特福德伯爵之子，根据亨利八世的遗嘱，享有最优先顺位的继承权，但其父母的秘密婚姻已被女王宣布无效，且比彻姆从未认真争取继承权。苏格兰国王詹姆斯六世的继承权传承自身为亨利七世后裔的父亲及母亲；亨利七世的长女玛格丽特一婚嫁给苏格兰的斯图亚特王室。詹姆斯六世的堂妹阿拉贝拉·斯图亚特拥有相同的都铎血统，且出生时为英格兰人，这一点成为她的额外优势，但是她从天主教圈子所获得的支持大幅排除了她的继承可能性（而且，历经数十年的女性统治，她的性别也可能成为另一个考虑因素）。*苏格兰国王詹姆斯是坚定的加尔文主义者，但此宗教倾向丝

＊　译者注：亨利七世的长女玛格丽特一婚嫁给苏格兰的詹姆斯四世，孙女为玛丽·斯图亚特；二婚所生之女为伦诺克斯伯爵夫人玛格丽特·道格拉斯，玛格丽特的次子为达恩利勋爵亨利·斯图亚特，即苏格兰玛丽的第二任丈夫与詹姆斯六世之父。而玛格丽特另一位顺利成年的幼子伦诺克斯伯爵查尔斯·斯图亚特之独生女即是阿拉贝拉·斯图亚特。

毫未动摇他趁无敌舰队危机时，对英格兰采取边缘政策。天主教仍然根植于苏格兰贵族之中，詹姆斯狡猾地利用英格兰对双线战争的恐惧，向伊丽莎白女王敲诈其承诺的津贴。这的确是一场高风险的赌博，沃尔辛厄姆向罗伯特·悉尼爵士如此评论道，"如果他错失了借由与我们合作抗敌，用以宣示在女王陛下驾崩后继承这项王冠的潜在机会"，那么无论是西班牙还是法国，都不会迅速帮助他重夺这一王位。

据此，沃尔辛厄姆判断詹姆斯国王"可能接受了错误的建议"，故向其提供了一些自己的看法。在1588年12月的一封信中，他赞扬这位年轻君主的美意，同时警告"那个王国每一位显贵都佯装为王的情况"无疑会带来风险。一个健全的政府所需要的，除了公正无私的枢密院，还有议会和星室法庭，用以监管贵族和执行法治。沃尔辛厄姆企图通过为苏格兰问题提供英格兰式的解决策略，以期拉近两国距离，为建立坚不可摧的同盟关系铺平坦途。若欲进一步达成更多的政治目标，则需确认女王的继承人。但关于这个敏感问题，伊丽莎白女王持续让她的枢密大臣陷入猜测之中，直到驾崩那一刻。[26]

迥异于谜团般的继承人选，伊丽莎白女王对西班牙的敌对行动采取了更为明确的立场。当西班牙战舰终于步履蹒跚地返抵桑坦德和圣塞瓦斯蒂安港口避难，女王主张发起报复性袭击，务必"使（西班牙）战舰陷入不幸"。沃尔辛厄姆双手赞成反击菲利普二世，他早在1588年8月就曾向海军大臣霍华德咨询过袭击亚速尔群岛并劫掠运银船的可行性，但当时的英格兰海军急需重新整修和装配。1589年4月，当远征队终于启航之时，指挥官的优先事项已明显不同于女王。德雷克再次掌舵，率领一支由7艘王室船舰和70艘商船，外加60艘荷兰运兵船所组成的庞大反击舰队。伊丽莎白女王禁止她最宠爱的埃塞克斯伯爵赴普利茅斯与德雷克会合，但埃塞克斯伯爵无视女王的命令，选择在法尔茅斯海岸更远处登上"快捷"号。当女王要求逮捕船长并让埃塞克斯伯爵返回宫廷时，沃尔辛厄姆拦下了这道命令。

321 　　事情的发展又重蹈覆辙。德雷克的军队在登陆葡萄牙海岸之前，先行对科伦纳发动进攻，企图将王位觊觎者唐·安东尼奥推上葡萄牙王位，但无功而返。这次长达45英里的行军，最终以无法长久围困里斯本以及埃塞克斯伯爵的个人受挫而黯然结束；因无人接受埃塞克斯伯爵的决斗挑战，他只能厌恶地将长矛刺入城门。尽管如此，前任罗阿诺克岛总督与现任军队检阅官拉尔夫·莱恩还是向沃尔辛厄姆寄送了一份报告，报告中赞扬埃塞克斯的勇敢，但批评了德雷克与约翰·诺里斯爵士的行为。他俩被形容为"妄自尊大的人，既蔑视别人的建议，又不屑于征求任何意见"。莱恩声称，若非上帝干预，西班牙的船舰就不仅仅只是俘获数艘英舰，而是更多。伊丽莎白女王对于这次远征中严重折损的人员和物资暴跳如雷，这显然有充分理由。德雷克以交易违禁品为由，下令扣押德意志商人的80艘船充作战利品，但枢密院下令将之归还给合法拥有者，煮熟的鸭子飞了，这自然使女王郁闷地辗转反侧。沃尔辛厄姆敦促女王听取枢密大臣对此问题的辩论，但无论如何加以劝诱，始终无法说服她出席。[27]

　　1589年2—6月，沃尔辛厄姆的痼疾反复发作，直到最近才重返枢密院议事桌。8月，他再度卧床不起，但仍工作不懈，指示他的秘书大声朗读伯利勋爵的信件并口述他的答复。12月12日，他签署了遗嘱，罗伯特·比尔为见证人之一。或许意识到与世长辞的一天即将到来，沃尔辛厄姆的思绪终于转向了他的家人。由于没有儿子可继承他在宫廷中的影响力；任何延续性的政治遗产将操之于他的连襟比尔。但他和厄休拉还有唯一的女儿弗朗西丝，她因丈夫菲利普·悉尼之死和孩子的胎死腹中而"彻底崩溃"，这位年轻的寡妇才刚满19

322 岁。埃塞克斯伯爵曾在尼德兰战争中担任骑兵总上校，并与悉尼结下深厚的同袍情谊。悉尼在垂死之际将佩剑赠予埃塞克斯，象征传承他自我形塑的新教骑士角色。基于这层密切联系，埃塞克斯选择迎娶悉尼的遗孀也就不足为奇。而且弗朗西丝不可能找到比这地位更高的丈夫：埃塞克斯担任御马官，被授予嘉德骑士荣衔，更是女王的亲密宠臣。另外，他还拥有醒目的俊美容貌，假如尼古拉斯·希利亚德（Nicholas Hilliard）的微型画《玫瑰中的年轻男子》确实是埃塞克斯伯爵的话。

我们始终无法确认弗朗西丝与埃塞克斯的结婚时间，但肯定在1589年12月之后，因为当时沃尔辛厄姆的遗嘱在提及女儿的寡妇头衔时仍是弗朗西丝·悉尼夫人。这对新婚夫妇的第一个孩子出生在1591年1月，这个男婴以其父亲的名字命名为罗伯特，他注定要在日后17世纪中叶的内战期间指挥议会军队对抗国王查理一世。这个时间点暗示弗朗西丝和埃塞克斯应在1590年3月，即沃尔辛厄姆去世前不久举行婚礼，或许是应沃尔辛厄姆的要求所为，也可能是出于爱情。此后，这对夫妇又诞下5个孩子，埃塞克斯也承担起抚养继女伊丽莎白·悉尼的责任。在1601年埃塞克斯因叛国罪被处决后，弗朗西丝第三次成婚，对象为爱尔兰贵族克兰里卡德伯爵，并再次诞育1个男孩与2个女孩。克兰里卡德利用他在戈尔韦郡的产业，在肯特为弗朗西丝建造了一座精美的宅邸。[28]

直到1590年3月下旬，沃尔辛厄姆仍持续列席枢密院会议。4月1日晚上，他旧疾突发，此时由托马斯·温德班克出面向女王请愿，"请尽快减轻阁下您的负担"。伊丽莎白女王仍维持一贯高尚的回应，将很快"召唤另一人暂代这个职位"，但在此之前，沃尔辛厄姆仍被残忍地提醒需"迅速处理"爱尔兰事务。这一向他通告女王决定的信件，可能成为他生前阅读的最后一封信。4月3日，他将一些土地出售给包括他秘书弗朗西斯·迈尔斯（Francis Mylles）在内的一个商团，或许是为了奖励迈尔斯在围捕巴宾顿叛乱者时的功劳。3 日后，沃尔辛厄姆与疾病的终身缠斗终于落幕了。骇人听闻的故事迅速在天主教圈子中流传开来，"他的尿液从他的嘴巴和鼻子里溢流出来，散发着令人作呕的恶臭，以至于没有人能靠近他"，甚至传言他的身体已腐败不堪，以至于葬礼上的一位抬棺者被毒死。约翰·迪伊在 1590 年 4 月 6 日的日记里简单写道："善良的弗朗西斯·沃尔辛厄姆爵士在晚间 11 点过世。"当理查德·宾厄姆关于没收爱尔兰牛群和玉米的最新报告传递到斯林巷时，为时已晚，沃尔辛厄姆已经无法阅读了。爱尔兰的问题依然悬而未决，正如他刚加入枢密院时一样。[29]

　　沃尔辛厄姆逝世后第二天，他的遗嘱"在一个密匣中"被发现。按照惯例，他的第一笔遗赠是将自己的灵魂"献给我的创造者圣父上帝，献给我唯一的救赎者圣子上帝，以及真正的抚慰者圣灵上帝"，这一遗言确认他是三位一体的正统信徒。接下来的部分则不那么公式化：

> 我必须确信，耶稣基督，我唯一真正的救世主，他的伟大，以及无限的怜悯和善良不仅在我生存于世的瞬息时刻赐下最仁慈的保护（特别是在这个罪恶与不公横行的时代），而且出于怜悯，通过增添信心、力量和能力，帮助我实现一个基督徒的美好结局。

虔诚新教信仰的所有要素皆备：基督足以救赎，未提及圣母玛利亚或圣徒；世界的无常和腐败；渴望信仰的恩赐，希冀坚忍泰然的死亡，这是神选的证据。但他仍深陷无法释怀的疑惑，"我必须确信"一语设法传达了对新教思想中共存的确定性及对不确定性的恐惧。通过遗嘱，我们终于有机会聆听沃尔辛厄姆的祈祷。

　　沃尔辛厄姆将自己的灵魂托付给救世主，几无时间关注自己的身后事。他要求下葬时"切勿举行通常为接替我职务之人而办的特别仪式"，主因是他积欠下巨额债务。沃尔辛厄姆对他遗留给妻子厄休拉夫人的"拮据状态"深感愧疚。之后一份遗产调查罗列出其位于威尔特郡的布拉德弗德庄园，以及巴恩斯的农场和果园，包含已转交罗伯特·比尔的 12 英亩耕地。即使再加上巴恩埃尔姆斯庄园和他生前卖掉的土地，这些财产的分量对于这位曾担任驻法大使、首席国务大臣和女王的安全主管长达 20 年之久的重臣而言，毫无值得炫耀之处。

　　依照他的遗愿，4 月 7 日傍晚，沃尔辛厄姆安静地葬入位于旧圣保罗教堂的北侧过道，伴随着下葬仪式的，只有在圣保罗街上穿行的传教士和书商的熙攘之声。厄休拉与弗朗西丝选择将他与菲利普·悉尼葬在同一墓穴。不设雕像，也无坟墓，唯立一块木碑，上面刻有用两种语言书写的铭文。拉丁文部分总结了他的职业生涯，赞扬其在缔造和平、服务国家以及保卫国家免受危险等方面的诸多成就；英文墓志铭则更具体地反映了他作为特务头子的工作：

　　　外国图谋，他洞若观火，
　　　国家福祉，他心之所系，
　　　在这烽烟四起的乱世，
　　　他知己知彼。

每行的首个字母拼出"Sir Francis Walsingham"作为离合诗。这座纪念碑在 1666 年的伦敦大火中被焚毁，幸而碑文在 17 世纪初被记录保存。菲利普·悉尼的现代崇拜者在圣保罗大教堂的地下室竖立了一块石板铭牌来纪念他，但对于沃尔辛厄姆则只字未提。

　　在未举行国葬的情况下，诗人托马斯·沃森（Thomas Watson）

缅怀了沃尔辛厄姆的逝世。沃森从事文学创作之前，可能曾经作为情报人员为英格兰王室服务。近来，他因过失杀人罪而进入伦敦纽盖特监狱服刑，这是他介入斗殴以挽救克里斯托弗·马洛的生命所付出的惨痛代价。沃森撰写纪念沃尔辛厄姆逝世的诗句，充满古典掌故。英格兰变成世外桃源阿卡迪亚，而朝臣和政治家被改造成罗马诗人维吉尔《牧歌集》中的人物。伊丽莎白女王以月亮女神狄安娜的形象现身，赞扬"女性之光、人性之尊"。沃森回忆起沃尔辛厄姆作为"我们国家的坚实支柱"的过往，他的死亡卸除了狄安娜长期享有的保护。

> 如今的田野，谷物垂头默哀，
> 为我们铲除杂草的他，与世长辞了：
> 萌芽的葡萄藤枯萎憔悴，直至您离世，
> 为您遮风挡雨的他，与世长辞了。

为英格兰铲除杂草，捍卫他的女王免受伤害：如此的尊崇与敬意，足以告慰沃尔辛厄姆在天之灵。[30]

注　释

序　言

1. 关于布里克莫与萨塞蒂，参见 John Tedeschi, "Tomasso Sassetti's Account of the St. Bartholomew's Day Massacre", in A. Soman, ed., *The Massacre of St. Bartholomew: Reappraisals and Documents* (The Hague, 1974), p.143，布里克莫在此书中被称为 "Bricamore"; "Journal of Sir Francis Walsingham from Dec. 1570 to Apr. 1583", C. T. Martin, ed., *Camden Miscellany, 6* (London, 1870—1871), pp.4—5, p.10, p.13; Dudley Digges, *The Compleat Ambassador, or, Two Treaties of the Intended Marriage of Qu. Elizabeth* (London, 1655), pp.270—271, p.345。史家科尼尔斯·里德未在关于圣巴托洛缪大屠杀的论述中提及布里克莫事件，参见 Conyers Read, *Mr. Secretary Walsingham and the Policy of Queen Elizabeth* (Oxford, 1925), Vol.I, pp.219—222。

第一章　流亡

1. 关于伦敦和肯特的沃尔辛厄姆家族，参见 E. A. Webb, G. W. Miller and J. Beckwith, *The History of Chislehurst: Its Church, Manors, and Parish* (London, 1899), pp.30—36, pp.111—132; Karl Stählin, *Die Walsinghams bis zur Mitte des 16 Jahrhunderts* (Heidelberg, 1905); William B. Robison, "Sir Edmund Walsingham" and Reavley Gair, "Sir Thomas Walsingham", in *Oxford DNB*; Conyers Read, *Mr. Secretary Walsingham and the Policy of Queen Elizabeth* (Oxford, 1925), Vol.I, pp.1—13; Joseph Foster, *Register of Admissions to Gray's Inn* (London, 1889), p.2。关于洗礼仪式，参见 Eamon Duffy, *The Stripping of the Altars: Traditional Religion in England c.1400—c.1580* (New Haven and London, 1992), pp.280—281。关于绘有亨利八世肖像的珠宝，参见 PRO, PROB 11/42B, fol.137v。关于奥尔德曼贝里，参见 PRO, PROB 11/25, fol.70v。关于《伦敦调查》，参见 John Stow, *A Survey*

of London, ed. C. L. Kingsford (Oxford, 1908), under "Cripplegate Warde"。

2. 关于"肯特是整个英格兰的钥匙"的论述，参见 John Chandler, *John Leland's Itinerary* (Stroud, 1993), p.245。关于肯特地区的社会与教会，参见 Peter Clark, *English Provincial Society from the Reformation to the Revolution* (Hassocks, 1977), pp.3—23; Michael Zell, "The Coming of Religious Reform", in Michael Zell, ed., *Early Modern Kent 1540—1640* (Woodbridge, 2000), pp.177—206; Diane Watt, "Elizabeth Barton", in *Oxford DNB*。

3. 关于《禁止上诉法案》，参见 *Statutes of the Realm* (London, 1810—1828), Vol.III, p.427。关于年轻一代的叛逆，参见 Susan Brigden, "Youth and the English Reformation", *PP*, 95 (1982), pp.37—67。关于博克斯利修道院收藏之恩典十字架，参见 Zell, "Religious Reform", p.199。

4. 关于威廉·沃尔辛厄姆的遗嘱，参见 PRO, PROB 11/25, fol.70v。关于约翰·凯里爵士，参见 Read, *Walsingham*, Vol.I, pp.13—14。关于汉斯顿男爵亨利·凯里，参见 Simon Thurley, *The Royal Palaces of Tudor England* (New Haven and London, 1993), p.49, pp.80—81。

5. 关于剑桥大学与国王学院，参见 King's College, Cambridge Archive Centre, KCAR 4/1/6 commons book 1549—1550, KCAR 4/1/1 mundum book 1547—1553; Read, *Walsingham*, Vol.I, pp.14—16; D. R. Leader, *A History of the University of Cambridge,* Vol.I: to 1546 (Cambridge, 1988), pp.69—71, p.228 and ch.13; Victor Morgan, *A History of the University of Cambridge,* Vol.II: 1546—1750 (Cambridge, 2004), pp.16—17, pp.119—121。

6. 关于剑桥大学国王学院礼拜堂的彩绘玻璃窗，参见 H. G. Wayment, *The Windows of King's College Chapel Cambridge* (London, 1972), pp.1—6, pp.55—56。

7. 关于国王学院院长，参见 Malcolm Kitch, "George Day" and Alan Bryson, "Sir John Cheke", in *Oxford DNB*。关于马丁·布塞尔，参见 Winthrop S. Hudson, *The Cambridge Connection and the Elizabethan Settlement of 1559* (Durham, North Carolina, 1980), pp.58—60。关于托马斯·加德纳，参见 C. H. Cooper and T. Cooper, *Athenae Cantabrigienses* (Cambridge, 1858), Vol.I, p.515。关于约翰·奇克与威廉·塞西尔，参见 Stephen Alford, *Burghley: William Cecil at the Court of Elizabeth I* (New Haven and London, 2008), pp.17—21。

8. 关于爱德华六世与宗教改革，参见 Diarmaid MacCulloch, *Tudor Church Militant: Edward VI and the Protestant Reformation* (London, 1999), pp.14—41, p.102; Peter Marshall, *Reformation England 1480—1642* (London, 2003), pp.58—85。

9. 关于沃尔辛厄姆的肖像画，参见 R. Ormond and M. Rogers, eds., *Dictionary of British Portraiture* (London, 1979), Vol.I, p.146; NPG 1704, 1807。关于沃尔辛厄姆在圣保罗大教堂的墓志铭，参见 Henry Holland, *Monumenta Sepulchraria Sancti Pauli* (1614), STC

13583.5［17—19］; Cooper, *Athenae Cantabrigienses*, Vol.II, pp.89—90。关于格雷律师学院，参见 Foster, *Gray's Inn*, p.22; Stow, *Survey of London*, under "The suburbes without the walles"; Greg Walker, *Plays of Persuasion: Drama and Politics at the Court of Henry VIII*（Cambridge, 1991）, pp.33—35。关于伦敦的宗教氛围，参见 Susan Brigden, *London and the Reformation*（Oxford, 1989）, ch.10—12; Andrew Pettegree, *Foreign Protestant Communities in Sixteenth-Century London*（Oxford, 1986）, p.272。

10. 关于爱德华六世的病情，参见 W. K. Jordan, ed., *The Chronicle and Political Papers of King Edward VI*（Ithaca, 1966）, p.117。关于玛丽一世的继位和怀亚特叛乱，参见 D. M. Loades, *Two Tudor Conspiracies*（Cambridge, 1965）, map; Anna Whitelock and Diarmaid MacCulloch, "Princess Mary's Household and the Succession Crisis, July 1553", *HJ*, 50（2007）, pp.265—287; Brigden, *London and the Reformation*, ch.13; J. P. D. Cooper, *Propaganda and the Tudor State: Political Culture in the Westcountry*（Oxford, 2003）, pp.163—170。关于沃尔辛厄姆的亲戚，参见 Read, *Walsingham*, Vol.I, p.22。

11. 关于尼哥德慕主义与近代早期非国教派的秘密集会，参见 Brigden, *London and the Reformation*, pp.559—560, pp.600—604。关于塞西尔与弥撒，参见 Alford, *Burghley*, p.74。

12. 关于巴塞尔，参见 C. H. Garrett, *The Marian Exiles: A Study in the Origins of Elizabethan Puritanism*（Cambridge, 1938）, pp.55—57, pp.143—144, pp.319—320, pp.357—358; H. G. Wackernagel, ed., *Die Matrikel der Universität Basel*（Basel, 1951）, Vol.II, p.91; Read, *Walsingham*, Vol.I, p.25; Diarmaid MacCulloch, *Reformation: Europe's House Divided*（London, 2003）, p.194, p.261。关于帕多瓦，参见 Jonathan Woolfson, *Padua and the Tudors: English Students in Italy, 1485—1603*（Toronto, 1998）, pp.221—222, p.231, pp.280—281。

13. 关于沃尔辛厄姆写给侄子的信件，转引自 Read, *Walsingham*, Vol.I, pp.18—20。关于菲利普·悉尼写予爱德华·丹尼的信件，转引自 James M. Osborn, *Young Philip Sidney 1572—1577*（New Haven and London, 1972）, pp.537—540。

14. 关于威尼托区的激进主义，参见 Kenneth R. Bartlett, "The English Exile Community in Italy and the Political Opposition Queen Mary I", *Albion*, 13（1981）, pp.223—241; "The Misfortune that is Wished for him: The Exile and Death of Edward Courtenay, Earl of Devon", *Canadian Journal of History*, 14（1979）, pp.1—28。

15. 关于玛丽一世统治时期的塞西尔，参见 Alford, *Burghley*, pp.65—82。关于托马斯·沃尔辛厄姆与波尔枢机主教，参见 *APC*, V（1554—1556）, p.83。

16. 关于天主教复辟与宗教迫害，参见 Eamon Duffy, *Fires of Faith: Catholic England under Mary Tudor*（New Haven and London, 2009）; 关于"微观"审查，参见该书第131 页; 参见 Eamon Duffy and David Loades, ed., *The Church of Mary Tudor*（Aldershot, 2006）; Judith M. Richards, *Mary Tudor*（London, 2008）, ch.10; Gina Alexander, "Bonner and the Marian Persecutions", *History*, 60（1975）, pp.374—391。关于斯特拉福德-勒-波，

参见 John Foxe, *Actes and Monuments*（London, 1570），Vol.2, p.97。

17. 关于激进政治思想，参见 Robert M. Kingdon, "Calvinism and Resistance Theory, 1550—1580", in J. H. Burns, ed., *The Cambridge History of Political Thought 1450—1700*（Cambridge, 1991），pp.193—218。

第二章　巴黎屠戮

1. 关于伊丽莎白公主在玛丽一世统治时期的顺从表现，参见 David Starkey, *Elizabeth: Apprenticeship*（London, 2000），pp.122—124, pp.164—165。与主教相关内容，参见 Penry Williams, *The Later Tudors*（Oxford, 1998），p.237。

2. 关于康沃尔郡博西尼，参见 *History of Parliament, The House of Commons 1558—1603*, ed. P. W. Hasler（London, 1981），Vol.III, pp.571—572; J. P. D. Cooper, *Propaganda and the Tudor State: Political Culture in the Westcountry*（Oxford, 2003），pp.182—184。关于伊丽莎白时期的宗教建制，参见 Jennifer Loach, *Parliament under the Tudors*（Oxford, 1991），ch.6; Winthrop S. Hudson, *The Cambridge Connection and the Elizabethan Settlement of 1559*（Durham, North Carolina, 1980）; Williams, *Later Tudors*, pp.233—237, pp.456—457。

3. 关于言论自由，参见 T. E. Hartley, ed., *Proceedings in the Parliaments of Elizabeth I*（Leicester, 1981），Vol.I, p.426。关于公权力推动的宗教改革，参见 Conyers Read, *Mr. Secretary Walsingham and the Policy of Queen Elizabeth*（Oxford, 1925），Vol.II, pp.264—265。

4. 关于莱姆里杰斯地区与萨里郡，参见 Hasler, *Commons 1558—1603*, Vol.III, p.571。关于"我的兄弟比尔"，参见 BL Harley 6035, fol.47v, 57r。

5. 关于沃尔辛厄姆的档案，参见 Robert Beale, "A Treatise of the Office of a Councillor and Principal Secretary", BL Additional 48161, 刊登于 Read, *Walsingham*, Vol.I, p.431; Stephen Alford, "State Papers of Edward VI, Mary I and Elizabeth I: The Archives and the Documents", State Papers Online, 1509—1714（Cengage Learning, Reading, 2007）。关于鹰隼，参见 TNA SP 59/24/445。关于树木与花园，参见 BL Harley 6035, fol.73, 96; "Journal of Sir Francis Walsingham", from Dec. 1570 to April 1583, ed. C. T. Martin, *Camden Miscellany*, 6（London, 1870—1871），p.9; Read, *Walsingham*, Vol.III, p.432。

6. 薄绸（sarsenet）为一种柔软的丝织品，"Saracen"为原名。关于安妮·卡莱尔与帕克伯里庄园，参见 PRO, PROB 11/47, fol.241v。关于莫斯科公司，参见 Read, *Walsingham*, Vol.III, pp.370—371。关于治安法官的任命，参见 Hasler, *Commons 1558—1603*, Vol.III, p.571。

7. 关于厄休拉·沃尔辛厄姆，参见 PRO, PROB 11/100, fol.92r-v; PRO, PROB 11/75, fol.262v; "Journal of Sir Francis Walsingham", p.7; C. H. and T. Cooper, *Athenae Cantabrigienses*（Cambridge, 1858），Vol.II, p.87; NPG 1705。关于唐·安东尼奥的钻石，

参见 Read, *Walsingham,* Vol.II, pp.56—57, pp.81—82。

8. 关于巴恩埃尔姆斯庄园，参见 "Journal of Sir Francis Walsingham", pp.38—40, p.48; John Nichols, *The Progresses and Public Processions of Queen Elizabeth* (New York, 1973), Vol.II, p.440 and Vol.III, pp.27—28。关于信息驿站，参见 TNA SP 12/224, fol.160—163。关于奥迪厄姆，参见 TNA SP 12/109, fol.11r; Simon Adams, Alan Bryson and Mitchell Leimon, "Sir Francis Walsingham", in *Oxford DNB*。关于肖像、宅邸与花园，参见 Roy Strong, *The Artist and the Garden* (New Haven and London, 2000), p.47 and plates 49, 50。关于荷兰式山墙与宴会厅，参见 Mark Girouard, *Elizabethan Architecture* (New Haven and London, 2009), p.96, pp.104—106, p.171, p.274。关于约翰·科桑与丹尼尔·巴舍利耶，参见 S. Sadie, ed., *The New Grove Dictionary of Music and Musicians* (London, 1980), Vol.I, pp.880—881 and Vol.IV, p.827。

9. 关于英格兰王室的纹章，参见 John Guy, *My Heart is My Own: The Life of Mary Queen of Scots* (London, 2004), pp.95—96, p.105。

10. 关于塞西尔与"银匣信"，ibid., ch.25—26; Stephen Alford, *Burghley: William Cecil at the Court of Elizabeth I* (New Haven and London, 2008), pp.151—153。

11. 关于弗兰基托，参见 TNA, SP 12/47, fol.84; TNA SP 70/101, fol.4; TNA SP 12/48, fol.50; TNA SP 70/122, fol.167; *HMC Salisbury* (London, 1883—1976), Vol.I, p.361。关于安全感，参见 Walsingham to Cecil 20 Dec. 1568, TNA SP 12/48/61, fol.165r。

12. 关于诺森伯兰伯爵与威斯特摩兰伯爵的声明，参见 BL Harley 6990, fol.90。关于诺森伯兰伯爵的认罪，参见 TNA SP 15/21, fol.108—115。关于北方叛乱的其他细节，参见 K. J. Kesselring, *The Northern Rebellion of 1569* (Basingstoke and New York, 2007); Mervyn James, "The Concept of Honour and the Northern Rising, 1569", *PP*, 60 (1973), pp.49—83; Julian Lock, "Thomas Percy, Seventh Earl of Northumberland", in *Oxford DNB*。

13. 关于里多尔菲与其叛乱，参见 TNA SP 12/59, fol.11—13, 81—82, 84—85, 86, 102; TNA SP 12/74, fol.43—45; Alford, *Burghley*, ch.12; Robyn Adams, "The Service I am Here For: William Herle in the Marshalsea Prison, 1571", *HLQ*, 72 (2009), pp.217—238。关于沃尔辛厄姆的帕佩宅邸，参见 John Stow, *A Survey of London*, ed. C. L. Kingsford (Oxford, 1908), under "Aldgate warde"。

14. 关于法国宗教内战的残暴故事，参见 Natalie Zemon Davis, "The Rites of Violence: Religious Riot in Sixteenth-Century France", *PP*, 59 (1973), pp.51—91; Mack P. Holt, *The French Wars of Religion* (Cambridge, 2005), pp.62—63。

15. 关于圣马索区，参见 John Tedeschi, "Tomasso Sassetti's Account of the St. Bartholomew's Day Massacre", in A. Soman, ed., *The Massacre of St. Bartholomew: Reappraisals and Documents* (The Hague, 1974), p.143, "si salvò nel borgo di San Marceo in casa del medesimo ambasciatore"。科尼尔斯·里德认同卡尔·施特林（Karl Stählin）的观点，主张沃尔辛厄姆在巴黎的宅邸位于圣日耳曼城郊区，之后其他的研究皆延

续此观点。关于英格兰驻巴黎使馆的访客，参见"Journal of Sir Francis Walsingham"，p.3，p.8, p.10（于贝尔·朗盖），p.12（弗兰基托），p.13（托马索·萨塞蒂与彼得吕斯·拉米斯）。

16. 关于沃尔辛厄姆对晚宴的描述，参见 Dudley Digges, *The Compleat Ambassador, or, Two Treaties of the Intended Marriage of Qu. Elizabeth*（London, 1655），p.28。关于使馆厨师，参见 TNA, SP 70/146, fol.29。关于沃尔辛厄姆的黑衣装扮，参见 Read, *Walsingham*, Vol.I, p.93。

17. 关于使馆开支剧增，参见 TNA, SP 70/120, fol.59r。关于福音的推广，参见 Digges, *Compleat Ambassador*, p.121。关于上帝的荣耀与女王的安全，参见 TNA, SP 70/117, fol.179v。

18. 关于科利尼，参见 Digges, *Compleat Ambassador*, p.135; Susan Doran, *Monarchy and Matrimony: The Courtships of Elizabeth I*（London and New York, 1996），pp.99—101, p.120。关于瓦西屠杀，参见 Stuart Carroll, *Martyrs and Murderers: The Guise Family and the Making of Europe*（Oxford, 2009），pp.12—19。关于洛林枢机主教，参见 N. M. Sutherland, *The Massacre of St. Bartholomew and the European Conflict 1559—1572*（London, 1973），pp.66—74。

19. 关于伊丽莎白女王对沃尔辛厄姆的指令，参见 Digges, *Compleat Ambassador*, pp.18—20。关于苏格兰玛丽可能的释放，参见 Alford, *Burghley*, pp.161—163。

20. 关于安茹的外貌，参见 Digges, *Compleat Ambassador*, p.29。关于安茹的性向，参见 Katherine B. Crawford, "Love, Sodomy, and Scandal: Controlling the Sexual Reputation of Henry III", *Journal of the History of Sexuality*, 12（2003），pp.513—542。关于伊丽莎白女王的首届议会演说，参见 Leah S. Marcus, Janel Mueller and Mary Beth Rose, eds., *Elizabeth I: Collected Works*（Chicago and London, 2000），pp.56—58（the Lansdowne version）。

21. 关于厄休拉·沃尔辛厄姆为莱斯特的表亲，参见 Digges, *Compleat Ambassador*, p.96。关于并非缺乏诚意，ibid., p.90。

22. 关于伊丽莎白女王的联姻条件，ibid., pp.62—66。

23. 关于沃尔辛厄姆、伯利以及安茹的信仰，ibid., pp.67—70, pp.89—92; Doran, *Monarchy and Matrimony*, pp.107—110。

24. 关于安茹的要求，参见 Digges, *Compleat Ambassador*, pp.83—86。关于《公祷书》，ibid., pp.98—99。

25. 关于最珍稀的创造物，参见 Digges, *Compleat Ambassador*, p.101。关于保罗·德·佛克斯的预测，参见 TNA, SP 70/11, fol.141v。关于女王陛下目前的处境，参见 Digges, *Compleat Ambassador*, p.97。关于格里蒙维莱·德·拉尔尚，参见 Doran, *Monarchy and Matrimony*, pp.114—115。关于若无"坦白"，参见 Digges, *Compleat Ambassador*, p.112。关于更紧密的同盟协议，ibid., p.134。

26. 关于"我的病情日益恶化"，参见 TNA, SP 70/120, fol.59r; "Journal of Sir Francis Walsingham"，p.12, "I began my diet"。关于雉鸡与孔雀，参见 TNA, SP 70/146, fol.29。

27. 关于最邪恶的意大利行动，参见 TNA, SP 70/122, fol.153r。关于谋杀性叛乱、诺福克公爵与苏格兰玛丽，参见 Alford, *Burghley*, pp.184—195。

28. 关于史密斯的出使，参见 Mary Dewar, *Sir Thomas Smith: A Tudor Intellectual in Office*（London, 1964），ch.12。关于四会修士，参见 TNA, SP 70/122, fol.29v。关于"水火不可并存"，参见 Digges, *Compleat Ambassador*, p.170。

29. 关于《布卢瓦条约》，ibid., p.199; Read, *Walsingham*, Vol.I, pp.189—197; James M. Osborn, *Young Philip Sidney 1572—1577*（New Haven and London, 1972），pp.39—43。

30. 关于《勃艮第计划》，参见 BL Harley 168, fol.54r—57v。科尼尔斯·里德忽略了这篇重要文件。《牛津国家人物传记大辞典》将此文件归属沃尔辛厄姆，而非伯利。关于上帝与奥兰治王子，参见 Digges, *Compleat Ambassador*, p.226。

31. 关于流氓般的群众，参见 François Hotman, *A True and Plaine Report of the Furious Outrages of Fraunce*（1573），STC 13847, 59。关于屠杀，参见 Carroll, *Martyrs and Murderers*, p.20。关于圣巴托洛缪大屠杀，参见 Holt, *French Wars of Religion*, ch.3; Davis, "Rites of Violence"; Barbara B. Diefendorf, *Beneath the Cross: Catholics and Huguenots in Sixteenth Century Paris*（New York and Oxford, 1991），especially pp.102—103; Philip Benedict, "The Saint Bartholomew's Massacres in the Provinces", *HJ*, 21（1978），pp.205—225。

32. 关于马洛与沃尔辛厄姆，参见本书第五章。关于《高卢的狂暴》，参见 Robert M. Kingdon, *Myths about the St. Bartholomew's Day Massacres 1572—1576*（Cambridge, Mass. and London, 1988），pp.118—119, p.129; Sutherland, *Massacre of St. Bartholomew*, pp.317—318。

33. 关于厄休拉，参见"Journal of Sir Francis Walsingham", p.6; Read, *Walsingham*, Vol.I, p.261 and Vol.III, p.425, n.3。关于菲利普·悉尼，参见 Osborn, *Young Philip Sidney*, pp.67—70。关于"一个真正的圣地"，参见 Timothy Bright, *An Abridgement of the Booke of Acts and Monumentes of the Church*（1589），STC 11129, 也请参考本书第六章。关于西班牙大使，参见 Read, *Walsingham*, Vol.I, p.222, n.3。

34. 关于欠缺见证者的记录，参见 Carroll, *Martyrs and Murderers*, p.193。关于《巴黎与法国其他地方大屠杀之后的讨论》，参见 BL Cotton Titus, F. III, fol.302r—308v。

35. 关于厄休拉的试图逃离，参见 Arlette Jouanna, *La Saint-Barthélemy: Les Mystères d'un Crime d'État*（Paris, 2007），p.188。

36. 关于伯利的安慰，参见 Digges, *Compleat Ambassador*, pp.250—251。关于这个国家不安状态，ibid., pp.253—258。

第三章　秉持纯真

1. 关于圣巴托洛缪大屠杀后续的忏悔仪式，参见 *A Fourme of Common Prayer*

Necessarie for the Present Tyme and State（1572），STC 16511。关于公共斋戒，参见 Alexandra Walsham, *Providence in Early Modern England*（Oxford, 1999），p.146。

2. 关于《都铎王朝继承的寓言》，参见 Karen Hearn, ed., *Dynasties: Painting in Tudor and Jacobean England 1530—1630*（London, 1995），pp.81—82; Roy Strong, *Gloriana: The Portraits of Queen Elizabeth I*（London, 1987），pp.71—77。John N. King 在 *Tudor Royal Iconography*（Princeton, 1989）一书第 223—224 页论证这幅画的绘制时间为 1570 年，将其解释为告诫沃尔辛厄姆应采用女王倾向的谨慎新教主义，而非更积极的外交政策。但这一假设似乎为时过早：沃尔辛厄姆直到 1571 年才正式出任英格兰驻法大使一职，直到 1573 年才加入枢密院。

3. 关于沃尔辛厄姆被任命为国务大臣，参见 TNA PC 2/10, p.178; "Journal of Sir Francis Walsingham from Dec. 1570 to April 1583", ed. C. T. Martin, *Camden Miscellany*, 6（London, 1870—1871），p.13。关于终日随侍，参见 Smith to Burghley, 6 Mar. 1575, BL Harley 6991/61。关于首席国务大臣史密斯，参见 Mary Dewar, *Sir Thomas Smith: A Tudor Intellectual in Office*（London, 1964），ch.15。关于爱尔兰阿尔斯特省，参见 Christopher Maginn, "Thomas Smith（1547—1573）", in *Oxford DNB*。

4. 关于私玺、御玺与国玺，参见 Penry Williams, *The Tudor Regime*（Oxford, 1979），pp.39—45; G. R. Elton, *The Tudor Constitution*（Cambridge, 1960），pp.116—117。

5. 关于伊丽莎白女王的巡游，参见 "Journal of Sir Francis Walsingham", pp.19—22; John Nichols, *The Progresses and Public Processions of Queen Elizabeth*（New York, 1973），Vol.I, p.396; Dewar, *Sir Thomas Smith*, p.176; Mark Girouard, *Elizabethan Architecture*（New Haven and London, 2009），pp.149—150, pp.181—184; Mary Hill Cole, *The Portable Queen: Elizabeth I and the Politics of Ceremony*（Amherst, Mass., 1999），p.37。

6. 关于枢密院，参见 Conyers Read, *Mr. Secretary Walsingham and the Policy of Queen Elizabeth*（Oxford, 1925），Vol.I, p.424; Williams, *Tudor Regime*, pp.27—33; Elton, *Tudor Constitution*, pp.101—104; Christopher Haigh, *Elizabeth I*（Harlow, 1988），ch.4。关于星室法庭，参见 John Guy, *The Court of Star Chamber and its Records to the Reign of Elizabeth I*（London, 1985），p.1; "Journal of Sir Francis Walsingham", 17（5 Feb., 1574），"I sat in the Star Chamber"。

7. 关于"了解整个王国的状况"，参见 TNA PC 2/10, pp.232—234; Read, *Walsingham*, Vol.I, p.428。

8. 关于两份国务大臣工作建议手册，参见 Robert Beale, "A Treatise of the Office of a Councillor and Principal Secretary", BL Additional 48161, reproduced in Read, *Walsingham*, Vol.I, pp.423—443; Charles Hughes, "Nicholas Faunt's Discourse Touching the Office of Principal Secretary of Estate, 1592", *EHR*, 20（1905），pp.499—508。

9. 关于"管理女王"，参见 Read, *Walsingham*, Vol.I, pp.437—438; Pam Wright, "A

Change in Direction: The Ramifications of a Female Household, 1558—1603", in David Starkey, ed., *The English Court* (Harlow, 1987), pp.147—172。关于沃尔辛厄姆与亨廷顿伯爵，参见 Huntington Library Hastings Correspondence, box 2, HA 5356, 13064, 13065, 13067; Claire Cross, "Katherine Hastings, Countess of Huntingdon", in *Oxford DNB*。

10. 关于承担压力和应对变局，参见 Hughes, "Nicholas Faunt's Discourse", pp.499—500, p.503。关于生病，参见 "Journal of Sir Francis Walsingham", pp.17—18。关于遭受阻挠和严苛言论，参见 TNA SP 12/109, fol.11r。关于一位秉持纯真的基督教徒，参见 Huntington Library Hastings Correspondence, box 2, HA 13053。

11. 关于尼德兰的新教主义，参见 Geoffrey Parker, *The Dutch Revolt* (London, 1985), pp.36—37, pp.57—63, pp.75—80。关于"欧洲历史的转折点"，ibid., p.84。

12. 关于流亡者与"海上丐军"，ibid., pp.109—110, pp.118—121; Penry Williams, *The Later Tudors* (Oxford, 1998), p.264。

13. 关于教宗的拥护者，参见 Dudley Digges, *The Compleat Ambassador, or, Two Treaties of the Intended Marriage of Qu. Elizabeth* (London, 1655), pp.120—121。关于战争，参见 ibid., pp.127—128; BL Harley 168, fol.54r—57v。

14. 关于对金钱的苛刻，参见 Digges, *Compleat Ambassador*, p.57。关于复仇时机，参见 Read, *Walsingham*, Vol.I, p.150。

15. 关于未获得许可或在女王不知情的情况下，参见 *CSP For.* 1583, addenda, pp.496—498。关于汉弗莱·吉尔伯特，请见第七章。

16. 关于基督与魔鬼，参见 Baron Kervyn de Lettenhove, *Relations politiques des Pays-Bas et de l'Angleterre sous le reigne de Philippe II* (Brussels, 1882—1900), Vol.VII, p.402; *Geneva Bible*, Vol.II Corinthians 6, pp.14—15。关于哄骗我们沉睡，参见 Read, *Walsingham*, Vol.I, p.310。关于女王在微弱的安全感中沉睡，参见 BL Harley 6991, fol.110。

17. 关于开战不是谋求统治权，而是为了安全，参见 TNA SP 70/136, fol.214—215。关于沃尔辛厄姆为此份未署名文件的作者之论证，参见 Read, *Walsingham*, Vol.I, p.317。相同的论点与语言也出现在以下这份文件：BL Harley 168, fol.54—57。

18. 关于香槟伯爵，参见 Read, *Walsingham*, Vol.I, pp.319—321。关于女王朝沃尔辛厄姆的脸上扔掷便鞋，参见 Haigh, *Elizabeth I*, p.72。

19. 关于极度激怒女王陛下，参见 BL Egerton 1694, fol.12。关于沃尔辛厄姆对奥兰治的威廉的建议，参见 TNA SP 70/140, fol.154—155。

20. 关于唐·约翰与秘鲁的宝藏，参见 Parker, *Dutch Revolt*, pp.180—183, pp.188—189。

21. 关于巴拉丁的约翰·卡齐米尔，ibid., pp.192—193。关于 1578 年赴尼德兰出使任务，参见 Lettenhove, *Pays-Bas*, Vol.X, p.536, pp.549—554, p.567, p.591, p.594, pp.596—597, pp.613—615, pp.814—815; TNA SP 83/8/27; Read, *Walsingham*, Vol.I, ch.7; Julian Lock, "William Brooke, Tenth Baron Cobham", in *Oxford DNB*。

22. 关于令人双重费解的事情，参见 Digges, *Compleat Ambassador*, "To the reader"。关于终究会以某种方式：ibid., p.408。达德利·迪格斯是莱斯特伯爵的教子，在詹姆斯一世统治时期曾出使俄国和尼德兰联合省。《完美大使》一书在他去世 16 年后以其原始手稿的副本出版。关于最骇人的景象，参见 BL Harley 1582, fol.49。

23. 关于阿朗松联姻计划的优势，参见 Smith to Burghley 10 Jan. 1572, TNA SP 70/122, fol.50r; Dewar, *Sir Thomas Smith*, p.134; Susan Doran, *Monarchy and Matrimony: The Courtships of Elizabeth I* (London and New York, 1996), pp.133—134。尽管弗朗西斯在 1576 年接替其兄长的安茹公爵爵位，但在本书中仍称呼他为阿朗松（如同英格兰观察者的惯用称呼），用以辨别他与其兄长，即前任安茹公爵与法王亨利三世。

24. 关于"青蛙"，参见 David Bindman, "How the French Became Frogs: English Caricature and a National Stereotype", *Apollo*, August 2003。关于腐败的宫廷，参见 Digges, *Compleat Ambassador*, p.343; Read, *Walsingham*, Vol.I, p.207。关于"庇护所和救济所"，参见 Doran, *Monarchy and Matrimony*, p.131。关于净化她们的身体，ibid., p.197。

25. 关于伊丽莎白女王在 1572 年 7 月 23 日与 27 日写给沃尔辛厄姆的两封信，参见 Digges, *Compleat Ambassador*, pp.226—230。关于女王的"纠结"，参见 Doran, *Monarchy and Matrimony*, p.136。

26. 关于进一步发展，参见 Digges, *Compleat Ambassador*, p.228。

27. 关于阿朗松的请求，参见 Leighton to Walsingham 22 May 1574, TNA SP 70/131, fol.51。关于蒙哥马利伯爵，参见 TNA SP 70/130, fol.136; Stuart Carroll, *Martyrs and Murderers: The Guise Family and the Making of Europe* (Oxford, 2009), p.207。关于侏儒，参见 Read, *Walsingham*, Vol.I, p.288。

28. 关于"看在上帝的份上"，参见 TNA SP 52/26, fol.153—154。关于卡齐米尔的新教军队，参见 Read, *Walsingham,* Vol.I, pp.289—290。

29. 关于严峻的形势，参见 TNA SP 83/8/13。

30. 关于迈尔德梅、伯利和苏塞克斯，参见 Mitchell Leimon, "Sir Francis Walsingham and the Anjou Marriage Plan, 1574—1581" (PhD thesis, University of Cambridge, 1989), ch.6; Natalie Mears, "Counsel, Public Debate, and Queenship: John Stubbs's *The Discoverie of a Gaping Gulf*, 1579", *HJ*, 44 (2001), pp.635—637; Doran, *Monarchy and Matrimony*, pp.159—160。

31. 关于王国的病态，参见 BL Harley 1582, fol.46—52; Leimon, "Walsingham and the Anjou Marriage Plan", pp.120—122。关于"在英格兰滋生一些火气"，参见 TNA SP 12/133/23, fol.50v。

32. 关于布道与小册子，参见 Doran, *Monarchy and Matrimony*, pp.160—164。关于"青蛙先生想要求婚去"，早期版本的青蛙歌谣于 1548 年在苏格兰问世，此英格兰版本可能是诸多改编本之一。《牛津英语辞典》将"roly-poly"定义为 17 世纪初流氓的同义词。《青蛙与老鼠最奇怪的婚礼》(*The Moste Strange Wedding of the Frog and the Mouse*) 在 1580

年获得皇家文书局的出版许可。

33. 关于"引诱我们的夏娃"，参见 John Stubbs, *The Discoverie of a Gaping Gulf whereinto England is Like to be Swallowed by Another French Marriage*（1579）, STC 23400, sig. A2r, A3v, F3r—4v。关于在行刑台上的演讲，参见 Mears, "Counsel, Public Debate, and Queenship", pp.629—630。

34. 关于沃尔辛厄姆与斯塔布斯，参见 *CSP Ven.* 1558—1580, p.621; Mears, "Counsel, Public Debate, and Queenship", pp.631—634, p.638; Leimon, "Walsingham and the Anjou Marriage Plan", pp.123—125。

35. 关于沃尔辛厄姆与悉尼，参见 Blair Worden, *The Sound of Virtue: Philip Sidney's Arcadia and Elizabethan Politics*（New Haven and London, 1996）, pp.48—55, pp.112—113。关于《致伊丽莎白女王书》，参见 Katherine Duncan-Jones and Jan van Dorsten, eds., *Miscellaneous Prose of Sir Philip Sidney*（Oxford, 1973）, pp.46—57。

36. 关于如同筛子一般的枢密大臣，参见 Read, *Walsingham*, Vol.II, p.22。关于筛子肖像与其赞助人，参见 Strong, *Gloriana*, pp.94—107; Susan Doran, ed., *Elizabeth: The Exhibition at the National Maritime Museum*（London, 2003）, p.80, pp.82—83; Hearn, *Dynasties*, pp.85—86; N. G. Jones, "Sir Christopher Wray", in *Oxford DNB*。罗伊·斯特朗指出，乔治·高尔（George Gower）在 1579 年绘制的伊丽莎白女王持筛肖像是根据模板而非真人所绘。

37. 关于 1581 年的法国代表团，参见 "Journal of Sir Francis Walsingham", pp.41—42; Nichols, *Progresses and Public Processions*, Vol.II, pp.312—329; Doran, *Monarchy and Matrimony*, pp.180—183。关于沃尔辛厄姆的摩尔人昵称，参见 *HMC Salisbury*（London, 1883—1976）, Vol.II, p.40。

第四章　英格兰传教团

1. 关于特里根，参见 A. L. Rowse, *Tudor Cornwall*（London, 1941）, pp.346—354; R. F. Trudgian, *Francis Tregian 1548—1608*（Brighton, 1998）。关于梅恩的审讯，参见 TNA SP 12/118, fol.105; APC IX（1575—1577）, p.375, p.390。关于圣羔羊，参见 statute 13 Eliz.I, c.2, *Statutes of the Realm*（London, 1810—1828）, Vol.IV, pp.529—530; Keith Thomas, *Religion and the Decline of Magic*（London, 1971）, p.33, p.60。

2. 关于特伦托大公会议，参见 Christopher Haigh, "The Continuity of Catholicism in the English Reformation", *PP*, 93（1981）, p.46。关于爱德华六世时期的叛乱，参见 J. P. D. Cooper, *Propaganda and the Tudor State: Political Culture in the Westcountry*（Oxford, 2003）, p.62。

3. 关于殉教教士，参见 *Oxford Dictionary of the Christian Church*（London, 1974）, under "Forty Martyrs of England and Wales"。

4. 关于赞赏沃尔辛厄姆者，参见 Conyers Read, *Mr. Secretary Walsingham and the Policy of Queen Elizabeth*（Oxford, 1925），Vol.II, pp.266—270, pp.338—339。关于未受政治污染的传教团使命，参见 Patrick McGrath, *Papists and Puritans under Elizabeth I*（London, 1967），p.122，主张天主教的复兴来自"那些毫不关心政治并致力于通过精神方式将同胞带回罗马教会之人的努力"。关于捏造巴宾顿阴谋，参见 Francis Edwards, *Plots and Plotters in the Reign of Elizabeth I*（Dublin, 2002），p.125，主张"任何立场的历史学者都不能否认弗朗西斯·沃尔辛厄姆是主要策划者"。

5. 关于国家"机械"，参见 Robert Naunton, *Fragmenta Regalia*, ed. John S. Cerovski（Washington, 1985），p.59。

6. 关于狩猎，参见"Journal of Sir Francis Walsingham from Dec. 1570 to April 1583", ed. C. T. Martin, *Camden Miscellany, 6*（London, 1870—1871），p.32。受封骑士爵位和嘉德骑士勋章，参见 History of Parliament, *The House of Commons 1558—1603*, ed. P. W. Hasler（London, 1981），Vol.III, p.571。关于嘉德骑士受封仪式，参见 Diarmaid MacCulloch, *Tudor Church Militant: Edward VI and the Protestant Reformation*（London, 1999），pp.30—36。

7. 关于"秘书"（国务大臣），参见 John Bossy, *Under the Molehill: An Elizabethan Spy Story*（New Haven and London, 2001），p.29。关于教宗党人数惊人地增加，参见 Bishop of London to Walsingham 21 June 1577, in Read, *Walsingham*, Vol.II, p.280。关于拒绝国教者，参见 Peter Holmes, *Resistance and Compromise: The Political Thought of the Elizabethan Catholics*（Cambridge, 1982），pp.83—89。

8. 关于篝火，参见 Christopher Haigh, *English Reformations*（Oxford, 1993），pp.242—243。关于宿命，参见 *The Seventeenth of the Thirty-Nine Articles of Religion*（1571）。关于圣皮兰，参见 *Nicholas Roscarrock's Lives of the Saints: Devon and Cornwall*, ed. Nicholas Orme（Exeter, 1992），p.106, p.166。

9. 关于教堂结构，参见 Eamon Duffy, *The Stripping of the Altars: Traditional Religion in England c.1400—c.1580*（New Haven and London, 1992），pp.570—577。关于神职人员，参见 Haigh, "Continuity of Catholicism", p.40; Eamon Duffy, *The Voices of Morebath*（New Haven and London, 2001），p.176, pp.186—187。

10. 关于伦拜的葬礼，参见 John Bossy, *The English Catholic Community 1570—1850*（London, 1975），p.140。

11. 关于伊丽莎白女王的信仰，参见 Richard Rex, *Elizabeth I: Fortune's Bastard*（Stroud, 2003），pp.54—60。关于到访的斯德丁-波美拉尼亚公爵（Duke of Stettin-Pomerania）观察到的拉丁文祈祷书，参见 Leanda de Lisle, *After Elizabeth*（London, 2005），p.9。关于庇护四世，参见 Alexandra Walsham, *Church Papists*（Woodbridge, 1993），p.17。关于流亡鲁汶的天主教徒之忠诚，参见 Holmes, *Resistance and Compromise*, pp.13—17。

12. 关于教会天主教徒，参见 Walsham, *Church Papists*, p.9; Bossy, *Catholic Community*, pp.110—112, pp.121—124; McGrath, *Papists and Puritans*, pp.27—31。

13. 关于祭袍，参见 Duffy, *Morebath*, p.178。

14. 关于《公祷书》与登基日，参见 David Cressy, *Bonfires and Bells*（London, 1989）; Cooper, *Propaganda*, p.233。关于释放天主教囚犯，参见 *APC* VIII（1571—1575），p.264, p.269。关于霍恩主教，参见 McGrath, *Papists and Puritans*, p.109。

15. 关于艾伦与传教团的教士，参见 Bossy, *Catholic Community*, pp.12—19; Haigh, *English Reformations*, pp.5—6, p.254, pp.261—262; Patrick McGrath, "Elizabethan Catholicism: A Reconsideration", *JEH*, 35（1984），p.424, n.57; Peter Lake and Michael Questier, "Prisons, Priests and People in Post Reformation England", in Nicholas Tyacke, ed., *England's Long Reformation 1500—1800*（London, 1998），p.202。

16. 关于创建学院，参见 Penry Williams, *The Later Tudors*（Oxford, 1998），p.117。关于牛津大学与神学院的教士，参见 James McConica, ed., *The Collegiate University*（Oxford, 1986），pp.378—386, pp.407—408。

17. 关于7月会议，参见 Read, *Walsingham*, Vol.II, pp.280—282。关于费克纳姆再次被捕，参见 *APC* X（1577—1578），p.4, p.13。关于尼古拉斯·加尔利克，参见 Haigh, "Continuity of Catholicism", p.54。

18. 关于拒绝国教者的普查，参见 *CSP Dom.* 1547—1580, p.558; McGrath, *Papists and Puritans*, p.117, n.3。关于英格兰人口，参见 D. M. Palliser, *The Age of Elizabeth*（London, 1983），p.34。

19. 关于存在于乡村宅邸的天主教，参见 Bossy, "The Character of Elizabethan Catholicism", *PP,* 21（1962），pp.39—43, p.48; Christopher Haigh, "From Monopoly to Minority: Catholicism in Early Modern England", *TRHS*, 5th series, 31（1981）。关于纽卡斯尔，参见 TNA SP 12/178, fol.36—37。

20. 关于艾斯加斯村，参见 Duffy, *Stripping of the Altars*, p.570。

21. 关于私宅礼拜堂，参见 Bossy, *English Catholic Community*, pp.125—128。关于弥撒曲，参见 Craig Monson, "William Byrd", in *Oxford DNB*。

22. 关于教士猎人，参见 *John Gerard: The Autobiography of an Elizabethan*, ed. Philip Caraman（London, 1951），pp.41—42。关于教士洞，参见 Michael Hodgetts, *Secret Hiding-Places*（Dublin, 1989），"Nicholas Owen", in *Oxford DNB; John Gerard*, ed. *Caraman*, p.201。

23. 关于圣烛节，参见 Ronald Hutton, "The English Reformation and the Evidence of Folklore", *PP,* 148（1995），pp.96—98。

24. 关于监狱，参见 TNA SP 12/165/5, fol.23r, BL Harley 286, fol.97（纽盖特）, TNA SP 12/194/32, fol.55r（多切斯特）; *John Gerard*, ed. Caraman, p.5, p.78（马歇尔西与克林克）; Lake and Questier, "Prisons, Priests and People"; Alexandra Walsham, "Thomas Bell [alias Burton]", in *Oxford DNB*。

25. 关于绞刑架上的剧场，参见 Peter Lake and Michael Questier, "Agency, Appropriation

and Rhetoric under the Gallows", *PP*, 153（1996）; Michael E. Williams, "Ralph Sherwin", in *Oxford DNB*。关于沃尔辛厄姆对殉教者的态度，Read, *Walsingham*, Vol.II, pp.312—313。

26. 关于伯利，参见 Robert M. Kingdon, ed., *The Execution of Justice in England by William Cecil, and A True Sincere and Modest Defense of English Catholics by William Allen*（Ithaca, 1965）, pp.9—10, p.29, p.39。关于密探（Espials），即侦查员和间谍。

27. 关于艾伦，参见 Kingdon, ed., *Execution of Justice*, pp.60—61; Eamon Duffy, "William Allen" in *Oxford DNB*，艾伦的邮包被描述为 "充满高级别间谍活动的易爆性物质"。

28. 关于《在至高处统治》，参见 Geoffrey Elton, *The Tudor Constitution*（Cambridge, 1960）, pp.416—418; McGrath, *Papists and Puritans*, pp.69—72; Julian Lock, "John Felton", in *Oxford DNB*。关于叛国，参见 statutes 13 Eliz.I, c.1 and 2, *Statutes of the Realm*, Vol.IV, pp.526—531。

29. 关于阿伦德尔，参见 *CSP Dom.* 1547—1580, p.353, p.369; Pamela Stanton, "Arundell Family 1435—1590" and Thomas M. McCoog, "John Cornelius", in *Oxford DNB*; Rowse, *Tudor Cornwall*, pp.332—333。关于罚款，参见 McGrath, *Papists and Puritans*, p.54, p.176。

30. 关于伯利的担忧，参见 Kingdon, ed., *Execution of Justice*, pp.6—7。

31. 关于巴黎与流亡者，参见 Catherine Gibbons, "The Experience of Exile and English Catholics: Paris in the 1580s"（PhD thesis, University of York, 2006）, pp.169—192。

32. 关于自我隔离，参见 2 Corinthians vi, 14—15; Walsham, *Church Papists,* pp.34—35。关于桑德尔，参见 Holmes, *Resistance and Compromise*, pp.26—30; T. F. Mayer, "Nicholas Sander", in *Oxford DNB*; Kingdon, ed., *Execution of Justice*, p.13。

33. 关于天主教政治思想的转折点，参见 Holmes, *Resistance and Compromise*, pp.129—135。关于梅恩与贝尔，参见 TNA SP 12/118/46, fol.105; Peter Holmes, "James Bell", in *Oxford DNB*。

34. 关于罗斯卡洛克，参见 *CSP Dom.* 1547—1580, p.649; *APC* XII（1580—1581）, pp.264—265; Orme, ed., *Lives of the Saints*, pp.1—14。

第五章　安全服务

1. 关于思罗克莫顿与其叛乱，参见 *A Discoverie of the Treasons Practised and Attempted against the Queene's Majestie and the Realme by Francis Throckmorton*, reprinted in *The Harleian Miscellany*（London, 1808—1813）, Vol.III, pp.190—200; John Bossy, *Under the Molehill: An Elizabethan Spy Story*（New Haven and London, 2001）, pp.31—33, pp.84—86, p.120, n.40; Stuart Carroll, *Martyrs and Murderers: The Guise Family and the Making of Europe*（Oxford, 2009）, ch.10。关于索尔兹伯里宫，参见 John Bossy, *Giordano Bruno and the Embassy Affair*（New Haven and London, 1991）, p.203。

2. 关于恩格尔菲尔德，参见 *Discoverie of Treasons*, p.191 bis。关于自命不凡、企图与酷刑，ibid., pp.191—192 bis, p.200。关于"我在这世上最尊敬之人"，ibid., p.195。关于民谣，参见 Alexandra Walsham, "A Very Deborah？The Myth of Elizabeth I as a Providential Monarch", in Susan Doran and Thomas S. Freeman, eds., *The Myth of Elizabeth*（Basingstoke, 2003), p.152。

3. 关于费龙，参见 Bossy, *Under the Molehill*, pp.46—61, pp.105—106。关于法戈，ibid., pp.35—36; Bossy, *Giordano Bruno*, p.15, pp.18—21。

4. 关于卡姆登，参见 William Camden, *Annals, or the Historie of the Most Renowned and Victorious Princesse Elizabeth*, trans. Robert Norton（London, 1635), p.394; Hugh Trevor-Roper, "Queen Elizabeth's First Historian: William Camden", in his *Renaissance Essays*（London, 1986), p.133。关于农顿，参见 Robert Naunton, *Fragmenta Regalia*, ed. John S. Cerovski（Washington, 1985), p.59。

5. 关于情报工作，参见 Sidney Lee, "Sir Francis Walsingham", in *Oxford DNB*。关于战略情报局，参见 Benjamin R. Foster, "Conyers Read", in *American National Biography*。

6. 关于沃尔辛厄姆的情报网，参见 Conyers Read, *Mr. Secretary Walsingham and the Policy of Queen Elizabeth*（Oxford, 1925), Vol.II, pp.335—336; Bossy, *Under the Molehill*, p.144; Alison Plowden, *The Elizabethan Secret Service*（Hemel Hempstead, 1991), pp.52—55。关于狡猾，参见 *Geneva Bible*, Genesis 3:1, "上帝所造的，惟有蛇比田野一切的活物更狡猾"。

7. 关于地方社会，参见 Keith Wrightson, "The Politics of the Parish in Early Modern England", in Paul Griffiths, Adam Fox and Steve Hindle, eds., *The Experience of Authority in Early Modern England*（Basingstoke, 1996)。关于浸水刑凳，参见 David Underdown, "The Taming of the Scold", in Anthony Fletcher and John Stevenson, eds., *Order and Disorder in Early Modern England*（Cambridge, 1985), pp.123—125。关于叛国罪，参见 J. P. D. Cooper, *Propaganda and the Tudor State: Political Culture in the Westcountry*（Oxford, 2003), pp.87—93。关于誓言，参见 S. J. Gunn, *Early Tudor Government 1485—1558*（Basingstoke, 1995), p.181; C. S. L. Davies, "The Cromwellian Decade: Authority and Consent", *TRHS*, 6th series, 7（1997), p.185。关于克伦威尔，参见 R. B. Merriman, *Life and Letters of Thomas Cromwell*（Oxford, 1902), Vol.I, p.99; Geoffrey Elton, *Policy and Police*（Cambridge, 1972), pp.327—333。

8. 关于 1571 年立法，参见 statutes 13 Eliz.I, c.1 and 2, *Statutes of the Realm*（London, 1810—1828), Vol.IV, pp.526—531。关于迈尔德梅，参见 Patrick McGrath, *Papists and Puritans under Elizabeth I*（London, 1967), pp.174—175。

9. 关于 1581 年《忠诚维护法》（*An Acte to Retayne the Quenes Majesty's Subjects in theire due Obedyence*），参见 statute 23 Eliz.I, c.1, *Statutes of the Realm,* Vol. IV, pp.657—658。马克（mark）是一种过时的货币单位，价值约为三分之二的英镑币值。

10. 关于伪装的耶稣会教士，参见 *John Gerard: The Autobiography of an Elizabethan*, ed. Philip Caraman（London, 1951），pp.15—18。

11. 关于帕森斯，参见 John Bossy, "The Heart of Robert Persons", in Thomas M. McCoog, ed., *The Reckoned Expense: Edmund Campion and the Early English Jesuits*（Woodbridge, 1996），pp.141—156。关于格林斯特里特屋出版社，参见 McGrath, *Papists and Puritans*, pp.169—171。关于 1585 年《反耶稣会教士、神学院教士与其他不服从者的法案》（*An Act againste Jesuites Semynarie Priestes and such other like Disobedient Persons*），参见 statute 27 Eliz.I, c.2, *Statutes of the Realm*, Vol.IV, pp.706—708。

12. 关于斯林巷，参见 John Stow, *A Survey of London*, ed. C. L. Kingsford（Oxford, 1908），标示为"Sydon lane"或"Sything lane"。关于《沃尔辛厄姆 1588 年档案清册》，参见 BL Stowe 162。关于秘匣，参见 PRO, PROB 11/75, fol.262v。关于地图，参见 BL Harley 6035, fol.35v; BL Harley 286, fol.78r。

13. 关于清教主义的完美温床，参见 Read, *Walsingham*, Vol.II, p.261。关于威廉·赫尔勒，参见 Robyn Adams, "The Service I am Here For: William Herle in the Marshalsea Prison, 1571", *HLQ*, 72（2009），pp.217—238; "The Letters of William Herle", ed. Robyn Adams（Centre for Editing Lives and Letters, 2006, http: //www.livesandletters.ac.uk/herle/index.html）。关于沃尔特·威廉姆斯，参见 BL Harley 6035, fol.33v; "Journal of Sir Francis Walsingham from Dec. 1570 to April 1583", ed. C. T. Martin, *Camden Miscellany*, 6（London, 1870—1871），p.13, p.41; TNA SP 12/155, fol.56—57, 58—59, 71, 112; TNA SP 12/156, fol.35—36; Bossy, *Under the Molehill*, pp.44—46, p.48, pp.55—56, which improves on Read, *Walsingham*, Vol.II, pp.325—327。

14. 关于"这个生病国家的溃伤"，参见 *CSP Scot.* V（1574—1581），p.99; Read, *Walsingham*, Vol.II, pp.345—354。关于"这个国家的毒药"，ibid., Vol.II, pp.305—308。

15. 关于流亡士绅，凯瑟琳·吉本斯（Catherine Gibbons）估计规模可达 400 人，"The Experience of Exile and English Catholics: Paris in the 1580s"（PhD thesis, University of York, 2006），pp.148—149; Cobham to Walsingham 3 Mar. 1582, *CSP For.* 1581—1582, p.511; Stafford to Walsingham 27 Dec. 1583, *CSP For.* 1583—1584, pp.281—282。

16. 关于来自鲁昂的信息，参见 Becknor to Walsingham 31 Aug./10 Sep. 1584, *CSP For.* 1584—1585, p.39。关于银行系统，参见 Stafford to Walsingham 15 Dec. 1583, *CSP For.* 1583—1584, p.269; Gibbons, "Experience of Exile", p.95, n.28。根据伊丽莎白一世在位第 13 年第三项法案《反海外流亡者法案》（*An Acte agaynst Fugytyves over the Sea*），规定"未经（旅行）批准的流亡者之土地利润将被没收交付王室"，尽管有人质疑这项法令是否严格执行，参见 *Statutes of the Realm*, Vol.IV, pp.531—532。

17. 关于王室巡游，参见 Mary Hill Cole, *The Portable Queen: Elizabeth I and the Politics of Ceremony*（Amherst, Mass., 1999），pp.38—39。

18. 关于斯塔福德，参见 *CSP For.* 1583—1584, p.435, p.457; *CSP For.* 1586—1588,

pp.34—35; Mitchell Leimon and Geoffrey Parker, "Treason and Plot in Elizabethan Diplomacy: The Fame of Sir Edward Stafford Reconsidered", *EHR*, 111（1996）; James McDermott, "Sir Edward Stafford", in *Oxford DNB*。

19. 关于尼达姆，参见 Read, *Walsingham*, Vol.III, pp.246—247。

20. 关于外国间谍，参见 Robert Beale, "A Treatise of the Office of a Councillor and Principal Secretary", BL Additional 48161, reproduced in Read, *Walsingham,* Vol.I, pp.435—436。关于外国信息来源，参见 TNA SP 12/232, fol.25。

21. 关于克里斯托弗·霍兹登，参见 *CSP For.* 1577—1578, supplementary letters 4, 15, 18; "Journal of Sir Francis Walsingham", p.28; Read, *Walsingham*, Vol.II, pp.360—361; James Hodson, "Sir Christopher Hoddesdon", in *Oxford DNB*。

22. 关于哈博恩的地毯，参见 *CSP For.* 1583—1584, p.329。关于伊丽莎白女王的"发言人"，参见 Christine Woodhead, "William Harborne", in *Oxford DNB*。关于与土耳其结盟，1585 年 10 月 8 日沃尔辛厄姆写给哈博恩的密码信已被解密，参见 Read, *Walsingham,* Vol. III, pp.226—228。

23. 关于剑桥大学基督圣体学院的黄油账册，参见 Park Honan, *Christopher Marlowe: Poet and Spy*（Oxford, 2005）, pp.84—88。关于枢密院会议，参见 *APC* XV（1587—1588）, p.141。关于马洛与伯利，参见 David Riggs, *The World of Christopher Marlowe*（London, 2004）, p.181。关于马洛与托马斯·沃尔辛厄姆，参见 Honan, *Marlowe*, pp.128—132, p.324; Reavley Gair, "Sir Thomas Walsingham", in *Oxford DNB*, 此文将弗朗西斯·沃尔辛厄姆爵士误认为是托马斯的叔父。

24. 关于贝恩斯，参见 Charles Nicholl, *The Reckoning: The Murder of Christopher Marlowe*（London, 1993）, pp.122—132; Roy Kendall, "Richard Baines and Christopher Marlowe's Milieu", *ELH*, 24（1994）。

25. 关于卡蒂利，参见 BL Harley 286, fol.102, pp.266—267; *CSP Dom.* addenda 1580—1625, pp.172—174; *CSP Dom.* 1581—1590, p.35, pp.336—337; Read, *Walsingham*, Vol.II, pp.327—330 and Vol.III, p.181。卡蒂利使用拉丁文引语 *hic et ubique* 以炫耀学识；该词也在莎士比亚的《哈姆雷特》中使用。

26. 关于御玺处的拨款，参见 *CSP Dom.* 1581—1590, p.636; Read, *Walsingham,* Vol.II, pp.370—371 and Vol.III, p.418, n.2。关于王室收入，参见 Penry Williams, *The Tudor Regime*（Oxford, 1979）, p.71。

27. Bewray: 泄露或背叛出卖。关于比尔的建议，参见 Read, *Walsingham*, Vol.I, p.436。关于圈套，参见 Camden, *Annals*, p.394。

28. 关于化名为尼古拉斯·贝登的托马斯·罗杰斯，参见 TNA SP 12/167, fol.5; TNA SP 12/176, fol.117—118, 119—120; TNA SP 12/178, fol.36—37, 83—84, 163; TNA SP 12/187, fol.181—182; TNA SP 12/189, fol.56—58; TNA SP 12/209, fol.36, 215; Read, *Walsingham*, Vol.II, pp.316—317, pp.330—335, pp.415—419。

29. 关于吉尔伯特·吉福德，参见 Francis Edwards, *Plots and Plotters in the Reign of Elizabeth I*（Dublin, 2002）, p.137; Peter Holmes, "Gilbert Gifford" in *Oxford DNB*; Read, *Walsingham,* Vol.II, p.337。关于爱德华·斯塔福德，参见 J. H. Pollen, *Mary Queen of Scots and the Babington Plot*（Edinburgh, 1922）, p.126。

30. 关于蒂勒尔：TNA SP 53/19, fol.69; Michael Questier, *Conversion, Politics and Religion in England, 1580—1625*（Cambridge, 1996）, pp.44—45, pp.160—161, pp.175—176; Peter Holmes, "Anthony Tyrell", in *Oxford DNB*。

31. 关于"马基雅维利式精明算计"，参见 Sidney Lee, "Francis Walsingham", in *Oxford DNB*。关于激进主战派与和平主义者，参见 Edwards, *Plots and Plotters*, p.87。

第六章　盟约与密码

1. 关于萨默维尔及其叛乱，参见 TNA SP 12/163, fol.17, 54, 56—57; *CSP Dom.* 1581—1590, pp.128—130, p.182; BL Harley 6035, fol.32—35; *VCH Warwickshire* 4（London, 1947）, p.45, p.62; William Wizeman, "John Somerville" and "Edward Arden", in *Oxford DNB*。关于酷刑，参见 Robert Hutchinson, *Elizabeth's Spy Master: Francis Walsingham and the Secret War that Saved England*（London, 2006）, pp.72—78; Conyers Read, *Mr. Secretary Walsingham and the Policy of Queen Elizabeth*（Oxford, 1925）, Vol.II, pp.378—379。

2. 关于"以避免更大的邪恶"，参见 *CSP Dom.* 1581—1590, p.161。关于"除了对新教徒喷吐鲜血，未曾吐露只字片语"，参见 William Camden, *Annals, or the Historie of the Most Renowned and Victorious Princesse Elizabeth*, trans. Robert Norton（London, 1635）, p.257。

3. 关于对伊丽莎白女王的崇拜，参见 J. P. D. Cooper, "O Lorde Save the Kyng: Tudor Royal Propaganda and the Power of Prayer", in G. Bernard and S. J. Gunn, eds., *Authority and Consent in Tudor England*（Aldershot, 2002）, pp.190—193; Henry Foulis, *The History of Romish Treasons and Usurpations*（London, 1681）。

4. 关于《联盟公约》，范本包含 TNA SP 12/174/1, BL Additional 48027, fol.248, BL Cotton Caligula C. IX art. 41, fol.122, 后者转写刊印于 Leah S. Marcus, Janel Mueller and Mary Beth Rose, eds., *Elizabeth I: Collected Works*（Chicago and London, 2000）, pp.183—185; David Cressy, "Binding the Nation: The Bonds of Association, 1584 and 1696", in D. J. Guth and J. W. McKenna, eds., *Tudor Rule and Revolution*（Cambridge, 1982）。关于自发性，参见 Patrick Collinson, "The Monarchical Republic of Elizabeth I", in John Guy, ed., *The Tudor Monarchy*（London, 1997）, p.124; Stephen Alford, *Burghley: William Cecil at the Court of Elizabeth I*（New Haven and London, 2008）, pp.256—257。

5. 关于《女王安全法》（*An Act for Provision to be Made for the Suertie of the Queenes*

Majesties Most Royall Person, and the Continuaunce of the Realme in Peace），参见 statute 27 Eliz. I, c.1, *Statutes of the Realm*, Vol.IV, pp.704—705。关于"与你们的善意结合在一起", 参见 Marcus et al. eds., *Elizabeth I: Collected Works*, speech 16, March 1585, pp.181—182。关于普洛登与中世纪"国王双体"学说，参见 E. H. Kantorowicz, *The King's Two Bodies: A Study in Medieval Political Theology*（Princeton, 1957）, p.7。

6. 关于帕里，参见 BL Additional 48027, fol.244—245; John Bossy, *Under the Molehill: An Elizabethan Spy Story*（New Haven and London, 2001）, pp.96—99; Julian Lock, "William Parry", in *Oxford DNB*; Penry Williams, *The Later Tudors*（Oxford, 1998）, p.303。

7. 关于弗朗西斯·思罗克莫顿的密码，参见 *A Discoverie of the Treasons Practised and Attempted against the Queene's Majestie and the Realme by Francis Throckmorton*, reprinted in *The Harleian Miscellany*（London, 1808—1813）, Vol.III, p.197。关于摩根，参见 Leo Hicks, *An Elizabethan Problem: Some Aspects of the Careers of Two Exile-Adventurers*（London, 1964）; John Bossy, *Giordano Bruno and the Embassy Affair*（New Haven and London, 1991）, pp.66—68; Alison Plowden, *The Elizabethan Secret Service*（Hemel Hempstead, 1991）, pp.56—57。

8. 明矾是硫酸铝钾。关于玛丽的隐形墨水配方，参见 John Guy, *My Heart is My Own: The Life of Mary Queen of Scots*（London, 2004）, p.474。关于亚瑟·格雷戈里，参见 BL Harley 286, fol.78—79; Camden, *Annals*, p.305。沃尔辛厄姆过世后，亚瑟·格雷戈里转而服务伯利的次子罗伯特·塞西尔，并恳求新王詹姆斯一世授予被没收的天主教徒地产，"以支付我的服务"。参见 Hutchinson, *Elizabeth's Spy Master*, pp.98—99。

9. 关于橙汁，参见 TNA SP 12/156, fol.35—36。关于罗德里戈·洛佩斯与沃尔辛厄姆，参见 Dominic Green, *The Double Life of Doctor Lopez*（London, 2003）, pp.39—44, pp.51—56。

10. 关于代码与密码，参见 David Kahn, *The Codebreakers: The Story of Secret Writing*（New York, 1996）; Simon Singh, *The Code Book: The Secret History of Codes and Code-Breaking*（London, 1999）, ch.1。严格来说，代码涉及单词或整个词组的替换，而密码则使用加密同义词替换字母表中的文字。

11. 关于圣阿尔德贡德男爵与奥地利的唐·约翰的计划，参见 Baron Kervyn de Lettenhove, *Relations Politiques des Pays-Bas et de L'Angleterre sous le Reigne de Philippe II*（Brussels, 1882—1900）, Vol.IX, pp.405—414; Read, *Walsingham*, Vol.I, p.315, pp.323—324 and Vol.II, pp.355—358; Kahn, *Codebreakers*, pp.119—121。

12. 关于菲利普斯，参见 *CSP For.* 1578—1579, p.37; *CSP Dom.* addenda 1580—1625, pp.68—69, p.86; *History of Parliament, The House of Commons 1558—1603*, ed. P. W. Hasler（London, 1981）, Vol.III, pp.219—220; William Richardson, "Thomas Phelippes", in *Oxford DNB*; Edward Fenton, ed., *The Diaries of John Dee*（Charlbury, 1998）, p.46。

13. 关于频率分析，参见 Singh, *Code Book*, pp.17—29。关于沃尔辛厄姆对新旧密码的指令，参见 BL Harley 6035, fol.7r, 45v。

14. 关于速记与密码学，参见 Page Life, "Timothy Bright", in *Oxford DNB*。

15. 关于特里特米乌斯与迪伊，参见 Benjamin Woolley, *The Queen's Conjuror: The Science and Magic of Dr. Dee*（London, 2001），pp.72—81; Kahn, *Codebreakers*, pp.130—136。

16. 关于玛丽的密码，参见 J. H. Pollen, *Mary Queen of Scots and the Babington Plot*（Edinburgh, 1922），p.lv; Guy, *My Heart is My Own*, p.480; Singh, *Code Book*, pp.37—38。

17. 关于转移至查特利，参见 Pollen, *Babington Plot*, p.lii。

18. 关于玛丽在巴克斯顿，参见 Guy, *My Heart is My Own*, pp.447—448。

19. 关于吉福德的现身，参见 Pollen, *Babington Plot*, p.liii, 引自法国驻英大使沙托纳夫男爵的回忆录。关于威廉·吉福德与沃尔辛厄姆，参见 Read, *Walsingham*, Vol.II, pp.428—433。

20. 关于玛丽的鞋子，参见 Guy, *My Heart is My Own*, p.480。关于菲利普斯亲赴查特利，参见 Read, *Walsingham*, Vol.III, p.10。

21. 关于"富有、幽默风趣且拥有超乎其年龄的渊博学识"，参见 Camden, *Annals*, p.302。关于巴宾顿的首次供词，参见 Pollen, *Babington Plot*, pp.49—66, 转引自 BL Additional 48027, fol.296—301。

22. 关于巴拉德与巴宾顿，参见 Pollen, *Babington Plot*, p.53。

23. 关于萨维奇的誓言，参见 William Cobbett, *Cobbett's Complete Collection of State Trials*（London, 1809—1823），Vol.I, p.1, pp.129—131。

24. 关于巴宾顿陷入两难，参见 Pollen, *Babington Plot*, p.54。关于朋友与叛乱者，参见 Penry Williams, "Anthony Babington" and Enid Roberts, "Thomas Salisbury（Salesbury）", in *Oxford DNB*。关于查尔斯·蒂尔尼皈依天主教，参见 Cobbett, *State Trials*, Vol.I, p.149。关于叛乱者的画像，参见 Camden, *Annals*, p.304; Cobbett, *State Trials*, Vol.I, p.138。

25. 关于阿宾顿的绑架计划，参见 Pollen, *Babington Plot*, p.57。关于破坏英格兰海军火炮与暗杀，ibid., p.60。关于波莱，参见 Read, *Walsingham*, Vol.III, p.8, pp.21—22, pp.25—26。关于巴宾顿为沃尔辛厄姆"提供一般性服务"，参见 Pollen, *Babington Plot*, p.56。

26. 关于玛丽延迟回信，ibid., pp.15—16; Read, *Walsingham*, Vol.III, p.31。关于对两方的态度，参见 Pollen, *Babington Plot*, p.58。

27. 关于巴宾顿在 1586 年 7 月 6 日（？）写给玛丽的信件，ibid., pp.18—22。

28. 关于玛丽 1586 年 7 月 17 日给巴宾顿的回信，ibid., pp.26—46。

29. 关于杀害伊丽莎白女王的设想，ibid., p.66, p.74, p.80; Cobbett, *State Trials*, Vol.I, p.131。关于巴宾顿的逃亡，参见 Camden, *Annals*, p.306。

30. 关于 1586 年 9 月 13—15 日的审判，参见 Cobbett, *State Trials*, Vol.I, pp.127—140。

31. 关于死刑，参见 BL Additional 48027, fol.263—271; Camden, *Annals*, p.308。关于蒂奇伯尔尼、密码与星室法庭，参见 Pollen, *Babington Plot,* p.75, pp.94—95。关于"我主耶稣，请宽恕我"，参见 Job 7: 16。关于示警纪念小册，参见 William Kemp [e], *A Dutiful*

Invective Against the Moste Haynous Treasons of Ballard and Babington（1586—1587），
STC 14925；也参见 George Carleton, *A Thankfull Remembrance of Gods Mercie*（fourth
edition, 1630），*STC* 4643, ch.9。

32. 关于吉福德潜逃，参见 Read, *Walsingham*, Vol.III, p.45。关于克劳德·诺，ibid.,
Vol.III, p.37; Alford, *Burghley*, p.267。

33. 关于摩根的忠诚，参见 William Murdin, *A Collection of State Papers left by William
Cecill Lord Burghley*（London, 1759），pp.513—514; Bossy, *Giordano Bruno*, p.246; Pollen,
Babington Plot, pp.xxxiii—xxxv; Hicks, *An Elizabethan Problem*, pp.113—115。

34. 关于"激励、安抚并煽动"，参见 Cobbett, *State Trials*, Vol.I, p.134。关于玛丽自称
为"绝对君主"，参见 Alford, *Burghley*, p.272，引自 BL Harley 290, fol.191r; Cobbett, *State
Trials*, Vol.I, p.1, p.169。

35. 关于对玛丽的审判，参见 BL Additional 48027, fol.569*r; Cobbett, *State Trials*, Vol.I,
p.169。关于菲利普斯的誊写，参见 Guy, *My Heart is My Own*, p.491。

36. 关于沃尔辛厄姆的政治信念，参见 Cobbett, *State Trials*, Vol.I, p.182; Alford,
Burghley, p.275; Guy, *My Heart is My Own*, pp.491—492。关于沃尔辛厄姆在 1586 年 10 月
15 日写给莱斯特的信，参见 Read, *Walsingham*, Vol.III, p.54，引自 BL Cotton Caligula C. IX,
fol.502。

37. 关于沃尔辛厄姆在 1586 年 10 月 6 日写给伯利的信，参见 TNA SP 12/194, fol.34r。
关于迅速执行死刑，参见 Cobbett, *State Trials*, Vol.I, pp.189—195。关于在伦敦宣布死刑，
参见 BL Additional 48027, fol.569*v。

38. 关于内心悲痛，参见 TNA SP 12/197, fol.6v。关于旁观者，参见 TNA SP 12/195,
fol.111r。关于英格兰和苏格兰的危险变局，全文请见 Read, *Walsingham*, Vol.III, pp.58—59。

39. 关于"有助于沃尔辛厄姆恢复健康的甜酒"，参见 Alford, *Burghley*, p.287。

40. 关于玛丽的死刑，参见 BL Additional 48027, fol.650*; Cobbett, *State Trials*, Vol.I,
pp.207—212。

41. 关于哈顿的演说，ibid., Vol.I, p.1, p.138, p.140。关于福蒂斯丘上尉，ibid., p.150。

42. 关于蒂奇伯尔尼的演讲，ibid., pp.157—158。

43. 关于王国的边陲地带，参见 Pollen, *Babington Plot*, p.81。关于紧随宗教信仰，参见
Cobbett, *State Trials*, Vol.I, p.147。关于亨廷登 1581 年 3 月 16 日写给沃尔辛厄姆的信，参
见 Huntington Library Hastings Correspondence, Box 2, HA 5356。关于巴宾顿的预言，参
见 Pollen, *Babington Plot*, p.82, pp.86—87。

第七章 西方拓殖

1. 关于迪伊与帝国，参见 John Dee, *General and Rare Memorials Pertayning to the
Perfect Arte of Navigation*（1577），*STC* 6459, "An Advertisement to the Reader"; William

H. Sherman, *John Dee: The Politics of Reading and Writing in the English Renaissance* (Amherst, 1995), pp.148—170; Margery Corbett and Ronald Lightbown, *The Comely Frontispiece: The Emblematic Title-Page in England, 1550—1660* (London, 1979), pp.49—56。关于黑色矿石，参见 Glyn Parry, "John Dee and the Elizabethan British Empire in its European Context", *HJ,* 49 (2006), p.663。关于因纽特人，参见 James McDermott, *Martin Frobisher: Elizabethan Privateer* (New Haven and London, 2001), p.149。

2. 关于地球仪，参见 Roy Strong, *Gloriana: The Portraits of Queen Elizabeth I* (London, 1987), pp.90—107。

3. 关于莫斯科公司与出口许可证，参见 Conyers Read, *Mr. Secretary Walsingham and the Policy of Queen Elizabeth* (Oxford, 1925), Vol.III, pp.371—372, pp.380—382。

4. 理查德·哈克卢特关于爱尔兰的论述，参见 "Discourse of Western Planting, 1584", in E. G. R. Taylor, ed., *The Original Writings and Correspondence of the Two Richard Hakluyts* (London, 1935), Vol.II, p.212。关于克里斯托弗·卡莱尔，参见 Rachel Lloyd, *Elizabethan Adventurer: A Life of Captain Christopher Carleill* (London, 1974), pp.95—96, pp.121—125, pp.136—137。关于"引导"，参见 Huntington Library Bridgewater and Ellesmere, EL 1701, fol.2r; David Harris Sacks, "Discourses of Western Planting: Richard Hakluyt and the Making of the Atlantic World", in Peter Mancall, ed., *The Atlantic World and Virginia, 1550—1624* (Chapel Hill, 2007), pp.436—437, pp.444—446。

5. 关于沃尔辛厄姆的爱尔兰档案，参见 BL Stowe 162, fol.2—3, pp.46—65。关于詹姆斯一世参观国家档案室，参见 TNA SP 14/107, fol.24。

6. 关于《埃德蒙·特里梅因先生关于爱尔兰的论述》，参见 Huntington Library Bridgewater and Ellesmere, EL 1701; "Journal of Sir Francis Walsingham from Dec. 1570 to April 1583", ed. C. T. Martin, *Camden Miscellany 6* (London, 1870—1871), pp.15—16; *History of Parliament, The House of Commons 1558—1603*, ed. P. W. Hasler (London, 1981), Vol.III, p.526; Jon G. Crawford, *Anglicizing the Government of Ireland: The Irish Privy Council and the Expansion of Tudor Rule, 1556—1578* (Dublin, 1993), pp.10—11, pp.389—393; S. J. Connolly, *Contested Island: Ireland 1460—1630* (Oxford, 2007), p.165。

7. 关于"理应臣服的自然主君"，参见 Huntington Library Bridgewater and Ellesmere, EL 1701, fol.3r; *The Walsingham Letter-Book or Register of Ireland May 1578 to December 1579*, ed. James Hogan and N. McNeill O'Farrell (Dublin, 1959), pp.89—90。关于捐赠土地和重新授爵，参见 Connolly, *Contested Island*, pp.105—110。

8. 关于弗朗西斯·阿加德，参见 TNA SP 63/55/169; Crawford, *Anglicizing the Government of Ireland*, pp.163—169。关于威廉·杰勒德，参见 TNA SP 63/56/108; TNA SP 63/57/62—63, 66—68; Penry Williams, "Sir William Gerard", in *Oxford DNB*。

9. 关于农业与饮食，参见 David Beers Quinn, *The Elizabethans and the Irish* (Ithaca, NY, 1966), pp.14—15, pp.63—66。关于王室土地，参见 John Derricke, *The Image of*

Irelande with a Discoverie of Woodkarne（1581），*STC* 6734, sig. E3r。关于洛多威克·布里斯基特，参见 TNA SP 63/81/12; Nicholas Canny, *Making Ireland British, 1580—1650*（Oxford, 2001），pp.1—10, p.36。

10. 关于沃尔辛厄姆派往爱尔兰的门客，参见 Rory Rapple, *Martial Power and Elizabethan Political Culture: Military Men in England and Ireland, 1558—1594*（Cambridge, 2009），pp.150—151, pp.157—161, p.253。关于爱尔兰与加莱，ibid., p.208。关于"女王陛下可能就得改说她曾经拥有过一个国家了"，参见 Pelham to Walsingham 6 Sep. 1579, TNA SP 63/69, fol.18。关于伊丽莎白女王对埃塞克斯伯爵的指示，参见 Nicholas Canny, "The Ideology of Colonization: From Ireland to America", *WMQ*, 3ʳᵈ series, 30（1973），p.580。

11. 关于爱尔兰语为"污染物"，参见 Patricia Palmer, *Language and Conquest in Early Modern Ireland*（Cambridge, 2001），pp.76—80。关于老英格兰教士，参见 Steven Ellis, *Tudor Ireland: Crown, Community and the Conflict of Cultures, 1470—1603*（London, 1985），pp.221—222。

12. 关于斯塔克利、菲茨·莫里斯及德斯蒙德叛乱，参见 *APC* X（1577—1578），p.236, p.245, pp.257—258; Rapple, *Martial Power*, p.75, pp.113—118; Peter Holmes, "Thomas Stucley", in *Oxford DNB*。

13. 关于恩尼斯科西，参见 *Calendar of the Carew Manuscripts II*（1575—1588），p.343; David Edwards, "The Escalation of Violence in Sixteenth-Century Ireland", in David Edwards, Pádraig Lenihan and Clodagh Tait, eds., *Age of Atrocity: Violence and Political Conflict in Early Modern Ireland*（Dublin, 2007），pp.71—72。关于约尔港，参见 TNA SP 63/70, fol.47v; *Walsingham Letter Book*, p.257。

14. 关于斯摩威克，参见 TNA SP 63/78, fol.72—73; Vincent P. Carey, "Atrocity and History: Grey, Spenser and the Slaughter at Smerwick", in Edwards, *Age of Atrocity*, pp.79—94。关于爱德华·丹尼，参见 TNA SP 63/78, fol.62v。关于理查德·宾厄姆在爱尔兰的生涯，以及与沃尔辛厄姆的关系，参见 Rapple, *Martial Power*, ch.7。

15. 关于悉尼的辩护，参见 Ciarán Brady, ed., *A Viceroy's Vindication? Sir Henry Sidney's Memoir of Service in Ireland 1556—1578*（Cork, 2002），pp.13—16; *Calendar of the Carew Manuscripts, Vol.II（1575—1588）*, pp.334—360。关于"货真价实的反基督者"，参见 TNA SP 63/78, fol.62—65; Carey, "Atrocity and History", pp.90—93。

16. 关于芒斯特省的死亡惨况，参见 Malby to Walsingham 12 Oct. 1579, TNA SP 63/69, fol.108v; Bingham to Walsingham 20 Sep. 1580, TNA SP 63/76, fol.103r; Meade to Walsingham 8 Feb. 1582, TNA 63/89, fol.52r; 相关数据与分析，参见 Anthony M. McCormack, "The Social and Economic Consequences of the Desmond Rebellion of 1579—1583", *Irish Historical Studies*, 34（2004），pp.1—15。

17. 关于爱尔兰人的异端信仰，参见 Huntington Library Bridgewater and Ellesmere, EL 1701, fol.2v; Canny, "Ideology of Colonization", pp.583—586。

18. 关于女王郡与国王郡，参见 *Walsingham Letter Book*, p.42; Connolly, *Contested Island*, pp.116—118, pp.148—150。关于史密斯与埃塞克斯在阿尔斯特省的活动，参见 Ellis, *Tudor Ireland*, pp.266—268。

19. 关于王室控制，参见 Michael MacCarthy-Morrogh, *The Munster Plantation: English Migration to Southern Ireland 1583—1641*（Oxford, 1986），p.46。关于从这里（英格兰）前往那里（芒斯特）定居，参见 TNA SP 63/114, fol.124v—125r。

20. 关于调查土地，参见 MacCarthy-Morrogh, *Munster Plantation*, pp.4—16。

21. 关于彻底改革，参见 Waterhouse to Walsingham 4 Nov. 1579, TNA SP 63/70, fol.7v; Waterhouse to Walsingham 20 April 1580, TNA SP 63/72, fol.147r; Fenton to Walsingham 11 July 1580, TNA SP 63/74, fol.41r; "A Plot Touching the Peopling of Munster", TNA SP 63/121, fol.193; Canny, *Making Ireland British*, pp.121—134。关于约翰·库珀（没有关联），参见 MacCarthy-Morrogh, *Munster Plantation*, pp.74—75。

22. 关于沃尔辛厄姆成为投资性冒险者，参见 *Calendar of the Carew Manuscripts II*（*1575—1588*），pp.450—451; MacCarthy-Morrogh, *Munster Plantation*, p.23, p.40。

23. 关于威廉·赫伯特位于卡斯莱兰的宅邸，ibid., pp.124—127。

24. 关于理查德·宾厄姆，参见 Rapple, *Martial Power*, p.259。关于火和剑，参见 Malby to Walsingham 17 Mar. 1577, TNA SP 63/57/40。关于信仰与祖国，参见 Mícheál Mac Craith, "The Gaelic Reaction to the Reformation", in Steven G. Ellis and Sarah Barber, eds., *Conquest and Union: Fashioning a British State, 1485—1725*（London, 1995），pp.144—146。

25. 关于卡莱尔担任"老虎"号船长，参见 Lloyd, *Elizabethan Adventurer,* p.111, pp.133—134。关于鲑鱼、鳕鱼和上帝，参见 TNA SP 12/155, fol.201—210; *Christopher Carleill, A Breef and Sommarie Discourse upon the Entended Voyage to the Hethermoste Partes of America*（1583），*STC* 4626.5, sig. A3r。

26. 关于"我的主要赞助人"，参见 Gilbert to Walsingham 23 Sep. 1578, in D. B. Quinn, ed., *The Voyages and Colonising Enterprises of Sir Humphrey Gilbert*（London, 1940），Vol.I, pp.199—200。关于并非"拥有海洋机运"，参见 Gilbert to Walsingham 7 Feb. 1583; ibid., Vol.II, pp.339—341。关于沃尔辛厄姆认捐 50 英镑，参见 Read, *Walsingham*, Vol.III, p.403。

27. 关于挖掘金矿，参见 McDermott, *Frobisher*, pp.154—159, p.186。关于沃尔辛厄姆的进口关税，参见 Read, *Walsingham*, Vol.III, pp.383—391，他的利润平均超过 58%。

28. 关于主权问题，参见 Ken MacMillan, *Sovereignty and Possession in the English New World*（Cambridge, 2006），ch.2; Sherman, *Dee*, pp.182—189; David Armitage, "The Elizabethan Idea of Empire", *TRHS, 6th series*, 14（2004），pp.269—277; *The Private Diary of Dr. John Dee*, ed. J. O. Halliwell（London, 1842），pp.4—9。

29. 关于迪伊的图书馆与其访客，参见 Sherman, *Dee*, pp.30—38; R. Julian Roberts,

"John Dee" in *Oxford DNB*; *Private Diary of Dr. John Dee*, p.3, p.9, pp.18—19; McDermott, *Frobisher*, p.132。关于沃尔辛厄姆、迪伊和格列高利新历，参见 Benjamin Woolley, *The Queen's Conjuror: The Science and Magic of Dr. Dee*（London, 2001）, pp.193—194。关于阿德里安·吉尔伯特，参见 Raleigh Trevelyan, *Sir Walter Raleigh*（London, 2002）, p.4, pp.66—68。关于厄休拉·沃尔辛厄姆成为迪伊之女的教母，参见 *Private Diary of Dr. John Dee*, p.33。

30. 关于吉尔伯特、戴维斯与西北航线公司，参见 Read, *Walsingham*, Vol.III, pp.404—405; Michael Hicks, "John Davis", in *Oxford DNB*。关于袭击劫掠莫特莱克，参见 Woolley, *Queen's Conjuror*, pp.306—308。关于献给伯利勋爵的鳕鱼，参见 David Beers Quinn, *England and the Discovery of America, 1481—1620*（London, 1974）, p.316。关于伯利的奥特柳斯世界地图集，参见 Stephen Alford, *Burghley: William Cecil at the Court of Elizabeth I*（New Haven and London, 2008）, p.236。

31. 关于天主教徒在美洲，参见 George Peckham, *A True Reporte of the Late Discoveries and Possession of the New-Found Landes*（1583）, STC 19523; Quinn, *Enterprises of Sir Humphrey Gilbert*, Vol.II, pp.245—278; Quinn, *England and the Discovery of America*, pp.371—381; James McDermott, "Sir George Peckham" in *Oxford DNB*。

32. 关于在纽芬兰的宣读，参见 Peckham, *True Reporte*; MacMillan, *Sovereignty and Possession*, pp.111—113。

33. 关于"我们这座岛屿的真正围墙"，参见 Richard Hakluyt, *The Principall Navigations, Voyages and Discoveries of the English Nation*（1589）, STC 12625, sig. *3r。关于在伦敦法庭任职的堂亲老哈克卢特，参见 Taylor, *Original Writings*, Vol.I, p.116; MacMillan, *Sovereignty and Possession*, pp.76—77, pp.124—125。

34. 关于哈克卢特与沃尔辛厄姆，参见 Taylor, *Original Writings*, Vol.I, pp.196—197, pp.205—207; Richard Hakluyt, *A Particuler Discourse concerninge the Greate Necessitie and Manifolde Commodyties that are Like to Growe to this Realme of Englande by the Westerne Discoveries Lately Attempted*, ed. D. B. and A. Quinn（London, 1993）, pp.xv—xxxi; Peter C. Mancall, *Hakluyt's Promise: An Elizabethan's Obsession for an English America*（New Haven and London, 2007）, pp.102—103, pp.115—121, pp.128—135。关于霍雷肖·帕拉维西尼，参见 Hakluyt, *Particuler Discourse*, p.199。

35. 关于《西向拓殖论》，参见 Taylor, *Original Writings*, Vol.II, pp.211—326; Sacks, "Discourses of Western Planting"; MacMillan, *Sovereignty and Possession*, p.50, pp.67—68, p.80。关于传教士理查德·哈克卢特的身份，参见 Taylor, *Original Writings*, Vol.I, p.207。

36. 关于交易，ibid., Vol.II, p.274。关于 1 500 万个灵魂，ibid., Vol.II, p.259。关于福音的善意，ibid., Vol.II, p.216。关于《伊索寓言》中的乌鸦，ibid., Vol.II, p.249。

37. 关于下议院委员会，参见 D. B. Quinn, ed., *The Roanoke Voyages 1584—1590*（London, 1955）, Vol.I, pp.122—126。关于雷利的私人印信和"女王陛下的新弗吉尼亚王

国”，ibid., Vol.I, p.147, p.199。关于阿特金森和罗素，ibid., Vol.I, pp.197—198。关于投资者沃尔辛厄姆，参见 Grenville to Walsingham 29 Oct. 1585, in ibid., Vol.I, pp.218—221。关于马丁·劳伦森，ibid., Vol.I, pp.226—228。

38. 关于塞科特部落，参见 Lee Miller, *Roanoke: Solving the Mystery of England's Lost Colony*（London, 2000），pp.263—267。考虑到英语来源、阿尔冈昆语和人种学等证据，李·米勒（Lee Miller）未发现关于戴维·比尔斯·坎（David Beers Quinn）认为之独立罗阿诺克部落的证据；塞科特部落延伸至岛屿和大陆。

39. 关于西蒙·费尔南德斯与沃尔辛厄姆，参见 Quinn, *England and the Discovery of America*, ch.9。关于"激怒西班牙国王的阴谋"，参见 Read, *Walsingham*, Vol.III, pp.102—103。

40. 关于"老虎"号搁浅，参见 Lane to Walsingham 12 Aug. 1585, in Quinn, *Roanoke Voyages*, Vol.I, pp.201—202; 关于"老虎"号的航海日志，ibid., Vol.I, p.189。关于 1585 年殖民地探险队的组成，参见 D. B. Quinn, *Set Fair for Roanoke: Voyages and Colonies, 1584—1606*（Chapel Hill and London, 1984），pp.88—96。关于"养尊处优"，参见 Quinn, *Roanoke Voyages*, Vol.I, p.323。

41. 关于罗阿诺克岛的考古发现，参见 Quinn, *Set Fair for Roanoke*, ch.20。关于罗阿诺克岛的堡垒，参见 Taylor, *Original Writings*, Vol.II, p.322; MacMillan, *Sovereignty and Possession*, pp.125—127, pp.163—165。关于印第安村落阿夸斯科戈克的烧毁，参见"老虎"号航海日志，Quinn, *Roanoke Voyages*, Vol.I, p.191。

42. 关于"天底下最肥沃的土壤"，参见 Lane to Hakluyt 3 Sep. 1585, in ibid., Vol.I, pp.207—210。关于身处"广阔却无人耕种的土地"，参见 Lane to Walsingham 12 Aug. 1585, in ibid., Vol.I, p.203。关于"由文明和基督教常驻"，参见 Lane to Walsingham 8 Sep. 1585, in ibid., Vol.I, p.213。

43. 关于莱恩寄予雷利的报告，ibid., Vol.I, pp.255—294，由哈克卢特刊印。

44. 关于描绘这处地方，ibid., Vol.I, p.400。

45. 关于授予勋章，ibid., Vol.II, pp.506—512, p.571。关于更肥沃的领地，ibid., Vol.I, p.382。关于格伦维尔与费尔南德斯，参见 Quinn, *England and the Discovery of America*, pp.258—259。关于怀特的报告，参见 Quinn, *Roanoke Voyages*, Vol.II, pp.515—538。

46. 关于橙子和芭蕉，ibid., Vol.II, pp.520—522。关于沃尔辛厄姆涉入破坏活动，参见 Miller, *Lost Colony*, especially pp.166—171, pp.178—182, pp.187—189。

47. 关于乔治·豪的谋杀案，参见 Quinn, *Roanoke Voyages*, Vol.II, pp.530—531。关于怀特返国，ibid., Vol.II, pp.532—535。

48. 关于海外的活动者，参见 Hakluyt, *Principall Navigations*, sig. *2v—*3r。

49. 关于英格兰船只出海禁令，参见 *APC* XV（1587—1588），p.254。关于怀特返回罗阿诺克岛，参见 Quinn, *Roanoke Voyages*, Vol.II, pp.610—618。关于曼特奥受洗，ibid., Vol.II, p.531。

50. 关于迷失的殖民者，参见 Quinn, *Set Fair for Roanoke*, ch.19。关于 1593 年 2 月 4 日怀特寄语给哈克卢特，参见 Quinn, *Roanoke Voyages*, Vol.II, p.716。

第八章　最终时刻

1. 关于沃尔辛厄姆的肖像，参见 NPG 1807。关于约翰·德·克里茨，参见 TNA SP 15/27, fol.132, 187, 246; Mary Edmond, "John de Critz", in *Oxford DNB*。关于珍奇古玩的收藏，参见 Richard L. Williams, "The Visual Arts", in Susan Doran and Norman Jones, eds., *The Elizabethan World*（Abingdon, 2010）, pp.583—584。

2. 关于沃尔辛厄姆的枢密院备忘录，转引自 Conyers Read, *Mr. Secretary Walsingham and the Policy of Queen Elizabeth*（Oxford, 1925）, Vol.III, pp.73—75。关于茹安维尔秘密协议，参见 TNA SP 78/13, fol.163v。关于威廉·克雷顿，参见 TNA SP 12/173, fol.4—12; Read, *Walsingham*, Vol.II, p.177, pp.373—378, p.386, pp.398—399。关于西班牙施行禁运，参见 Humphrey Mote, *The Primrose of London with her Valiant Adventure on the Spanish Coast*（1585）, STC 18211, sig. A3r; James McDermott, *England and the Spanish Armada: The Necessary Quarrel*（New Haven and London, 2005）, pp.152—153。关于"赔罪与赔偿"，参见 Carey to Walsingham 25 June 1585, in Julian S. Corbett, ed., *Papers Relating to the Navy during the Spanish War 1585—1587*（London, 1898）, pp.33—36。

3. 关于《诺萨其条约》，参见 R. B. Wernham, *Before the Armada: The Growth of English Foreign Policy 1485—1588*（London, 1966）, p.371。关于"宁愿接受保护者头衔，而非君主头衔"，参见 TNA SP 84/2, fol.95r; Read, *Walsingham*, Vol.III, p.106, n.2。

4. 关于莱斯特担任低地国家总督，参见 Wernham, *Before the Armada*, pp.376—379。关于真诚的瑞士人，参见 Walsingham to Leicester 28 Mar. 1586，引自 Read, *Walsingham*, Vol.III, p.143。

5. 关于 1585—1586 年德雷克的探险远征，参见 Carleill to Walsingham 4—11 Oct. 1585, in Corbett, *Spanish War*, pp.39—49; Edward Wynter to Walsingham 24 Oct. 1585, in ibid., pp.49—51; "Statement of the Queen's Account", in ibid., pp.94—95; Harry Kelsey, *Sir Francis Drake: The Queen's Pirate*（New Haven and London, 1998）, ch.9。关于烽火，参见 Buchanan Sharp, *In Contempt of All Authority: Rural Artisans and Riot in the West of England, 1586—1660*（Berkeley, 1980）, p.16。

6. 关于圣克鲁斯侯爵与帕尔马，参见 De Lamar Jensen, "The Spanish Armada: The Worst-Kept Secret in Europe", *SCJ*, 19（1988）, pp.621—641; McDermott, *Necessary Quarrel*, pp.162—163。关于安东尼·斯坦登，参见 Read, *Walsingham*, Vol.III, pp.288—292，有详细研究证实蓬佩奥·佩莱格里尼与安东尼·斯坦登为同一人。

7. 关于菲利普二世对征英计划的概念，参见 Geoffrey Parker, "The Place of Tudor England in the Messianic Vision of Philip II of Spain", *TRHS, 6th series*, 12（2002）,

pp.167—221。关于和平谈判，参见 Read, *Walsingham*, Vol.III, pp.260—279。关于"自英格兰立国以来"，参见 Howard to Walsingham 27 Jan. 1588, in John Knox Laughton, ed., *State Papers Relating to the Defeat of the Spanish Armada* (London, 1894—1895), Vol.I, pp.48—50。

8. 关于伯利的贬黜与失宠，参见 Stephen Alford, *Burghley: William Cecil at the Court of Elizabeth I* (New Haven and London, 2008), pp.291—295。关于捍卫女王和国家，参见 Drake to Walsingham 2 Apr. 1587, in Corbett, *Spanish War*, pp.102—104。关于加的斯与萨格里什，参见 Drake to Walsingham 27 Apr. 1587, in ibid., pp.107—109; Drake to Leicester 27 Apr. 1587, in Simon Adams, ed., "The Armada Correspondence in Cotton MSS Otho E VII and E IX", in Michael Duffy, ed., *The Naval Miscellany VI* (Aldershot, 2003), pp.52—53; Drake to Walsingham 17 May 1587, in Corbett, *Spanish War*, pp.131—134; Kelsey, *Queen's Pirate*, ch.10。

9. 关于防御，参见 John Summerson, "The Defence of the Realm under Elizabeth I", in H. M. Colvin, ed., *The History of the King's Works* (London, 1982), Vol.IV, Part II, pp.402—414; Martin Biddle, H. M. Colvin and John Summerson, "The Defences in Detail", in Colvin, *King's Works*, pp.468—470 (多塞特海岸), p.471 (哈威奇与伊普斯威奇), pp.480—481 (乌普诺), pp.518—527 (朴茨茅斯；也参见 TNA SP 12/168, fol.20—21), pp.531—532 (卡里斯布鲁克), pp.590—593 (锡利群岛) 以及 pp.598—601 (法尔茅斯港)。

10. 关于最可靠的防御，参见 *APC* XVI (1588), 203; McDermott, *Necessary Quarrel*, pp.176—181。关于多佛港，参见 BL Harley 6035, fol.3r—v, 7r, 27v; Martin Biddle and John Summerson, "Dover Harbour", in Colvin, *King's Works*, pp.755—764; Eric H. Ash, *Power, Knowledge and Expertise in Elizabethan England* (Baltimore and London, 2004), ch.2, "Expert Mediation and the Rebuilding of Dover Harbor"; Paul Ive, *The Practise of Fortification* (1589), STC 1708.5; Stephen Johnston, "Thomas Digges", in *Oxford DNB*。

11. 关于对加的斯袭击的反应，参见 Pellegrini/Standen to Walsingham 16 July 1587, TNA SP 98/1, fol.20—21; Stafford to Walsingham, TNA SP 78/17, fol.249r。关于"如此伟大的成就，竟然以这样微不足道的损失就达成了"，参见 Adams, "Armada Correspondence", pp.55—58。关于在英格兰全力奋战，参见 Drake to Walsingham 27 Apr. 1587, in Corbett, *Spanish War*, pp.107—109。

12. 关于梅迪纳·西多尼亚公爵，参见 Garrett Mattingly, *The Defeat of the Spanish Armada* (London, 1959), pp.182—184。关于帕尔马的命令，参见 Jensen, "Worst-Kept Secret", pp.639—640; Geoffrey Parker, "If the Armada had Landed", *History*, 61 (1976), p.358。

13. 关于伦敦布莱德韦尔的战俘，参见 TNA SP 12/214, fol.53, 55—65; *APC* XVI (1588), p.200, pp.210—211。关于唐·佩德罗·德·巴尔德斯，参见 Laughton, *Spanish Armada*, Vol.II, pp.27—29。

14. 关于"但如果这只是一个手段"，参见 Howard to Walsingham 24 Jan. 1588, in Laughton, *Spanish Armada*, Vol.I, pp.46—48; Adams, "Armada Correspondence", pp.45—47; Mitchell Leimon and Geoffrey Parker, "Treason and Plot in Elizabethan Diplomacy: The Fame of Sir Edward Stafford Reconsidered", *EHR*, 111（1996）。关于土耳其舰队，参见 TNA SP 78/18, fol.243r。

15. 关于"今年胜败攸关"，参见 Howard to Burghley and Walsingham 23 Feb. 1588, in Adams, "Armada Correspondence", pp.68—70。关于"为自己的自由，为国家的自由"，参见 Hawkins to Walsingham 1 Feb. 1588, in Laughton, *Spanish Armada*, Vol.I, pp.58—62。关于踌躇不决（Mammering），即摇摆不定或犹豫不决。关于"我们无法长久坚持"，参见 BL Cotton Galba D. ii, fol.192v。

16. 关于用女王私玺支付津贴，参见 TNA SP 12/229, fol.115。

17. 关于培根与鱼，参见 Fenner to Walsingham 3 Mar. 1588, in Laughton, *Spanish Armada*, Vol.I, pp.90—93。关于尼古拉斯·欧斯里，参见 Oseley to Walsingham 23 July 1588, in ibid., Vol.I, pp.301—302; Read, *Walsingham*, Vol.III, pp.292—293; McDermott, *Necessary Quarrel*, p.364, n.11。关于"这支舰队中有许多英格兰人"，参见 BL Harley 168, fol.160—161; Jason E. Eldred, "Imperial Spain in the English Imagination, 1563—1662"（PhD thesis, University of Virginia, 2010）, p.167; Bertrand T. Whitehead, *Brags and Boasts: Propaganda in the Year of the Armada*（Stroud, 1994）, pp.65—67。

18. 关于女王下令来回穿梭巡逻，参见 Walsingham to Howard 9 June 1588, in Laughton, *Spanish Armada*, Vol.I, pp.192—193。关于"愿上帝护佑女王陛下能了解他们的阴谋"，参见 Howard to Walsingham 13 June 1588, in ibid., pp.195—199。关于怀特岛，ibid., pp.190—192。关于整体阴谋与设计，参见 Walsingham to Sussex 24 July 1588, in Adams, "Armada Correspondence", pp.80—82; *APC* XVI（1588）, p.168, p.176。

19. 关于天主教徒与无敌舰队，参见 *APC* XVI（1588）, pp.167—168, p.214, pp.218—219; McDermott, *Necessary Quarrel*, pp.244—247。

20. 关于配送一些大炮，参见 Howard to Walsingham 21 July 1588, in Laughton, *Spanish Armada*, Vol.I, pp.288—289。关于枢密院命令，参见 *APC* XVI（1588）, pp.166—167, p.174, p.176, p.183, pp.186—187, p.191。关于防御性的新月阵型，参见 Mattingly, *Defeat of the Spanish Armada*, pp.236—237。关于火船，参见 McDermott, *Necessary Quarrel*, pp.266—268。

21. 关于公开祈祷，参见 *APC* XVI（1588）, p.172; Whitehead, *Brags and Boasts*, pp.82—84, pp.94—95; David Cressy, "The Spanish Armada: Celebration, Myth and Memory", in Jeff Doyle and Bruce Moore, eds., *England and the Spanish Armada*（Canberra, 1990）, pp.157—159。

22. 关于驻扎在埃塞克斯的军队，参见 Burghley to Walsingham 19 July 1588, in Laughton, *Spanish Armada*, Vol.I, pp.284—285; *APC* XVI（1588）, p.198, pp.208—209;

Neil Younger, "If the Armada had Landed: A Reappraisal of England's Defences in 1588", *History*, 93（2008）, pp.328—354; Adams, "Armada Correspondence", p.80, n.1。

23. 关于蒂尔伯里的军营，参见 TNA SP 12/213, fol.90r, pp.113—114; James Aske, *Elizabetha Triumphans*（1588）, *STC* 847（amain, with full force or speed）; Leah S. Marcus, Janel Mueller and Mary Beth Rose, eds., *Elizabeth I: Collected Works*（Chicago and London, 2000）, pp.325—326; Miller Christy, "Queen Elizabeth's Visit to Tilbury in 1588", *EHR*, 34（1919）, pp.43—61。参见 McDermott, *Necessary Quarrel*, pp.279—281, 此处记载阅军时间为 8 月 7—8 日，但沃尔辛厄姆写信给伯利，描述了 8 月 9 日 "在宫廷以及军营" 所发生的事情。关于帕尔马启航的传言，参见 Adams, "Armada Correspondence", pp.87—88。关于 "这个地方孕育了勇气"，参见 Walsingham to Burghley 9 Aug. 1588, in Laughton, *Spanish Armada*, Vol.II, pp.82—83。

24. 关于收割庄稼，参见 *APC* XVI（1588）, pp.221—222。关于用笔征战，参见 Seymour to Walsingham 18 Aug. 1588, in Laughton, *Spanish Armada*, Vol.II, pp.126—127。关于半途而废，参见 Walsingham to Burghley 8 Aug. 1588, BL Harley 6994, fol.138。关于奥利弗·皮格，参见 Cressy, "Celebration, Myth and Memory", p.158, p.160。

25. 关于无敌舰队的肖像，参见 Roy Strong, *Gloriana: The Portraits of Queen Elizabeth I*（London, 1987）, pp.132—133; Kevin Sharpe, *Selling the Tudor Monarchy*（New Haven and London, 2009）, pp.381—382。关于新年礼物交换与巴恩埃尔姆斯庄园接驾，参见 John Nichols, *The Progresses and Public Processions of Queen Elizabeth*（New York, 1973）, Vol.III, pp.8—9, pp.27—28; Lisa M. Klein, "Your Humble Handmaid: Elizabethan Gifts of Needlework", *Renaissance Quarterly*, 50（1997）, pp.459—493。关于托马斯·温德班克，参见 Read, *Walsingham*, Vol.III, p.326, p.349, pp.447—448。

26. 关于 "如同此时此刻般的倾轧"，参见 Penry Williams, *The Later Tudors: England 1547—1603*（Oxford, 1998）, p.341。关于 "女王陛下驾崩之后"，参见 Walsingham to Sidney 7 Sep. 1588, in Read, *Walsingham*, Vol.III, pp.338—339。关于 "错失了借由与我们合作抗敌，用以宣示在女王陛下驾崩后继承这顶王冠的潜在机会"，ibid., pp.343—344。

27. 关于劫掠亚速尔群岛，参见 Howard to Walsingham 27 Aug. 1588, TNA SP 12/215, fol.104。关于里斯本远征和埃塞克斯的受挫，参见 Walsingham to Windebank 2 May 1589, TNA 12/224, fol.12; Lane to Walsingham 27 July 1589, TNA SP 12/225, fol.77—78; Kelsey, *Queen's Pirate*, ch.12。关于交易违禁品，参见 Read, *Walsingham*, Vol.III, pp.350—352。

28. 关于卧床办公，参见 BL Harley 6994, fol.189r。关于 "彻底崩溃"，参见 Read, *Walsingham*, Vol.III, p.424。关于埃塞克斯作为悉尼的骑士角色继承人，参见 Paul E. J. Hammer, "Robert Devereux, second Earl of Essex", in *Oxford DNB*。

29. 关于迅速暂代职位，参见 TNA SP 12/231, fol.116。关于卖地，参见 Inquisition Post Mortem, 27 Sep. 1592, printed in E. A. Webb, G. W. Miller and J. Beckwith, *The History of Chislehurst: Its Church, Manors, and Parish*（London, 1899）, pp.361—362。关于弗朗

西斯·迈尔斯，参见 Read, *Walsingham*, Vol.II, pp.319—320, p.336 and Vol.III, p.45。关于沃尔辛厄姆之死，参见 *The Private Diary of Dr. John Dee*, ed. J. O. Halliwell（London, 1842）, p.33（16 April According to Dee's Own Version of New-Style Dating）; Alexandra Walsham, *Providence in Early Modern England*（Oxford, 1999）, p.240。关于理查德·宾厄姆的信件，参见 Rory Rapple, *Martial Power and Elizabethan Political Culture: Military Men in England and Ireland, 1558—1594*（Cambridge, 2009）, p.285。

　　30. 关于沃尔辛厄姆的遗嘱，参见 PRO, PROB 11/75, fol.262v—263r。关于布拉德弗德庄园及巴恩斯，参见 Webb, *History of Chislehurst*, pp.361—362。关于墓地铭文，参见 Henry Holland, *Monumenta Sepulchraria Sancti Pauli*（1614）, STC 13583.5, 17—19, "ut a multis periculis patriam liberavit, servarit Rem-publicam, conformarit pacem"。关于"我们国家的坚实支柱"，参见 Thomas Watson, *An Eglogue upon the Death of the Right Honorable Sir Francis Walsingham*（1590）, STC 25121; Albert Chatterley, "Thomas Watson", in *Oxford DNB*。

致 谢

326　　　费伯·费伯出版社的尼尔·贝尔顿（Neil Belton）是一位非常有耐心的编辑，他的评论敏锐而又亲切。这本书的构思源自他；我希望这一切等待都是值得的。凯特·默里–布朗（Kate Murray-Browne）的帮助使这本书讲述了一个超乎预期的故事。在成书过程中，许多同事、朋友和家人都提供了帮助。罗伯特·阿姆斯特朗（Robert Armstrong）、贾森·埃尔德雷德（Jason Eldred）、乔纳森·法根斯（Jonathan Fagence）与马修·格里姆利（Matthew Grimley）亲切地为初稿提供了宝贵意见。西蒙·迪奇菲尔德（Simon Ditchfield）翻译了托马索·萨塞蒂关于弗朗西斯·沃尔辛厄姆和布里克莫先生的意大利文记述；斯图亚特·卡罗尔（Stuart Carroll）协助我熟悉了16世纪巴黎的地理概况。肯尼思·巴特利特（Kenneth Bartlett）、克莱尔·布思（Claire Booth）、约翰·博西（John Bossy）、乔纳森·布伦登（Jonathan Blunden）、乔恩·克劳福德（Jon Crawford）、托马斯·希利（Thomas Healy）、简·詹姆斯（Jan James）、哈里·凯尔西（Harry Kelsey）、彼得·曼考尔（Peter Mancall）、比尔·舍曼（Bill Sherman）、彭里·威廉姆斯（Penry Williams）与乔纳森·伍尔夫森（Jonathan Woolfson）均给予了建议和鼓励。布莱尔·沃登（Blair Worden）将他持有的科尼尔斯·里德撰写之沃尔辛厄姆传记 3 卷本出借予我，而斯蒂芬·奥尔福德（Stephen Alford）协助安排我至剑桥大学国王学院观赏肖像。本书的诸多论点在剑桥大学、伦敦大学、利物浦大学与约克大学的研讨会中获得充分检验。亨廷顿图书馆的弗朗西斯·培根奖学金赋予我充分时间调阅关于西方拓殖的史料；胡安·戈梅（Juan Gomez）与阿曼森阅览室的职员非常热情好客。最后，我将最深的感激之情献予苏珊·法根斯·库珀（Suzanne Fagence Cooper），她阅读了整本书的初稿，并鼓励我坚持完成它。

缩 写

BL   British Library
NPG   National Portrait Gallery, London
TNA   The National Archives, Kew

APC   *Acts of the Privy Council of England*, ed. J. R. Dasent et al. (London, 1890–1964)
CSP Dom.   *Calendar of State Papers, Domestic Series, of the Reigns of Edward VI, Mary, Elizabeth*, ed. R. Lemon et al. (London, 1856–71)
CSP For.   *Calendar of State Papers, Foreign Series, of the Reign of Elizabeth*, ed. J. Stevenson et al. (London, 1863–1950)
CSP Scot.   *Calendar of State Papers relating to Scotland, and Mary, Queen of Scots*, ed. J. Bain et al. (Edinburgh, 1898–1969)
CSP Ven.   *Calendar of State Papers and Manuscripts, relating to English Affairs, existing in the Archives and Collections of Venice*, ed. Rawdon Brown et al. (London, 1864–1947)
HMC   Historical Manuscripts Commission
STC   *A Short-Title Catalogue of Books . . . 1475–1640*, ed. W. A. Jackson, F. S. Ferguson and Katharine F. Pantzer (London, 1986–91)
VCH   Victoria County History of England

EHR   *English Historical Review*
ELH   *English Literary History*
HJ   *Historical Journal*
HLQ   *Huntington Library Quarterly*
JEH   *Journal of Ecclesiastical History*
PP   *Past and Present*
SCJ   *Sixteenth Century Journal*
TRHS   *Transactions of the Royal Historical Society*
WMQ   *William and Mary Quarterly*

索　引

译后记

这真是奇妙的缘分！2008 年，我因约翰·库珀教授正着手撰写这本关于弗朗西斯·沃尔辛厄姆的传记，所以申请成为他的博士研究生。2025 年，我作为这本书的译者，将导师笔下的沃尔辛厄姆介绍给中文世界。

阅读这本书后，各位读者想必已经发现库珀教授是一位讲故事的高手。他的故事不再只周旋于公侯将相的政策辩论，而是同时倾听市井民众的历史微声，通过抽丝剥茧的手法，娓娓道来的生动文字，将复杂的历史事件转化为一幕幕栩栩如生的剧场，宛若在眼前。这些故事并非偶然，抑非各自独立，而是彼此之间存在千丝万缕的关系网络。库珀教授的高明之处在于通过穿针引线将这些看似无关的故事巧妙串联，使之遥相呼应，并揭露背后的历史复杂性。最终，各位读者会赫然发现仿佛置身于一场交响乐演奏中，每位人物，每个故事，乃至每个章节，合奏起主角弗朗西斯·沃尔辛厄姆及其所处时代的主旋律。此即为历史全局（Big Picture），也是库珀教授的大历史视野。请诸位读者阅读后，阖上书，闭起眼，试着在您的脑海中勾勒出库珀教授通过文字，抑或您通过理解，所浮现的弗朗西斯·沃尔辛厄姆的肖像，究竟是鞠躬尽瘁、死而后已的首席国务大臣，还是马基雅维里式的狡诈特务头子，或是受文艺复兴与宗教改革共同熏陶的新式英格兰士绅，或是始终戒慎恐惧、积极追寻上帝荣光的虔诚新教徒，抑或是多种面貌的掺杂糅合。这就是库珀教授的文字素描功底所在。

　　非常感谢上海人民出版社邱迪老师引进并编辑这本书，她的耐心、细致与敏锐使之大幅完善。也感谢我的朋友赖芸仪博士提供翻译建议，时而让我豁然开朗。最后，以这部中文译本向我的博士导师约翰·库珀教授致敬。这本书开启我们的师生缘分，而翻译这本书让我不断想起他的叮嘱：历史的趣味、穿针引线、历史的复杂性，以及最重要的，全局观。

杜宣莹

图书在版编目(CIP)数据

都铎谍影 : 弗朗西斯·沃尔辛厄姆与伊丽莎白一世
的宫廷 / (英)约翰·库珀(John Cooper) 著;杜宣莹
译. -- 上海 : 上海人民出版社,2025. -- ISBN 978 - 7
- 208 - 19389 - 5

Ⅰ. K835.617

中国国家版本馆 CIP 数据核字第 20256W66X0 号

责任编辑 　邱　　迪
封面设计 　赤　　祥

都铎谍影:弗朗西斯·沃尔辛厄姆与伊丽莎白一世的宫廷
[英]约翰·库珀 著
杜宣莹 译

出　　版　上海人 A 出版社
　　　　　 (201101　上海市闵行区号景路 159 弄 C 座)
发　　行　上海人民出版社发行中心
印　　刷　浙江新华数码印务有限公司
开　　本　889×1194　1/32
印　　张　12.25
插　　页　12
字　　数　296,000
版　　次　2025 年 7 月第 1 版
印　　次　2025 年 7 月第 1 次印刷
ISBN 978 - 7 - 208 - 19389 - 5/K · 3465
定　　价　98.00 元